ILS
SCHRIFTEN 46

Herausgegeben vom Institut für Landes- und Stadtentwicklungsforschung des Landes Nordrhein-Westfalen (ILS)

Selbstgestaltung der Wohnumwelt

Anregungen und Beispiele

Johann Jessen, Andreas Roters, Klaus Novy
Reiner Schmidt, Klaus Robl, Ulrich Wessel
Klaus Spitzer, Britta Tornow, Camilla
Hübsch-Törper, Klaus Pohlandt, Kurt Horz,
Raimund Gutmann, Axel Gutzeit, Carsten
Lorenzen, Wolf Greling, Joachim Boll,
Roswitha Sinz, Irene Wiese-v. Ofen,
Peter Hansen, Klaus Selle

Im Auftrage des Ministeriums für Stadtentwicklung und
Verkehr des Landes Nordrhein-Westfalen (MSV)

Inhalts-
verzeichnis

Johann Jessen/Andreas Roters

Selbstgestaltung der Wohnumwelt – Einleitung

I. Bilanz: Alte Defizite und neue Herausforderungen

In der Bundesrepublik fehlen – je nach Schätzung – zwischen 1 und 2 Millionen Wohnungen, vor allem in den Ballungsräumen. Dort werden die Warteschlangen vor den Wohnungsämtern länger. Die Zahl der Obdachlosen nimmt zu. Die Mieten steigen seit einiger Zeit wieder weit schneller als die Lebenshaltungskosten. Es ist unstrittig: angesichts des Wohnungsmangels müssen wieder neue Wohnungen in großer Zahl und möglichst schnell errichtet werden. Nachverdichtung im Bestand durch Dachausbau, Schließung von Baulükken und Wiederbebauung von Brachen allein reichen nicht aus. Nun wird der soziale Wohnungsbau wieder von Land und Bund umfassend gefördert, nachdem man mehrere Jahre davon ausgegangen war, die sozialpolitische Aufgabe einer Mindestversorgung mit Wohnraum sei ein für allemal bewältigt. Die meisten Großstädte haben inzwischen umfassende Wohnungsneubauprogramme aufgelegt. Es müssen wieder neue Stadtteile geplant werden, ebenfalls eine Aufgabe, die unwiderruflich der Vergangenheit anzugehören schien.

Es besteht auch Einigkeit darüber, daß der kommende Massenwohnungsbau nicht die Fehler der jüngsten Städtebauvergangenheit wiederholen darf. Keiner macht sich für die Neuauflage von Großsiedlungen alten Stils stark. Der Leerstandsschock Mitte der 80er Jahre ist bei den Kommunen und der Wohnungswirtschaft noch in frischer Erinnerung. Wohnquantität soll nicht zu Lasten von Wohnqualität gehen. Die städtebaulichen, bautechnischen, stadt- und bauökologischen Erkenntnisse der letz-

ten 10 Jahre müssen in den neuen Wohnungsbau einfließen.

Das Problem ist erkannt, die Gefahr allerdings keineswegs gebannt, daß trotzdem zu den schnell verfügbaren und vermeintlich preiswerteren Konzepten von gestern oder zu fragwürdigen Billiglösungen von heute gegriffen wird. Im Gegenteil: wo steigende Baukosten und Hypothekenzinsen den Bau neuer Wohnungen nicht schon überhaupt grundsätzlich in Frage stellen, legen sie die Zuflucht zu Planungsroutinen und überholten Schubladenkonzepten nahe, selbst dann, wenn die Gefahr gewärtig ist, daß die so geplanten Quartiere langfristig zukünftigen Wohnanforderungen nicht genügen können.

Daß beim jetzt anstehenden Wohnungsneubau Fragen der langfristigen Gebrauchsfähigkeit sehenden Auges vernachlässigt werden könnten, ist nicht die einzige Sorge. Auch ist zu fürchten, daß mit Hinwendung der planenden Verwaltung und der Wohnungswirtschaft zu den Neubauaufgaben, die Vorhaben zur Umgestaltung des Wohnungsbestandes ins Abseits geraten, wie es sich am sinkenden Interesse an den Nachbesserungsstrategien für Großsiedlungen abzeichnet. Zwar sind die Leerstände, die diese Bemühungen ausgelöst haben, inzwischen durch die veränderten Bedingungen auf dem Wohnungsmarkt beseitigt, keineswegs aber die städtebaulichen, infrastrukturellen, verwaltungsorganisatorischen und wohnungswirtschaftlichen Defizite dieser Quartiere.

Aber nicht nur äußere Umstände wie der wachsende Wohnungsmangel, Zeitdruck und die zusätzlichen unerwarteten Probleme und neuen Aufgaben, die für den Wohnungs- und Städtebau durch die Einigung der beiden deut-

schen Staaten entstanden sind, gefährden das Bemühen um hohe Wohnqualität sowohl in den Neubausiedlungen wie im Wohnungsbestand. Hinzu kommt Unsicherheit. Wie denn aber müssen die neuen großen Wohnquartiere gebaut werden, so daß sie tatsächlich den Wohnanforderungen von morgen gerecht werden? Zwar hat es seit Mitte der 70er Jahre eine Vielzahl von Wohnbauexperimenten gegeben, allerdings durchweg in kleinem Maßstab. Ob – und in welcher Form sind sie auf den Bau größerer Quartiere übertragbar? Hierzu liegen bisher kaum Erfahrungen vor. Einigkeit läßt sich dagegen schnell über die Ziele zukünftigen Wohnungsbaus erzielen:

– ökologische Standards in Entwurf und Planung, in der Bautechnik und auch in der Nutzung;

– hohe gestalterische Qualität in Architektur und Städtebau;

– Offenheit für neue Wohnformen;

– Beteiligung der Bewohner an der Planung und Organisation des Wohnquartiers.

Hier soll es vor allen Dingen um die sozialen Aspekte des zukünftigen Bauens und Wohnens gehen, um das Ziel, Bewohnern mehr Möglichkeiten zu geben, auf ihre Wohnumwelt Einfluß zu nehmen, sie nach ihren Vorstellungen zu nutzen und auch zu verändern. In diesem übergreifenden Ziel drückt sich zum einen Kritik an den derzeitigen großstädtischen Verhältnissen und dem sozialen Wohnungsbau der Nachkriegszeit aus, wo dem überwiegenden Teil der Bewohner solche Möglichkeiten vorenthalten wurden. Zum anderen liegt diesem Ziel auch die Annahme zugrunde, daß der Wunsch nach mehr Selbstbestimmung und Handlungsmöglichkeiten im Wohnbereich in Zukunft noch an Gewicht gewinnen wird.

Alte Defizite

Die Kritik am städtischen Mietwohnungsbau der Nachkriegszeit, insbesondere am sozialen Wohnungsbau ist bekannt. Ein Punkt der Kritik ist die einseitige Ausrichtung von Wohnung und Infrastruktur auf die Kleinfamilie. Die Grundrisse waren und sind auf diesen Haushaltstyp zugeschnitten; mehr noch, Größe, Zuschnitt und Ausstattung legen die Nutzung der Räume weithin fest. Anderen Nutzergruppen und Nutzungsweisen kommen sie nur sehr wenig entgegen. Ein weiterer häufig vorgebrachter Vorwurf: der Wohnungsbau der Nachkriegszeit habe den Haushalt ausschließlich als Konsumeinheit gesehen. Entsprechend waren die Wohnung, Wohnumfeld, die wohnungsnahen Versorgungseinrichtungen, aber auch die Wohnungsverwaltung darauf ausgelegt, den Haushalt von Arbeit, Pflichten und Verantwortlichkeiten zu entlasten. Die Wohnung sollte ein Ort der Erholung, Entspannung und des ungestörten Rückzugs ins Private sein: deshalb die großzügig bemessenen Wohnzimmer, deshalb das pflegeleichte Abstandsgrün, deshalb eine Wohnungsverwaltung, die sich – im Idealfalle – um alles kümmert. Sieht man von der praktischen, oft aber nur engen Arbeitsküche ab, dann bietet der Wohnbereich kaum Platz und Gelegenheit für Eigenarbeit, also für produktive Tätigkeiten, die von Haushalten in Haushalten geleistet wird. Wer einen Garten bewirtschaften will, muß gewöhnlich auf Kleingärten ausweichen. Wer werkeln will, kann dies nur in Ausnahmen in der Wohnung. Auch die Kellerräume taugen dazu selten. Häufig vereiteln schließlich Mietvertrag und Hausordnung die Wünsche, die Wohnung und Wohnumfeld nach eigenen Vorstellungen zu gestalten und zu nutzen.

Schließlich ein dritter oft genannter Mangel des modernen städtischen Wohnens: es habe die Vereinzelung, den Rückzug der Familien ins Private begünstigt. Zwischen der Isolation in der abgeschlossenen Wohnung und der Anonymität der Öffentlichkeit, die gleich jenseits der Haustürschwelle beginne, hätten sich nur verkümmerte Formen von Nachbarschaft und Quar-

tiersleben herausbilden können. Dabei könnten haushaltsübergreifende Arrangements, gemeinschaftliche Einrichtungen für viele Bewohner eine große Stütze sein. Wo dies von Wohnungsunternehmen mit ihren oft gutgemeinten wohnungsnahen Infrastrukturangeboten trotzdem versucht worden sei, seien sie bei den Mietern ins Leere gestoßen, weil die Angebote am Bedarf vorbeigingen und versäumt worden sei, die Bewohner von vornherein bei der Planung einzubeziehen.

Auch die Reaktionen auf diese Defizite und Mängel sind bekannt. Eine davon ist die ungebrochene Attraktivität des Eigentums im Einfamilienhaus und die Bereitschaft, dafür beträchtliche Kosten, Belastungen und Risiken auf sich zu nehmen. Aber auch die zahlreichen Umbau-, Modernisierungs- und Nachbesserungsbemühungen der letzten 10 Jahre im Nachkriegswohnungsbau sind eine weitere Reaktion. Hofbegrünung und die Einrichtung von Mietergärten sind eine Antwort auf das häufig eben nicht mehr als pflegeleicht, sondern nur als öd empfundene Abstandsgrün; die Konzepte der Mietermitbestimmung sind eine Antwort darauf, daß herkömmliche Formen der Wohnungsverwaltung nicht als entlastend, sondern als gängelnd und bevormundend erlebt wurden. Dadurch ist ohne Frage die Wohnqualität in städtischen Wohnquartieren verbessert worden, der Alltag erleichtert und Entfaltungsmöglichkeiten im Wohnbereich eröffnet worden.

Neue Herausforderungen

Viele gesellschaftliche Tendenzen sprechen dafür, daß die Möglichkeiten zu Selbstgestaltung der Wohnwelt, zur Eigenarbeit in Zukunft an Bedeutung zunehmen werden. Insofern geben solche Projekte, die die Selbstgestaltung der Wohnumwelt fördern, städtischen Mietbewohnern nicht nur das, was für Eigentümer auf dem Lande und am Stadtrand selbstverständlich ist, sie sind auch in der Rolle eines Vorreiters. In ihnen wird erprobt, was möglicherweise in Zukunft selbstverständliche Anforderung an städtische Wohnumwelt sein wird.

– Veränderungen in der Arbeitswelt: Alle Prognosen stimmen darin überein, daß die in beruflicher Arbeit verbrachte Zeit zurückgehen wird. Fle-

xible Arbeitszeiten werden in Zukunft für immer mehr Menschen Alltag. Stets größer wird die Zahl der Menschen, die frühzeitig aus dem Erwerbsleben aussteigen. Insgesamt verfügen immer mehr erwachsene Menschen über mehr freie Zeit. Dies wird Einfluß auf die Wohngewohnheiten haben. Man darf annehmen, daß damit für viele der Wohnbereich als Aufenthaltsort, als Bezugspunkt für eigenes Engagement wichtiger wird. Von der Wohnung wird dann deutlich mehr verlangt werden, als bloß Erholung und privaten Rückzug zu gewähren. Aber dafür, daß sich erwachsene Menschen über größere Zeiträume am Tage in den Siedlungen des sozialen Wohnungsbaus aufhalten, sind diese Siedlungen nie geplant worden.

– Soziale Veränderungen: Die Haushaltsstrukturen treten in immer schärferem Widerspruch zum Bestand an Wohnungen und kommunaler Infrastruktur: Es wächst die Zahl der Familien, in denen die Mütter berufstätig sind, und die der Alleinerziehenden. Diese Haushalte sind auf differenzierte Angebote zur Betreuung von Kindern und Kleinkindern in Wohnungsnähe angewiesen. Darüberhinaus haben sie oft ein ausdrückliches Interesse an gemeinschaftlichen Arrangements oder nachbarschaftlichem Kontakt. Dabei geht es vor allem um praktische Dinge: um gegenseitige Hilfe bei der Kinderaufsicht und gelegentliches Aushelfen bei Besorgungen, überhaupt um engeren sozialen Kontakt.

Neue Anforderungen werden auch an die Ausstattung zukünftiger Wohnquartiere dadurch gestellt, daß die Zahl der alten Menschen zunehmen wird. Heute wird die Betreuung und Pflege alter Menschen noch zum weitaus überwiegenden Teil durch die nächsten Angehörigen wahrgenommen. Dies wird so aber in Zukunft nicht mehr möglich sein, weil es dann die Kinder, die sich um ihre Eltern kümmern können, oft nicht mehr gibt bzw. sie nicht mehr in der Nähe wohnen. Wer aber hilft dann den alten Menschen, pflegt sie, wenn sie krank sind und hält mit ihnen Kontakt? Große anonyme öffentliche Einrichtungen werden schon lange nicht mehr akzeptiert. Zur Schließung dieser sog. „Pflegelücke" sind inzwischen eine ganze Reihe von Konzepten für neue Formen wohnungsnah organisierter sozialer Infrastruktur vorgeschlagen worden. Dort werden professionelle Dienste mit nachbarschaftlicher bzw. ehrenamtlicher Hilfe kombiniert. Damit entstehen möglicherweise ganz neue Formen der Arbeit und des Engagements in den Stadtteilen, für die tragfähige baulich-räumliche und organisatorische Lösungen noch gesucht werden.

Schließlich sind die sogenannten Neuen Haushaltstypen, insbesondere Wohn- und Hausgemeinschaften, zu nennen. Sie fallen aber zahlenmäßig noch kaum ins Gewicht, wohl nicht zuletzt deshalb, weil ihre Wohnwünsche im derzeitigen städtischen Wohnungsbestand nur besonders schwer zu realisieren sind. Auch für diese relativ neuen, aber wichtiger werdenden Wohnformen, in denen zumindest Teile des Wohnalltags „haushaltsübergreifend" abgewickelt werden, stellen eine weitere Herausforderung für künftige Wohnungsversorgung dar.

– Technologische Veränderungen: Technischer Fortschritt wird nicht nur die Arbeitswelt, sondern auch weiterhin den Alltag der privaten Haushalte verändern. Über Umfang und Richtung kann nur spekuliert werden. Dies gilt insbesondere für den Einzug der Mikroelektronik in die Haushalte: Wird sie als erwerbsmäßig betriebene Heimarbeit am Computerterminal Fuß fassen, als Erleichterung des Konsums (Teleshopping und – banking) oder nur als bloßes Hobby? Zumindest werden die Optionen der Haushalte wachsen, sich in dieser oder jener Art und Weise der neuen technischen Möglichkeiten im Wohnbereich zu bedienen.

Ein weiterer Aspekt ist die zukünftig sicher wachsende Bedeutung ökologischer Haus- und Stadttechnik. Ihre Durchsetzung ist bekanntlich nicht nur eine technische Frage, sondern erfordert von den Bewohnern ein anderes Verhältnis zu ihrer Wohnumwelt: höhere Aufmerksamkeit, Verbindlichkeit und schlicht auch mehr Arbeit. Wer in den „vollen Genuß" dezentraler Formen der Energieversorgung, umweltschonender Abwasserentsorgung und Abfallbeseitigung, der Verwendung naturnaher, schadstofffreier Baumaterialien usw. gelangen will, der muß auch was dafür tun.

So zahlreich und zutreffend die Gründe auch sein mögen, Selbstbestimmung und Eigenarbeit zu einem Schwerpunkt zukünftigen Wohnungs- und Städtebau zu machen, sie sollten nicht dazu verleiten, das alte geschlossene Wohnmodell des funktionalistischen Städtebaus durch ein neues ebenso geschlossenes zu ersetzen, auch nicht im Namen von Selbstbestimmung und Bewohnerbeteiligung. Es kann nicht darum gehen, flächendeckend Abstandsgrün in Mietergärten zu verwandeln, überall Stadtteilwerkstätten einzurichten oder von jedem Haushalt zu erwarten, sich froher Dinge der Mietermitbestimmung nach Feierabend zu widmen. Im Gegenteil, „Selbstgestaltung der Wohnumwelt" ist Metapher dafür, daß sich geschlossene Wohnleitbilder, die immer schon problematisch waren, in Zukunft sich noch sehr viel mehr verbieten. Die Lebensweisen differenzieren sich auch und damit die Anforderungen, die Haushalte an ihre Wohnumwelt stellen. Dies verträgt sich nicht mit einem Wohnungs- und Infrastrukturbestand, der auf einen bestimmten eng festgelegten Typus ausgerichtet ist. So sind denn die Anforderungen, die an künftige Wohnumwelt gestellt werden, widersprüchlich. Sie soll so beschaffen sein, daß die Bewohner dort gern wohnen und bleiben können, aber sie muß gleichzeitig für unterschiedlichste Wohnperspektiven und Veränderungen offen sein.

Die in diesem Band versammelten Beiträge gehen zum weitaus überwiegenden Teil auf eine Tagung zurück, die gemeinsam von der IBA-Emscher Park und dem Institut für Landes- und Stadtentwicklungsforschung (ILS) Dortmund am 7.+8. Juni 1990 in Oberhausen veranstaltet worden ist. Für das ILS lag der Schwerpunkt darauf, durch die Präsentation von besonders gelungenen Projekten wesentliche Ergebnisse eines Forschungs- und Förderschwerpunktes des Landes Nordrhein Westfalen in den letzten Jahren vorzustellen[1]. Für die IBA-Emscher Park war es der Auftakt, die Zielsetzungen für die Wohnungsneubau- und Modernisierungsprojekte der Ausstellung zu konkretisieren, in

der Region vor- und zur Diskussion zu stellen, und umgekehrt aus den Projekten, die auf der Veranstaltung vorgestellt werden, hilfreiche Anregungen zu bekommen. Neben den Veranstaltungsvorträgen, die zum Teil überarbeitet und ergänzt wurden, sind eine Reihe von Originalbeiträgen aufgenommen worden. Die Veröffentlichung verfolgt wie schon die Veranstaltung ein doppeltes Ziel, das sich in den zwei Teilen des Bandes niederschlägt. Zum einen sollen Projekterfahrungen zugänglich gemacht und zum anderen die Handlungsperspektiven der verschiedenen beteiligten Gruppen und Institutionen diskutiert werden.

II. Projekterfahrungen: Mosaiksteine einer neuen Wohnumwelt

Was Selbstgestaltung der Wohnumwelt bedeutet, welche Möglichkeiten Bewohnern im Wohnquartier gegeben sind, hängt von vielem ab: von den baulich-räumlichen Gegebenheiten, von den rechtlichen Verfügungsmöglichkeiten, von der Art der nachbarschaftlichen Beziehungen und davon, welche Art von Infrastruktur Gemeinde und Wohnungsunternehmen anbieten können. Diese Veröffentlichung möchte einen möglichst großen Ausschnitt aus dem breiten inhaltlichen, organisatorischen und methodischen Spektrum der Projekte zur Förderung der Selbstgestaltung im Wohnumfeld präsentieren[2]. Es werden Projekte vorgestellt zur Selbstgestaltung

– im wohnungsnahen Freiraum

– in wohnungsnaher Infrastruktur

– im Wohnungsneubau

– im Wohnungsbestand.

1 Vgl. die Veröffentlichungen in den ILS-Schriften: J. Jessen/W. Siebel: Wohnen und informelle Arbeit. Dortmund 1988. H. 19; A. Mauthe/B. Segin/K. Selle: Mieter-Beteiligung. Dortmund 1989. H. 32; H. Beierlorzer/C. Bruns-Sommerhage/R. Haupel/U. Komes/G. Schmitt: Nutzer- und Gemeinschaftsorientierte Nachbesserung. Dortmund 1990. H. 40

2 Die Autoren danken Henry Beierlorzer (IBA-Emscher Park) und Stefan Bochnig (Technische Universität Hannover), die während der Tagung die Arbeitsgruppen zur Selbstgestaltung im Wohnungsneubau bzw. im wohnungsnahen Freiraum geleitet haben. Ihre Zusammenfassungen der Diskussionsergebnisse waren sehr hilfreich und sind in diesem einführenden Überblick eingegangen.

Die Projekte sind als Schritte zu einer zukunftsgerechten Wohnumwelt zu verstehen. Sie tragen zu einer Ausdifferenzierung des Wohnens bei. Sie sind gerade keine Passepartouts, die auf jedes Wohngebiet übertragbar sind, sondern auf die jeweilige Situation zugeschnittene, von den und mit den jeweiligen Bewohnern entwickelte Lösungen, die im Resultat die Vielfalt der Wohnmöglichkeiten erhöhen.

Umgestaltung städtischen Freiraums

Mehr Grün in den Wohngebieten war neben der Industrialisierung des Bauprozesses, der Rationalisierung der Grundrißplanung und höheren Ausstattungsstandards eines der zentralen Ziele des Reformwohnungsbaus nach dem ersten Weltkrieg und im sozialen Wohnungsbau der Nachkriegszeit. Dabei haben sich die „funktionalistischen" Wohnvorstellungen durchsetzen können, die dem städtischen Grün in Wohngebieten vorrangig stadthygienische und ästhetisch-symbolische Funktionen zuwiesen. Die Natur sollte nicht verdrängt und unterdrückt werden wie in den steinernen Wüsten der Gründerzeitviertel, im Gegenteil, sie sollte in der Wohnung und im Wohnquartier erlebbar und erfahrbar sein, aber keine Last und Arbeit bedeuten. Trotz mancher „Leitbildwechsel" im Städtebau der Nachkriegszeit hat sich diese Auffassung von wohnungsnahem Grün im Massenwohnungsbau erhalten und ist für Millionen Realität geworden. Das Wohnen beschränkt sich auf die abgeschlossene Wohnung, allenfalls Balkon und Loggien gewähren den Zugang zum Freien, häufig gilt dies im Geschoßwohnungsbau auch für die Erdgeschoßwohnungen. Zwar wurden die neuen Wohngebiete des sozialen Wohnungsbaus häufig großzügig in Parkflächen und Grünzüge hineingeplant und das Wohnumfeld mit Kinderspielplätzen, Sitzgelegenheiten und anderen Möblierungen ausgestattet.

Seit Beginn der 70er Jahre wird das Wohnumfeld großstädtischer Wohnquartiere, auch der neueren, von Fachleuten wie von den Bewohnern gleichermaßen als defizitär kritisiert. Seither fehlt es nicht an zahlreichen Unternehmungen von Gemeinden und Wohnungsbaugesellschaften, durch Verkehrsberuhigung, Hofbegrünung, Um-

gestaltung der Grün- und Freiflächen und andere Maßnahmen, „die soziale Gebrauchsfähigkeit" des Wohnumfeldes in diesen Gebieten zu verbessern. Die Ziele sind weit gefaßt: Sie sollen den Aufenthalt der Bewohner im Straßenraum und auf den öffentlichen Plätzen attraktiver und ungefährlicher machen, die Umweltbelastung durch Lärm, Staub und Schadstoffe senken und die wohnungsnahen Freiräume, bisher oft nur brachliegendes Abstandsgrün, durch Bepflanzung, Möblierung aber auch durch Beseitigung von Reglementierungen für alle Bewohnergruppen nutzbarer machen. Es gibt keinen Königsweg. Im Gegenteil zeigt sich eine außerordentliche Vielfalt von planerischen und organisatorischen Konzepten. Drei solcher Projekte, die sich hinsichtlich der Trägerschaft (Wohnungsbaugesellschaft, freie Gruppe, Kommune) unterscheiden, aber alle auf langjährige Erfahrungen zurückgreifen können, werden vorgestellt.

Für die Aufwertung des Wohnumfeldes im Rahmen von Nachbesserungsstrategien in Siedlungen des sozialen Wohnungsbaus steht der Beitrag von *Klaus Robl*, Landschaftsplaner bei der Gemeinnützigen Wohnungsbaugesellschaft Hannover (GBH). Die GBH ist eine der Pioniere in der Wohnungswirtschaft bei der Einrichtung von Mietergärten und betrachtet sie als einen Teil umfassender Strategien zur Wohnumfeldverbesserung, Imagepflege, Wohnwertsteigerung und zur mieterbezogenen Sozialarbeit. Der Autor zieht eine insgesamt positive Bilanz aus 10 Jahren Arbeit vor Ort. Einerseits sind Mietergärten als selbstverständlicher und bereichernder Bestandteil des Wohnumfeldes akzeptiert worden, auch von jenen, die über keinen verfügen; zugleich aber ist – zumindest in den Siedlungen mit sozialen Brennpunkten – eine kontinuierliche Stützung und professionelle Beratung bei der Unterhaltung der Mietergärten seitens der Wohnungsbaugesellschaft erforderlich.

Eine Initiativen „von unten", von Bewohnerinnen und Bewohnern, wird im Bericht von *Klaus Spitzer* über eine Bürgeraktion in Düsseldorf-Heerdt vorgestellt, die sich seit über 2 Jahrzehnten für die Verbesserung der Wohnumwelt in ihrem Stadtteil einsetzt. Begonnen hat es mit der gemeinsamen Schaffung eines Spielbereiches für die Kinder in diesem mit Grünflächen benachteiligten Stadtteil. Das

nächste größere Projekt, das der Autor ausführlicher vorstellt, war ein Nachbarschaftspark. Derzeit bereitet man die Errichtung einer ökologischen Siedlung „Ökotop Heerdt" mit ca. 120 Wohneinheiten vor, die von 60 Biogärten, einem Wildgelände und einem ökologischen Versuchsgelände umgeben ist. In seinem Resümee arbeitet der Autor, von Beginn an beteiligt, als wichtigste Erfolgsvoraussetzung heraus, daß die Bürgeraktion offengeblieben ist für neue Ideen, neue Gruppen und es ihr so gelungen ist, trotz der allmählichen Professionalisierung am Anspruch der Selbstbestimmung und Selbstgestaltung festzuhalten.

Ein außergewöhnliches Projekt in der Trägerschaft von Kommunen stellt *Ulrich Wessel*, Landschaftsplaner im Grünflächenamt Gladbeck, dar. Der Stadtgarten Johowstraße verfolgt einen hohen Anspruch und spricht einen weitgefaßten Adressatenkreis an. Neben einem umfänglichen Angebot preiswerter Mietergärten für die nahegelegene Siedlung des sozialen Wohnungsbaus gibt es eine Fülle weiterer Angebote: Schulgarten, Kinderspielplatz, Spazierwege, Festwiese, dazu werden in dem Zentrum des Stadtgartens Kursangebote etwa zum Baum beschneiden, zum ökologischen Gärtnern usw. angeboten, – eine Art „Stadtteilzentrum unter freiem Himmel". Der Stadtteilgarten ist keine Initiative der Bürger gewesen, sondern eine professionelle Idee von Landschaftsplanern, die „von oben" mit erheblicher finanzieller Unterstützung durch das Land in den Stadtteil hineingetragen worden ist. Inzwischen ist der Stadtteilgarten jedoch zu einem wichtigen Kristallisationspunkt des Stadtteilalltags geworden. Die Gründung eines Trägervereins ist Zeichen dafür, daß die Stadtgartenbenutzer die Einrichtung zu ihrer eigenen zu machen beginnen.

Umgestaltung wohnungsnaher Infrastruktur

Gemeinschaftseinrichtungen in Wohngebieten haben eine lange Tradition. Waren sie in der Vergangenheit ein wichtiger Ausgleich für wohnungsinterne Defizite, so standen sie in den 60er und 70er Jahren doch in einem fragwürdigen Ruf. Im Vergleich zum sozialen Wohnungsbau in anderen Ländern spielen Gemeinschaftseinrichtungen in großstädtischen Wohngebieten der

Bundesrepublik heute eher eine untergeordnete Rolle. Mit Ausnahme von Fahrradkellern, Sammelgaragen und Treppenhäusern, also von Einrichtungen, die aufgrund funktionaler und rechtlicher Erfordernisse zu jedem Mehrfamilienhaus gehören müssen, beschränkte sich im sozialen Wohnungsbau der 50er und 60er Jahre, die gemeinschaftlich genutzte Ausstattung auf Wasch- und Trockenräume sowie auf die Kinderspielplätze. Darüber hinausgehende Gemeinschaftseinrichtungen, etwa für Freizeit und Versorgung waren dagegen eher die Ausnahme. Erst in den Großsiedlungen der 60er und 70er Jahre, insbesondere in den Demonstrativbauvorhaben, wurde häufig auf eine großzügigere und vielfältigere Ausstattung mit wohnungsbezogenen Gemeinschaftseinrichtungen Wert gelegt. In jüngster Zeit zeichnet sich eine Renaissance von wohnungsnaher Infrastruktur im Rahmen der Nachbesserung von Großsiedlungen ab, zumeist mit dem Ziel, die Mieterschaft in diesen Siedlungen durch erweiterte Angebote zu stabilisieren.

Dominant ist aber wohl immer noch der fragwürdige Ruf von Gemeinschaftseinrichtungen in Wohngebieten. Sowohl die Bewohner wie auch die Wohnungsbaugesellschaften verweisen auf eher gemischte Erfahrungen. Viele dieser Einrichtungen sind untergenutzt, falsch in den Siedlungen angeordnet, nicht ausreichend ausgestattet und Innenwohngebäude falsch gelegen.

Der Beitrag über Dänemark von *Britta Tornow* zeigt, wie Gemeinschaftseinrichtungen in neuen Wohnsiedlungen, auch und vor allem im sozialen Wohnungsbau, von **vornherein** als selbstverständliche Ergänzung zur Wohnung eingeplant werden und von den Bewohnern ebenso selbstverständlich und intensiv genutzt werden. Dort tragen die Gemeinschaftseinrichtungen außerordentlich zur Steigerung der Wohnqualität und zur Identifikation der Bewohner mit ihrem Quartier bei. Entscheidend für die hohe Akzeptanz sind:

– Multifunktionalität, d.h. Verknüpfung unterschiedlicher Aktivitäten in der Einrichtung. Dabei ist wichtig, daß sich diese Aktivitäten nicht nur auf Erholung, Freizeit und Hobby beschränken, sondern ein Teil davon notwendiger Bestandteil des Alltags ist (Kinderbetreuung, Essenzubereitung usw.).

– Sorgfältige und qualitätvolle planerische und architektonische Gestaltung der Einrichtung, die quasi als „Visitenkarte" in eigenständiger städtebaulicher Form innerhalb der Siedlung hervorgehoben wird.

– Ein differenziert und bewohneroffen gestaltetes Wohnumfeld und größere Möglichkeiten der Mieter, sich an der Selbstverwaltung ihrer Wohnungen in der Siedlung zu beteiligen.

Im Beitrag von *Camilla Hübsch-Törper* und *Klaus Pohlandt* wurde am Beispiel der Nachbesserung in einer Großsiedlung (Hamburg-Steilshoop) gezeigt, wie wohnungsnahe Infrastruktureinrichtungen in bestehenden Gebieten **nachträglich** hineingeplant bzw. verbessert werden können. Dabei wurde deutlich, wie notwendig, aber auch wie schwierig solche Ergänzungen gerade in solchen Gebieten sind, wo sich soziale Probleme und Konflikte konzentrieren. Es werden außerordentliche Anforderungen an die Qualifikation, das Engagement und Durchhaltevermögen der beteiligten Fachleute (Planer, Sozialarbeiter usw.) gestellt.

Für den nachträglichen Einbau und die Modernisierung fehlender bzw. defizitärer Infrastruktur in bestehenden Wohngebieten liegt der Erneuerungsbedarf vor allen Dingen im Verfahren. Zwar ist die Aufgabe der Erneuerung der Infrastruktur in den Gebieten des sozialen Wohnungsbaus unbestreitbar. Dennoch müssen sich die entsprechenden Planungsansätze häufig gegen Widerstände unterschiedlichster Art (rechtlich, finanziell, politisch usw.) durchsetzen. Nötig ist eine breit getragene andere „Planungskultur", die entsprechend angepaßte rechtliche, organisatorische und finanzielle Rahmenbedingungen verlangt.

Das Haus der „Eigenarbeit in München", das sein Geschäftsführer *Kurt Horz* vorstellt, ist eine **neue** Form **stadtteilbezogener Infrastruktur**, die zumindest in der Bundesrepublik einzigartig ist. Es handelt sich um einen Modellversuch, der von einer gemeinnützigen Stiftung finanziert wird. Die Einrichtung weist ein sehr breites Spektrum von Werkstätten (Nähen, Metallarbeiten, Holzarbeiten, Töpferarbeiten, Färberarbeiten usw.) auf. Es werden zahlreiche Kurse sowie offene Angebote mit Fachberatung durch ehrenamtliche Kräfte angeboten. Ergänzend kommen

vielfältige kulturelle und soziale Angebote hinzu. Die Einrichtung der Stadtteilwerkstatt in München als eine neue Form wohnungsnaher Infrastruktur bietet auch als Verfahren ein sinnvolles Beispiel für die Erprobung innovativer Ansätze. Gewöhnlich haben Experimente im Bereich der Infrastruktur mit ungünstigen Startbedingungen zu kämpfen: es fehlt oft an Geld, an der Bereitschaft und Fähigkeit der beteiligten Institutionen und an ideeller Unterstützung von außen. Viele neue Ansätze scheitern gerade daran, daß ihnen besonders hohe Hürden in den Weg gelegt werden. Die Stadtteilwerkstatt „Haus der Eigenarbeit" ist dagegen unter günstigen Voraussetzungen angetreten, d.h. unter großzügiger materieller, personeller, organisatorischer und finanzieller Unterstützung durch eine Stiftung. Insofern kann das „Haus der Eigenarbeit" als ein Idealmodell zur Implementation von Experimenten gelten. Die Unterstützung ist auf fünf Jahre befristet. Wenn sich entgegen der Erwartung nach Ablauf dieses Zeitraums die Einrichtung nicht selbst tragen oder sich als eine öffentlich zu finanzierende empfehlen sollte, wird das Experiment eingestellt. Angesichts der guten Akzeptanz und der Flexibilität der Einrichtung, sich an veränderte Anforderungen anzupassen, ist dies jedoch wenig wahrscheinlich.

Selbstgestaltung im Wohnungsneubau

Spätestens seit den 70er Jahren, als eine Reihe von gemeinschaftsorientierten Wohnmodellen, Gruppenbau- und Selbsthilfeprojekten von sich Reden machten, ist Selbstgestaltung der Wohnumwelt auch im Wohnungsneubau ein Thema. Welche Möglichkeiten gibt es, die Vorzüge gemeinschaftlichen Planens, Bauens und Wohnens auch für einkommensschwächere Bevölkerungsgruppen zugänglich zu machen und konzeptionell beim Bau größerer Wohnanlagen und Siedlungen zu berücksichtigen? Lassen sich Modelle zur Selbstgestaltung der Wohnumwelt durch die Nutzer auch innerhalb des Kosten- und Finanzierungsrahmens im öffentlich geförderten Wohnungsbau umsetzen? Bieten sie eine Chance, ins „Alltagsgeschäft" des Wohnungsbaus einzufließen?

Der Beitrag von *Carsten Lorenzen*, Architekt aus Kopenhagen, stellt ein architektonisch und sozial besonders exponiertes Wohngruppenprojekt des dänischen Architekturbüros Vandkunsten vor. Auf den ersten Blick erscheint die dänische Wohngruppensiedlung „Jystryp Saevaerk" als eine dieser exotischen Mittelstandsprojekte, in denen sich leidensfähige und gutverdienende Jungakademiker den Traum vom Gemeinschaftsleben verwirklichen – ohne jeden Bezug zur Wohnwirklichkeit bei uns. Der Eindruck täuscht. Wohngruppenprojekte dieser Art sind in Dänemark schon lange keine Eintagsfliegen mehr. In Dänemark gibt es weit über 100 solcher Siedlungen mit durchschnittlich 30-40 privaten Haushalten, in denen ca. 7000 Dänen wohnen. Tendenz deutlich steigend. Übertragen auf bundesdeutsche Verhältnisse wären dies etwa 100 Personen, zwar immer noch eine Minderheit aber keine vernachlässigbar exotische Ausnahme. Das Büro Vandkunsten gehört zu den Pionieren unter den Architekten von Wohngruppensiedlungen und verfügt über langjährige Erfahrungen, die in die Planung des Projektes „Jystryp Saevaerk" eingeflossen sind. Sie bilden einen immer wieder neu anzustrebenden Kompromiß zwischen den möglichst weitgehenden Beteiligungsansprüchen der Bewohner, der Notwendigkeit, ökonomisch mit Zeit und Geld umzugehen und den gestalterischen Ansprüchen der Architekten, ein Bauwerk zu erstellen, das mehr ist als die Summe der individuellen Einzelvorstellungen. Auch Planungsbeteiligung der Bewohner läßt sich effektivieren und professionalisieren.

In Dänemark sind Wohngruppensiedlungen schon seit einiger Zeit als eine förderungswürdige Option modernen Wohnens unter vielen anderen akzeptiert, nicht nur in der Öffentlichkeit, sondern auch in der Wohnungspolitik. Einige Wohnungsbaugesellschaften sind bereits in die Marktlücke gestoßen und haben die Trägerschaft beim Bau solcher Siedlungen übernommen. Wohngruppensiedlungen wären auch bei uns wohl erheblich stärker verbreitet, wenn sie leichter zu realisieren wären. Ihre bisher geringe Zahl hat ihre Ursache nicht nur darin, daß gemeinschaftliches Wohnen nicht jedermanns Sache ist, sondern auch im großen Aufwand, der heute noch nötig ist, wenn mehrere Haushalte sich einen gemeinsamen baulichen und sozialen Rahmen

für ihren Wohnalltag schaffen wollen. Wohnungsbestand, Wohnungsmarkt und Wohnungspolitik sind bislang auf diese neuen Formen nicht eingerichtet. Langfristig sind diesen Wohngruppensiedlungen jedoch günstigere Zukunftsperspektiven zu bescheinigen, und zwar um so bessere, je mehr es von ihnen gibt und ihre Attraktivität gerade sich bei solchen Bevölkerungsgruppen herumspricht, die sich von nachbarschaftlichen Arrangements die größte Entlastung erhoffen können, vor allem bei Familien mit berufstätigen Eltern, bei Alleinerziehenden und langfristig auch bei alten Menschen. Allesamt Gruppen, deren Umfang in Zukunft weiter zunehmen wird.

Nicht auf die Planungs-, sondern auf die Bauphase konzentriert sich der Beitrag des Berliner Architekten *Axel Gutzeit*, der über seine Erfahrungen mit der baulichen Selbsthilfe von Mietern in Neubauprojekten des sozialen Wohnungsbaus in Berlin berichtet. Da sein sehr unkonventioneller Ansatz zum Selbstbau von Wohnungen durch die zukünftigen Mieter nicht in das vorhandene Gerüst von Normen, Förderbestimmungen und Wohnungsverwaltungspraxis paßte und zunächst auf wenig Mitwirkungsbereitschaft bei Wohnungsunternehmen und Bauträgern stieß, ist er selbst als Bauträger aufgetreten. Die Selbsthilfe der zukünftigen Mieter konzentriert sich auf die Phase des Ausbaus während die äußere bauliche Hülle, der Rohbau, vom Bauträger selbst errichtet wird. Der Mieter investiert durch Kapital und Selbsthilfeleistung in den Ausbau seiner eigenen Wohnung und verrechnet dies über eine entsprechend niedrigere Miete.

Die Selbsthilfe hat sich vorteilhaft sowohl für die Mieter wie für den Bauherrn erwiesen. Der Mieter zahlt eine niedrigere Miete, hat eigenen Gestaltungsspielraum für Grundrißgestaltung und Materialauswahl, und da er für die Phase des Ausbaus als Bauträger auftritt, müssen auch die Verfügungsrechte über die Wohnungen anders als bei herkömmlichen Mietverhältnissen geregelt werden. Vorteile hat auch der Bauherr. Die Selbsthilfeprojekte wiesen häufig höhere Bauqualität auf, da bei den Mietern ein hohes Maß an Eigenverantwortlichkeit besteht. Dies führt langfristig auch zur Senkung der Instandhaltungsaufwendungen und erweist sich auch für die Wohnungsbewirtschaftung selbst als vorteilhaft: geringe Fluktua-

tionsraten und im Falle eines Mieterwechsels problemlose Wiedervermietung. Voraussetzung für den Erfolg dieses ungewöhnlichen Vorgehens ist eine intensive Beratung und Betreuung der Selbsthilfe durch den Architekten. Die Selbsthilfe muß professionell und diszipliniert erfolgen. Zeitverluste und Nichteinhalten des Bautraktes bedeuten höhere Kosten, was sich die Sozialwohnungsberechtigten mit ihrem engen Finanzierungsrahmen nicht erlauben können. Verbindlichkeit, Verläßlichkeit und eine straffe Organisation sind außerdem unerläßlich, um Konflikte in der Mieter- und Selbsthilfegemeinschaft zu vermeiden.

Die Erweiterung der Handlungsmöglichkeiten und der Selbstgestaltung im Wohnen selbst stehen im Mittelpunkt der letzten beiden Beiträge. *Wolf Greling* beschreibt die neuen Wege, die die Ruhr-Lippe-Wohnungsbaugesellschaft in der Mietermitwirkung bei einem innerstädtischen Projekt des sozialen Wohnungsbaus in Dortmund beschritten hat. Kern ist hier ein bisher in der Wohnungswirtschaft durchaus unübliches Verständnis von Wohnen, das in doppelter Hinsicht erweitert wurde:

– Einerseits wurde ausdrücklich auf ein differenziertes und breites Angebot von gut nutzbaren Gemeinschaftseinrichtungen und wohnungsnahen Freiflächen geachtet und gleichzeitig so gestaltet, daß sie für zukünftige Nutzungsänderungen entsprechend den Wünschen der Bewohner offen sind.

– Andererseits wurde dies verbunden mit einem rechtlichen und organisatorischen Angebot an die Mieter, die Gemeinschaftseinrichtungen in eigener Regie zu betreiben und nach eigenen Vorstellungen, aber mit Unterstützung des Eigentümers auszubauen.

Erst diese Kombination von günstigen baulich-räumlichen wie rechtlich-organisatorischen Voraussetzungen, so die vorläufige Erfahrung mit dem Modell ergeben gute Aussichten, daß sich Mietermitwirkung zum Vorteil sowohl der Mieter wie der Eigentümer auf Dauer etabliert. Der Weg, in einer neuen Wohnsiedlung das Einleben in eine neue Wohnumwelt und das Entstehen von Nachbarschaft zu erleichtern hat sich jetzt schon bewährt.

Der „Bewohnerservice" im Wohnprojekt Forellenweg in Salzburg (300 Wohnungen und über 1000 Einwohner), den *Raimund Gutmann* vorstellt, ist ein noch weitergehender Versuch, die Bildung von Nachbarschaften in neuen Wohngebieten zu erleichtern. Hier ist soziale und gemeinwesenbezogene Stadtteilarbeit schon begonnen worden, bevor der Stadtteil stand. Die von dem Bewohnerservice initiierte und organisierte Planungsbeteiligung der zukünftigen Bewohner bei der Gestaltung der Außenanlagen und der Einrichtung und Nutzung von Gemeinschaftseinrichtungen sollten das Fundament für die Entwicklung neuer Nachbarschaften und sozialer Netze bilden. Dabei war die professionelle Beratung durch den Bewohnerservice nur als „Anschubhilfe" gedacht. Ziel ist es, sich so schnell wie möglich überflüssig zu machen. Bewohnervereine werden gegründet und Mitwirkungsmodelle installiert, die begonnenen Aktivitäten der Bewohner im Stadtteil sollen sich selbst tragen.

Selbstgestaltung im Wohnungsbestand

Die Stadterneuerung war das Feld, auf dem Bürgerinitiativen, Kommunen und Wohnungsbaugesellschaften zuallererst Konzepte der Selbstgestaltung der Wohnumwelt erprobten – im Rahmen der Verkehrsberuhigung, der Wohnumfeldverbesserung, der Wohnungsmodernisierung und der Ausgestaltung der stadtteilbezogenen Infrastruktur. Einige von ihnen sind bereits weiter oben vorgestellt worden. Hier soll es nun vor allen Dingen um rechtliche und sozialpolitische Aspekte der Selbstgestaltung im Wohnungsbestand gehen.

Anders als bei den Projekten im Wohnungsneubau ist im Rahmen der Stadterneuerung und der Modernisierung der Konflikt häufig die Mutter der Innovation. Neuerungen müssen erkämpft und erstritten werden, ehe sie sich durchsetzen können.

Aus den sich über Jahrzehnte hinziehenden Auseinandersetzungen über die Zukunft der Bergarbeitersiedlungen im Ruhrgebiet sind die von *Joachim Boll* und *Roswitha Sinz* vorgestellten neuen Modelle der Mietermitbestimmung hervorgegangen, die die LEG Wohnen mit Unterstützung von der Wohnbundberatung Nordrhein Westfalen e.V. in Bochumer und Dortmunder Siedlungen

derzeit erproben. Besonderes Merkmal dieser Vereinbarungen, die die rechtlichen Einflußmöglichkeiten der Mieter erheblich erweitern, sind zum einen die Informationspflicht des Vermieters gegenüber den von den Mietern gewählten Mieterrat zu allen Fragen der Mietzusammensetzung und Mietveränderungen, Mitentscheidungsmöglichkeiten bei der Belegung von Wohnungen und Mitbestimmungsmöglichkeiten in Fragen der Hausordnung, der Modernisierung und Gestaltung des Wohnumfeldes. Über die Verwendung von maximal 20% der Instandhaltungspauschale kann ein Mieterrat in Abstimmung mit der Wohnungsbaugesellschaft selbst verfügen.

Auch für die materiellen Voraussetzungen der Mietermitwirkung ist gesorgt. Der Vermieter stellt kostenlos ein Büro in der Siedlung für die Mieterarbeit zur Verfügung und kommt für Auslagen in Höhe von maximal 3.000 DM jährlich auf. Mitentscheidend für das Gelingen dieses Modellprojektes war die Einbeziehung der Wohnbundberatung EV als ein sachkundiger, glaubwürdiger und engagierter Mittler der Interessen beider Parteien. Ob und wie sich das Modell bewährt, ist noch nicht absehbar. Noch bedeutet es aus der Perspektive des Eigentümers höhere laufende Aufwendungen, die – so jedoch die Hoffnung – langfristig durch die höhere Wohnzufriedenheit, sinkende Fluktuation und niedrigere Instandhaltungsaufwendungen kompensiert werden.

Um Selbstgestaltung der Wohnumwelt im Zuge von Sanierungsmaßnahmen geht es im Beitrag von *Carsten Lorenzen*, der eine in vielerlei Hinsicht herausgehobene (bauhistorisch, sanierungs- und sozialpolitisch) Siedlung in Kopenhagen „Brumleby" vorstellt. Die äußerst wechselhafte Bau- und Sanierungsgeschichte von „Brumleby" zeigt zum einen, wie vieles, was heute als wesentliche Elemente der Selbstgestaltung der Wohnumwelt erprobt und gefordert wird, sehr alte, häufig verschüttete Wurzeln hat, die sich bis ins vorige Jahrhundert zurückverfolgen lassen. Dort haben sich bisweilen soziale Nischen bewahren können, die heute in Konflikt mit den Ansprüchen moderner Stadtentwicklung geraten. Im Kopenhagener Beispiel war es gerade der lange Widerstand der Bewohner, der dafür sorgte, daß der erst jetzt als bauhistorisch und städtebaulich wertvoll erkannte Wohnungsbestand in unsere

Zeit hinübergerettet werden konnte. Und heute bildet das Engagement der Bewohner die wichtigste Voraussetzung dafür, daß das Zeitgemäße und Modellhafte, das in diesen Siedlungen immer schon lebendig war, bewahrt und die hohe Wohnqualität der Siedlung erhalten werden kann. Gefährdet sind diese optimistischen Sanierungsperspektiven vor allen Dingen dadurch, daß Maßstäbe der Erneuerung an das Gebiet herangetragen werden, die an den ökonomischen Möglichkeiten der Bewohner vorbeigehen.

III. Handlungsperspektiven: Von der Ausnahme zur Regel

Für die hier vorgestellten Projekte ist zweierlei charakteristisch. Sie sind entstanden und haben sich entfalten können in einer Phase abgeschwächten Wachstums. Ihnen kam auch entgegen, daß im vergangenen Jahrzehnt der Druck auf dem Wohnungsmarkt geringer war und die kommunale Planung und die Wohnungswirtschaft sich auf den Bestand konzentrierten. Es war die Bereitschaft entstanden, ungesicherte Wege einzuschlagen und Experimente zu erproben. Viele dieser Projekte brauchen Zeit, langen Atem, Geduld, neue Organisationsformen der Planung, andere Qualifikationen, andere Bewertungsmaßstäbe als dies etwa bei großen Bauvorhaben der Fall ist. So muß es darum gehen, daß die hier vorgestellten Projekte nicht nur Episoden bleiben, die sich einzig günstigen Umständen verdanken, sondern sich der behutsame Umbau des Bestandes mit den Bewohnern und für die Bewohner verstetigt.

An den Projekten sind Vertreter der unterschiedlichsten Fachdisziplinen (Stadtplaner, Landschaftsplaner, Sozialplaner, Wohnungswirte usw.) und Institutionen (Fachleute aus den kommunalen Ämtern und Wohnungsbaugesellschaften, Initiativgruppen, freie Planungs- und Beratungsbüros usw.) beteiligt. Ein Teil der Schwierigkeiten auch der hier vorgestellten Projekte liegt darin, daß die Kooperation verschiedener

Fachdisziplinen und Institutionen für den Erfolg nötig ist, aber oft schwer fällt. Dies liegt nicht immer nur in der Sache selbst begründet, sondern oft im gegenseitigen Mißtrauen und in der Unkenntnis der Interessenlage, Arbeitsbedingungen und Bewertungsmaßstäbe der jeweils anderen Seite.

In diesem zweiten Teil geht es aus der Perspektive verschiedener beteiligter Institutionen um die Frage, wie können die Erfahrungen aus den zahllosen Experimenten zur Selbstgestaltung der Wohnumwelt in eine wohnungspolitische und städtebauliche Strategie einfließen, in der Selbstgestaltung der Wohnumwelt und die Förderung der Eigeninitiative der Bewohner selbstverständlicher Bestandteil ist.

Den Einstieg bildet der Beitrag von *Klaus Novy*, der einen differenzierten Überblick über die derzeitige wohnungspolitische und städtebauliche Ausgangslage für Innovation im Wohnungsbau gibt: Grundsätzlich sei die dominante Tendenz der Deregulierung in der Wohnungspolitik im letzten Jahrzehnt eher innovationsfeindlich. Hinzu komme jedoch auch, daß der jetzt notwendige umfassende Wohnungsbau am Stadtrand den größten Teil der Planungsprofession – noch gefangen in den alten Aufgaben des kleinteiligen Stadtumbaus – gänzlich unvorbereitet träfe. Hier hätte es weder eine systematische Aufarbeitung der Fehler und Versäumnisse der Vergangenheit noch die Entwicklung neuer Konzepte gegeben. Beides zusammen dämpfe die Erwartung, daß es in der neuen Welle des Wohnungsneubaus gelänge, auf breiter Basis Lösungen zu finden, die den sozialen, ökologischen und städtebaulichen Anforderungen von heute gerecht werden. Allerdings gäbe es auch Anlaß zur Hoffnung, wie der kritische Rückblick auf das breite Spektrum von Wohnmodellen und -experimenten der letzten 10 Jahre zeigt, denen sich viele der hier vorgestellten Projekte zuordnen lassen. Hier haben Lernprozesse und wechselseitige Annäherungen zwischen den Trägern der Experimente und den traditionellen Akteuren der Wohnungsversorgung, der Wohnungswirtschaft sowie den Kommunen und Ländern stattgefunden. Schließlich gäbe es eine Fülle von „Bausteinen" einer neuen Planungskultur, aus denen sich ein Verfahrensweg bauen ließe, der gleichermaßen demokratische Ansprüche an lokale Öffentlichkeit, an Nutzerbeteiligung, an Effizienz, aber auch an der Professionalität und künstlerischer Qualität des städtebaulichen Entwurfs erfüllt. Die Internationale Bauausstellung Emscher Park selbst ist mit ihrem Schwerpunkt Wohnungsbau als ein solcher Baustein zu sehen.

An fast allen Projekten zur Förderung der Selbstgestaltung der Wohnumwelt sind Kommunen zumindest einbezogen, häufig als Motor, als engagierte Träger und großzügige Financiers, bisweilen auch als Bremser und als knauseriger Geldgeber. Die Erfahrungen von Projektgruppen innerhalb der kommunalen Verwaltungen, aber auch von unabhängigen Initiativgruppen und Wohnungsunternehmen sind gemischt, wie die Fallberichte aus Gladbeck (Beitrag Wessel) oder Hamburg (Beitrag Hübsch-Törper/Polandt) zeigen. In der Tat hängt der Erfolg vieler Projekte häufig davon ab, ob sich engagierte und auch einflußreiche Befürworter in der kommunalen Verwaltung finden. Meist aber sind es nicht fehlender guter Wille oder mangelnde Kompetenz, sondern strukturelle Engpässe, die im Wege stehen: die wachsende Regelungsdichte in den Planungs- und Genehmigungsverfahren, der hierarchische Aufbau der Verwaltung, der projektbezogene Entscheidungs- und Handlungsabläufe immer schon erschwert hat und natürlich – immer wieder – die fehlenden Mittel Der Beitrag von *Frau Wiese-v. Ofen*, Leiterin des Planungsamtes Essen, zeigt, daß die Kommunen durchaus viele Möglichkeiten haben und auch schon seit längerem wahrnehmen, die Selbstgestaltung der Wohnumwelt durch ihre Bürger zu fördern. Dies ist im Rahmen der Bauleitplanung im wesentlichen beschränkt darauf, daß man statt detaillierter und damit einengender Festsetzungen zu rahmensetzenden, offenen Bebauungsplänen greift und die städtebauliche Qualität des Wohnungsbaus über andere Verfahrensschritte wie Wettbewerbe, Arbeitskolloquien, Gestaltungsbeiräte usw. sichert. Aber auch bei den Bauordnungsverfahren setzt sich ein verändertes Verständnis der behördlichen Tätigkeit, von der Kontrolle stärker hin zur Beratung durch. Größere Spielräume bestehen für die Gemeinden außerhalb ihrer hoheitlichen Aufgaben, eigene Akzente zu setzen, insbesondere auf dem Wege der privatwirtschaftlichen Vereinbarungen mit Investoren und Wohnungsbaugesellschaften, durch Förderprogramme. In vielen Tätigkeitsfeldern der kommunalen Planung wie der Verkehrsberuhigung, Wohnumfeldverbesserung, der Nachbesserung von Großsiedlungen haben die Kommunen umfassende und auch erfolgreiche Formen der Bewohnerbeteiligung entwickelt und initiiert.

Viele der hier vorgestellten Beispiele wie die Mietergärten in Hannover (Beitrag Robl), die Modelle zur Mietermitbestimmung im Ruhrgebiet (die Beiträge von Greling und von Boll/Sinz) zeigen eine größere Offenheit der Wohnungswirtschaft gegenüber innovativen Ansätzen der Wohnumfeldgestaltung, der Mietermitwirkung und der Ausstattung von Infrastruktureinrichtungen. Aber engagierte finanzielle, personelle und ideelle Unterstützung solcher Vorhaben sind auch bei experimentierfreudigen Unternehmungen eher noch die Ausnahme. Ein Gegenbeispiel ist die Geschäftspolitik der Wohnungsbaugesellschaft Gundlach-Hansen aus Hannover, die sein Geschäftsführer *Peter Hansen* vorstellt. Dieses Unternehmen hat die Förderung sozialer Experimente, die Erweiterung der Mitwirkungsmöglichkeiten der Mieter und die Trägerschaft für außergewöhnliche Wohnungsbau- und Infrastrukturprojekte zu einem der Schwerpunkte ihrer Tätigkeit gemacht. Viele außergewöhnliche Vorhaben, die unter der Regie und mit finanzieller Unterstützung des Unternehmens in Hannover und Umgebung in den letzten Jahren entstanden sind, legen davon Zeugnis ab. Soziales Engagement, mieteroffene Wohnungsverwaltung und Experimentierfreude einerseits und Wirtschaftlichkeit andererseits müssen, anders als dies häufig behauptet wird, offensichtlich kein Widerspruch sein. Im Gegenteil, man darf darin langfristig die rationalere Unternehmensstrategie sehen, die sich auf niedrigere Fluktuation und hohe Wohnzufriedenheit der Mieter stützen kann.

Wichtige Impulse für Innovationen im Wohnen gehen von Förderprogrammen von Bund und Ländern aus. Man denke an die EXWOST-Vorhaben des Bundesbauministeriums für Bauwesen, Raumordnung und Städtebau, an die Förderung der soziokulturellen Zentren im Lande Nordrhein-Westfalen, aber auch an die hier vorgestellten Vorhaben der Mietermitwirkung der LEG Wohnen (Beitrag Boll/Sinz) oder der Stadtgarten Johowstraße (Beitrag Wessel), der ohne die umfassende Förderung durch das Land nie hätte entstehen können.

In fast allen hier vorgestellten Modellvorhaben weichen nicht nur die Ziele und Maßnahmen vom Gewohnten ab, sondern es haben sich auch neue Verfahrensformen und Tätigkeitsfelder, vor allem für Planer und Architekten, herausgebildet. Manchmal werden diese neuen professionellen Funktionen innerhalb traditioneller Institutionen (Kommunen, vgl. den Beitrag Wessel oder Wohnungsunternehmen, vgl. den Beitrag Robl), häufig aber auch von externen Trägern (freien Gruppen, vgl. den Beitrag Spitzer oder Beratungsvereinen, vgl. den Beitrag Boll/Sinz) wahrgenommen. Schrittweises Vorgehen und Bewohnerbeteiligung erfordern von den Planern Initiierung, intensive Informations-, Aktivierungs-, Beratungs-, Betreuungs- und Koordinie-

rungsarbeit, um soziale Prozesse zu initiieren, Konflikte zu schlichten, Interessen auszugleichen und um zwischen den sehr häufig verschiedenen beteiligten Institutionen wie Wohnungsunternehmen, Kommunen, Verbänden und den einzelnen Haushalten zu vermitteln, sind neben fachlichen Kenntnissen vor allen Dingen soziale Kompetenzen verlangt. Dies sind Qualifikationen und Aufgaben, die zum gewöhnlichen Tätigkeitstableau von Kommunen und Wohnungsunternehmen gehören. So ist es kein Wunder, daß sich eigenständige Organisationsformen, sogenannte „intermediäre Organisationen" in diesem Bereich herausgebildet haben und immer größere Bedeutung erlangen. Einen systematischen Überblick über Funktionen, Struktur und Erfolgsvor-

aussetzungen dieser vermittelnden, beratenden und initiierenden Tätigkeit im Rahmen von Wohnprojekten gibt der Beitrag von *Klaus Selle*, der sich auf eine international vergleichende Untersuchung stützen kann. Deutlich wird dabei, daß in anderen Ländern, insbesondere in den Niederlanden und den Vereinigten Staaten, diese Beratungsinstitutionen sehr viel stärker etabliert sind. Dies drückt sich nicht zuletzt darin aus, daß im Gegensatz zur Bundesrepublik dort die Finanzierung dieser Beratungstätigkeiten schon fester Bestandteil der Projektentwicklungskosten sind, während bei uns die Kontinuität der Beratungs- und Betreuungsarbeit durch befristete und unregelmäßige finanzielle Absicherung gefährdet ist.

Klaus Novy

Wohnungspolitik zwischen traditionellen Programmen und innovativen Experimenten – eine organisatorische, gestalterische und rechtliche Herausforderung

Entsprechend der drei Teile des Titels, möchte ich meinen Beitrag gliedern.

1. Traditionelle Wohnpolitik. Dilemmata und Folgen der Deregulierung

Die Renditefalle

Das Dilemma der aktuellen Deregulierungspolitik läßt sich folgendermaßen beschreiben: Deregulierung setzt auf private Investitionen. Investitionsbereitschaft hängt aber von der Renditeerwartung ab, diese wiederum – neben den Kosten – normalerweise von den erzielbaren Mieten, den Wertsteigerungen sowie den steuerlichen Möglichkeiten. Da wegen Bevölkerungsstagnation Unsicherheiten bezüglich der langfristigen Wertsteigerung herrschen, müßte sich die Rendite aus den Mieten ergeben. Trotz Liberalisierung des Mietrechtes ist aber noch lange nicht das Niveau erreicht, das eine Mietrendite hergäbe. Daher hat der Staat in den letzten Jahrzehnten parallel zur Rücknahme der direkten Förderwege die indirekte Förderung durch Steuernachlässe ausgebaut. Zweimal wurden 1989 panikartig die Abschreibungssätze erhöht: zunächst 28% in 4 Jahren, Herbst 1989 dann 85% in 10 Jahren; für Um- und Ausbau 100% in 5 Jahren. Investiert wurde also dort, wo entweder die Steuernachlässe die Rendite zu sichern schienen – beispielsweise in überteuerten Bauherrn- und Erwerbermodelle – oder wo mit Deregulierungsrenten zu

rechnen war. Im Altbau trafen beide Anreizsysteme zusammen, mit der negativen Folge des Verdrängens des Neubaues und der rapiden Beseitigung eines der wichtigsten Reservoirs an preiswerten Wohnraumes.

Deregulierung einseitig – Anreize für die Spekulation

Die Deregulierung war also einseitig bzw. zog bald eine selektive Neuregulierung nach sich. Die Deregulierung bezog sich bis 1988 primär auf die Beseitigung der objektbezogenen Direktförderung und der unternehmensbezogenen Wohnungsgemeinnützigkeit. Es blieb aber – und wurde relativ immer bedeutsamer – die indirekte Förderung jener Kapitalanleger, die Steuern sparen wollen. Zweifellos wurde auf diese Weise viel privates Kapital mobilisiert, aber hauptsächlich für den Erwerb und die Modernisierung von Gebrauchtimmobilien. Doch dadurch entstand eine neue, viel gravierendere Verzerrung als manche alte. Denn während das alte System objektbezogener Direktförderung und Pflege gemeinnütziger Bauherrn selektive Anreize für Bauherren mit langfristigen Bewirtschaftungsinteressen setzte, auch für die Versicherungswirtschaft, bedeutet das neue System nicht nur einen von Planern oft beklagten Verlust an staatlichem Steuerungspotential, sondern – viel problematischer – eine Förderung spekulativer Immobilienverwertung. Denn die Renditen stellen sich nur befristet ein: aus einmaligen Deregulierungsrenten und befristeten degressiven Abschreibungen. Steuerlich vorprogrammiert, versucht man dann die Veräußerung, die für private Hausbesitzer eine steuerfreie Realisierung der Wertsteigerung ermöglicht. Steuerlich induzierte Ei-

gentümerwechsel bei oft übertriebenem „Erhaltungsaufwand" verunsichern Mieter und programmieren Mieterhöhungen. Diese Diskriminierung der Dauerbewirtschaftung und Begünstigung des vorübergehenden Immobilienbesitzes mit mehr oder weniger spekulativem Charakter durch das aktuelle Steuerrecht wurde bisher kaum thematisiert. In diesem Sinne war die bisherige Liberalisierung einseitig; es herrschen nach der bisherigen Deregulierung keineswegs gleichartige Rahmenbedingungen für alle Bauherren und Investoren. Diese halbseitige Deregulierung und Reregulierung zugunsten der Steuersparer hat sogar die deutschen Versicherungsunternehmen aus dem Wohnungsneubau vertrieben, da sie – wie die Gemeinnützigen – mit den Sonderabschreibungen nichts anfangen können (vgl. Norton/Novy 1990, S. 29ff).

Bestand statt Neubau mobilisiert

Die Erwartung der westdeutschen Bundesregierung, durch Deregulierung und Freigabe der Mieten das Neubauvolumen anzuheben, ging daher bisher nicht auf. Eher trug sie kontraintentional zum Niedergang des Neubaus bei. Einer der wenigen Kritiker (Bartholmai 1988) aus dem renommierten DIW/Berlin wies schon 1988 auf die unverhältnismäßigkeit der Mittel hin. „In der Wohnungspolitik sollte man doch überlegen, ob es einen Sinn macht, die Mieten für den gesamten Bestand beschleunigt anzuheben, wenn es nur darum geht, Investitionsanreize für einen relativ geringen Zusatzbedarf an Mietwohnungen zu schaffen. Womöglich wird dieser Weg nicht nur für den Mieter, sondern – bei steigenden Kosten der Subjektförderung – auch für den Staat recht teuer."

Die Deregulierung tummelt sich im Bestand (wegen der profitablen Deregulierungsrenten) und lenkt das Privatkapital regelrecht vom Neubau ab. Der rapide Verlust preiswerten Wohnraumes und die daraus resultierenden Umzüge und Einschränkungen bedeuten nicht nur ein Einkommens- und Versorgungsproblem, sondern auch ein sozialräumlich-kulturelles Problem für die Betroffenen und ihre Städte. Denn durch die Tradition der sozialen Wohnraumbindung und das hohe Maß der Zerstörung und den Wiederaufbau (in westdeutschen Städten) weitgehend im sozialen Wohnungsbau sind – verglichen etwa mit amerikanischen Städten – erstaunlich sozial gemischte Quartiere und Städte entstanden. In besten City-Lagen gibt es – noch (!) – preiswerten und sozialen Wohnungsbau für untere und mittlere Einkommensgruppen. Durch die rasante Deregulierung in den letzten Jahren wurden diese Quartiere „mobilisiert", wurden oder werden ihre Bewohner mittelfristig verdrängt, das Gepräge der Städte verändert sich. Der Imperativ ökonomischer Standortsteuerung (Filteringprozeß) führt jetzt schon in der Bundesrepublik zu verstärkter sozialräumlicher Segregation.

Fiskalisch und wirtschaftspolitisch auch kein Erfolg

Die Deregulierung hat auch nicht zur erwarteten Entlastung des Staates geführt. Zwar sanken die direkten, budgetwirksamen und jährlich parlamentspflichtigen Ausgaben – obwohl die Subjektförderung mit Wohngeld extrem ansteigt –, doch stiegen überproportional und um ein Vielfaches die Steuerverluste (aus Sonderabschreibungen, Verlustausgleich, anderen steuerlichen Vergünstigungen), um die kurzfristige Rentabilität der Investitionen zu sichern. Dies ist sowohl politikkonzeptionell wie demokratietheoretisch problematisch. Denn der Staat verliert Steuerungskapazität (weil er nicht weiß, welcher Bauherr wann, wo und für wen steuersparende Investitionen tätigt). Und das Parlament verliert einen Teil seiner Budgethoheit und dies noch mit einer unsozialen und ungerechten Steuer(befreiungs)politik. Insgesamt erscheint das ganze Deregulierungsanliegen sozialpolitisch deshalb so naiv, weil es offensichtlich unterstellt, durch Mobilisierung des Privatkapitals sei etwas

zu gewinnen. In Wirklichkeit verschenkt kein privater Investor, sondern verlangt im Gegenteil mindestens eine Durchschnittsrendite. Kreislauftheoretisch kann diese aber immer nur vom Konsumenten oder Steuerzahler, meistens sind diese Gruppen identisch, alimentiert werden. Wenn aber ohnehin immer nur die Steuerzahler und Konsumenten die Rechnung bezahlen, warum sollte man erst alle Vermögen auf Marktrentabilitätsniveau anheben, warum nicht die Chance gebundener Bestände, beschränkter Renditen nutzen? Die spezifischen Ineffizienzen gebundener Träger müßten dann allerdings weitgehend beseitigt werden.

Die seit langem betriebene Deregulierung im Bereich der Baufinanzierung hat zum Abbau fast aller Baufinanzierungssonderkreisläufe und zum Siegeszug der großen Privatbanken auch im Bereich der Immobilienfinanzierung geführt. Die Folge ist, daß die Baufinanzierung heute ganz den Marktschwankungen der Kapitalzinsen ausgeliefert ist, wobei diese weniger denn je mit der Angebots- und Nachfragesituation im Bau- und Wohnungsmarkt zu tun haben. Das Dilemma wird in diesem Jahr sichtbar. Extrem steigende Zinsen gefährden alle neuen Anstrengungen der Wohnungspolitik.

Krise der Planung – eine unheilige Allianz kündigt sich an

Die Großplanungen vom grünen Tisch für ganze neue Städte in den 60/70er Jahren erwiesen sich in der Realisation vielfach als Trauma. Negativparadigma hierfür sind die Großsiedlungen, die Satellitenstädte. Große Träger, große Strukturen, Entmischung, Unveränderbarkeit, banale Architekturen der Serie, fehlende Differenzierungen zwischen öffentlichen und privaten Räumen, geringe Aneignungs- und Identifikationsmöglichkeiten – all dies erwies sich als kaum beherrschbar. 1989 kam dann in der BRD noch der „Republikanerschock" (Hoffmann-Axthelm 1989). Ausgerechnet in einigen SPD-Modellvorhaben wie Gropiusstadt und Märkisches Viertel in Berlin war der Anteil rechtsradikaler Wähler am höchsten, Indiz für eine Zangenbewegung von sozialer Abstiegsangst und mangelnden Handlungs- und Erfahrungsmöglichkeiten in den „neuen Städten".

Die Wirtschaftsstagnation seit Mitte der siebziger Jahre ließ dann Großplanungen überflüssig werden. Man konzentrierte sich auf die Stadterneuerung, plante allenfalls Lückenfüllungen, Arondierungen. Architektursprachlich deckte sich diese Zeit mit dem Durchbruch der Postmoderne. Städtebau war kaum gefragt; man baute kleinere Anlagen am Stadtrand, Wohngruppenprojekte oder einzelne Stadthäuser/Stadtvillen, füllte Lücken; kurz, man reparierte die alte Stadt. In Berlin (IBA) wiederentdeckte man schließlich den alten Stadtgrundriß und die Blockrandbebauung. Eine wirkliche Auseinandersetzung der Fehler der alten Städtebauleitbilder fand nicht statt; Städtebau verschwand tendenziell aus der akademischen Debatte und Lehre.

Heute – 1990 – zu Beginn der „roaring nineties" wird das Dilemma sichtbar. In der BRD steht aus hausgemachten und Osteuropa-Gründen sowohl eine riesige Wohnungsbauwelle bevor wie überhaupt ein Bauboom. Doch städtebaulich/stadtplanerisch ist man kaum vorbereitet, im großen Maßstab wieder Stadterweiterung zu betreiben. Zur Zeit wird die Stadtentwicklung durch eine geradezu unheilige Allianz dreier Interessen bedroht. Ein quantitätsorientierter Minimalismus der Wohnpolitik und eine unreformierte Bau- und Wohnungswirtschaft, die wieder die Stunde der größeren Serien wittert, treffen auf eine Planer- und Architektenschaft, die ihre Leitbilder in einfacher Negation der Postmoderne in einer formalistischen Synthese aus Zeilenbauten der zwanziger Jahre, Punkt- und Scheibenhochhäuser der 50/60er Jahre (durchsetzt mit einigen Dekonstruktivismen) zu finden glaubt. Eine Prä-Postmoderne ist aber ein schlechter Ersatz für eine (post)postmoderne Moderne (Welsch 1988). Der Leitbildwechsel der Architekten- und Planerschaft scheint mal wieder eher binnengesteuert als erfahrungsgesättigt und geschichtsreflexiv.

Die Postmoderne war ja auch nicht nur modische Architekturhaltung, sondern eine Denkweise, hinter die es kein zurück mehr geben darf. Postmodernes Denken hat sich entschieden verabschiedet von allen rationalistischen Planungsutopien, Einheitsentwürfen und Avantgardeansprüchen. Diese seien alle potentiell totalitär. Postmodernes Denken leugnet nicht Vernunft, sondern monistische Vernunftansprüche;

es lenkt die Aufmerksamkeit positiv auf Pluralismus, Nischen, Brüche, Unfertiges. Postmodernes Denken kritisiert die falsche Radikalität der Moderne mit ihrem Anspruch „Bruch mit der alten Stadt", „Platz frei für die Neue Stadt" (vgl. Bodenschatz 1988). Postmoderne Geschichtlichkeit fordert den vorsichtigen Anschluß an die alte Stadt. Leider hat die postmoderne Architekturdebatte Städtebau nur wenig, und dann in der Form rückwärtsgewandter Leitbilder der Antike oder der mittelalterlichen Stadt (R. und L. Krier), hervorgebracht. Offensichtlich stand nur C. Sitte und nicht die Großstadtarchitektur von O. Wagner Pate.

2. Experimente: Neue Wohnformen und neue Planungskultur

2.1 Neue Wohnformen

Unter den Stichworten „gemeinsam planen und bauen", „anders leben", „anders wohnen", „mitbestimmtes Wohnen", „Nachbarschaftsgruppen", „gemeinschaftliche Eigentumsformen", „alternative Wohnformen", „Selbsthilfeprojekt", „gruppenbezogene Wohnformen" haben sich Hunderte von Wohnprojekten durchgesetzt. Diese Initiativen – wir wollen sie Wohngruppenprojekte nennen – bilden sich im Vorfeld entlang gemeinsamer Interessen und versuchen als Gruppe ihre Wohninteressen aktiv umzusetzen. Dabei entspricht die soziale Organisationseinheit meist einer räumlichen Einheit: ein Stadthaus mit mehreren Wohnungen, ein ungenutzter Gewerbebau, eine verdichtete (Öko-)Siedlung.

Während es in Dänemark und Schweden, in den Niederlanden und manchen österreichischen Bundesländern schon spezielle staatliche Programme oder Anreize für nachbarschaftliche Wohnprojekte gibt, fehlen diese in der BRD noch fast gänzlich. Bayern hat kürzlich ein Sonderprogramm für 8 Modellsiedlungen aufgelegt (vgl. Wohnmodelle Bayern 1984 – 1990). So bleibt die Zahl der Projekte relativ hinter denen der genannten Länder zurück.

Über die bundesrepublikanischen Initiativen (sowie die ausländischen) berichteten seit 1982 die WERKBUND-, dann WOHNBUND-Kongresse (vgl. Brech 1981, 1982, 1984, 1986). Ein WOHNBUND-Forschungsprojekt im Auftrag des BMBau und eine jüngste WOHNBUND-Dokumentation versuchen hier ebenfalls einen Überblick zu geben, wobei die Mehrzahl der unspektakulären Projekte kaum zu fassen ist (vgl. Brech/WOHNBUND 1989b).

Viel Aufmerksamkeit erhielt ein von Frankreich angeregter, dann aber von 7 weiteren europäischen Ländern übernommener gemeinsamer Wettbewerb mit dem Titel „Entwicklung der Lebensweisen und Architektur des Wohnens", der zukünftig alle zwei Jahre stattfinden soll. Dieses – EUROPAN genannte Programm (Europan 1988; EUROPAN 1990) – versucht dem Zusammenhang von veränderten Lebensstilen und Wohnarchitekturen nachzugehen, tut dies jedoch mit u. E. verkürzten Mitteln. Denn „Wohnen morgen" ist nicht nur eine Frage an Architekten, für die der Wettbewerb alleine ausgeschrieben ist, sondern mindestens so sehr eine Frage der adäquaten institutionellen Arrangements. Kann man unbefragt die neuen Lebensstile und neuen Architekturen mit den alten Bauherren umsetzen? Müssen nicht auch die institutionellen Arrangements auf ihre Geeignetheit für „neue Wohnformen" überprüft werden?

Hierzu zählt auch die vom Wiener Bautenministerium finanzierte große Forschungsaktion „Mitbestimmung im Wohnungsbau", aus der schließlich das Handbuch „Mitbestimmung im Wohnungsbau" (Freisitzer u. a. 1987) entstand. Darin werden 140 realisierte Projekte dokumentiert. Als praktische Aktion scheint mir das sog. „Modell Steiermark" (genauer: Arbeitskreis Bauen und Wohnen) am fortgeschrittensten zu sein (vgl. Wohnbau…1986). In vielen Bereichen realisiert es schon das, worum es hier geht. Zur Charakterisierung schreibt einer seiner Promotoren, W. Dreibholz:

„Allen „Modell Steiermark"-Wohnbauvorhaben ist gemeinsam,
– daß sie innerhalb des gesetzlich festgelegten finanziellen Förderungsrahmen errichtet werden
– daß die zukünftigen Bewohner vor Planungsbeginn zum größten Teil feststehen

– daß diese Bewohner ein umfassendes Mitspracherecht erhalten, entsprechend dem Motto „Über die Beteiligung zur Qualität". Die Erfahrung hat auch gezeigt, daß dieses Mitspracherecht zu einem der effektivsten Kontrollinstrumente geworden ist.
– Weiteres wird verlangt, daß die Wohnbauvorhaben in Beziehung zur umliegenden Bebauung, der näheren und weiteren Wohnumwelt geplant und errichtet werden.
– Zumeist werden Wettbewerbe abgehalten, um jenes Projekt zu finden, das ausgeführt wird. Wir haben ein zweistufiges Beurteilungsverfahren unter Einbeziehung der Bewohner entwickelt.
– Hohe architektonische Qualität und eine Vielfalt von Wohnungsgrundrissen und Wohnformen sind weitere wesentliche Forderungen der „Modell-Steiermark"-Projekte.
– Der planende Architekt wird durchwegs mit der vollständigen Büroleistung beauftragt, in vielen Fällen übernimmt er auch die örtliche Bauaufsicht; dafür ist er für die Einhaltung der präliminierten Baukosten verantwortlich".

Der ÖSTERREICHISCHE WOHNBUND hat 1988 Eckwerte einschließlich konkreter Novellierungsvorschläge für das zukünftige Länder-Wohnungsbauförderungsrecht vorgelegt. Als Paragraph 1 wird vorgeschlagen (Österr. Wohnbund 1988):

„Ziele der Wohnbauförderung sind insbesonders:
1. Beteiligung der Bewohner bei Planung, Bau und Verwaltung der Wohnungen,
2. Qualitatives Wohnen, welches ökologische, gesundheitliche, sozialkommunikative und baukulturelle Grundsätze berücksichtigt,
3. Wohnraum zu schaffen, der für alle Bürger erschwinglich ist,
4. gute Architektur zu fördern."

Für die in Österreich an die Förderung prozentual gebundene Wohnbauforschung ist folgender Zusatz vorgeschlagen worden:

„Insbesondere können die Mittel (der Wohnbauforschung; d. V.) auch für die Beratung von Bewohnergruppen verwendet werden, die in Selbstorganisation und gemeinschaftlich Wohnhausanlagen errichten oder Wohnhäuser sanieren und für die Beratung und Unterstützung von Bauträgern und Gemeinden, die partizipative Wohnbauprojekte realisieren sowie zur Beratung zur Verwirklichung von Eigenheimsiedlungen in der Gruppe und in verdichtetem Flachbau".

Auch die deutschen Wohnungsbaugenossenschaften haben sich programmatisch mit den „alternativen Gruppierungen" auseinandergesetzt und eine außerordentlich positive Stellungnahme abgegeben (Wohnen bei Genossenschaften 1987, 27):

„Wie immer, wenn neue Anforderungen an alte und gewachsene Besitzstände treffen, gibt es Reibungen und Berührungsängste. Mangelt es den einen an Professionalität und Kapital, mögen die anderen sich vom Schwung der Ideen allein nicht forttragen lassen... Als Berater und Betreuer können die Wohnungsbaugenossenschaften auf den reichen Fundus ihrer Erfahrung beim Bauen und Verwalten zurückgreifen. Für die alternativen Wohnungsbauer könnten sie hilfreich sein

– beim Verfassen einer Satzung und ihrer Umsetzung ins Organisatorische,
– bei der Suche nach einem geeigneten Objekt,
– als Betreuer bei Bau und Abwicklung, von der Ausschreibung bis zur Abrechnung aller technischen Leistungen,
– bei der Beschaffung und Abwicklung der Finanzierung,
– mit Rat und Tat bei der Verwaltung,
– durch die im Gesetz verankerte Beratung und Betreuung durch die Verbände, deren rechtliche und betriebswirtschaftliche Normen allerdings für Neugründungen keine Sonderbehandlung vorsehen.

Selbst die wohl schwierigste Aufgabe für alternative Bauherrn, die Kapitalbeschaffung, könnte mit Hilfe erfahrener Genossenschaften zu bewältigen sein. Eine Beteiligung der betreuenden Genossenschaft an so einer Dauerfinanzierung oder gar eine Mithilfe beim Aufbringen des Eigenkapitals ist allerdings rechtlich nicht zulässig und sollte daher nicht eingefordert werden – auch nicht unter dem Begriff der Solidarität".

In einem Forschungsprojekt im Auftrag des Düsseldorfer MSWV (Bärsch, Cremer, Novy 1989) konnte gezeigt werden, daß selbst die oben gemachte Einschränkung, daß es keine Beteiligungs-

möglichkeiten bei neuen Projekten geben könne, nicht stimmt, daß die Altgenossenschaften sogar sehr sinnvolle Möglichkeiten der organisatorischen, finanziellen Hilfe sowie der Bindungsvergabe hätten.

Schließlich ist 1988 auch das erste Gründungshandbuch für Wohngruppenprojekte entstanden, eine gemeinsame Initiative des Bonner Vereins zur Förderung des Genossenschaftsgedankens und des WOHNBUNDs (vgl. Gemeinsam und selbstbestimmt, 1988).

Immer häufiger sind es nicht betroffenen Gruppen, sondern Gemeinden, Politiker oder Wohnungsunternehmen, die von sich aus ein partizipatives, nachbarschaftliches Projekt anbieten wollen. Einen solchen Pilotversuch in Richtung „Wohnen morgen" machte 1988 die Landeshauptstadt Düsseldorf mit ihrem städtebaulichen Ideenwettbewerb Düsseldorf Gerresheim (Benderstraße). Dort heißt es (Wettbewerbsausschreibung 24, 50, 61):

„Es ist Ziel des Wettbewerbs, Vorschläge für eine Wohnsiedlung zu erhalten, die querschnitthaft verschiedenartige Wohnformen in überschaubaren Gruppierungen (Nachbarschaften) vorsieht und unterschiedliche Wünsche, Bedürfnisse und finanzielle Möglichkeiten künftiger Nutzer berücksichtigt... Es sollen auch Vorschläge unterbreitet werden, wie und welche Bauherrengruppen die gemeinsame Realisierung von Vorhaben unter z. B. auch ökologischen oder kostengünstigen Aspekten ermöglicht werden kann. Damit soll auch eine Bildung von Monostrukturen im Wettbewerbsgebiet ausgeschlossen werden... Bewußt soll auch die Diskussion um Städtebau, Architektur und Ökologie nicht ohne eine Vorstellung über die künftigen Nutzer geführt werden. Das gilt insbesondere für Wettbewerbsbeiträge, die sich innovativ mit Wohnungsbaumodellen und zukunftsorientierten Organisations- und Trägerschaftsformen auseinandersetzen". Seit Herbst 1990 arbeitet WOHNBUND Beratung NRW mit der Stadt Düsseldorf zusammen, um die ehrgeizigen Ziele dieses innovativen Vorhabens, wo u. a. 8 Wohngruppenprojekte/Wohnhöfe entstehen sollen, zu realisieren.

Auch im „Memorandum" der Internationalen Bauausstellung Emscher-Park (1988, 48) gelten die „neuen Wohnformen" als einer von 7 Programmschwer-

punkten. „Die ökologische, ökonomische und soziale Erneuerung des Emscher-Raumes als Voraussetzung und Folge für neue Lebensstile und Lebensformen wird qualitativ andere Wohnungen und Wohnformen erforderlich machen... Zentrale Arbeitsbereiche in diesem Leitprojekt sind: ... der Entwurf von „Siedlungen der Zukunft", wobei das Gedankengut der Arbeitersiedlungen zeitgemäß interpretiert werden soll; die Demonstration gemeinschaftlicher Wohnformen unter Belebung des Genossenschaftsgedankens".

Schließlich hat das Thema „Anders Wohnen" auch die etablierten Verbände erreicht. Im Rahmen der Essener DEUBAU 1989 haben beispielsweise der Gesamtverband gemeinnütziger Wohnungsunternehmen, Deutsche Städtetag sowie der BDA gemeinsam einen Kongreßtag zum Thema „Anders Wohnen" ausgerichtet. Ja selbst die Bausparkassen beginnen ihre Werbung auf die neuen Zielgruppen und deren Lebensstile auszurichten: das „Traumhaus" ist nun oft ein Ökohaus in einer Wohngruppenanlage.

2.2 Indizien und Bausteine einer neuen Planungskultur

Die unbefriedigenden Architektur- und Planungsergebnisse der letzten 20 Jahre haben zahlreiche Innovationsversuche auch im vorgelagerten Planungsbereich hervorgebracht. Hierbei handelt es sich hauptsächlich um Organisations- und Verfahrensveränderungen, die es berechtigt erscheinen lassen vom Beginn einer „neuen Planungskultur" zu sprechen.

Bauausstellung

Waren die Bauausstellungen früher meistens überschaubare Anlagen – man denke an die Werkbund-Siedlungen der zwanziger Jahre – so wurde mit der IBA-Berlin ein umfassender Versuch gestartet, das Routinekartell des Berliner Baugeschehens mit einer eigenen By-pass-Institution – den Planungsgesellschaften IBA-Neu und -Alt – aufzubrechen oder zu umgehen und ganze Stadtteile neu zu ordnen. Trotz ihrer instrumentellen Schwäche ist es der IBA gelungen, Komplexität und Niveau des Planungsverfahrens radikal anzuheben, was sich auch nach ihrem Ende bis heute auf das Berliner Baugeschehen positiv auswirkt. Inzwischen hat die Landesregierung NRW ebenfalls eine IBA (Emscher-Park) ausgerufen und eine entsprechende Planungsgesellschaft gegründet, die die verfahrene Situation im nördlichen Ruhrgebiet einer ökologischen, industriepolitischen und stadtkulturellen Erneuerung zuführen soll.

Gestaltungsbeiräte

Zwar hat es immer schon Beiräte zur Architekturbegutachtung und -beratung gegeben, doch mit dem Gestaltungsbeirat als Teil von Voggenhubers Salzburger Architekturreform wurden ganz neue Wege beschritten, deren qualitätssteigernde Auswirkungen bis heute, also längst nach Voggenhubers Sturz, zu spüren sind. Die neuen Merkmale sind: gesicherte Agenda und Kompetenz, Öffentlichkeit und Beteiligung der Bauherren und Architekten sowie weitgehende Unabhängigkeit der Beirats-Mitglieder. Inzwischen ist das Salzburger Modell weitgehend in Linz/D übernommen worden.

Großprojekte/Sonderplanungsgesellschaften

Vor allem in der Zeit der Wirtschaftsstagnation seit 1973 wurde zu Großprojekten gegriffen, um in einer Art Wirtschafts- und Kulturkeynsianismus zu einer Dynamisierung des Geschehens zu kommen. Um mit den komplexen Aufgaben des Großprojektes fertig zu werden, wurden meistens Sonderplanungsgesellschaften eingerichtet, die jenseits bisheriger Verwaltungsroutine für eine qualitätbewußte und zügige Umsetzung sorgen sollten. Beispiele hierfür sind im Ausland die großen Industriebrachenrecycling-Projekte wie Docklands in London, Mediapark in Köln, Bundesgartenschauen oder Weltausstellung in Wien.

Neue Wettbewerbskultur

Zur städtebaulichen Innovation und Anhebung der Architekturqualität werden immer mehr Wettbewerbe eingesetzt. NRW hat Wettbewerbe für alle Wohnungsvorhaben ab 50 WE verpflichtend gemacht – unter Übernahme der Kosten. Berlin und Frankfurt sind ebenfalls Vorreiter, auch bei innovativen Auslobungstexten und Programmen. Auch wettbewerbsvorgelagerte Werkstattgespräche oder Kolloquien finden zunehmend Verbreitung.

Bauherrenwettbewerbe/Bauherrenpreise

Ein ganz neues Instrument ist der von der IBA-Berlin erfundene Bauherrenwettbewerb. Hierbei geht es darum, eine vorhandene Qualitätsplanung optimal umzusetzen, Druck auf die Bauherren/Investoren auszuüben, sich die angestrebten Ziele zu eigen zu machen. Solche Anreize für Bauherren, sich ihrer baukulturellen Verantwortung mehr anzunehmen, sollen auch durch Bauherrenpreise gesetzt werden. In der BRD hat der Städtetag, BDA und Gesamtverband der gemeinnützigen Wohnungswirtschaft einen solchen Preis ausgelobt.

Planungswerkstätten/Kolloquien

Im Vorfeld wichtiger Wettbewerbe oder großer Strukturentscheidungen hat sich in den letzten Jahren ein Verfahren eingebürgert, unabhängige, auswärtige Experten zu einer Begutachtung und Bewertung heranzuziehen; und zwar nicht in der Form von Gutachten, sondern Vorort in intensiven, mehrtägigen Kolloquien unter Beteiligung aller Akteure. Die Ergebnisse gelten dann als verbindlicher Input in den weiteren örtlichen Planungsprozeß. Die Stadt Augsburg sowie die IBA-Emscher-Park haben beispielsweise mit diesem Instrument positive Erfahrungen gemacht.

Qualitäts- und Innovationsträger

Viele alte Wohnungs- und Entwicklungsgesellschaften haben sich soweit bürokratisiert, daß von ihrem alten Pionierstatus und ihrer Vorbildfunktion nichts als Mittelmäßigkeit übrig geblieben ist. Wegen des teilweise erschütterten baukulturellen Niveaus wurde im konservativen Lager der gemeinnützigen Bauvereinigungen die „Werkstatt Wien" gegründet, samt einer vorgelagerten Planungsgesellschaft (GWV). Letztere sollte die Formulierung des Feinprogrammes der Bauaufgabe übernehmen sowie die Architektenauswahl. Durch Gutachten, kleine Wettbewerbe und Werkstattgesprächen sollten vor allem junge, qualifizierte Architekten eine Chance bekommen. Auch in der BRD ist angesichts des Zwanges, viel und schnell zu bauen, die Vorstellung im Gespräch, dafür qualitätssichernde Institutionen – Qualitätsträger, Ombudsmann usw. – einzusetzen.

Experimentalprogramme

Der steiermärkischen Landesregierung ist ein Wohnbauprogramm gelungen, das seines gleichen sucht in Europa: „Modell Steiermark". Es galt, Raumordnungspolitik, Architekturqualität und Bewohnermitbestimmung optimal zu verbinden. Dies ist durch ein Sonderprogramm gelungen, das Anreize für Gruppenbildung und Mitbestimmung, für Flächensparen und Ökologie sowie über ein zweistufiges Wettbewerbsverfahren für hohe Architekturqualität setzt.

Neue Architekturöffentlichkeit

In den letzten Jahren ist es gelungen, das Interesse an der gebauten Umwelt, an Architektur und Baukultur stark anzuheben. Indizien für diese Neubewertung sind: eine entfaltetere Architekturkritik und mehr Medienpräsenz, die Entstehung von Architekturmuseen und -häusern, von Städtebauforen. Die Zahl der Architekturpreise hat stark zugenommen, ebenso die Zahl der Fachpublikationen.

Die Frage nach der Demokratie als Bauherr ist immer wieder gestellt worden (Arndt 1984). Gemeint war dann meist nur noch die besorgte Frage nach der Baukultur der Staatsbauten, um die es seit der Demokratisierung selten gut bestellt war. Für manche – wie Hackelsberger (1989) – galt es gar für besonders demokratisch, wenn der Staat in seinen Bauten auf gewollte Aussagen und Bedeutsamkeiten verzichtete.

Nun, das Dilemma ist offensichtlich. Einerseits ist das baukulturelle Niveau erschütternd niedrig, andererseits kann man nicht zurück zu den autoritären, personalisierten Stadtbauaktionen der Vordemokratien und wie sie zuletzt von Speer vorexerziert wurden. Auch hat kaum noch jemand Illusionen über demokratische Abstimmungsverfahren in Fach- und Kulturfragen. Gegen das Mißverständnis einer Abstimmungsarchitektur und damit auch gegen einen Teil seiner Gefolgschaft hat sich Voggenhuber in seinem „Bericht an den Souverän" unmißverständlich geäußert: „Bauen ist ein öffentlicher Akt. Es hat daher den grundlegenden Regeln der Architektur und des Städtebaues gerecht zu werden. Dies bedeutet aber auch, den künstlerischen und wissenschaftlichen Anspruch der Architektur ausdrücklich anzuerkennen und ihr den zu seiner Verwirklichung notwendigen Freiraum zu schaffen. Sache der Bauherrn ist es, den Architekten vorzugeben, Bedürfnisse und Rahmenbedingungen zu formulieren, sein kulturelles und soziales Selbstverständnis offenzulegen. Es kann jedoch nicht Sache des Bauherrn sein... in die architektonischen Entwurfsarbeit zensierend einzugreifen. Ihre Beurteilung kann nur die Aufgabe der besten Fachleute sein. Die Architektur kann nicht davon befreit werden, für die Architektur verantwortlich zu sein. Der Versuch der Demokratisierung von Bauen und Planen in Salzburg zielt daher auch nie auf eine Abstimmungsarchitektur, noch ist damit ein Populismus gemeint, der die Architektur aus der Unterwerfung unter die Bauspekulation befreien will, um sie dem „gesunden Volksempfinden" zu überantworten. Ein kulturell und sozial verantwortlicher Bauherr ist ein Voraussetzung für das Entstehen von Architektur. Er versucht nicht den Architekten zu ersetzen, sondern ihn herauszufordern". Ein besonders deutliches Beispiel für einen solchen Abstimmungspopulismus gab der neue Bausenator Nagel in Berlin, als er die Wettbewerbsergebnisse für die Erweiterung der Amerikanischen Gedenkbibliothek mit einer Postkartenaktion zu unterlaufen suchte. Einzig auf der Basis von drei postkartengroßen Modellfotos sollte sich die Bevölkerung durch Ankreuzen für einen Entwurf entscheiden. Heikel bleibt allerdings Voggenhubers Vertrauen in die Selbststeuerung der Architekten- und Planerschaft bezüglich der Entwicklung von Leitbildern.

Wenn aber weder traditionelles Verwaltungshandeln noch Volksabstimmungen Planungs- und Bauqualität absichern können, wo liegen dann Alter-

nativen? Aus meiner Sicht deuten sie sich an in den oben genannten neuen Verfahren, die alle Elemente neuer Planungsrituale beinhalten. Es gilt diese Elemente herauszudestillieren und in entsprechende Verfahrensvorschläge umzusetzen. Dabei scheint mir an allen innovativen Verfahren eines bemerkenswert und durchgängig: nämlich der Übergang von technokratischen-expertokratischen Entscheidungsverfahren zu solchen pragmatisch-dialogisch-diskursiver Art. Der Unterschied liegt vor allem darin, daß sowohl bei allen Formen des Verwaltungshandelns wie auch bei formalistischen Abstimmungen Bewertungen und Entscheidungen isoliert vorgenommen werden. Die neuen Planungsverfahren agieren mindestens in der Fachöffentlichkeit und setzen auf Lernprozesse, auf Normenverschiebungen der Akteure. Deshalb ist die Präsenz möglichst aller Akteure bei der Begutachtung so wichtig. Es geht darum, polarisierte Interessen kraft Argumentation und Umwertung in eine Innovationskoalition einzubinden. Die unerläßliche Fachautorität darf sich nicht in Gremien und Ausschüssen und hinter papierenen Gutachten verstecken, sondern muß im Lichte der Öffentlichkeit unter Anwesenheit der betroffenen Architekten und Investoren urteilen. Die Bedeutung dieser Beteiligungsformen läßt sich an folgendem Beispiel erläutern. Die Landesregierung NRW fordert und finanziert Wettbewerbe für alle Wohnbauvorhaben mit mehr als 50 WE. Traditionelles Verwaltungshandeln (per Verordnung) führt in vielen Fällen dazu, daß die guten Absichten der Landesregierung auf lokaler Ebene von Wohnungsunternehmen, Kommunen unterlaufen werden, weil sie die Wettbewerbsauflage nur als lästig empfinden. Auslobungstexte werden banal gehalten, die Jury traditionell besetzt, bei kleinen gutachterlichen Wettbewerben werden nur die Hausarchitekten der Baugesellschaften geladen oder man teilt die Bauvorhaben in Abschnitte von je 49 WE und unterläuft die Regelung gänzlich. Hier zeigt sich, wie wichtig Planungsverfahren sind, die alle Akteure in die Bewertungs- und Begründungspflicht nehmen.

Solche öffentlichen Sitzungen mit ihrer fachlichen Streit- und Begründungskultur bedeuten auch – die Produktion von Ereignissen für die Medienöffentlichkeit, die das Thema und – viel wichtiger – die Maßstäbe in die große Öffentlichkeit bringen. Die alten, nicht öffentlichen

Gestaltungsbeiräte hatten kaum eine Medienwirksamkeit, ja auch keine Kompetenz. Die neuen sind ständig Anlaß der Berichterstattung. Investoren und Architekten werden sich ihrer öffentlichen, baukulturellen Verantwortung bewußt. Im Medium einer solchen entfalteten Öffentlichkeit läßt sich manch ein Investor von einem qualitätvolleren Entwurf und damit zum Abrücken von alten Vorhaben überzeugen. Ich glaube, daß neue Planungsrituale dazu beitragen können, auch Investoren von ihren unsensiblen Projekten abzubringen und sie – im wohlverstandenen Eigeninteresse – auf ihre baukulturelle Verantwortlichkeit zu bringen. R. Rainers Vorwurf der „Geschmacksdiktatur" trifft genau dann nicht, wenn die Verhandlungen und Bewertungen öffentlich durchgeführt und die Betroffenen Stellung nehmen können.

Zu einer solchen entfalteten Öffentlichkeit trägt auch die ständige „Produktion von Ereignissen" bei: Preisverleihungen, Ausstellungen über Wettbewerbsergebnisse, Informations- und Diskussionsveranstaltungen, Planungswerkstätten. Die räumliche Verdichtung dieser Öffentlichkeit in Gestalt von Architekturhäusern, Stadtforen, Architekturmuseen wird immer unentbehrlicher.

Demokratie als Bauherr und städtebauliches Subjekt sollte sich vielleicht weniger – wie in der bisherigen Debatte – an der Frage der Bauhaltung des Staates festmachen, als an der Organisation einer Verfahrensrationalität des demokratischen Planungsprozesses. Im Sinne H. M. Enzensbergers sind hier weniger politzentrierte Entscheidungsmodelle gemeint als vielmehr Bilder einer wirklich „zivilen Gesellschaft", bei der zahllose Akteure sich ihrer baukulturellen Verantwortung bewußt sind und in einem organisierten Dialog umsetzen.

Bezüglich der Leitbilder sollte man die postmoderne Warnung vor rationalistisch begründeten „Brüchen mit der Geschichte", also auch vor Brüchen mit der historisch gewachsenen Stadt, ernst nehmen. Städtebaulich würde dies ein Verfahren bedeuten, daß in der Preistheorie der Ökonomie als „rekurrenter Anschluß" bekannt ist. Wenn man nicht weiß, wie sich Preise bilden, sollte man sich auf die empirische vorgegebene Struktur beziehen und sie nur graduell, also vorsichtig variieren. Auf die Stadt bezogen: solange die Bemühungen um den Bau von „neuen Städten" so schlecht ausfallen wie bisher, sollte man vielleicht zurückfinden zu den historisch bewährten Formen des Stadtbaues: Stadtgrundriß und öffentliche Räume festlegen, Parzellierung, Bebauung durch viele Träger/Eigentümer, vielfältige, variable Nutzungen, Blockrandbebauung usw. Ist städtische Dichte am Stadtrand so abwegig? Sind Abzonung am Stadtrand und Wachstum nicht Widersprüche?

3. Herausforderungen

3.1 Kinderkrankheiten

Trotz der realen und medialen Virulenz der neuen Wohnformen, so zeigt eine kritische Analyse der bisherigen Entwicklung, daß die meisten Weichen falsch gestellt sind. Stichwortartig sollen die vielen Hindernisse, Fehlentwicklungen, falschen Weichenstellungen und Kinderkrankheiten aufgezählt werden:

Falsche Prioritätensetzung

Besonders folgenreich ist eine verzerrte Prioritätensetzung: die Besonderheiten der Projektdurchsetzung überschatteten alle Probleme der Nutzung nach Realisierung. Zur Erläuterung: Oft werden folgende Phasen des Projektverlaufes unterschieden: erstens die Vorbereitungs-, Sozial- oder Projektfindungsphase; zweitens die Planungsphase, drittens die Bauphase; viertens die Wohn- oder Nutzungsphase (vgl. Freisitzer u. a. 1987, 256; Bärsch u. a. 1989). Fast alle Projekte des letzten Jahrzehnts konzentrierten sich programmatisch und praktisch auf die ersten Phasen: „gemeinsam planen und bauen". Mitplanen und bauliche Selbsthilfe galten vielen als das Spezifische der neuen Projekte. Alle Energien der Beteiligten fixierten sich auf die Probleme der Projektdurchsetzung und Realisierung. „Kosten- und Flächensparendes Bauen" sowie bauliche Selbsthilfe waren zwei Hauptschwerpunkte der Debatte des letzten Jahrzehnts: Innovationen in der Planungs- und Bauphase al-

so, die bezeichnenderweise wesentlich von Architekten und Planern getragen wurden. Doch alle nur auf Baukostensenkung bezogenen Innovationen sind an den Erstnutzer gebunden und „verpuffen" beim ersten Marktverkehr. So bleiben alle diese Bemühungen nur temporär. Es kommt aber darauf an, die notwendigen wohnkulturellen Innovationen langfristig abzusichern. Hierbei stellen die Modalitäten des Bewohnerwechsels ein zentrales Suchfeld bei der Absicherung von Wohngruppenprojekten dar. So rückt wieder das wohnpolitisch fast verabschiedete Thema der Sozialbindungen des Wohnens wieder ins Zentrum des Interesses.

Erfolgsmaßstäbe der neuen Projekte können daher nicht die der Durchsetzungsphase, sondern nur die der Nutzungsphase sein. Dies ist bisher kaum erkannt worden. Die falsche Prioritätensetzung hat auch eine Ernüchterung, ja Resignation bezüglich der Bedeutung von Selbsthilfe und Planungspartizipation, die jetzt eingetreten sind, vorprogrammiert. Wieder einmal droht das Kind mit dem Bade ausgeschüttet zu werden. Eine Korrektur der Akzente ist überfällig: neue Wohnformen konstituieren sich weniger in der Entstehungs- als in der Nutzungsphase. Eine Fokussierung auf die Wohn- oder Nutzungsphase bedeutet aber einen radikalen Wandel der Problemdefinitionen. Nicht Planungs- und Baufragen stehen im Vordergrund, sondern die Sozialorganisation des Wohnens.

Falsche Rechtsformangebote

Die klassischen wohnungspolitischen Angebote – Miete oder Einzeleigentum – zielen auf den isolierten Einzelhaushalt und passen daher nicht zum Konzept der Wohngruppenprojekte. Die traditionelle Alternative, das genossenschaftliche Gemeinschaftseigentum, ist in der aktuell geltenden Form umständlich in der Gründung, anachronistisch in der Beteiligungsform (Nominalprinzip, gleiche Anteile) und gegenüber dem Einzeleigentum steuerlich extrem benachteiligt. Was gebraucht wird, ist eine Rechtsform, die erstens die gemeinsame Entscheidungsfindung (Wohnungswechsel, Nutzungswechsel, Gemeinschaftsflächen usw.) regelt, die zweitens sozial gemischte Gruppen und flexible Beteiligungsformen zuläßt, drittens Realwertsicherung und Durchschnittsver-

zinsung ermöglicht, Spekulation jedoch ausschließt und viertens relativ leichten Ein- und Austritt möglich macht. Keine der aktuellen Rechtsformen (WEG, eG, eV, GbR, GmbH) kann als besonders geeignet gelten; mit Kombinationen, die sowohl die Gruppenrechte absichern (durch eine vorgeschaltete juristische Person) wie auch über eigentumsähnliche Rechte das Geltendmachen von Steuerpräferenzen ermöglichen, wird zur Zeit experimentiert (vgl. Wohnbund-Beratung NRW 1989).

Falsche Zielgruppe

Eine empirische Analyse der Wohngruppenprojekte zeigt deutlich die Dominanz durchsetzungsfähiger Jungakademiker, darin wiederum der Jungfamilien. Daraus wird politisch oft geschlossen, daß es sich ohnehin um privilegierte Schichten handelt und daß es daher keinerlei politischen Handlungsbedarf gibt. Am Ergebnis ist kaum zu deuten, allenfalls ist zu präzisieren, daß es sich lebenskulturell um die 68er Generation handelt, um Schichten mit hohem Anteil postmaterialistischer Werte. Zwar teile ich den Befund, nicht jedoch die Konsequenzen. Daß sich vorrangig durchsetzungsfähige Jungakademikerfamilien in diesen Projekten finden, läßt nicht den Schluß zu, daß nur diese als Bedarfsgruppe für neue Wohnformen in Frage kommen, sondern daß der Durchsetzungsprozeß sozial selektiv ist. Wer es am nötigsten hat, beispielsweise berufstätige alleinerziehende Mütter oder Väter, hat keine Chance in der zeitraubenden, mühsamen Durchsetzungsphasen mit unsicherem Ausgang. Mangels organisatorischer und finanzieller Hilfe zur Selbsthilfe scheitert die Mehrzahl der Wohninitiativen an den schier unüberwindbar wirkenden Projektentwicklungsproblemen.

Falsche Initiatoren

Die Mehrzahl realisierter Wohnprojekte geht entweder auf die Initiative engagierter Architekten oder von Bewohnergruppen zurück. Doch beide Initiatorentypen sind ungeeignet. Als Laien sind die Bewohner schnell überfordert und machen – soweit sie überhaupt durchkommen – teure Fehler. Keine der traditionellen Serviceeinrichtungen wie Banken, Bausparkassen,

Wohnungsämter bieten hier Hilfe. Und die Architekten werden bei der sozial-organisatorischen und wirtschaftlichen Projektentwicklung berufs- bzw. ausbildungsfremd gefordert und – trotz individuell erstaunlicher Leistungen – hierfür auch nicht bezahlt. Trotz der vielen erfolgreichen Beispiele erscheint mir die Initiatorenrolle bei Architekten nicht gut aufgehoben. Sie sind für die Planungs- und Bauphase qualifiziert, nicht jedoch für die hier im Vordergrund stehenden Probleme der sozialorganisatorischen und wirtschaftlichen Projektfindungs- und Nutzungsphase. Hierzu bedürfte es spezieller Institutionen (Initiatoren, Entwicklungsagenturen) und qualifizierter Projektentwickler, Animateure, Moderatoren, Organisatoren – ein bisher kaum entdecktes Berufsfeld für Wirtschafts- und Sozialwissenschaftler. Eine zu frühe Bindung einer Gruppe an den initiierenden Architekten kann sich auch als nachteilig für die architektonische Qualität erweisen.

Falsche Architekturleitbilder

Die kritische Beobachtung bisheriger Ergebnisse läßt hier viele Mißverständnisse sichtbar werden. Mit der oben skizzierten falschen Prioritätensetzung – der Überbewertung der Planungs- und Bauphase zu Lasten der Projektfindungs- und Nutzungsphase – sowie der Überforderung des Architekten als Organisator hängt eine verbreitete Fehlinterpretation über die Rolle des Architekten zusammen. Wohngruppenarchitektur gilt als Partizipationsarchitektur. Der Architekt – so dieses Mißverständnis – tritt dienend zurück und wird Ausführungsorgan der sich verwirklichenden Gemeinschaft. Dies aber wäre das Ende der Architektur.

Verbreitet aber falsch ist auch die Gleichsetzung von genossenschaftlichen Wohngruppenprojekten mit gebauter Dorfidylle: klein, flach, begrünt, vorstädtisch bis ländlich, Holzbau, Lehm, Walmdach usw. Dagegen muß klar gesagt werden, daß die hier skizzierten Wohnleitbilder keinerlei Präjudizierung des Bautyps oder der Formensprache beinhalten. Wohnen in der selbstgewählten Nachbarschaft ist auch im Hochhaus möglich, und für Singles und Mehrpersonenhaushalten von mobilen, kinderlosen Berufstätigen gar nicht einmal so abwegig. Persönlich bin ich sogar der Meinung, daß verdichteter

Flachbau am Stadtrand zwar eine Alternative zu den flächenverbrauchenden Eigenheim(zer)siedlungen darstellt, daß aber übergeordnete ökologische und städtebauliche Gesichtspunkte eigentlich für eine noch stärkere Verdichtung sprechen.

Unabhängig von der konkreten Rolle des Architekten zeichnen sich die gebauten Ergebnisse oft durch ein weiteres Mißverständnis aus, fast möchte man es eine „Kinderkrankheit" nennen: damit meine ich sowohl exaltierte Individualismen wie auch ein Hang zum gebauten Gemeinschaftspathos. Problematisch erscheint mir beides. Falsch wird der formale Individualismus aufgrund von Bewohnerpartizipation dadurch, daß die Mobilität in den Wohngruppenprojekten erfahrungsgemäß überdurchschnittlich ist und es daher keinen Sinn macht, individuelle Bedürfnisse in Formensprache und Grundriß derart in den Vordergrund zu rücken. Einer Anlage toleranter, unkonventioneller Haushalte ist mit vielseitig verwendbaren Wohnungen und Grundrissen besser gedient; Typus statt exaltierter Individualismus ist gefragt. Fehlbzw. nicht beraten sind die Projekte, die sich aufwendige Gemeinschaftsanlagen oder Erschließungshöfe baulich leisten, die dann in der Praxis nicht oder schlecht genutzt werden. Diese werden dann leicht zu Denkmälern enttäuschter Erwartungen. Wirkliche Wohngruppenprojekte definieren sich weniger baulich als in der Form des alltäglichen Zusammenlebens, im Aufbau informeller Nachbarschaftshilfe nach innen und außen.

Missverständnis: kein neuer Kollektivismus

Bedeutete der bisherige Wohnungsbau oft die „Verdreifachung" der Isolation des Einzelhaushaltes in Stein bzw. Beton sowie in einzelnen Eigentums- oder Nutzungstiteln, so gilt für viele Wohnprojekte das Gegenteil, was nicht minder problematisch ist. Die gebaute Gemeinschaft – die beliebte Erschließung der individuellen Sphären nur über eine allen einsichtige Gemeinschaftszone innerhalb der Wohnung oder der ganzen Anlage – bedeutet einen gefährlichen Rückfall hinter erreichte Privatheits-, Rückzugs- und Anonymitätsansprüche. In anderen Zusammenhängen sind für diese Gefahr die Begriffe „Tyrannei der

Initimität" (Sennett 1983) und „Terror der Intimität" (Beck 1986, 179) geprägt worden. Die haushaltsübergreifenden Lebenszusammenhänge müssen besonders auf die Balance von Privatheitsmöglichkeit und Nachbarschaftsoption achten. In diesem Sinne stehen die hier gemeinten Wohnmodelle nicht in der Kontinuität der Kommune- oder WG-Projekte der 68-Zeit, sie sind eher produktive Reaktionen auf diese. Viele gebaute Projekte allerdings spiegeln vor allem im Erschließungssystem noch den hier kritisierten Gruppenpathos. Ich bin sicher, daß eine zweite Generation von Wohngruppenprojekten aus den Erfahrungen mit einem Zuviel an gebauter Gruppenorientierung oder gar -kontrolle lernen wird und beispielsweise für eine Mehrfacherschließung von Wohnungen sorgen wird. Der gemeinschaftliche, (überdachte) Hof ist dann nur ein Aufenthaltsangebot, kein Pflichtdurchgang mit Konversationszwang.

Falsche Förderung

Die staatliche Förderung – einerlei ob direkt oder indirekt/steuerlich – bezieht sich auf den Einzelhaushalt und kategorisiert nach Haushaltseinkommen und Familiengröße, obwohl diese Größen zeitlich viel instabiler sind als Bildung, Milieu und Lebensstil. Für die einen kommt dann nur der soziale Mietwohnungsbau in Frage, für die nächsten die Eigentumsbildung im „sozialen Wohnungsbau", soweit sie sich zu extremen Belastungen (nicht nur in der Kinderzahl) bereit erklären, für die Besserverdienenden schließlich bleibt dann die freifinanzierte Wohnung mit Sonderabschreibungen. Die reale Entscheidungsmöglichkeit steigt mit dem Einkommen. Was aber für alle nicht geht, ist die Bildung eines sozial gemischten Wohngruppenprojektes. Das ist in den generalisierenden Förderrichtlinien nicht vorgesehen. Die Förderung zwingt in die Isolation. Ein Zusammenschluß wird nicht belohnt – wie im „Modell Steiermark" – er wird erschwert. Doch „Wohnen morgen" konstituiert sich oft in Gruppen, die im momentanen Einkommen und in der aktuellen Haushaltsform unterschiedlich sind, in Lebensstil und Toleranzansprüchen aber ähnlich sind. Trotz genereller Deregulierungsrhetorik blieb die Wirklichkeit der Deregulierung einseitig (vgl. Novy 1989): abgebaut wurden die objektbezogenen, direkten und gemeinnützigkeitsrechtlichen-indirekten Förderungsformen, es blieben aber und wurden immer wirksamer die budgetunsichtbaren Entlastungen für den steuersparenden Investor. Die staatliche Wohnungspolitik setzt also incentives für die kurzfristige und damit spekulative Immobilienanlage, setzt disincentives für den langfristig interessierten Investor (wie Versicherungsgesellschaften) oder sozialen Bauherren.

3.2 Forderungen

Nachfrageseite stärken!

Hauptmaxime muß es sein, den immer noch anachronistisch angebotsübermächtigen Wohnungsmarkt zugunsten der Verbraucher, der Nachfrager umzustrukturieren. Mehr Wahlmöglichkeiten für die Nachfrager! Es bedarf der Anlauf- und Beratungsstellen auch für die qualitativen Seiten des Wohnungsbedarfes. Anreize zur Bildung von Nachfragegruppen, zur Bildung von Baugemeinschaften sollten gegeben werden. In Österreich wird mit dem Förderscheck experimentiert, eine Form der Subjektförderung, die schon im Planungs- und Bauprozeß die Rolle der Nachfrager stärkt.

Orientierung an den „Neuen Haushaltsformen"

Diese Aufgabe ist nicht nur eine der passenden Grundrisse und wohnungsinternen baulichen Umstellungen, wie allgemein und schon länger gefordert (Europan 1988, 53ff). Es gilt nicht nur einzelne Wohnungen auf die veränderten Bedarfe umzustellen, sondern auch spezifische Häufungen, die ein förderliches Milieu ergeben, möglich zu machen. Mit der schrumpfenden Haushaltsgröße und Erosion der Normalfamilie – so die Hoffnung mancher (Sieder 1987, 279; Siebel 1988a, 31) – könnte eine Hausgemeinschaft in manchen Aspekten der alltäglichen Reproduktionsleistungen funktionales Äquivalent, Familienersatz, werden. Da die verschiedenen Gruppen innerhalb der Kategorie der „neuen Haushaltsformen" sehr ungleich selbsthilfefähig sind, kann ein Konzept „neuer sozialer Bauherrn"

auch nicht allein auf Selbstorganisation setzen, sondern muß fremdorganisierte Organisations- und Projektangebote für diese Teile bereit halten; dies vielleicht in Analogie zur Advokaten-Planung. Dies gilt ebenso für Jugendliche, Alte, Alleinerziehende wie etwa für hochmobile Personen, die zwar die finanziellen Mittel, nicht jedoch die Zeit bzw. den Zeithorizont haben, um ein Selbstorganisationsprojekt zu initiieren. Gleichwohl sind all diese Gruppen potentielle Interessenten von kulturell neuen Wohnangeboten.

Angebote für Gruppen für selbstgewählte Nachbarschaften

Gegen die haushaltsisolierenden Marktangebote (Mieteinzelwohnung oder Eigenheim/Eigentumswohnung) gilt es Angebote für bestehende oder potentielle Gruppen aufzubauen. Bei Siebel (1988a, 311) heißt es hierzu: „Es entwickeln sich Formen inszenierter Nachbarschaften auf der Ebene von Hausgemeinschaften und Häusergruppen. Im Kern handelt es sich um bewußte Organisation sozialer Netze, sowohl um bestimmte Haushaltsfunktionen gemeinschaftlich zu erledigen (Kinderbetreuung, Kochen, Lebensmittelkooperative ...), wie um Isolation und Anonymität zu durchbrechen. Praktische Überlegungen (Entlastung der berufstätigen Frau durch Kooperation im Wohnbereich) und das Interesse an engerer Kommunikation greifen ineinander". Anders als bei den bisher realisierten Projekten steht aber definitorisch die Wohngruppe nicht am Anfang, sondern am Ende. Das Wohnen in der selbstgewählten Nachbarschaft, die Beteiligung an Gemeinschaftsdiensten, die Chance zu mehr Selbstorganisation im Alltagsleben, diese Resultate sind das entscheidende, nicht die Initiierung im Vorfeld durch die Betroffenen selber.

Identität von (überschaubarer) sozialräumlicher und rechtlicher Einheit

Während die soziale Einheit Haushalt historisch zunehmend schrumpft – mit dem Fluchtpunkt einer Gesellschaft von Einpersonenhaushalten –, wächst auf der anderen Seite die Größe der Bauherrn (durch Bautätigkeit und Konzentration). Eine Ausnahme bildet der

wachsende Eigentumsmarkt. Dieses Auseinanderdriften zweier Trends gilt besonders für die gemeinnützigen Wohnungsunternehmen, die „alten sozialen Bauherrn", die sich somit nicht nur immer weiter von ihrem ursprünglichen Bekenntnis zur Selbstverwaltung entfernen, sondern erst recht von den modernen Ansprüchen auf Partizipation seitens der Betroffenen. Die immer schon bei Wohnungsbaugenossenschaften angelegte Spannung zwischen (wachsenden) Baugenossenschaften und (verwaltenden) Wohnungsgenossenschaften ist in der deutschen Tradition durch Baupflicht zugunsten der ersten gelöst worden. Schon 1912 wies Karl Renner auf die Gefahren überregional expandierender Wohnungsbaugenossenschaften hin. Der überschaubaren sozialräumlichen Einheit eines größeren Hauses oder einer Häusergruppe/Siedlung sollte eine passende Bauherrn-Rechtsform der organisierten Nutzer (selbstnutzender Gemeinschaft) bereitgestellt werden, die sich von der Wohnungseigentümergemeinschaft durch stärkere Gruppenrechte, weitgehende Identität von Bewohnern und Miteigentümern, flexiblere und differenziertere Beteiligungsformen und relativ handhabe Ein- und Ausstiegsmodalitäten auszeichnet. Rechtssystematisch wäre allerdings eine juristische Person vorzuziehen, an der die Nutzer leicht veräußerbare Anteile haben, ohne daß es jedesmal bei Verkauf oder Nutzflächenveränderung zu Teilungserklärungen und entsprechenden grundbuchlichen Eintragungen kommen muß.

Neue Anreiz-, Beteiligungs- und Vermögensbildungsformen

Die bestehenden Alternativen Miete oder Eigentum sind zu starr und für städtische Arbeitnehmerhaushalte nicht einmal eine wirkliche Option. Denn Volleigentum (an Heim oder Wohnung) scheidet oft schon aus Kostengründen aus. Individuelles Teil- oder Miteigentum gibt es faktisch nicht. Das genossenschaftliche Gemeinschaftseigentum – historisch als Zwischenform zwischen Eigentum und Miete entstanden – hat im deutschen Rechts- und Finanzierungssystem diese Rolle vollkommen verloren und ist bezüglich des Vermögensaspektes ein Anachronismus. Das „Nominalprinzip" bei den Genossenschaftsanteilen stellt faktisch ein „disincentive" dar; in einer inflationierenden Welt sichert es nicht einmal den Realwert, schon gar nicht bietet es einen Anreiz, finanziell oder durch bauliche Selbsthilfe zu investieren, da man ja am „Ertrag" nicht beteiligt ist. Schließlich versagt auch noch der Staat die steuerliche Würdigung individueller Investitionen in das Genossenschaftseigentum. Daß dann die Genossenschaften Mühe bei der Eigenkapitalbeschaffung haben, darf nicht wundern. Für Neugründungen wirken sich diese Anachronistischen Regelungen prohibitiv aus. Daß hier politischer Handlungsbedarf liegt, müßte sich schon durch analogie zur Flexibilisierungsdebatte im Arbeitsmarktbereich ergeben. Muß es nicht darum gehen, dem subjektiven „Individualisierungsschub" auch objektiv Handlungsoptionen zu bieten? Bedenkt man, daß sich Arbeiter auf dem Land nach einer Studie von Jessen u. a. (1987) nach Abzug der Schulden im Durchschnitt ein Hausvermögen von zwei bis vier Jahresnettolöhne erarbeiten, während vergleichbar qualifizierte und bezahlte Arbeiter in der Stadt nichts akkumulieren, so erkennt man, was für ein Potential in den Städten durch mangelhafte Organisationsangebote verloren geht.

Förderwürdigkeit durch den Staat

Da „neue soziale Bauherrn" oft freiwillig Vermögens-, Preis- oder Belegungsbindungen oder andere öffentliche Leistungen zu übernehmen bereit sind, eignen sie sich im Sinne des Subsidiaritätsprinzips als Entlastungs-Träger staatlicher Aufgaben und sind daher verläßliche Förderungsempfänger. Krischausky/Mackscheidt (1984, 112) sprachen auch bezüglich der „alten sozialen Bauherrn" von der erhöhten „Subventionseffizienz". Dieser rechtsförmige „Tausch" von Bindungen gegen Förderung könnte – wie in jüngsten Novellierungsvorschlägen der Wohnungsbauförderung – statt auf generellen Regeln, durch vertragliche Einzelfallösungen („vereinbarte Förderung") gesteuert werden. Die Rückkehr zum Äquivalenzgedanken in der staatlichen Wohnungsbauförderung – Förderung nur gegen Bindungen – müßte zu einer bevorzugten Förderung der Genossenschaften führen. Denn sie sind jenseits der bald unwirksamen öffentlichrechtlichen Bindungen des WGG die einzigen Wohnungsunternehmen, die organisationsimmanent eine Mitgliederbindung und Selbstverwaltungsbindung beinhalten.

Da die neuen sozialen Bauherren nicht wieder Wohnungsunternehmen werden sollen, sondern nur Rechtsform einer selbstnutzenden Gemeinschaft darstellen, bedarf es der professionellen Projektentwickler solcher Modelle. Organisatorische Hilfe zur Selbsthilfe am besten in Gestalt „intermediärer Organisationen" (vgl. Selle 1988) müßte aufgebaut werden. Ein solches „Initiatorenmodell" (Novy 1985) wird zwar schon

länger gefordert, ist aber erst in Ansätzen entwickelt. Bestehende gemeinnützige Wohnungsunternehmen könnten zwar verschiedene Formen der Projektkooperation anbieten (vgl. Bärsch u. a. 1989), doch die Projektfindung und -entwicklung dürfte besser bei speziellen Entwicklungsagenturen aufgehoben sein. Für besondere Zielgruppen hat es in Berlin, Hamburg und Hessen Ansätze zu solchen spezialisierten Initiatoren gegeben. In NRW entwickelt sich WOHNBUND Beratung NRW in Richtung einer solchen Service-Agentur. Die Finanzierung der höheren Planungs- und Organisationskosten innovativer Wohnvorhaben wäre bei Mittelstandsprojekten den Nutzern zu berechnen, im geförderten Wohnbau teilweise über Paragr. 31 HOAI bzw. einzurechnen in die Verwaltungskosten des Bauherren. Darüber hinaus lassen sich diese Innovations- und Qualitätssicherungskosten in Analogie zur öffentlichen Übernahme von Planungs- und Wettbewerbskosten darstellen. Wenn Stadtästhetik und Denkmalschutz förderungswürdige öffentliche Kulturaufgaben sind, so sind es Beteiligungsmodelle, ökologische Innovationen und Nachbarschaftsentwicklung (community-development) allemal. Die community architecture movement" (Wates/Knevitt 1987) hat in England zu einem radikalen Umdenken beigetragen; warum soll die Suche nach der Einheit von sozialer, ökologischer und kultureller Innovation der öffentlichen Hand nicht auch etwas Wert sein?

Literatur

Bärsch, J./Cremer, C./Novy, K., 1989: Neue Projekte, alte Wohnungsgenossenschaften. Kooperationsmodelle zur Bestandssicherung, Darmstadt

Bartholmai, B., 1988: Aktuelle Tendenzen des Wohnungsmarktes – der einfache Weg der Wohnungspolitik, Karlsruhe

Beck, U., 1986: Risikogesellschaft. Auf dem Weg in eine andere Moderne, Frankfurt

Bericht der Sachverständigenkommission beim Minister für Stadtentwicklung, Wohnen und Verkehr des Landes NRW 1988: Neuorientierung der Wohnungspolitik in Nordrhein-Westfalen. Empfehlungen zur mittelfristigen Fortführung und Modifikation wohnungspolitischen Handelns in NRW, o. O.

Beyme, K. v., 1987: Der Wiederaufbau, Architektur und Städtebaupolitik in beiden deutschen Staaten, München

Bodenschatz, H. 1988: Platz frei für das neue Berlin, Braunschweig

Boll, J., 1989: Vom schwierigen Weg zu mehr Mitbestimmung und Selbstverwaltung der Mieter – aktuelle Erfahrungen aus Nordrhein-Westfalen, in: J. Brech/WOHNBUND (Hrsg.): Neue Wohnformen in Europa Bd. I, Darmstadt, S. 129 ff.

Brech, J. (Hrsg.), 1981: Beispiele – Experimente – Modelle. Neue Ansätze im Wohnungsbau und Konzepte der Wohnraumerhaltung, Werkbund, Darmstadt, Bd. 1

ders., 1982: Bd. 2, wie oben

Brech, J./Schwenzer, H. G. (Hrsg.), 1984: Wer senkt die Wohnkosten, Darmstadt

Brech, J. (Hrsg.), 1986: Konzepte zur Wohnraumerhaltung. WOHNBUND, Darmstadt

Brech, J., Novy, K., Riege, M., 1989, Gruppenbezogene Wohneigentumsformen. Forschungsprojekt für das BMBau, Bonn

J. Brech/WOHNBUND (Hg.) 1989a: Neue Wohnformen in Europa, 2 Bde. Darmstadt

J. Brech/WOHNBUND (HG.) 1989b: Gemeinsam Leben. Gruppenwohnprojekte in der BRD, Darmstadt

Deutscher Verband für Wohnungswesen, Städtebau und Raumordnung 1987: Künftige Entwicklung von Angebot und Nachfrage auf den Wohnungsmärkten und Schlußfolgerungen für die Wohnungspolitik. Stellungnahme. Bonn

Deutscher Verband für Wohnungswesen, Städtebau und Raumordnung 1988: Die soziale Frage im Wohnungswesen – Zugangsbeschränkungen und regionale Angebotsengpässe am Wohnungsmarkt. Stellungnahme.
Manuskript, Bonn

R. Gutmann: Gemeinsam planen und wohnen. „Entwicklung sozialen Lebens" am Beispiel der Neubausiedlung Salzburg-Vorellenweg, IAK, Salzburg 1990

Das andere Neue Wohnen 1986, hg. v. Mühlestein, E., Ausstellungskatalog, Zürich

R. Edlinger/H. Potyka: Bürgerbeteiligung und Planungsrealität, Wien 1989

EUROPAN 1988, Europäische Wettbewerbe für junge Architektinnen und Architekten. Entwicklung der Lebensweisen und Architektur des Wohnens, (Berlin)

EUROPAN 1990: Ein Stück Stadt bewohnbar machen, Berlin

Fisher, R., 1984, Let the People Decide, Neighbourhood Organizing in America, Boston

K. Freiseitzer u. a.: Mitbestimmung im Wohnbau. Ein Handbuch, Wien 1988

Gemeinsam und selbstbestimmt 1988, Leitfaden für gemeinschaftliche Wohnprojekte, hg. v. Verein zur Förderung des Genossenschaftsgedankens und WOHNBUND, Darmstadt

Ch. Hackelsberger: Demokratie: Bauherr in eigener Sache, in: Der Architekt 1989, H. 10, S. 492 ff.

Häußermann, H./Seibel, W., 1987: Neue Urbanität, Ffm.

Hoffmann-Axthelm, D., 1989: Der „Republikanerschock" und die rot-grüne Baupolitik in Berlin, in: ARCH+ H. 99, S. 40

Krischausky, D., Mackscheidt, K., 1984, Wohnungsgemeinnützigkeit, Köln

Memorandum zu Inhalt und Organisation. Internationale Bauausstellung Emscher-Park, MSWV Düsseldorf 1988

Niethammer, L., 1988: Rückblick auf den sozialen Wohnungsbau, in: Prigge, W./Kaib, W. (Hrsg.): Sozialer Wohnungsbau im internationalen Vergleich, Ffm., S. 288

A. Norton/K. Novy (Hg.): Soziale Wohnpolitik der neunziger Jahre, Basel 1990

Novy, K., 1983, Genossenschafts-Bewegung. Zur Geschichte und Zukunft der Wohnreform, Berlin
ders., 1985, Initiatoren und Nutzergemeinschaften können sich ergänzen. Ausdifferenzierung statt überforderter Kleingenossenschaften, in: ders. u. a. (Hg.): Anders Leben, Bonn, S. 220 ff.

ders., 1988: Ansprüche an den Neubau. Wohnungspolitik als Kulturpolitik, in: Gewerkschaftliche Monatshefte Jg. 39, H. 11, S. 692 ff.

ders., 1989: 100 Jahre Wohnungspolitik. Von der Umverteilung zur Rückverteilung, in: Stadtbauwelt März 1989

Novy, K., 1989: Neue Lebensstile und neue Haushaltsformen. Gesucht: die neuen sozialen Bauherren, in: J. Brech/ WOHNBUND (Hrsg.): Neue Wohnformen in Europa, Bd. 1, Darmstadt

Selle, K., 1986: Bestandspolitik. Zehn Beiträge zu Stadterneuerung und Wohnungspolitik, Darmstadt

Siebel, W., 1988a, Wohnen und Familie, Manuskript

ders., 1988b, Wandlungen im Wohnverhalten, Manuskript

Sieder, R., 1987, Sozialgeschichte der Familie, Frankfurt
Steiermark wohnlich, o. J., Graz

Sennet, R., 1983: Verfall und Ende des öffentlichen Lebens. Die Tyrannei der Intimität, Ffm.

Steiner, D. (Hg.): Das Salzburg-Projekt. Entwurf einer europäischen Stadt, Wien 1986

Voggenhuber, J.: Berichte an den Souverän. Salzburg: Der Bürger und seine Stadt, Salzburg 1988

Werkstatt „Metropole Wien" Bd. 1: Lücken in der Stadt, hg. v. D. Steiner, Wien 1987

Werkstatt „Metropole Wien" Bd. 2: Die Kultur des Wohnens, hg. v. D. Steiner, Wien 1988

Wates, N./Knevitt, Ch., 1987: Community Architecture. How People are Creating their own Environment, London

WOHNBUND: Das Hamburger Manifest: Wohnpolitik für die multikulturelle Gesellschaft, Darmstadt 1989

Wohnbund Beratung NRW 1988: Rechtliche und finanzielle Gestaltungsmöglichkeiten für die Bildung gemeinschaftlichen Eigentums im Wohnungsneubau, 2 Bde, Studie im Bauftrag des MSWV, Bottrop (erscheint als Buch 1990)

Wohnen bei Genossenschaften, hg. v. Gesamtverband gemeinnütziger Wohnungsunternehmen, Köln 1987

Wohnen in Steiermark 1980 – 1986, Graz 1986

Reiner Schmidt
unter Mitarbeit von Ursula Heinecke, Werner Walter, Manfred Drunn,
Bernd Zimmermann, Uschi Kühn, Margit Szöllosi-Janze

Selbstorganisation im Wohnumfeld

Beispiele aus der Arbeit von Urbanes Wohnen München

Lebensraum Wohnumfeld

Zum Wohnen drinnen gehört auch das Wohnen draußen, zum Innenraum der Außenraum. Daß die Umgebung von Wohnung und Haus wesentlicher Bestandteil des alltäglichen und gesellschaftlichen Lebens ist, gewinnt im Bewußtsein von Bewohnern, Bauträgern und Kommunen zunehmend an Bedeutung.

Der dabei neu geprägte Begriff „Wohnumfeld" ist mittlerweile zum Schlagwort geworden: Er kennzeichnet die Umgebung von Haus und Wohnung nicht nur als geografischen Ort, sondern auch als Raum sozialen Verhaltens, den man sich individuell oder gemeinschaftlich aneignen und selbst organisieren kann – manchmal mehr, manchmal (und meistens) weniger.

Was beim privaten Freiraum am Haus nicht in Frage gestellt wird, ist im Gemeinschaftsgrün des Wohnblocks, in der Geschoßsiedlung oder im Quartierspark um die Ecke längst nicht selbstverständlich: Die Möglichkeit nämlich, bei der Planung und Gestaltung mitzuwirken und den eigenen Lebensraum unregelmentiert und selbstbestimmt zu nutzen.

Die Frage, unter welchen Voraussetzungen öffentliche, institutionelle und gemeinschaftliche Freiräume gestiegenen Nutzungsansprüchen zukünftig besser gerecht werden können, ist bislang nur teilweise beantwortet. Aber es gibt inzwischen genug Modelle, die exemplarisch zeigen, wie dieser Mangel an privat nutzbaren Freiräumen im Verbund mit öffentlichen, einrichtungsbezogenen und gemeinschaftlichen Freiraumpotentialen ausgeglichen werden kann.

Zur Entwicklungsgeschichte einer „intermediären Organisation"

Unter dem Eindruck unwirtlicher werdender Stadtlandschaften und einer wenig bewohnerfreundlicher Sanierungspraxis wurde im Jahre 1973 in München der gemeinnützige Verein URBANES WOHNEN ins Leben gerufen. Engagierte Bewohner, Verwaltungsfachleute, Stadt- und Freiraumplaner, Handwerker, Sozialwissenschaftler, Publizisten und Pädagogen suchten hier eine gemeinsame Plattform, um neue kooperative Wege zur Verbesserung des Wohnens in der Stadt zu beschreiten.

Nachdem hoffnungsvolle Ansätze für neue Wohnmodelle nicht nur in München wegen hoher Grundstückspreise und politischen Durchsetzungsschwierigkeiten für einige Jahre aufs Eis gelegt werden mußten, wandte sich URBANES WOHNEN MÜNCHEN zunächst dem engeren und weiteren Wohnumfeld zu: In kleinen konkreten Schritten wurde so versucht, die Selbstorganisation im Wohnbereich zu stärken.

Arbeitsfeld Wohnumfeld

Nach Jahren ehrenamtlicher Tätigkeit und ersten, z. T. bundesweit beachteten Erfolgen – wie der Aktion „GRÜNE GARTENHÖFE" – arbeitet URBANES WOHNEN heute mit Unterstützung und im Auftrag von Landesbehörden, Kommunalverwaltungen, Bau- oder Sanierungsträgern für eine bewohnerfreundliche Quartiers- und Freiraumentwicklung.

Als sog. „intermediäre" Organisation übernimmt URBANES WOHNEN die Aufgabe, verschiedene planungsrelevante Fachbelange quartiersbezogen zu bündeln und, sofern sinnvoll und möglich, Stadtteileinrichtungen und Bewohner aktiv in den Prozeß der Quartiers- und Freiraumentwicklung einzubeziehen. Angestrebtes Ziel ist ein höchstmögliches Maß an Mitwirkungsbereitschaft und Eigeninitiative – sei es bei der Sanierung von Höfen und Blockinnenbereichen, bei der Nachbesserung von Nachkriegssiedlungen oder bei der Aktivierung von einrichtungsbezogenen und öffentlichen Freiräumen.

Um die Durchführung komplexer experimenteller Vorhaben zu ermöglichen, fungiert URBANES WOHNEN dabei häufig als Übergangsträger, bis ein eigenständiger Rechtsnachfolger aufgebaut ist oder das Projekt zur Zufriedenheit aller Beteiligten abgeschlossen werden konnte. Auch im Bereich von Neubausiedlungen konnten auf diese Weise inzwischen positive Erfahrungen gesammelt werden.

Ebenen der Selbstorganisation

Ebene 1:

Die Haus- und Hofgemeinschaft als kleinste Einheit
(z. B. Apianstraße, Lueg ins Land, Ainmiller-Friedrichstraße, Drächslstraße u. a.)

Anstoß, Initiative:	Mieter, Hausverwaltung, Eigentümer
Mitwirkungsformen:	Mieterversammlung, Umfrage, Selbsthilfe beim Bau, Selbstorganisation von Nutzung und Pflege
Mitwirkungsfelder:	Hofgestaltung und -nutzung
Finanzierung:	Privataufträge, Zuschußprogramm der LHM

Ebene 2:

Die Wohnblocknachbarschaft –
Bewohner-Selbstverwaltung im überschaubaren Rahmen
(z. B. Block 14 c, 16 und 39 in Haidhausen, Block 44 im Westend; Siedlung Hasenbergl-Nord)

Anstoß, Initiative:	Sanierungsträger, Wohnungsbaugesellschaften, Stadtteileinrichtungen, Bewohner
Mitwirkungsformen:	Mieterversammlung, Umfrage, Mitwirkung beim Ausbau, Gründung von Selbstverwaltungs-Gemeinschaften zur Selbstorganisation von Nutzung, Pflege und Verwaltung, Vertretung gegenüber dem Eigentümer oder gegenüber öffentlichen Stellen
Mitwirkungsfelder:	Nutzung und Pflege von Gemeinschaftsgrünflächen und Bewohnergärten, z. T. auch Gemeinschaftsräume
Finanzierung:	Städtebaufördermittel, kommunale Aufträge

Eben 3:

Lokale Partner und Netzwerkbildner –
Aufbau und Förderung von Selbsthilfe-Initiativen im Quartier
(z. B. Nachbarschaft Schwabing, Nachbarschaft Westermühlbach, „Netz der grünen Nachbarschaften" in Haidhausen, „Neuperlach soll blühen e.V.")

Anstoß, Initiative:	Bewohner, Stadtteileinrichtungen
Mitwirkungsfelder:	engeres und weiteres Wohnumfeld, soziale Infrastruktur,
Finanzierung:	kommunale Förderfonds, AB-Mittel

Ebene 4:

Querschnittsorientierte Stadtteil- und Aktionsprogramme –
Verknüpfung verschiedener Instrumente bewohnerbezogener Stadtteilentwicklung
(z. B. „Spiel- und Wohnumfeldprogramm Milbertshofen", Stadtteilentwicklung Hasenbergl)

Anstoß, Initiative:	Stadtteileinrichtungen, Stadtverwaltung, Stadtrat
Mitwirkungsformen:	Bewohnerversammlungen, Umfragen, Stadtteil-Arbeitskreise, Ausstellungen, Mobiles Stadtteilbüro, Freiraum-Aktionen, Aufbau von Interessengruppen (vgl. Ebene 3)
Mitwirkungsfelder:	Engeres und weiteres Wohnumfeld, soziale Infrastruktur, Wohnungsbau
Finanzierung:	Städtebauförderung, kommunale Aufträge

Fallbeispiele:

Ebene 1:

Fallbeispiel: Hofgestaltung in der Drächslstraße
– Bewohner u. Planer berichten über eine Hofbegrünung in München

Ebene 2 (Bestandsverbesserung):

Fallbeispiel: Wohnblock-Nachbarschaft Westend Block 44
– Bewohner-Selbstverwaltung in einem Münchner Sanierungsblock

Ebene 2 (Neubau):

Fallbeispiel: „Integriertes Wohnen" Nymphenburg
– mehr Demokratie im Wohnbereich

Ebene 3:

Fallbeispiel: Initiative „Neuperlach soll blühen"
– Wohnumfeldgestaltung in der Großsiedlung

Ebene 4:

Fallbeispiel: „Spiel- und Wohnumfeldprogramm Milbertshofen"
– Sofortprogramm „Spielmeile"

Fallbeispiel: Hofgestaltung in der Drächslstraße

– Bewohner und Planer berichten über die Geschichte eines Hinterhofs

Freitag, 4. Mai 1984, später Vormittag. Baustellenrundfahrt durch München. Die übliche Zeit, das übliche Theater: Durch-die-Stadt-stehen. Wir müssen noch in die Drächslstraße zum Hausverwalter. Für morgen ist dort schon die erste Bewohneraktion geplant. Morgen! Und noch kaum etwas vorbereitet. Leichtsinnigerweise hatte ich gerade erst den Bereich München-Ost von meinem Vorgänger übernommen.

Der Hausverwalter ist ganz nett; der Hof eigentlich auch – ein bißchen viel Gerümpel zwar und etwas steril und karg, aber immerhin. Es gibt Schlimmeres. Der Plattenbelag ist arg ramponiert, die Wände und Mauern grau und verrottet, Müllcontainer stehen offen herum. Die Sandkiste ist dürftig, Spielspuren reichen weit darüber hinaus. Erstaunlicherweise gibt's viel Wildwuchs in schon beachtlicher Größe. Dazu Weiden. eine Kirsche sogar, eine Esche, zurechtgestutzte Haseln und Ulmen, eine abgängige Robinie: Das meiste sollte man hinüberretten morgen.

Im Büro dann Aktenstudium:

März 1982: Erste Kontakte der Hausverwaltung mit „Urbanes Wohnen" – August: Aufmaß, Bestandsplan – September: Bewohnerumfrage, Vorentwurf, Kostenschätzung, Antrag auf den städtischen Zuschuß zur Hofbegrünung – Februar 1983: Erlaubnis für vorzeitigen Baubeginn – Dezember 1983: Zuschuß endgültig bewilligt! Inzwischen war schon ein neuer Kellereingang angelegt, Baracken abgerissen, Mauern ausgebessert. – April 1984: Bewohnertreffen mit Entwurf vom letzten Stand, Einladung zu ersten Bau- und Pflanzaktionen. Eine lange Geschichte deutet

sich an. Dahinter ganz persönliche Geschichten, dem Planer in der Regel verborgen…

Reiner Schmidt

Selbsthilfe im kahlen Hinterhof

Kaffeetreff im grünen Gartenhof

Leben in der Stadt?
Ein Stück Familiengeschichte

Das abgeschlossene Studium meines Mannes, eine ausreichend dotierte Stellung, drei kleine Kinder, keine Not, selbst berufstätig zu bleiben – das waren Voraussetzungen, um das immer engere Stadtleben mit dem Land zu vertauschen.

Nach dem Umzug: Das Landleben beschert den Kindern neuen Freiraum: nicht mehr Angst vor gestörten Nachbarn; die Enge der Wohn- und Freiräu-

me verschwinden. Die Grenzen sind die Essenszeiten, die Kraft der eigenen Beine, das Gewicht der Mistgabel im Stall, die Gegenkraft des Kalbes am Strick, die Strömung im vorbeifließenden Bach, die Weite der Felder.

Einen Einschnitt bringt der Wechsel auf die weiterführende Schule: 5.45 Uhr an der Bushaltestelle, um pünktlich um 8.00 Uhr in der 10 km entfernten Kreisstadt mit der Schule anfangen zu können und um 15.00 Uhr zum verspäteten Mittagstisch zurück zu sein – das ist für ein 9jähriges Kind zu anstrengend!

Bei lokalen Einengungen, wie wir sie wegen der Schulen vornahmen, kann die Wohnung nicht optimal sein. Innen mußte grundlegend auf Bewohnbarkeit hin umgebaut werden, außen – das betrifft das, was heute Garten genannt werden kann – hatte ich im Mietvertrag den Passus unterbringen können: Der Hof ist zum Spielen für die Kinder.

Der Hof umschließt L-förmig die Gebäudezunge, die in die Grundstückstiefe hineinragt. Relikte einer Bäckerei im Keller sind zwei Lichtschächte von insgesamt etwa 27 m². Die Hofdurchfahrt, als Feuerwehrdurchfahrt ausgewiesen, war an einen Maler vermietet, der auch noch zwei Baracken im Hof als Lager benutzte. Neben einem Fahrradständer mit Wellblechdach für rund 20 Räder – die Räder zerlegten sich dort nach kurzer Zeit wie von selbst – standen 12 verrottete Mülltonnen auf einer Pflasterfläche, die den Krieg notdürftig überstanden hatte, mitten in der prallen Sonne an der Hauswand – zeitweilig ein Genuß! – und wurden allwöchentlich wegen der unzugänglichen Durchfahrt durch das Treppenhaus zum Müllwagen getragen.

Der Hof ist umgeben von einer hohen Mauer. Der Unmut meiner Kinder war vorprogrammiert. Ihre sich ständig ausweitenden Schulzeiten, die Hausaufgaben, die beiden großen Schulhöfe im Karree, die zu Schul- wie Ferienzeiten verschlossen sind, verwiesen uns ständig in diesen Hof.

Die Kinder rodeten bei Nürnberg Heidekraut und pflanzten es daheim an, brachten von Spaziergängen und Wanderungen Setzlinge mit. Kleine Buchen und Eschen wurden neben Tomaten auf dem Küchenbalkon gezogen, bis ihre Wurzeln kräftig genug waren, um im Kiesgrund des Hofes zu treiben.

Bauschutt, Reste einer Wohnungsrenovierung, der die Mauerhöhe erreichte, lag monatelang bis über die Weihnachtszeit im Hof. Das, was die Müll-Leute nicht mitnehmen wollten, warfen sie dazu. Ratten, Katzen und ein Marder kamen: nächtliches Spektakel! Monate später, die Stadtverwaltung hatte bereits davon gehört, wurde der Schutt abtransportiert. Nebeneffekt der Säuberung: Die Anpflanzungen der Kinder wurden beseitigt. Allerdings verschwand auch der Maler aus der Durchfahrt und eine seiner Baracken. Die Erfolge waren gleichzeitig Mißerfolge für die Kinder; ihre zwiespältige Einstellung zu ihrer Umgebung wuchs.

Die Frage nach einem Sandkasten im Hof beantwortete ich: Eigeninitiative ja, zahlen nein; unsere Kinder waren aus dem Sandkastenalter heraus. Ich hatte mein Angebot als Einstand in eine Gemeinschaft angesehen. Der Sandkasten wurde schließlich gekauft.

Ein altes Ehepaar im ersten Stock – sie haben alljährlich von Frühling bis Spätherbst einen blühenden Balkon – spendete Erde und Grassamen und ein zaghafter Rasen wuchs. Mittlerweile waren sämtliche Hoffenster meiner Wohnung mit Blumenkästen bestückt und zum Teil mit winterharten Kleinstauden bepflanzt. Die Vögel haben die Kästen so gern angenommen, daß ein Grünfinkenpaar darin brütete und vier Junge aufzog. Natürlich ist dort der Schutz vor den vielen Katzen vollkommen.

Irgend jemand stellte Pflanzkübel in den Hof mit Geranien, Schnittlauch und einem Tannenbaum. Ein neuer Hausverwalter war eingesetzt und als Hausmeister mähte der sogar den Rasen – ganz was neues!

Nicht fragen – probieren: Ich kaufte im nächsten Pflanzencenter Himbeersetzlinge – so viel, damit sie nicht übersehen würden; nicht zu viel, um ihren Verlust verschmerzen zu können. Die Familie unkt darauf; die erste reife Himbeere löst zögerndes Erstaunen aus.

Neue Hausbriefkästen enthielten eines Tages ein grünes Mitteilungsblatt vom Verein „Urbanes Wohnen" und eine Umfrage zur Hofgestaltung. Die Familie brütete über Erlebnissen, aus denen reservierte Wunschäußerungen wurden. Hätten wir euphorischer sein sollen? Nachbarn im Haus negierten jegliche Weiterentwicklung, befürchteten Mietsteigerungen, Zwang zur Hilfeleistung. Unsere abwägende Haltung war für sie unverständlich.

Tatsächlich kam es zu einem Termin: Aus einer Anzahl Fähiger unseres Hauses fanden sich einige Willige. Es gab ausreichend Hacken, Sägen, Schaufeln, Spaten, Schubkarren und einen Fachmann, der Fragen klärte und Vorschläge besprach.

Eine Schicht Schutt und Kies haben wir vor das Haus befördert, für Bäume und Sträucher Pflanzlöcher nach Plan gehackt. Von den zwei vorhandenen Bäumen mußte die kranke Robinie gefällt werden. Die Kinder pflügten den Boden auf, als sie ihre flechtigen Wurzeln herauszogen. Der Sandkasten wurde neu gezimmert. Neue Erde wurde aufgetragen. Das Angießen der Pflanzen wurde eine halbe Wasserschlacht – eine Freude der Kinder.

Unkraut? Ja, das gibt es auch hier. Wir jäten ohne Plan; irgendjemand ist immer da. In diesem Sommer wachsen neben den geplanten Stauden auch Bohnen, Tomaten, Radieschen, Himbeeren. Im Oktober blühten die Veilchen zum zweiten Mal und die Eberesche entfaltete bereits zwei Blüten – sie muß sich wohl erst akklimatisieren. . .

Weiterreichende Aktivitäten braucht der Garten kaum; wichtig ist, daß jeder von uns Bewohnern ihn benutzt – und sei es nur mit den Augen.

„... Ich freue mich über den frischen Duft, der von den Pflanzen aufsteigt ..."

Auch die Kleinen brauchen Stärkung für weitere Taten ...

Der Hausverwalter schaufelt mit: Hofbegrünung Drächslstraße 4/6

Bei der Hofbegrünung Drächslstraße 4/6 kam mir eine Sonderstellung zu: als Hausverwalter der Anwesen vertrat ich die Hauseigentümerschaft, als Mieter war ich an der praktischen Durchführung der Arbeiten beteiligt. Diese Doppelfunktion machte die Sache nicht gerade einfacher, im Gegenteil. Großer persönlicher Einsatz, vor allem in der Endphase der Aktion, war erforderlich, um das den Eigentümern versprochene Gelingen in die Wirklichkeit umzusetzen.

Rückblickend ist als wichtigster Punkt festzustellen, daß ohne den städtischen Zuschuß die ganze Sache nicht ins Laufen gekommen wäre. Erst nachdem der Zuschuß gewährt war, schlug die bis dahin geäußerte Skepsis der Hauseigentümer in Einverständnis um. Immerhin wurden fast 26 000 DM bereitgestellt, und dieses Geld wollte man nun auch nutzbringend anlegen.

Auch ohne den Verein „Urbanes Wohnen" – wäre nichts gelaufen. Ihm war es zu verdanken, daß wir auf die Möglichkeit der Bezuschussung überhaupt erst aufmerksam wurden. Darüberhinaus wurde uns erläutert, welche Möglichkeiten der Umgestaltung und Verbesserung in Betracht kamen. In diesem Zusammenhang wurden dann unter Einbeziehung der Vorstellungen der Hausbewohner Pläne erstellt, in die eine vielzahl von Aspekten einfloß.

Ohne die Betreuung während der Arbeiten selber wäre ein so gutes Ergebnis mit Sicherheit nicht zustande gekommen. Der Planer und Betreuer wurde schnell unser bester Freund; er wurde in unsere Familien aufgenommen und schuftete mit uns.

Letztlich wäre natürlich ohne die Mitarbeit der Hausbewohner und einiger Nachbarn das Ziel nicht erreicht worden.

Die Aktivsten von uns waren zufällig Frauen und Intellektuelle, denen die Knochenarbeit hart zu schaffen machte, für die Kinder – die übrigens auch voll anpackten, so gut es eben ging – war das Ganze eine Riesengaudi; sie lehrten uns, nicht alles so tierisch ernst zu sehen.

Zusammenfassend ist festzustellen, daß aufgrund einer in dieser Zeit ungewöhnlichen, aber vernünftigen politischen Entscheidung, nämlich öffentliche Mittel für die Verbesserung der Umweltbedingungen in den Großstädten bereitzustellen, ein Ergebnis erreicht wurde, das nicht zuletzt dazu beitragen wird, daß unsere Kinder in der wiedergewonnenen Natur gesund aufwachsen können.

Die Begleitung von Prozessen

Hilfe zur Selbsthilfe zu leisten, das ist eines der Ziele von URBANES WOHNEN. Hilfe zur Selbsthilfe bei der Verbesserung der eigenen Lebensumwelt, angefangen gleich vor der Haustür. Die Bewohner mit einem fertigen Stück neuer Umwelt zu konfrontieren, die ihnen vor die Tür gesetzt wird, das wäre dann das genaue Gegenteil davon, wenngleich häufige Praxis. Hier nun

sollte es einmal anders versucht werden; ich war selber auf das Ergebnis gespannt.

Auf ein erstes Beschnuppern dessen, der da ab jetzt zur Verfügung stehen sollte für die Betreuung der Arbeiten im Hof – auf einführende Gespräche, Diskussionen und auf gemeinsames Tun folgte mittags schon die Einladung zum Essen und schließlich das Angebot, am Abend noch zu bleiben.

Wir legten bald den Plan zur Seite, der eh' nur Diskussionsgrundlage war, und planten draußen vor Ort so lange, bis wir meinten, jetzt stimmt's. Wie man Linien zieht, daß sie gut aussehen, daß sie den Raum breiter machen oder tiefer, das war interessant, draußen auszuprobieren und den Bewohnern zu vermitteln.

Die Bepflanzung wollten wir in der Kaffeepause besprechen … sie dauerte bis zum Abendbrot. Das war einfach zu wichtig. Die Darstellung der vielen Möglichkeiten, führte bei jedem zu eigenen Wunschvorstellungen. Auch die Mieterin, die nicht mehr mitmachen wollte in ihrem Alter, war am Fenster dabei: „Ihr" Flieder durfte auf keinen Fall fehlen. Überhaupt: Jeder sollte „seine" Patenpflanze bekommen.

Als sich alle einig waren, ein Obstbaum müsse her, sich aber niemand mit Obstbaumpflege auskannte, ging eines der Mädchen nach oben, ihre Mutter holen; die war da Fachfrau, wußte man. Nach einigem Zögern kam sie und blieb – eigentlich war sie ja erst gegen diese Hofbegrünung gewesen. Und so wurde aus all den vielen Wünschen nach und nach ein Bepflanzungskonzept; von der Prachtstaudenecke am Eingang bis zum gesteuerten Wildwuchs jenseits der Sandkiste war alles dabei.

Es wurde geholfen und unterstützt, wo Hilfe erforderlich war oder wo sie gewünscht wurde. Vieles haben Bewohner und Hausverwalter selbst getan oder in die Wege geleitet – davon einiges, was der Planer sicher anders gemacht hätte.

Die zweite Fuhre Mutterboden kam zu früh und ich zu spät; es war bereits passiert: mit unermüdlichem Eifer wurden gerade die letzten Schubkarren von den Männern eingebracht; die Frauen und Kinder waren begeistert dabei, mit Schaufeln und Rechen ein Plateau zu

planieren, das 30 cm über dem angrenzenden Plattenbelag enden würde …

Einige Male wurde so Erde hin und her geschaufelt – zum Beispiel zeigten uns die Kinder im Laufe der Arbeiten, daß sich eine Mauerecke in der Nähe des Sitzplatzes hervorragend zum Spielen eignete … und für eine Mal- oder Projektionswand, fanden einige Erwachsene. So wurden die Pflanzflächen ein wenig verkleinert und verschoben.

Da wir uns nicht sklavisch an einen Plan halten brauchten, waren wir offen für Veränderungswünsche und spontane Einfälle aus der Situation heraus: Alles war stets im Wandel.

Knochenarbeit: Der Boden wird bestellt.

Achtung Baustelle!
Betreten erlaubt, Spielen erwünscht!

Der erste Wandel machte die Baustelle zu einem kleinen Abenteuerspielplatz: Die Kinder entdeckten im Aushub laufend „Edelsteine", die natürlich nicht abgefahren werden durften und denen sie mit Hammer und Meißel zu Leibe rückten, wenn das Werkzeug gerade mal frei war. Die Pflanzgruben wurden Sprunggruben; die Erdhaufen verwandelten sich in Spielburgen und Cross-Hügel; die Schubkarren entpuppten sich als Lustige Kinder-Omnibusse – wehe, wenn mal einer leer zurückfuhr!

Aber nicht nur das: Die Kinder bauten und werkelten mit, wo immer sie konnten und wo immer sie es für nötig hielten. Nebenbei lernten sie, und das aus eigenem Ansporn: „Was machst Du denn da …, wofür ist denn das …, warum denn so …, darf ich auch mal …, hier, guck mal, ist das so richtig?" – Das Werkzeug fanden wir schon wieder, „Abfälle" wurden wir von selbst los … „brauchst Du das noch?" … Es gelang trotzdem, ihnen verständlich zu machen, daß man zum Auslegen der Pflanzen Ruhe braucht.

Arbeiten und Spielen war eins. Ganz einfach: Man braucht nur gewähren zu lassen, Zeit zu lassen und sich Zeit zu nehmen – und schon wird die Baustelle zum Experimentierfeld, das man sich erspielen kann, jeder auf seine Weise, Kinder wie Erwachsene.

Die Kinder hafteten für sich selbst auf dieser Baustelle; man brauchte sie nur ernst zu nehmen – das taten sie dann umgekehrt nämlich auch. Von jedem Zwischenstadium wurde Besitz ergriffen, alles wurde ausprobiert, angeeignet. Die Baustelle war ihre Baustelle: Unfertig und chaotisch blieb sie oft liegen. Steine, Erdhaufen, Holzreste waren beim nächsten Mal schon verbaut. Der Hof lebte, obwohl er noch nicht fertig war. Und insgeheim hofften wir, er würde es nie werden ...

Selbsthilfe und Eigengestaltung

Das haben wohl alle Bewohner erfahren, die aktiv dabei waren: Wie einfach es ist, Dinge selbst in die Hand zu nehmen, wenn man einmal den ersten Schritt getan hat.

Und das Bestechende beim Selbermachen: Ganz von selbst vermeidet man allzu glatte, aufgesetzte Lösungen. Stattdessen werden ganz einfache möglich, die keine Landschaftsbaufirma je mitmachen könnte: Fast jedes Pflänzchen konnte gerettet werden, den brauchbaren Mutterboden karrten wir in den Nachbarhof, und aus den Pflanzgruben holten wir den Kiesunterbau für die Sitzecke. Aus den schönsten Kieseln entstand ein Ornament um das Mandelbäumchen, das sich als Belagsgliederung fortsetzt.

Aber die Fachfirmen brauchten wir eben auch. Bedrohlich schob sich eines Tages ein Radlader durch die enge Hofeinfahrt, um sich dann mit viel Getöse über den kleinen Hof zu wälzen, in dem Schubkarren bisher die größten Gefährte waren. Er sprengte die Dimensionen. Die Kinder waren total aufgedreht und zugleich erschlagen: Sprangen auf wie die Wilden, den eben abgekippten Erhaufen in hektischem Durcheinander zu verteilen, um schon gleich darauf auf das verabredete Zeichen ebenso überstürzt vor dem erneut herannahenden Ungeheuer hinter die unsichtbare Grenzlinie zu fliehen ... Ein Erlebnis, von dem sie noch lange erzählten, das sie verarbeiten mußten.

Ein anderer Fremdkörper war dann die Pflasterfirma, die nicht viel Rücksicht nahm – nehmen konnte – auf den Wunsch, teilzuhaben, zuzuschauen, mitzumachen – die die Kinder vertreiben mußte vom Feinplanum für den Klinkerbelag. Ein anderer Handwerker dagegen schloß schnell Kontakt und ließ mit sich reden: Die Überspannung der Müllcontainer mit Rankseilen geht letztlich auf Vorschläge der Kinder zurück.

Nicht alles kann man selber machen im eigenen Hof – aber was man macht, dahinter steht man, das tut man nicht nur, um fertig zu werden oder Geld zu verdienen.

Die Eigengestaltung ging schließlich ohne Anleitung und Betreuung weiter. Ein Komposthaufen wurde angelegt, Sommerblumen und Gemüse gepflanzt, Kletterpflanzen am Haus gesetzt. Und schließlich wurde man auch außerhalb

des Hofes aktiv – engagierte sich für die Begrünung des Schulhofes gegenüber, setzte sich für Bänke an der zur Sackgasse umgebauten Straße ein. Ein paar Monate später erhielt ich die Einladung zur Eröffnung einer kleinen Stadtteilgalerie unten im Haus. Die Hofbegrünung hatte Mut gemacht, die Gestaltung der eigenen Wohnumgebung stärker als bisher selber in die Hand zu nehmen.

Das hier geschilderte Beispiel aus der Wohnumfeldarbeit mit Bewohnern dokumentiert im Kleinen den Arbeitsansatz, einen Gestaltungs-Prozeß zu begleiten und dabei einmal ganz andere Blickwinkel anzunehmen als den vom Zeichentisch herab. Dies geschieht bei „Urbanes Wohnen" auch bei anderen, größer angelegten Projekten und in den verschiedensten Bereichen des engeren und weiteren Wohnumfeldes. Heute, über zehn Jahre nach der Premierphase zur Hofbegrünung, liegt ein Leistungskatalog vor, der die bewohnerbezogene Arbeit nicht nur interessant, sondern auch finanzierbar macht. In geförderten Projektgruppen und modellhaften Auftragsarbeiten wurde versucht, die Vielzahl der positiven Wirkungen bewohnerbezogener Arbeit zu verdeutlichen, praktikabel und übertragbar zu machen. Und so wird heute diese Arbeit im Hof nicht mehr nur von eigens dazu gegründeten „Bautrupps" geleistet, sondern auch von Fachfirmen des Garten- und Landschaftsbaus fortgesetzt.

Ebene 2 – Wohnblocknachbarschaft

Beispiel: Wohnblock-Nachbarschaft Westend Block 44
– Bewohner-Selbstverwaltung in einem Münchner Sanierungsblock

Stadtteilerneuerung im Westend

Münchner Westend: Geschlossene Straßenrandbebauung, überwiegend aus der Zeit um die Jahrhundertwende; in den engen Hinterhöfen eine Mischung von Wohnen und Kleingewerbe; ein großer Teil der Fassaden unter Denkmalschutz. Die Lage am Rande der Innenstadt läßt Geschäftswelt und Verkehr immer mehr in die ehemalige Vorstadt drängen, die Straßen mit Autos verstopfen. Die Wohnungsqualität ist unterdurchschnittlich, der Anteil an Ausländern an der Bevölkerung größer als in anderen Vierteln.

Diese Situation veranlaßt den Münchner Stadtrat im Jahre 1979, Teile des Westends als Sanierungsgebiet förmlich festzulegen. Planung und Durchführung liegen bei der **Münchner Gesellschaft für Stadterneuerung mbH (MGS)**, dem Sanierungstreuhänder der Landeshauptstadt München.

Nach dem Erneuerungskonzept der Stadt München für das Westend bleibt die Straßenrandbebauung grundsätzlich erhalten. Baulücken werden geschlossen, Neubauten sollen das Vorhandene ergänzen. Abgebrochen werden nur Hofgebäude mit besonders gravierenden Mängeln. Kleingewerbe bleibt erhalten – nur wirklich störende Gewerbebetriebe werden verlagert. Altbauwohnungen werden modernisiert und instandgesetzt, wobei Mietsteigerungen durch Zinszuschüsse an die Hausbesitzer auf die Dauer von 10 Jahren in Grenzen gehalten werden. Wegen des Umfangs der Modernisierung werden die meisten Bewohner in Ersatzwohnungen in der Nachbarschaft untergebracht, die eigens errichtet werden. Von dort können sie später in ihre dann erneuerten Wohnungen zurückkehren. Tiefgaragen werden gebaut, Innenhöfe begrünt, Wohnstraßen verkehrsberuhigt. Das alles soll die Lebensqualität im Sanierungsgebiet erhöhen.

Zur Vorgeschichte im Sanierungsblock 44

Der Block 44 zwischen Westend-, Astaller-, Guldein- und Schnaderböckstraße – 13 Anwesen mit 14 Wohnhäusern, rund 360 Bewohner, darunter etwa ein Viertel Ausländer, 3 Gewerbebetriebe, 16 Läden und Dienstleistungsbetriebe – hatte enge und mit Nebengebäuden verbaute Innenhöfe, schlecht belichtete Wohnungen. Zudem befand sich mitten im Wohnblock eine lärmende Lochblechfabrik.

Im Jahr 1981 stellt die Stadt München unter Mitwirkung der MGS ein Konzept für die Erneuerung des Blocks auf; es sieht eine Modernisierung der Häuser im Einvernehmen mit den Hauseigentümern und Mietern vor, wobei die historisch gewachsene viergeschossige Bebauung samt vorhandener Nutzungsstruktur erhalten bleibt. Der Erwerb einiger Schlüsselanwesen durch die MGS sowie die Verlagerung der Lochblechfabrik 1981 schafft günstige Voraussetzungen für die Neuplanung des Blockinnenbereichs. Zunächst wird eine **Tiefgarage** für 38 PKW unter dem ehemaligen Betriebsgelände mit Einfahrt von der Astallerstraße gebaut, auf ihrer Decke ein Kindergartenpavillon errichtet (Architekt Anton Schelle; Baubetreuung MGS). Dieser Pavillon erweitert den schon vorhandenen **Kindergarten** am Blockrand (Träger: Innere Mission). Die Freiräume auf der Tiefgaragendecke werden begrünt. Damit ist bereits ein wesentlicher Beitrag zur Neugestaltung im Block 44 geleistet.

Planung mit Bewohnern

Bei der Planung für die Freiflächen des Blocks, wagt die MGS 1981 einen in diesem Ausmaß in München bislang ungewöhnlichen Versuch: Sie soll mit allen Nachbarn einvernehmlich erarbeitet werden. Der Verein „Urbanes Wohnen" erhält den Auftrag, Grundlagen für die Planung durch Bewohnerbefragungen und -versammlungen zu ermitteln sowie die Bewohner bei ihrer Selbstorganisation zu beraten, etwa bei

der Ausarbeitung einer Satzung für eine Wohnblock-Nachbarschaft.

Zweck der Beauftragung ist es, „eine sinnvolle, einvernehmliche und konfliktarme Nutzung der neu entstehenden Gemeinschaftsflächen innerhalb des Blocks 44 im Westend" zu ermöglichen. Für die Bewohner und deren Kinder als die eigentlichen Nutzer der grünen Höfe und der Gemeinschaftsflächen soll „eine Beteiligungsform gefunden werden, worin sie bei Gestaltung, Nutzung und Pflege ihrer Anlagen selbstverantwortlich mitwirken können. Denn nur bei genügender Identifikation kann eine entsprechende Mitwirkungsbereitschaft und Rücksichtnahme erwartet werden."

Schon vor der Einschaltung von „Urbanes Wohnen" hatte die MGS im Mai 1982 die Bewohner anhand einer anschaulichen Broschüre über die Neuordnungsziele im Block informiert und eine erste Bewohnerversammlung einberufen; bei dieser kam vor allem das Parkplatzproblem und die geplante Tiefgarage zur Sprache.

„Urbanes Wohnen" beginnt im Juli 1982 mit einer Einladung an die benachbarten Hauseigentümer, sich bei der Erneuerung ihrer Höfe mit der Gesamtkonzeption abzustimmen. Nachdem beim Kindergarten die ersten Ergebnisse sichtbar werden, schließen nach und nach die Hauseigentümer ihrerseits Verträge mit „Urbanes Wohnen". Darin verpflichten sie sich, bei der Hoferneuerung die Grundsätze des Vereins, der die Blockbegrünung als Übergangsträger begleitet, auch zukünftig einzuhalten, nämlich

● angemessene Bewohnerbeteiligung bei Planung und Ausführung,
● Berücksichtigung der Lage zu den Nachbarn durch Abstimmung mit Nachbar-Hausbesitzern und -Bewohnern,
● energiesparende und wirtschaftliche Planungskonzeption für Herstellung und Unterhaltung,
● Eignung der Gestaltungskonzeption für Bewohner-Selbsthilfegruppen,

● Kinderfeundlichkeit in der Konzeption und im Detail.

Im Mai 1983 werden alle Bewohner des Blocks nach ihren Wünschen zur Umgestaltung der Höfe befragt. Von 166 Parteien füllen 81 den Fragebogen aus; ältere Bewohner zeigen weniger Interesse.

Die wichtigsten Ergebnisse der Umfrage:

- etwa 75% der Beantworter stehen einer Umgestaltung ihres Hofes positiv gegenüber – allerdings erklären 11% der Bewohner eine Umgestaltung für unnötig;
- etwa 60% der Beantworter befürworten eine Verbindung ihres Hofes mit den Nachbarhöfen;
- etwa 60% möchten ihren Hof zur Straße hin absperren können;
- etwa 30% erklären sich zu praktischer Mitarbeit bereit;
- etwa 50% empfinden Kinderspiel nicht als Belästigung – allerdings fühlen sich 20% manchmal gestört.

Ein „Hindernis" weist einen Weg

In einer Bewohnerversammlung im August 1983 wird das Ergebnis der Umfrage und ein gestalterisches Rahmenkonzept vorgestellt. Weil die Freiflächen eines Kindergartens aus Sicherheitsgründen für die Kinder eingezäunt sein müssen und eine Mischung trotz intensiver Verhandlungen abgelehnt wird, wäre damit in der Mitte des Blocks ein eingezäuntes Hindernis entstanden. Das wird dadurch vermieden, daß der Zaun in einer Kurve geführt wird, wobei die MGS und auch ein privater Hauseigentümer Grundstücksteile zur Verfügung stellen für einen Weg um das „Hindernis", zusätzlich für begleitende Gemeinschafts-Grünflächen für den ganzen Wohnblock. Die Entscheidung, ob die Besitzer und Bewohner der einzenen Häuser einen Zugang aus ihrem Hof zu diesem Weg schaffen, bleibt ihnen selbst überlassen. So wird dieser Weg zu einer Art Nachbarschafts-Achse – und das Hindernis einer eingezäunten Freifläche wörtlich und übertragen weg-weisend für die Freiflächen im Innern des neuen Wohnblocks. Tatsächlich öffnen die Hausbesitzer ihre Höfe nach und nach zum Rundweg. Dadurch entsteht doppelter Nutzen:

● Alle Bewohner haben von ihrem begrünten Hof aus Zugang zu den Gemeinschaftsflächen.

● Der Müll kann mit wenigen Großbehältern über den neugeschaffenen Weg abgefahren werden und muß nicht wie bisher mit zahlreichen Einzeltonnen über die Treppenhäuser zur Straße hin transportiert werden.

Inzwischen entwickelt sich der Kindergarten trotz des Zaunes sogar zu einer Art Integrationskern. Die Freiflächen mit dem neuerbauten hölzernen Spielhaus werden auch außerhalb der Öffnungszeiten, vor allem zu Wohnblock-Festen, zur Verfügung gestellt, wenn dabei die Forderungen der Bayerischen Kindergarten-Verordnung berücksichtigt werden und eine verantwortliche Aufsichtsperson die Haftung übernimmt. Das Spielhaus bringt neben dem erwünschten Wetterschutz für die Kinder durch seine langgezogene Dachform einen Schallschutz gegenüber den Wohnungen ringsum.

Gemeinsame Freiraumnutzung – gemeinsame Spielregeln – gemeinsame Verwaltung

Noch während der Fertigstellung der Grünanlagen werden Fragen nach den erforderlichen Nutzungsregelungen und die Art der Verwaltung für die Gemeinschafts-Grünflächen laut. Hierzu macht „Urbanes Wohnen" der MGS den Vorschlag, daß die Bewohner eine Selbstverwaltung bilden, was die MGS wiederum den Bewohnern zur Diskussion stellt.

Im Laufe der Probephase zeigen sich bald die Probleme bei der Nutzung gemeinschaftlicher Freiräume: Kinderlärm, auch zu Ruhezeiten, jugendliche Rücksichtslosigkeit, Radfahren innerhalb des Blocks, ungehinderter Zugang für Leute von außerhalb des Blocks, Abfälle, Hundekot. Auch wegen solcher Probleme bildet sich auf ein entsprechendes Rundschreiben von „Urbanes Wohnen" eine Bewohner-Arbeitsgruppe „Wohnblock-Nachbarschaft" und übernimmt die Ausarbeitung einer **Grünanlagen-Ordnung**, um die Frage der Zugänge zu klären und die Ruhezeiten, die Sauberkeit und die Pflege zu regeln.

Gleichzeitig wird aber auch die **Organisation der gesamten Wohnblock-Nachbarschaft** angepackt. Im Dezember 1984 werden mit den Bewohnern und Hausbesitzern fünf Alternativen erörtert, angefangen von der Alternative, daß die MGS alle Rechte und Pflichten behält und die Anlieger auf Mitbestimmung und Selbstverwaltung verzichten – bis hin zur Alternative, daß ein Anliegerverein gegründet wird, der die Gemeinschafts-Grünanlagen von der MGS pachtet.

Die Mehrzahl der Beantworter spricht sich für eine lockere Anliegergemeinschaft in der Form eines nicht eingetragenen Vereins aus:

- Hausbesitzer und Haussprecher für jedes Haus vertreten die Anliegergemeinschaft;

Zwei Jahre nach der Einweihung: Das Grün bestimmt inzwischen den Hof

– Die Grünanlagen-Ordnung wird von der Anlieger-Gemeinschaft aufgestellt und in der Bewohnerversammlung für allgemeinverbindlich erklärt;

– Zwischen MGS und benachbarten Hausbesitzern werden Gestattungsverträge über die gegenseitige Nutzung von Freiflächen abgeschlossen;

Mit der Grünanlagen-Ordnung erklären sich etwa 80% der Beantworter der Umfrage einverstanden. Ergänzende Vorschläge werden eingearbeitet zu den Problemen der Ruhe und Zugänglichkeit von Kindergarten und Gesamtanlage. Für alle Bewohner sichtbar wird eine Tafel aufgestellt, die in illustrierten Reimen die wichtigsten Regeln der Grünanlagen-Ordnung enthält.

Im Frühjahr 1985 wird eine **Pflegeanleitung** für den Hausmeister angenommen und der Entwurf einer **Nachbarschaftsordnung** aufgrund des Umfrageergebnisses vorgelegt.

Die Kurzfassung der Nachbarschafts-Ordnung „für eilige Leser" lautet:

1. Die MGS stellt die Grünanlagen allen Bewohnern zur Verfügung mit der Auflage, diese selbst zu verwalten und zu pflegen.

2. Alle Blockbewohner sollen die Anlagen nutzen dürfen. Es ist an einen freiwilligen Beitrag zur Pflege von jährlich 20 Mark pro Haushalt gedacht.

3. Selbstverwaltung soll durch die Bewohnerversammlung erfolgen, die einen Blocksprecher wählt, der den Block nach außen vertritt.

4. Jedes Haus soll einen Haussprecher wählen.

5. Block- und Haussprecher verwalten die Anlage und die Beiträge und setzen einen nebenamtlichen Hausmeister ein.

6. Ein von der Bewohnerversammlung berufener (und kontrollierter) Hausmeister achtet auf die Einhaltung der Grünanlagen-Ordnung und pflegt und säubert die Anlagen.

7. Die Hausbesitzer behalten ihre Eigentumsrechte und die Haftung für Schäden."

In der 3. Bewohnerversammlung im Mai 1985 wird die Nachbarschafts-Ordnung verabschiedet. Die Haussprecherwahl läuft zunächst – weil wohl allzu ungewohnt – etwas schleppend an. Schließlich werden vorbereitete Stimmzettel verteilt; das beschleunigt das Verfahren. Die 4. Bewohnerversammlung vom Juli 1985 bringt die Bekanntgabe und Vorstellung der **Haussprecher**, die Wahl des **Wohnblocksprechers** und die Abstimmung über Einsetzung des **Wohnblock-Hausmeisters.** Als Starthilfe überreicht ein Vertreter der MGS einen Scheck über 500 Mark.

Damit ist die wichtigste Etappe bei der Selbstorganisation der Wohnblock-Nachbarschaft geschafft; ein **Fest** wird Ende Juli 1985 gefeiert. Es wird musiziert und getanzt; der Spielbus der „Pädagogischen Aktion" bietet den Kindern Spiele aller Art; Kindergarten mit Spielhaus stehen für alle offen; die Bewohner beteiligen sich mit Kuchen, Getränken und Spezialitäten. Seither findet jedes Jahr ein ähnliches Sommerfest statt – Ausdruck des neuen Zusammengehörigkeitsgefühls im Wohnblock.

Ausblick

Durch die kurzen Wege innerhalb des Blocks und die Möglichkeit, sich in den Freiräumen zu treffen und zu sprechen, ist die Grundlage geschaffen für ein weiteres Zusammenwachsen in der Zukunft, etwa

● den Aufbau eines Austauschs von Gütern und Dienstleistungen auf Gegenseitigkeit (etwa Nachbarschaftshilfe mit gegenseitiger Ergänzung zwischen Jung und Alt, Wohnblock-Flohmärkte),

● den Aufbau von gemeinsamen Einrichtungen, die sich im einzelnen Haus noch nicht, wohl aber im Block lohnen: Recycling- und Komposteinrichtungen, vielleicht auch einmal so etwas wie gemeinsame Werkstatt, Block-Archiv und -Bücherei.

Sicher wird die neu aufgebaute Solidarität der Wohnblock-Nachbarschaft auch künftig Proben bestehen müssen, sei es bei persönlichen oder gesundheitlichen

Selbstverwaltung kann Spaß machen: Selbst organisierte Feste beleben die Gemeinschaft

Problemen einzelner Mitbewohner, sei es bei finanziellen Schwierigkeiten, z. B. aufgrund etwaiger Mietsteigerungen.

Auf jeden Fall zeichnete sich bald nach der Einweihung schon ab, daß dieser „Nachbarschafts-Wohnblock" beispielgebend wirken kann für die Erneuerung von Wohnblocks in anderen Stadtvierteln, ja sogar bei neuen Wohnanlagen.

Leben in der Nachbarschaft
Bewohner-Erfahrungen

Im vierten Jahr nach der Neugestaltung der Freiräume im Block 44 im Münchner Westend können wir feststellen, daß die gewählte Selbstverwaltungsform einer lockeren Anliegergemeinschaft mit der Möglichkeit, bei Bedarf Unterstützung durch die „Münchner Gesellschaft für Stadterneuerung" und „Urbanes Wohnen" zu erhalten, realistisch und angemessen ist.

Der Hof mit seinen Grünanlagen und Spielflächen bietet sich an, gut nachbarschaftliche Kontakte und darüber hinaus sogar enge freundschaftliche Beziehungen zu knüpfen. Die zahlreichen Kinder, die sich inzwischen zu einer festen Gruppe zusammengeschlossen haben, erleben „ihren" Hof als großes, gemeinsames Kinderzimmer. Ihre Eltern werden durch wechselseitige Kinderbetreuung entlastet. Eine vor einem Jahr gestiftete Tischtennisplatte regt nun auch die Jugendlichen zu sportlicher Betätigung im Hof an. Der monatlich stattfindende zwanglose Stammtisch im „Astaller Hof" besteht aus einem kleinen, aber „harten" Kern von

Besuchern, die ihn nicht mehr missen wollen. Trotz des im Block mäßigen Interesses an dieser Form von Geselligkeit erweitert sich der Kreis gelegentlich. Ähnlich verhält es sich mit dem jährlichen Ausflug, der allen Teilnehmern, besonders den Kindern, großen Spaß bereitet.

Da die ausländischen Mitbewohner im allgemeinen eher für sich leben, freut es uns ganz besonders, daß einige von ihnen durchaus aktiv ins Hofleben einbezogen sind. Schwieriger ist es, die ältere Generation zu integrieren und Hemmungen abzubauen, die Grünanlagen und Kontaktmöglichkeiten zu nutzen. Ein erster Schritt in diese Richtung könnte der Seniorenkaffee sein, der erstmals in diesem Sommer am „Kammerl-Eck" stattfand und wider Erwarten äußerst rege besucht war. Einige der Damen sieht man seither öfter im Hof in der Sonne sitzen.

Zum Hofalltag gehören inzwischen auch die bei gutem Wetter spontan stattfindenden Treffen, die Hausgemeinschaften in den zum Haus gehörigen Höfen veranstalten. Die grünen Gärten laden zum Grillen, gemütlichen Zusammensitzen und zum Plaudern ein. Dadurch haben auch sonst nicht so engagierte Mitbewohner die Möglichkeit, „unverbindlich" einmal vorbeizuschauen. Der eine oder andere verlegt seine Geburtstagsfeier mit Freunden oder Verwandten ins Freie. Einmal jährlich findet eine Blockversammlung statt, auf der neben Formalem und Finanziellem Termin und Organisation für ein großes gemeinsames Hoffest besprochen werden. Kaffee, Kuchen und Salate stiften die Anwohner; die Organisatoren sorgen für Grillwürste, Brot, Bier und Säfte. All dies wird kosten-

deckend verkauft. Über Besuchermangel können wir nicht klagen; die Resonanz ist einhellig positiv. Vor allem bei den Kindern ist der Jubel groß, da der Kindergarten an diesem Tag für alle geöffnet ist und Betreuer aus der Nachbarschaft liebevoll für Spannung und Unterhaltung sorgen.

Trotz vieler Erfolge im Kleinen ist jedoch die spontane Welle der Begeisterung und Bereitschaft zum Engagement für's Ganze, wie sie sich noch beim Einweihungsfest 1985 zeigte, seitdem deutlich abgeebt. Gleichgültigkeit und Desinteresse im Alltag nehmen zu. Die Beteiligung an den jährlichen Blockversammlungen ist gering, das Haussprechersystem funktioniert nicht wie vorgesehen. Eine gewisse, jahrzehntelang gewohnte „Versorgungsmentalität" breitet sich aus. Viele verwechseln vielleicht die Wohnblock-Nachbarschaft, die durch den Beitrag eines jeden einzelnen lebt, mit einem Verein, dem man als „Karteileiche" angehören kann. Daher beginnt der aktive Kreis um die Blocksprecher, seine Rolle und Funktion kritisch zu überdenken. Erfahrungsaustausch mit ähnlichen Nachbarschaftsgruppen wäre sinnvoll.

Erfreulicherweise zeigen gerade neu hinzugezogene Mieter großes Interesse am Hofgeschehen und suchen von sich aus Kontakt. Sie empfinden wie wir alle den grünen Hof als Bereicherung. Im Gegensatz zum früheren Zustand ist die Lebensqualität enorm gestiegen. Wenn auch hochfliegende Gemeinschaftsaktionen am mangelnden Engagement scheitern, so ist doch die Gesamtkonzeption bei bescheideneren Erwartungen gelungen.

Ebene 2 – Wohnblocknachbarschaft, Neubau

**Beispiel: „Integriertes Wohnen" Nymphenburg
– mehr Demokratie im Wohnbereich**

1. Eine Idee wird Wirklichkeit

Bei der gegenwärtigen Wohnungsmarktlage in München finden erhebliche Teile der Bevölkerung, vor allem ältere Leute, ausländische Mitbürger, Behinderte und Familien mit mehreren Kindern, nur schwer eine Wohnung. Deshalb entwickelte das Sozialreferat der Stadt München die Idee, modellhaft eine Wohnanlage vor allem auch für diese Gruppen zu errichten und dabei eine soziale Vielfalt wie in gewachsenen Stadtvierteln anzustreben. Ein besonderer Schwerpunkt sollte auf der kinderfreundlichen Ausgestaltung der Wohnungen und des Wohnfeldes liegen. Diese Idee fand eine Mehrheit im Münchener Stadtrat; 1979 beschloß er, ein **Modellprojekt** „Integriertes Wohnen" durchzuführen.

Die zwei dafür ausgewählten Grundstücke liegen im Stadtbezirk 23, München-Nymphenburg, und gehören der Petuel-Stiftung, die von der Stadt verwaltet wird.

Um die bestmögliche Lösung für die Aufgabe zu finden, beschloß der Stadtrat einen **Bau-Wettbewerb**. Dieser wurde abgewickelt von der Gemeinnützigen Wohnungsfürsorge AG. (GEWOFAG), einem städtischen Wohnungsunternehmen, das auch für Bau und Verwaltung der Wohnanlage zuständig ist.

Das soziale Ziel des Projektes bestimmte die Wettbewerbsbedingungen: Die Planung sollte eine „Integration unterschiedlicher Bevölkerungsgruppen (Familien mit kleinen Kindern, ältere und behinderte Menschen)" möglich machen, „in der Weise, daß einerseits Rückzugsmöglichkeiten für einzelne Gruppen gegeben sind, andererseits aber Kommunikation und gemeinsame Aktivitäten gefördert werden".

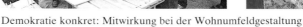
Demokratie konkret: Mitwirkung bei der Wohnumfeldgestaltung

19 Entwürfe wurden eingereicht; der erste Preis ging an Prof. Otto Steidle und Partner. Ihr Entwurf liegt der jetzt fertigen Wohnanlage an der Volpinistraße zugrunde: Eine Gruppe von neun einzelstehenden, dreigeschossigen Bauten, die sich im Erscheinungsbild an die Villenbebauung in der Nachbarschaft anpassen. Jedes Haus besitzt eine Treppendiele, die mit gegenüberliegenden Ausgängen die Verbindung zu den jeweiligen Nachbarhäusern aufnimmt. Durch Verzicht auf eine Tiefgarage und Unterbringung von Stellplätzen in eingezogenen Erdgeschossen konnten die vorhandenen Bäume weitestgehend erhalten werden. Sie formen das Gesicht eines zusammenhängenden Innenbereichs, der für alle Bewohner und Nachbarn zugänglich und benutzbar ist. Er enthält Spielplätze für kleine und für ältere Kinder, Rückzugsmöglichkeiten, Bereiche für das Gespräch unter Nachbarn.

Insgesamt umfaßt die Wohnanlage 100 Wohnungen, erbaut von 1985 bis 1987; die Kosten betrugen ca. 17 Mio DM. Den Architekten Steidle & Partner wurde für die Wohnanlage „Integriertes Wohnen" der Preis des Bundes Deutscher Architekten-1987 zuerkannt.

2. Die Mietergemeinschaft organisiert sich

Im Juli 1987, noch vor Einzug der ersten Mieter, fand ein erstes Mietertreffen statt, an dem fast jeder Haushalt mit mindestens einem Mitglied vertreten war. In der großen Beteiligung zeigte

sich das Interesse der zukünftigen Bewohner an diesem Modellprojekt. Bei diesem ersten Treffen wählten die Bewohner jeweils für ihr Haus einen **Haussprecher** mit Stellvertreter, wodurch sich der erste **Bewohnerrat** des Modellprojektes bildete. Seitdem finden monatlich Bewohnerratsversammlungen statt, an denen alle interessierten Bewohner teilnehmen können. Der Bewohnerrat, die demokratische Vertretung der Mietergemeinschaft, ist der wichtigste Bestandteil des Projektes. Er wirkt entscheidend bei allen gemeinschaftlichen Fragestellungen mit – bei der Gestaltung, Nutzung und Pflege der Gemeinschaftseinrichtungen und bei der Aufstellung der „Spielregeln", der Haus- und Grünanlagenordnung.

Im Februar 1988 wurde die **Bewohnerrats-Satzung** – die erste dieser Art in München – verabschiedet und danach vom Vorstand der GEWOFAG anerkannt. Als nächsten Schritt plant der Bewohnerrat die Gründung eines eingetragenen Vereins, um rechtsfähig zu werden und Verträge abschließen zu können.

Neben dem Bewohnerrat bildeten sich mehrere **Arbeitskreise** in der Bewohnergemeinschaft zu den Themen „Freiflächen und Gemeinschaftsbereiche", „Spielbereiche", „gesunde Ernährung", „Recycling", „Verkehrsberuhigung", „Feste".

Wenn man bedenkt, daß ein Modellprojekt dieser Art bislang zumindest in München, wenn nicht in Bayern, ohne

Vorbild war, wird klar, daß es in dieser kurzen Zeit schwerlich hätte organisiert werden können, wenn es keine **Starthilfe** von außen gegeben hätte. Zu diesem Zweck hatte die GEWOFAG und das Sozialreferat der Stadt München dem Verein „Urbanes Wohnen e.V. München" den Auftrag gegeben, die Mietergemeinschaft „Integriertes Wohnen Nymphenburg" in fachlicher Hinsicht zu beraten. Erklärtes Ziel dieser Beratung war es, die Grundlagen für ein selbstbestimmtes und gemeinschaftsorientiertes Wohnen zu schaffen und den Mietern über die Anfangsschwierigkeiten des Beteiligungsprozesses hinwegzuhelfen.

Dabei waren die neuen Wege der Mieterbeteiligung bei „Integriertes Wohnen" nicht immer geebnet. Vor allem die Vielzahl der Entscheidungen unter Termindruck kurz nach oder sogar vor dem Einzug belastete die Bewohner manchmal bis zur Grenze des zumutbaren: Im Eilverfahren mußten sie sich einigermaßen kundig machen, um etwa bei der Freiraumgestaltung, Pflanzenauswahl, Spielplatzbau mitentscheiden zu können.

Natürlich sind auch einige der Mieter skeptisch oder gleichgültig gegenüber den gemeinsamen Vorhaben, sogar gegenüber den Spielregeln des Projekts. Oft haben die Mieter auch andere Sorgen und setzen die Gewichte persönlich anders.

Auch der Vermieter, die GEWOFAG, war zunächst skeptisch gegenüber der Mietermitbestimmung. Und: Eine Grundschwierigkeit in „Integriertes Wohnen" ist der geringe finanzielle Spielraum der Bewohner. Vor dem Hintergrund solcher Schwierigkeiten erscheint das Erreichte um so bemerkenswerter.

3. Wohumfeldgestaltung als gemeinsame Aufgabe

Selbstorganisation von Bewohnern würde im Leeren schweben, wenn nicht eine gemeinsame Aufgabe in der gemeinsamen Umwelt zu bewältigen wäre. In „Integriertes Wohnen" war es die Planung und Gestaltung des **Wohnumfeldes**, welche die Bewohner zusammenbrachte.

Die Arbeitskreise „Freiflächen" und „Spielplätze" ließen sich zunächst anhand von Dias in grundsätzliche Möglichkeiten für die Ausgestaltung ihres neuen Wohnumfeldes einführen. Nach ihrem Einzug setzten sich die Bewohner immer intensiver damit auseinander und äußerten immer genauere Vorstellungen und Wünsche, wobei die Freiraumplanung des Landschaftsarchitekten den Rahmen bildete. Man diskutierte im Gelände; die Meinungen wurden in Planskizzen festgehalten, etwa zu Vorgärten, Sitzgruppen für die Hausge-

meinschaften, Sonnenplatz, Zuordnung der Fahrradständer, Müllbehälter und Wäschespinnen.

Zur Pflanzung wurden „Wunschzettel" vorbereitet – mit jeweils standortgerechten Pflanzen für Terrassen, Hauseingänge, Sitzplätze und Gemeinschafts-Vorgärten. Jede Mietpartei konnte Pflanzenwünsche eintragen. Nach Auswertung und Abstimmung wurden Pflanzplan und Pflanzenliste ausgearbeitet, schließlich gepflanzt.

Zu anderen Fragen der Freiraumgestaltung wurde anhand von Modellen gearbeitet – die Ergebnisse: ein ruhiger Treffpunkt im Freien, ein Fahrradhaus – es soll auch als Spielhaus für die Kinder nutzbar werden –, eine naturnahe Spielanlage mit Möglichkeiten zum Sandspielen, Klettern, Bauen und Pflanzen. Die Kinder sollen schon beim Bau, später bei der Aufstellung der Spiel-Regeln mitmachen. Allerdings erfordert die Mitwirkung der Mieter beim Planen ihres Wohnumfeldes von allen einen langen Atem, da sicht- und greifbare Ergebnisse oft lange auf sich warten lassen.

4. Nachbarschaftliches und ökologisches Engagement

Nachbar der Wohnanlage „Integriertes Wohnen" ist das **„Münchner Bürgerheim"**, ein städtisches Altenwohnheim. Eine gemeinsame Nutzung und Pflege des Bürgerheimgartens durch die Bewohner des Bürgerheims und die Mietergemeinschaft „Integriertes Wohnen" wurde ins Auge gefaßt; ein bereits gemeinsam verabschiedeter Entwurf mit Nutzungsregeln wurde jedoch nach plötzlichen Neubauwünschen des Trägers in einigen Jahren zunächst zu den Akten gelegt.

Nachbarn sind auch die Bewohner der **Taschnerstraße**, die nach Bebauungsplan vekehrsberuhigt werden soll. Der Arbeitskreis „Verkehrsberuhigung" von „Integriertes Wohnen" hat sich mit der schon bestehenden Initiative der Bewohner der Taschnerstraße und mit dem Heimbeirat des Münchner Bürgerheims zum Anlieger-Arbeitskreis „Verkehrsberuhigung Taschnerstraße" zusammengeschlossen. Alle wünschen den baldigen Ausbau der Straße in Form eines verkehrsberuhigten Bereiches.

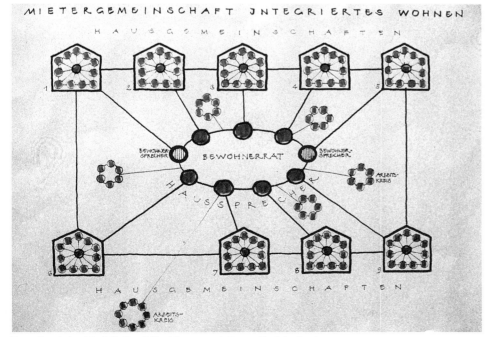

Demokratie im Modell: Das Mitwirkungsmodell zum Projekteinstieg

Mit Unterstützung von „Urbanes Wohnen" arbeitete der Anlieger-Arbeitskreis hierfür ein Konzept aus. Gegenüber dem Entwurf des Baureferats/ Tiefbau wird darin vor allem eine noch stärkere Gliederung der Straße vorgeschlagen. Dieses Konzept ging im Mai 1988 in eine gemeinsame Empfehlung an den Bezirksausschuß zur Weitergabe an die Stadtverwaltung ein.

Die Vertreter des Bewohnerrates sehen ihre Aufgaben schließlich auch darin, das ökologische Bewußtsein der Mitbewohner anzuregen und zu fördern. Es bildeten sich Arbeitskreise zu den Themenbereichen **Gesunde Ernährung** und **Ökologie im Haushalt**. Eine erste Informationsveranstaltung über **Recycling** fand statt; die Diskussion über solche Themen ist im Gang.

Ein Fest belohnt die Anstrengungen. Noch vor der „offiziellen" Feier zur Fertigstellung der Wohnanlage im Juli 1988, bei der auch Oberbürgermeister Kronawitter sprach, organisierte der Bewohnerrat Anfang Mai 1988 ein **Frühlingsfest**. Damit sollten vor allem

die ausländischen Mitbewohner einbezogen werden. Es gab Volksmusik und Tanz aus Griechenland, aus der Türkei,

Feste verbinden

aus Afrika – und aus Bayern. Die Bewohner selbst brachten Breakdance, Moritaten, Besinnliches, Pantomime, unterstützt von Kulturreferat, Ausländerbeirat und Sozialreferat der Stadt München. Die neunzig Kinder von „Integriertes Wohnen" hatten – zusammen mit ihren Freunden aus der Nachbarschaft – ihr eigenes Programm mit Flohmarkt, Puppenspiel und Zauberzirkus. Essen und Trinken wurde von den Bewohnern organisiert und zum Selbstkostenpreis angeboten.

Mit der positiven Selbstdarstellung der Bewohner war das Fest auch gegenüber der weiteren Nachbarschaft ein Zeichen der Entspannung, da „Integriertes Wohnen" mit seinen Sozialwohnungen anfangs bei etlichen Nachbarn als „Eindringling in ein besseres Viertel" angesehen wurde.

Die begonnenen Vorhaben werden weitergeführt; neue Vorhaben werden sich entwickeln; die Mietermitwirkung dürfte schließlich für Bewohner, Nachbarn und Partner zur Selbstverständlichkeit werden. Das **Sozialreferat** der Stadt München beurteilt die bisherigen Ergebnisse des Modellversuchs positiv. Die Bewohner hätten die Chancen der Mitbestimmung genutzt und sich zum großen Teil engagiert und gemeinsam an der Lösung anstehender Probleme beteiligt, schreibt das Sozialreferat und empfiehlt, die bisherigen Erfahrungen mit der Mieterbeteiligung im Modellprojekt „Integriertes Wohnen" – wo möglich – auch in künftigen Neubauprojekten von Anfang an zu berücksichtigen.

Ebene 3 – Quartiersinitiativen

Beispiel: Initiative „Neuperlach soll blühen"
– Wohnumfeldgestaltung in der Groß-siedlung

Nachbesserung von Großsiedlungen war und ist in München bislang kaum ein Thema, weder für die planende Verwaltung, noch für Wohnungsbaugesellschaften. Konnte die Landeshauptstadt bei der Stadt-Sanierung in gründerzeitlichen Quartieren dank des frühzeitigen Förderprogramms zur Hofbegrünung noch bundesweit eine Vorreiterrolle übernehmen, so hinkt sie mit der Nachbesserung ihrer Großsiedlungen und anonymen Wohnquartiere der Nachkriegsjahre scheinbar hinterher – zum Leidwesen der dort lebenden Bevölkerung.

Zwei Faktoren erweisen sich dabei als Haupthindernisse: Zum einen die sprichwörtlich katastrophalen Verhältnisse auf dem Münchner Wohnungsmarkt. Sie regen private Eigentümer und Wohnungsunternehmen kaum dazu an, den Marktwert ihrer Wohnungen etwa durch bauliche oder wohnumfeldverbessernde Maßnahmen größeren Stils zu erhöhen, es sei denn aus Imagegründen.

Zum anderen sind Initiativen von seiten der Bewohner wegen der dafür ungünstigen strukturellen Gegebenheiten in den Nachkriegssiedlungen ohne Unterstützung von außen kaum zu erwarten. So erweist sich bislang vor allem das Münchner Programm zur Selbsthilfeförderung geeignet, kleine Schritte in Richtung auf die Verbesserung der sozialräumlichen Situation einzuleiten.

Das Projekt „Neuperlach soll blühen" gibt ein Beispiel für diesen Weg der kleinen Schritte.

Schauplatz: Wohnring Neuperlach

Den Höhepunkt des Wohnungsbaus in Großsiedlungen markiert in München der Stadtteil Neuperlach mit rund 21 000 Wohnungen. Auffälligste Großform und Zeichen für den Trend der damaligen Zeit zu Superlativen ist dort der **„Wohnring"** (1974-1978), gebildet aus Wohnhochhäusern, mit einem Durchmesser von 450 m um eine großräumige Parkanlage.

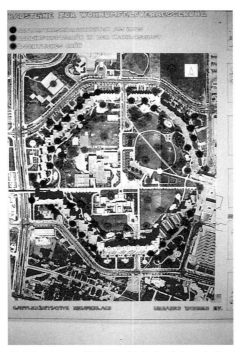

Aktivierung des Wohnumfeldes im Schneeball-system

Hier werden Wünsche nach einer Verbesserung des Wohnumfeldes laut – dokumentiert in einer Studie des „Münchner Forum" von 1981. Als anregender Impuls wirken die Erfolge des Modellprojekts „Bewohnergärten Hasenbergl-Nord". Die Umsetzung der Wünsche scheitert vorerst unter anderem daran, daß sowohl vorbildgebende Beispiele als auch fachliche und organisatorische Hilfestellung zur Verwirklichung der aufkeimenden Bedürfnisse fehlen.

Das SOS-Familienzentrum Neuperlach startet zunächst eine Gartler-Initiative und ruft schließlich zur Aktion **„Neuperlach soll blühen"** auf. Sie will die Erfolge einzelner Mieter, etwa beim Anlegen von „Vorgärten" in zuvor ge-

sichtslos abgepflanzten „Vorgelegen" verbreiten und weiteren Bewohnerwünschen im Wohnring zur Durchsetzung verhelfen. Im Rahmen einer Podiumsdiskussion im Juni 1985 unter Leitung des „Münchner Forums" sichern Vertreter der Stadt und der Neuen Heimat ihre Unterstützung zu. „Urbanes Wohnen" e.V. erklärt sich bereit, das Projekt zu unterstützen und leistet zunächst ehrenamtlich, später mit finanzieller Unterstützung durch den Selbsthilfefonds der Stadt München, fachliche und organisatorische Starthilfe.

Bewohnerarbeit vor Ort braucht langen Atem

Die **Motivation der Mieter** erweist sich noch schwieriger als erwartet. Obwohl vielerorts latente positive Resonanz zu spüren ist, beschränkt sich die aktive Mitarbeit oder definitive Interessensbekundung, etwa an Mieter-, Gemeinschafts- oder Vorgärten auf einige wenige. Eine Vielzahl von Hinderungsgründen kommt zum Vorschein:

– Aufgrund der Sozialstruktur und hohen Mietkosten (auch der Sozialwohnungen) ist in vielen Familien ein doppelter Verdienst gerade ausreichend (oft nicht einmal das), um den Lebensunterhalt zu bestreiten. So ist für viele Bewohner, die sich gerne an einem Garten beteiligen würden, die Mitwirkung vor allem eine Zeitfrage.

– Die Mieter fühlen sich häufig nicht verantwortlich für ihre Wohnsituation: „Neuperlach ist wie ein großes Hotel". Anonymität und geringe „soziale Brauchbarkeit" fördern die Distanz zur eigenen Wohnumgebung. Das erlernte Zuständigkeitsdenken tut ein übriges.

– Die Möglichkeit persönlicher Einflußnahme auf die eigene Wohnsituation liegt außerhalb der Vorstellung. Es besteht weitgehend Skepsis über reale Möglichkeiten der Verwirklichung; eine Vorreiterrolle wollen nur wenige übernehmen.

– Auf den befürchteten langen Weg zur Verwirklichung mögen sich nur wenige einlassen; Ergebnisse wollen in der Regel möglichst schnell gesehen werden und: Man erwartet deutliche, signalgebende Vorleistungen vom Wohnungsunternehmen.

Ein Teufelskreis baut sich hier auf, der schwer zu durchbrechen scheint, zumal weder Wohnungsbaugesellschaft noch Stadt zu rahmensetzenden Vorleistungen größeren Stils bereit sind.

Strategie der kleinen Schritte

Der mit interessierten Bewohnern und dem Familienzentrum erarbeitete Katalog von Einzelmaßnahmen für ein erstes „Modellgebiet" im Südostteil des Wohnrings müssen nach der ablehnenden Haltung des Wohnungsunternehmens zunächst wieder in der Schublade verschwinden.

Die Konsequenz: Kleine Schritte in bereits jetzt geeignet erscheinenden Nutzungsnischen und eine Erprobung neuer, gartenähnlicher Nutzungsformen, die Wohndichte, Bevölkerungsstruktur und berechtigte Flächenansprüche für andere Nutzungen zu berücksichtigen versuchen.

Die „Gehversuche" beginnen im halbprivaten Grün vor Haustür oder Balkon, danach in abgelegenen Nutzungsnischen des Gemeinschaftsgrüns; schließlich wagt man sich ans halböf-

Reglementierung

fentliche Grün von Kindergarten und Schule; die konsequente Einbeziehung brachliegender öffentlicher Freiflächen des engeren Wohnumfeldes ist der nächste, schwierigste Schritt. Hier bleibt es zunächst bei Einzelaktionen zur vorübergehenden Aktivierung. Versuche mit raumverändernden Aktionen, die bleibende „Spuren" hinterlassen, werden vorerst lieber an anderer, weniger exponierter Stelle in der Stadt gemacht. Selbsthilfe stößt hier endgültig an ihre Grenzen.

Den ersten, bescheidenen Maßnahmen (z. B. Anlage von Beeten, Pflanzung von Obstgehölzen, Bau einer Eingangspergola mit Sitzecke, Bau von Spielhütten, Einrichtung einer Beratungsstelle) sieht man die zu ihrem Entstehen notwendige Pionierarbeit nicht an. Zeit und Aufwand für Motivationsarbeit, Antragstellung, Verhandlungen, Ortstermine und die fortwährende Öffentlichkeitsarbeit scheinen im Hinblick auf den Modellcharakter des Vorhabens jedoch gerechtfertigt.

So wurde mit der Wohnungsverwaltung eine Gestattungsvereinbarung ausgehandelt, die Einzelanträge der Mieter überflüssig macht und stattdessen ihre Selbstorganisation fördert. Es wurden Ansätze aufgezeigt, wie brachliegende Freiraum- und Infrastruktur-Reserven (z. B. Schulen) im Vorfeld umfänglicherer Programme auch in kleinen Schritten sinnvoll aktiviert werden können, wenn der richtige Weg gewählt wird.

Den Durchbruch schafft schließlich ein engagierter Mitarbeiter des Baureferates-Gartenbau. Mit Hilfe von Spendengeldern gelingt es ihm, auch im öffentlichen Grün Zeichen zu setzen. Ein neuer Spielplatz mit Spielhäusern gibt der mittlerweile verselbständigten Garteninitiative die Möglichkeit, mit ihrer Aktionsstrategie auch im öffentlichen Raum Fuß zu fassen.

Der Wohnring als „Garten für alle"

Das Bild vom „Garten für alle" bildet den gedanklichen Bezugsrahmen für den erarbeiteten Katalog zur Wohnumfeldverbesserung:

● Gemeinschaftsgärten oder Nachbarschaftsgärten

Der schützende Charakter weniger Nischen im Siedlungsgrün erlaubt derartige, hierzulande noch unkon-

ventionelle Nutzungen: den Garten für die Nachbarn mit allem, was zum „normalen" Garten gehört, jedoch ohne Umzäunung und damit ständig offen für die Kinder. Mit der Ausweisung entsprechender Flächen sind gestalterische Maßnahmen verbunden, die den Bewohnern freigestellt sind:

– Bepflanzung mit Gemüse, Blumen, Stauden, Sträuchern, insbesondere Beerensträuchern, sowie mit Obstgehölzen und anderen kleinkronigen Bäumen;

– Möblierung mit Tischen und Stühlen, Bänken o. ä.,

– einfache, schützende Sitz- und Spielmöglichkeiten, z. B. Kinderlaube aus Bohnenstangen, selbstgebautes Spielhäuschen, Rankspalier,

– Wasseranschluß, Schöpftrog oder mobile Wassertonne,

– Freie Wiesenfläche,

– Kompostanlage.

● Mieterbeete, Vorgärten finden Platz

insbesondere vor Erdgeschoß-Balkonen und auf Rest- oder Abstandsflächen, vor allem auch als gemeinschaftliche Vorgärten.

● Eingangsbereiche/Nachbarschaftstreffs

„Die Bank vor der Haustür" im Geschoßwohnungsbau, mit Tischtennis, Windschutz, Sichtschutz, Raumbildung durch Großbäume, Pergolen, Rankgitter, Berankung kahler Pfeiler und Wände. Bei zu öffentlich wirkenden Eingängen (große Bewohnerzahl) wird die „Bank vor der Haustür" vom Eingang abgerückt.

● Wohn- und Erschließungswege

Gliederung durch Torbögen, Verengungen, Infoecken und ähnliches.

● Aktivierung des öffentlichen Grüns für Wohnumfeld-Nutzungen:

– offene Gemeinschaftsgärten,
– „Öko-Nischen",
– Spiel- und Liegewiesen,
– Wasserspielplatz,
– Café/Biergarten als Siedlungstreff.

Freiraumaktivierung

Aus der Situation heraus wurden angemessene und ansprechende Formen zur Aneignung der eigenen Wohnumgebung erprobt. Erst nach und nach wurde dabei deutlich, was angesichts der Überflutung mit Konsumangeboten, der Skepsis gegenüber sozialen Beratungsangeboten, oder der Schichtzugehörigkeit wirklich brauchbar und wirksam ist. Als nur bedingt effizient erwiesen sich Kursangebote der Volkshochschule, schriftliche Mitteilungen, Anschläge, Print-Medien, öffentliche Dia- und Informationsabende.

Solche Angebote stießen nur in Kombination mit Festen und Veranstaltungen, oder in kleinerem Rahmen, mit festen Bezugsgruppen, auf Akzeptanz.

Auf gute Resonanz stießen
– das persönliche, vor allem das beiläufige Gespräch, das an Alltagsfragen anknüpft,
– Feste oder Besichtigungsfahrten des Familienzentrums,
– eine Fernsehsendung zum Thema aus Neuperlach
– Ausstellungen im Einkaufszentrum.

Auf dem Hintergrund dieser sehr hohen Anforderungen an den Angebots- und Aktionscharakter der Motivations- und Informationsarbeit wurden besondere Formen der Freiraumanimation entwickelt und erprobt:

– Mobile Spielanimation durch die „Pädagogische Aktion",
– Stadtteilerkundung im Rahmen des Programms „Spiellandschaft Stadt" mit dem „Kinderexpreß" einem markanten Omnibus,
– Wohnumfeldforschung mit dem „Mobilen Planungsbüro" im alltäglichen Aktionsradius der Kinder,
– Freiraum-Inszenierung zum 10-Jahres-Fest des Familienzentrums („Cafégarten")
– „Mobile Baustelle", ein Versuchsprogramm für attraktive Spiel- und Bauaktionen mit bleibenden Veränderungen im engeren Wohnumfeld (Kooperation mit der „Pädagogischen Aktion" im Rahmen des Progamms „Spiellandschaft Stadt"),

Wohnumfeld ist mehr als Grün

Es hat sich schnell gezeigt, daß über das Interesse der beteiligten Erwachsenen hinaus viele Kinder und Jugendliche aus der Umgebung immer wieder in die Nachbarschaftsgärten kommen, dort mithelfen, sich dort gerne aufhalten und manche sich sogar ein eigenes kleines Beet anlegen. Viele kommen einfach, um zu plaudern, weil da jemand ist, mit dem sie über alles mögliche reden können. So ist es auch bei den meisten Erwachsenen. Es geschieht ganz nebenbei, völlig unorganisiert, beim Gießen oder beim Schneckenabsammeln, daß miteinander geredet wird.

Man trifft sich in einem Bereich, der öffentlich und doch privat ist. Sich einfach mal am Nachmittag zu einer Kaffeerunde im Garten zusammenzusetzen oder auch ein gemeinsames Grillessen zu machen, ist in selbstorganisierter Atmosphäre eher möglich als auf einer gänzlich öffentlichen Fläche.

Solche halbprivaten Nischen auch außerhalb der Gärten zu haben ist ein Wunsch zahlreicher Bewohner, vor allem der Frauen, die tagsüber mit den Kindern zu Hause sind und der älteren Leute.

Wie erwartet, kommen bei der Beschäftigung der Bewohner mit ersten „eroberten" Räumen zur Eigengestaltung weitere, jahrelang unbefriedigte Bedürfnisse und Defizite zum Vorschein: Der fehlende Sitzplatz, die fehlende „Gartenlaube", der fehlende Nachbarschaftstreff, der fehlende Jugendraum, die langweilige Schule mit ihren abgesperrten Freiräumen und schwer verfügbaren Versammlungsräumen, das fehlende Bürgerhaus, fehlende annehmbare Cafés oder Biergärten. Die Interessenten formieren sich und manch verborgene Fähigkeit kommt zum Vorschein. Der Funke springt zunächst auf die Schule über, und auch dort wird Hilfe für Selbsthilfe geleistet: Eltern wirken bei der Schulhofgestaltung mit, träumen von einer Nachbarschaftsschule. „Wir leisten auch was" dokumentieren Jugendliche selbstbewußt in einer Ausstellung, mit der sie auf ihre Situation aufmerksam machen wollen. Aufgrund des Widerstands weniger Mitmenschen mußte der gerade erst zur Eigengestaltung freigegebene Abstellraum im Erdgeschoß wieder geräumt werden: Die baulich-räumlichen Gegebenheiten sind genausowenig wie die ruhe- und ordnungsgewohnten Mieter auf optimale Befriedigung alters- und gruppenspezifischer Wohnbedürfnisse vorbereitet.

Nutzungskonflikte sind eine typische Folge erwachender Bedürfnisse und dazu da, ernstgenommen und nicht unterdrückt zu werden – eine der zentralen und gleichzeitig schwierigsten Aufgaben, die die sich allmählich formierende Selbsthilfeinitiative zu leisten hat.

Auf dem Weg zur Selbstorganisation

Die intensivierte Öffentlichkeitsarbeit trägt bald Früchte: Die positive Würdigung im Fernsehfilm „Vom Abstandsgrün zur Nachbarschaft" des Bayerischen Rundfunks sowie die Zuerkennung einer Sonderauszeichnung im

Die mobile Baustelle unterwegs zu neuen Taten

Neue Erfahrungen bei der Inbesitznahme der Freiräume vor der Haustür brauchen Anschubhilfen von außen

Rahmen des Wettewerbs „Gärten im Städtebau 1987" durch den Bundesbauminister versprechen den nötigen „Rükkenwind". Die positive Resonanz und das einstimmige Votum der Bürgerversammlung auf einen entsprechenden Antrag zur Unterstützung und Fortführung der Projektansätze läßt hoffen.

Es erweist sich als besonders förderlich, daß bereits seit dem zweiten Projektjahr eine feste Ansprechpartnerin vor Ort engagiert mitarbeitet, die selbst im Wohnring wohnt und die Situation aus eigener alltäglicher Erfahrung kennt. Damit wird der Aufbau konsequenter Bewohnerarbeit möglich, können die organisatorischen und planerischen Hilfsangebote von „Urbanes Wohnen" wirksamer eingesetzt werden. Eine Anlaufstelle vor Ort wird gegründet und übernimmt folgende Funktionen:

– zwangsloser Nachbarschafts-Treff,
– offene, nicht institutionalisierte Gemeinwesenarbeit,
– Betreuung und Begleitung von Maßnahmen in der unmittelbaren Umgebung wie auch für den gesamten Wohnring und angrenzende Gebiete,
– regelmäßige Beratung zu allen Wohnumfeld-Fragen,
– Sammelstelle für die Meinungsbildung zur Wohnumfeldverbesserung im Wohnring.

Die Begeisterung über das Erreichte und die Aussicht auf die Fortführung des Projektes mit finanzieller Förderung durch den Selbsthilfefonds der Stadt München sind so groß, daß überraschend viele Bewohner ihre Unterstützung und Mitwirkungsbereitschaft in einem eigenständigen Trägerverein bekunden.

Damit ist Ende 1988 ein entscheidendes Ziel erreicht: „Urbanes Wohnen" kann die Rolle des Übergangsträgers an die Vor-Ort-Gruppe abgeben. Mit entsprechender fachlicher Unterstützung wird es dem neuen Trägerverein möglich sein, zumindest die kleinen und in Selbsthilfe möglichen Schritte zur Verbesserung der Wohnsituation in Neuperlach weiterzuführen und seinerseits Multiplikatorfunktionen zu übernehmen.

Fazit: Nachbesserung anonymer Großsiedlungen kann bedeuten, einen Prozeß sich wechselseitig positiv verstärkender Impulse in Gang zu bringen und zu steuern. Dazu gehört aktivierende Bewohnerarbeit im und aus dem Quartier heraus, zugleich stetige Verbesserungen des Lebensumfeldes in baulichräumlicher Hinsicht. Das eine ohne das andere bringt weit weniger als die Hälfte. Insofern erwies sich die bisherige zwangsweise Reduktion auf kleinere und kleinste Schritte durchaus als hilfreich, um größere Fehler zu vermeiden und den Steuerungsmöglichkeiten des Selbstverstärkungsprozesses auf die Spur zu kommen.

Die in Selbsthilfe möglichen Vorleistungen wurden erprobt. Spätestens von hier an wären nun die Träger der öffentlichen Daseinsvorsorge einschließlich der Wohnbaugesellschaften am Zuge, die „Münchner Linie" der kleinen Schritte durch allmählich größer werdende fortzusetzen.

Ebene 4 – Stadtteilprogramme

**Beispiel: Spiel- und Wohnumfeldprogramm Milbertshofen
– Sofortprogramm „Spielmeile"**

Konzept für einen Modellversuch im Rahmen des Gesunde-Städte-Programms der WHO, zugleich Vollzug der Stadtteilsanierung auf der Basis der Rahmenplanung Milbertshofen im Auftrag des Planungsreferates / HA III der Landeshauptstadt München

Die eklatant defizitäre Spiel- und Freiraumsituation im zwischen Mittlerem Ring und Ausfallstraßen eingezwängten Stadtteil Milbertshofen führte zur Auswahl gerade dieses Stadtteiles zum WHO-Modellgebiet.

Im Rahmen des stadtteilweiten Modellversuchs sollen komplexe stadtplanerische Entwicklungsziele, wie sie z. B. in der Rahmenplanung aufgezeigt wurden, mit Hilfe eines neuen Instruments „Spiel- und Wohnumfeldprogramm" konkretisiert und verwirklicht werden.

Aufbauend auf der Untersuchung „Freies Spiel im Stadtquartier" im Auftrag des Umweltschutzreferates wurden dazu im Rahmen eines Nachfolgeauftrages durch das Planungsreferat – HA III konkrete Programmbausteine entwickelt.

Beim „Spiel- und Wohnumfeldprogramm" sollen verschiedene Programmbausteine zur Quartiers- und Freiraumentwicklung vor allem in ihrem Zusammenwirken erprobt werden. Bei der Auswahl der Programmelemente kann auf die bisherige Entwicklungsarbeit von Urbanes Wohnen in diesem Bereich zurückgegriffen werden sowie auf erfolgreiche Kooperationsprojekte z. B. mit PÄDAGOGISCHE AKTION oder mit der AG Spiellandschaft Stadt.

Um erste sichtbare Zeichen zu setzen, wurden für den Bereich „Spielmeile" im Dialog mit dem WHO-Arbeitskreis „Wohnumfeld", mit dem Arbeitskreis „Spielmeile" des Regionalen Arbeitskreises Milbertshofen sowie mit den beteiligten städtischen Referaten konkrete Sofortmaßnahmen für 1991 vorbereitet.

Modellversuch für ein Gesamtkonzept „Spielen in München"

Im Hinblick auf das in Vorbereitung befindliche Gesamtkonzept „Spielen in München" ist ein solcher Modellversuch gerade im Stadtteil Milbertshofen von besonderer Bedeutung.

Hier bestehen einerseits zahlreiche Anknüpfungspunkte zur Spiel- und Freiraumentwicklung, andererseits existiert bereits ein stadtteilbezogenes Diskussionsforum für die Erörterung der damit verbundenen Entwicklungsfragen. Somit bieten sich im Stadtteil Milbertshofen schon kurzfristig Chancen, neue, stadtteilspezifische Handlungsansätze zur Spiel- und Freiraumentwicklung zu erproben, die für ein Gesamtkonzept „Spielen in München" von Belang sein können.

Neue Wege bei der planungsbezogenen Öffentlichkeitsarbeit

Wesentliche Ausgangspunkte zur Quartiers- und Freiraumentwicklung bilden in Milbertshofen neben der vorliegenden Rahmenplanung das bereits in der Diskussion befindliche Projekt „Spielmeile" sowie die Vorhaben zur Verkehrsberuhigung. Parallel dazu gibt es zahlreiche Aktivitäten von Initiativen und Einrichtungen zur Verbesserung von Wohnumfeld, Stadtteilidentität und Stadtteilkultur – auch und vor allem im Sinne der Kinder und Jugendlichen.

Damit sich die angestrebten Verbesserungen sinnvoll ergänzen und wechselseitig optimieren können, bietet es sich an, sie zu einem durchführungsorientierten Spiel- und Wohnumfeldprogramm zusammenzufügen und bereichsweise „kurzzuschließen".

Dies führt auch zu neuen Wegen bei der Zusammenarbeit mit den vor Ort tätigen Stadtteileinrichtungen und Multiplikatoren. Im Rahmen der planungsbezogenen Öffentlichkeitsarbeit sollen – abweichend von traditionellen „Öffentlichkeitsphasen" – aktivierende und stärker durchführungsorientierte Ansätze erprobt werden, die zu schnell sichtbaren Ergebnissen führen.

Kooperationsmodell

Anders als in vielen anderen Stadtteilen existiert in Milbertshofen im **„Regionalen Arbeitskreis"** ein seit vielen Jahren eingespieltes, an der Stadtteilentwicklung arbeitendes Gremium. Neben dem Bezirksausschuß fungiert der Regionale Arbeitskreis als geeignetes Diskussionsforum für Entwicklungsfragen im Stadtteil.

Durch gemeinsame Ausschüsse und die engen Kontakte zum zuständigen Bezirksausschuß 27 sowie durch die Mitwirkung von StadträtInnen ist für den notwendigen politischen Transfer gesorgt.

Neben StadtteilpolitikerInnen und Bezirksausschuß sollen vor allem Stadtteil-Einrichtungen und Bewohner aktiv in den Prozeß der Quartiers- und Freiraumentwicklung einbezogen werden.

Angestrebtes Ziel des Modellversuchs ist ein höchstmögliches Maß an Mitwirkungsbereitschaft und Eigeninitiative – sei es bei der Entwicklung des Trambahn-Grünzuges zur „Spielmeile", bei der Umgestaltung von Straßen und Plätzen oder bei der Aktivierung des engeren Wohnumfeldes.

Begleitprogramm

Um das neue Instrument „Spiel- und Wohnumfeldprogramm" mit seinen verschiedenen Programmbausteinen fortlaufend kritisch zu hinterfragen, weiterzuentwickeln und im Hinblick auf die Übertragbarkeit zu betrachten, ist ein Begleitprogramm zum Modellversuch vorgesehen. Dazu gehören:

Kooperationsmodell

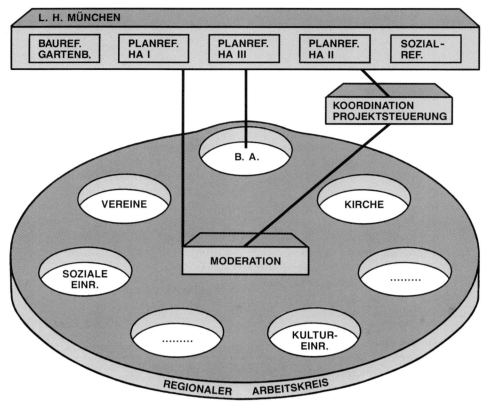

Projektsteuerung: **Urbanes Wohnen e.V., München**
Moderation: **Stadtteilzentrum Milbertshofen**

Programmelemente des Spiel- und Wohnumfeldprogramms

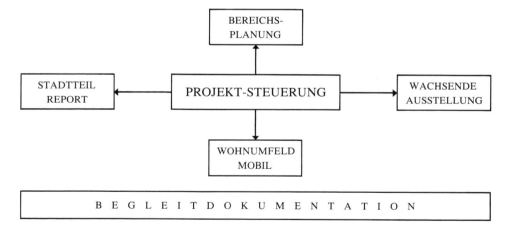

– Die fortlaufende Begleitdokumentation per Video mit „Stadtteil-Reports" sowie Zwischenberichten für ein Fachpublikum

– Der Erfahrungsaustausch mit Ansätzen in anderen Städten, z. B. im Rahmen von Tagungen

– Die Beratung durch Mitglieder des Kuratoriums von Urbanes Wohnen München und die Kooperation mit Forschung und Lehre.

Neue Verfahren und Instrumente im Langzeittest

Um zu abgesicherten Aussagen über die Eignung neuer Instrumente und Programmbausteine zu gelangen, ist der Modellversuch auf mindestens 3 Jahre anzulegen. Parallele Programme in anderen Stadtteilen mit jeweils modifizierten Ansätzen ermöglichen dabei eine produktive Gegenüberstellung verschiedener Methoden im Praxisvergleich.

Zusammenfassung

Selbstorganisation im Wohnumfeld

Ziel der Wohnumfeldgestaltung mit Bewohnern ist nicht in erster Linie, einen baulich-räumlichen Endzustand möglichst schnell zu erreichen, sondern eher einen Prozeß zu begleiten, in dessen Verlauf die Bewohner sich ihre Umwelt individuell oder gemeinsam aneignen. Planung, Gestaltung, Bau, Nutzung und Selbstorganisation bzw. Selbstverwaltung sind elementare Bestandteile dieses Prozesses. Dabei muß auf die unterschiedlichen Bedürfnisse und Ausdrucksmöglichkeiten der jeweiligen Beteiligten eingegangen werden.

Angebote zur Förderung der Selbstorganisation im eigenen Wohnumfeld schließen Arbeitsformen im Sinne von Anwaltsplanung und Gemeinwesenarbeit ein; insgesamt umfassen sie folgende Aufgaben:

– Information und Beratung über Möglichkeiten und Wege der Wohnumfeldgestaltung,

– Programme zur Umweltsensibilisierung, insbesondere zur spielerischen und schöpferischen Auseinandersetzung mit der eigenen Wohnumgebung,

– Spiel- und Aktionsprogramme,

– Artikulations-, Planungs- und Entscheidungshilfen,

– Vermittlung zwischen Beteiligten und Betroffenen, Moderation,

– Hilfestellung während des Bauprozesses,

– Unterstützung der Selbstorganisation und Selbstverwaltung,

– Übergangsträgerschaft bei komplexen Projekten und Programmen.

Die Handlungsebene 4 – Stadtteilprogramme – markiert hier eine neue Phase bewohnererarbeitetes Wohnumfeld – mit dem oben geschilderten Stadtteilprogramm ist nun auch in München nach langer Vorarbeit im engeren, unmittelbarem Wohnumfeld offensichtlich endgültig der Durchbruch in den öffentlichen Bereich gelungen.

Es macht deutlich: Die produktiven Chancen der „Selbstorganisation im Wohnumfeld" hören nicht an der Gartenpforte auf!

Projektentwicklung und -begleitung:

Reiner Schmidt, Dipl.Ing. Freiraumplaner (Projektsteuerung)
Jan Weber-Ebnet, Dipl.Ing. f. Architektur (Konzeption und Präsentation)
Marina Mann, Medienpädagogin (Mediale Unterstützung und Begleitdokumentation)

Camilla Will, Dipl. Ing. Stadtplanerin (Projektberatung, Öffentlichkeitsarbeit)
Hans Blickenberger, Sozialpädagoge (Beratung für pädagogische Aktionsprogramme)

Stadtteilbezogene Koordination und Diskussionsforum vor Ort:
Regionaler Arbeitskreis Milbertshofen und BA 27

Projektträger vor Ort:
Stadtteilzentrum Milbertshofen sowie soziale und kulturelle Institutionen im Stadtteil

Kooperationspartner für Aktionen (geplant):
Einrichtungen und Veranstalter im spielpädagogischen Bereich

Klaus Robl

Mietergärten im sozialen Wohnungsbau – eine Bilanz nach zehn Jahren

Exkurs: Thesen und Eindrücke im Umfeld der Fachtagung „Selbstgestaltung der Wohnumwelt" zum Thema „Mietergärten"

Der „Realist"

Er stellt voller Selbstzufriedenheit einen kürzlich fertiggestellten Blockinnenbereich vor, der schon so fertig erscheint, daß es wie Frevel anmutet, nachträglich Veränderungen vorzunehmen. Die „gutgemeinte" Kompetenz, die so hohe Maßstäbe setzt, daß sie einschüchtert und wenig Raum für Kreativität läßt. Demokratisch gewählte Mietervertreter werden zur Farce, Mietergärten zum Alibi, da sie „wie gehabt" als EG-Terrain nur den EG-Wohnungen zugeordnet sind. Die OG-Mieter werden „vergessen".

Der „Theoretiker":

Er entwirft Instrumente und Medien der Mitbestimmung für die Stadtplanung und den Wohnungsbau der Gegenwart und Zukunft. Intermediäre Organisationen vermitteln zwischen „Obrigkeit" und „Untertan", stiften an zur emanzipatorischen Gestaltung der Wohn- und Arbeitswelt. Mietergärten haben demzufolge nur dann eine Funktion, wenn sie nicht Selbstzweck, sondern Mittel der Anstiftung zur Mündigkeit sind.

Die „intermediäre Organisation":

Sie animiert die „Untertanen" im Auftrage der „Obrigkeit", sie entlastet die „Obrigkeit" angesichts der sichtbaren und unsichtbaren Defizite, sie stößt in inhaltsleere Räume vor, füllt sie mit Leben. Das Ziel ist die Selbstbestim-

mung der Nutzer und die Öffnung sowie gleichzeitige Selbstbeschränkung des Verwalters. Es wird zwangsläufig in Kauf genommen, daß Projekte im Nichts verschwinden. Es wird daraufhin gearbeitet, daß sich eine Idee verselbständigt und Kreise zieht. Nach getaner Arbeit zieht sie sich zurück.

Die „Initiative":

Ist sie „das Volk„? Sie ist der „mündige Bürger". Sie provoziert und bekämpft die „Obrigkeit", lockt sie aus der Reserve und führt sie „ad absurdum". Sie ist kreativ und zeigt neue Wege auf.

Der „sozial denkende und handelnde Unternehmer", Ware: „Der Mieter im Sozialen Wohnungsbau":

Er versucht das „Emanzipative" in seine Unternehmensstrategie zu integrieren, baut Hemmnisse einer Bürokratie wie Zentralität und Hierarchie ab, schafft Freiräume für die Entfaltung von Wohnbedürfnissen.

Abb. 1

Es geht auch bei den Mietergärten um ein grundsolides Anliegen, das seinen Platz im Alltag beansprucht. In den Köpfen mancher Planer haben sie etwas „Spießiges", für den durchschnittlichen Politiker sind sie etwas Nebensächliches, vielleicht interessant zur Erlangung von Wählerstimmen. Für eine technokratisch angelegte Verwaltung sind sie eher etwas Exotisches und ein unnötiger Kostenfaktor. Mietergärten verkommen dann leicht zum Versuchsballon eifriger Politiker, zum Modeartikel experimentierfreudiger Planer und unterliegen dem ständigen Rechtfertigungszwang. Für eine emanzipierte Unternehmensstrategie wiederum stellen sie einen abschreibungsfähigen Nutzungsfaktor dar. Mietergärten werden dann Teil einer umfassenden Mietsache und damit etwas Selbstverständliches. Der Mieter erlebt sich als nicht nur verwaltet, sondern als mündig innerhalb von Handlungsspielräumen.

Mietergärten im Spannungsfeld sozialer Brennpunkte

Im Laufe der letzten 20 Jahre hat der im öffentlichen Besitz befindliche Wohnraum (die GBH[1] verwaltet nahezu 100% Sozialwohnungen) immer mehr die Funktion erhalten, Auffangbecken für „Problemgruppen" zu sein, die auf öffentliche Unterstützungen (wie z. B. Sozialhilfe, Wohngeld, Arbeitslosenunterstützung) angewiesen sind.

Mietergartenprogramme befinden sich unter solchen Bedingungen in einem besonderen Spannungsfeld. Sie können auch heute noch den Restriktionen einer konservativ-technokratischen Verwaltung unterliegen oder werden ohne Zutun von außen nicht abgefragt von einer tendenziell artikulationsscheuen Mieterschaft. Die Einbindung des Mieters in Abhängigkeiten findet statt durch die Zuweisung von Wohnraum (Wohnungen im Sozialen Wohnungsbau sind Belegrechtswohnungen der Wohnungsämter) als auch durch die

Unterstützung mit öffentlichen Geldern. Je höher der Anteil sozial schwacher Mieter (z. B. 20% Sozialhilfeempfänger in Hannover-Vahrenheide)[2], und/oder gesellschaftlich schwer oder nicht integrierter Mieter (z. B. 20% Ausländer in Garbsen-Auf der Horst)[2], an der Bewohnerschaft ist, um so mehr tritt die Mündigkeit hinter eine reaktive, konsumptive Haltung (des Abwartens) zurück. Dieses unnatürliche Verhalten erscheint auch heute noch als selbstverständliches Charakteristikum des „angenehmen" Mieters. Wird selbstbestimmtes Handeln aber blockiert z. B. durch Arbeitslosigkeit oder durch eine anonyme, nicht transparente Obrigkeit, äußert sich dieser unnatürliche Zustand „nach innen" (Alkoholismus) oder „außen" (Vandalismus). Die scheinbar harmloseste Willensäußerung ist der Wegzug (Fachbegriff: Fluktuation), der häufig als Verlust sozial-räumlicher Art – Nachbarschaft, Heimat – zu verzeichnen ist. Die soziale Entmischung als Folge einer verfehlten Wohnungspolitik hat zu Zeiten hoher Fluktuation und Leerstände zu einer z. T. explosiven, einseitigen Mie-

1 Gemeinnützige Baugesellschaft Hannover, seit 1991 mit neuem Namen: Gesellschaft für Bauen und Wohnen Hannover (Haupteigner: Stadt Hannover).

2 von der GBH verwaltete Wohnsiedlungen

Abb. 2

vorher – 1982

Abb. 3

nachher – 1987

terstruktur im Sozialen Wohnungsbau geführt: sozial schwache, frustrierte Erstmieter, soziale Absteiger und kinderreiche Ausländerfamilien. Zu Zeiten vorläufig anhaltender Wohnungsnot dürften sich diese Strukturen einerseits verfestigen, andererseits wird die erzwungene Bindung an den Wohnort eine neue Offenheit hervorrufen.

Mietergartenprogramme als Verbesserungsstrategie

Mietergärten, wie sie heute in 4 Wohngebieten der GBH in großer Zahl, in anderen Siedlungen erst zaghaft vertreten sind, sind weder als Zwangsmaßnahme von oben noch durch den kollektiv geäußerten Willen von unten entstanden. Allerdings haben indrekte Einflußfaktoren aus einer allgemeinen Kritik heraus – „Unwirtlichkeit der Städte?, „Mehr Demokratie wagen" usw. – als auch ganz deutlich spürbare Indikatoren einer Unzufriedenheit mit dem „Wirtschaftsgut Wohnung" insbesondere in Großsiedlungen zu einem Umdenken geführt.

Die städtebaulichen Mängel dieser Großsiedlungen sind bekannt. Nur als Anhaltspunkt sei neben den Verwaltungskosten für Leerstände in früheren Zeiten, die der Mieter über das sogenannte „Mietausfallwagnis" selbst bezahlt hat, einmal eine Zahl genannt, die für die 16.500 von der GBH verwalteten Wohnungen gilt: Im Jahr 1989 entstanden Kosten von ca. 600.000 DM, die nur durch Zerstörungen entstanden sind und immerhin 6% der normalen Instandhaltungskosten ausgemacht haben. Demgegenüber stehen bei der

GBH jährliche Mittel von 500.000 DM für die konstruktive Strategie einer Verbesserung des Wohnumfeldes. Hiervon entfallen ca. 10-20%, z. Z. 60.000 DM für Mieterselbsthilfe im Außenraum, davon 30-40.000 DM für Mietergärten.

Diese Strategie richtet sich in der Hauptsache auf die Nutzung von vorhandenem Potential der meisten Großsiedlungen: das sind häufig ungenutzte, großzügig konzipierte Grünflächen als potentielle Gemeinschaftsräume.

Und das sind auch die Mieter selbst, die ihr Wohngebiet als Heimat sehen und dort vielleicht dauerhaft wohnen bleiben möchten. An diese Mieter, die letztlich die wichtigen, stabilisierenden Funktionen innerhalb eines Wohngebietes ausüben, hat sich das Mietergartenprogramm der letzten Jahre gerichtet. Zum anderen aber sollen Mietergärten auch Menschen dienen, die in unserer Gesellschaft eingeengt, materiell minderbemittelt und immobil sind. Hierzu zählen Sozialhilfeempfänger, Arbeitslose, Frührentner und Rentner, Alleinerziehende und besonders auch türkische Frauen.

Abb. 5

Abb. 6

Abb. 4

Die Nachfrage nach Mietergärten ist ein Symptom für die Bereitschaft eines Mieters, sich dauerhaft und mit sichtbarem Eigenantrieb am Wohnort niederzulassen. Ebenso wie die herkömmliche Konzeption der Mietwohnung ist der Mietergarten in seiner Eingeschränktheit (Größe: 50 m², mittelbare oder unmittelbare soziale Kontrolle) Teil dieser meist nicht idealen Wohnform. Für sozial schwache Bevölkerungsschichten stellt er aber eine dauerhafte, kostengünstige und oft die einzige Form einer privaten Außenraumnutzung dar.

Mietergärten bei der GBH

1982 – 1990

Chronologie des Mietergartenprogrammes während der vierjährigen Pilotprojektphase und danach

vor 1982

Die vorgefundene Situation:
Soziale Entmischung, Fluktuation und Vermietungsprobleme, Vandalismus im Wohnumfeld, großzügige Abstandsgrünflächen, eine verkrustete Mieterschaft, die ihre Bedürfnisse gar nicht oder nur aggressiv äußert. Versuche des Wohnungsunternehmers finden statt, die Verwaltung des Wohnens transparenter zu machen durch mehr Legitimation nach außen: Wahl von Mietervertretern, sogenannte Mieterbeiräte. Deren Funktion bleibt eingeschränkt, das Verhalten ist eher reaktivkritisch.

1982 H.-Hainholz (Projektgebiet 1)

Arbeitsbeschaffungsmaßnahme (ABM)[3]
„Gärten für Mieter durch Mieter" als intermediäres Vorgehen: Das Angebot (schriftlich und durch Mieterversammlung) das vorhandene Potential an Freiflächen für private Nutzungen zur Verfügung zu stellen, verfängt in der Mieterschaft kaum. Selbstbestimmtes Handeln muß animativ unterstützt werden durch persönliche Ansprache („Klinkenputzen") und kostenlose materielle Hilfe (Materialausgabe, Geräteverleih).

Die Verwaltung (hier gemeint: die Geschäftsführung und die zuständigen Abteilungen und Mitarbeiter der GBH) hält sich mit finanziellen Ausgaben (5.000 DM für 600 WE) zurück und sichert sich mit der Einführung von Nutzungsverträgen ab. Eine der Hauptaufgaben der beiden ABM-Ingenieure besteht in der Aktivierung latenter Bedürfnisse bei den Mietern und gleichzeitigem Werben um Aufgeschlossenheit innerhalb der Verwaltung.

3 Einstellung von zwei arbeitslosen Landschaftsplanern (Dipl.-Ing. der Landespflege)

Abb. 7

Abb. 8

Abb. 9

Nach anfänglicher Zurückhaltung der Mieter entstehen viele neue Vorgärten, einige Gemeinschaftssitzbereiche und noch wenige privat genutzte Mietergärten.

1983/84 Garbsen-Auf der Horst (Projektgebiet 2)

Erstmals äußern Mieter unabhängig Vorstellungen, die keine private Gartennutzung beinhalten, sondern auf die mangelhafte Qualität von Spielflächen verweisen. Die ABM-Ingenieure erweitern ihr Arbeitsfeld von der Animation zur Organisation von Selbsthilfemaßnahmen. Das Ausmaß der Veränderungen ist zunächst fast explosiv, wird aber durch den engen Kostenrahmen und durch die Beschränkung auf Selbsthilfe gebremst. Die in Mieterselbsthilfe begonnene Umgestaltung eines Spielreiches zeigt deutlich personelle Grenzen auf und droht zu scheitern. Die Arbeiten werden von einer Firma beendet. Der hohe Erwartungsdruck kann innerhalb der GBH nicht vermittelt werden und führt nicht zur Konsequenz einer durchgreifenden Verbesserung der Wohnumfeldsituation.

Die Nachfrage nach Gärten (privat nutzbare Mietergärten und Vorgärten) ist jedoch enorm, es muß für Obergeschoßmieter erstmals eine Warteliste eingerichtet werden.

1984/85 2. ABM Garbsen-Berenbostel (Projektgebiet 3)

Die ABM wird 1984 fortgesetzt mit 2 neuen ABM-Ingenieuren, insbesondere aufgrund des von Mieterbeiräten in einer dritten Wohnsiedlung geäußerten Interesses an Mietergärten (Projektgebiet 3 in Garbsen-Berenbostel). Die Nachfrage in Projektgebiet 1 erlahmt mangels Betreuung.

Proteste aus der Mieterschaft und von Ratsleuten aus Garbsen-Auf der Horst gegen eine zu liberale Handhabung des Selbsthilfekonzeptes (Mieter verwen-

Abb. 10

den Sperrmüll zur Garteneinfriedung, manche Gärten „wuchern" in die gemeinschaftlichen Flächen) führen zur Einführung eines restriktiveren Vorgehens. Eine einheitliche Verwendung von Zaunmaterial wird durch dessen kostenlose Vergabe verbindlich, Gartengrößen werden genau festgelegt.

Die Grenzen des Vorgehens werden nach 4 Jahren Pilotmaßnahme deutlich: Die Zahl zu betreuender Wohneinheiten liegt bereits bei 2.000, die Zahl der Gartennutzer bei 340 (160 Vorgärten, 180 Mietergärten). Die kostensparende Methode der Hilfe zur Selbsthilfe wird bei größeren Gartenanlagen (Zaun-, Wege-, Pumpenbau) immer zeit- und personalaufwendiger. Die personelle Konzentration auf die betreuungsaufwendige Selbsthilfe grenzt die Bearbeitung anderer Wohnumfeldmaßnahmen in so großen Projektgebieten mehr und mehr aus. Umgekehrt sind Defizite offengelegt worden. Eine ersatzlose Streichung der Mietergärten wird undenkbar.

1986 3. ABM, 1 hauptamtliche Fachkraft

Die Geschäftsführung der GBH geht einen neuen Weg. Das Wirken der ABM-Tätigkeit und der hohe Mobilisierungsgrad der Mieter führen zur Einstellung eines hauptamtlichen Gartenarchitekten und zur Fortsetzung der ABM mit allerdings neuen Aufgabenfeldern. Eine konsequente Übertragung des Modells auf andere Wohngebiete mit zusätzlich 13.000 WE findet nicht statt, lediglich die bisherigen Projektgebiete sollen gemäß der Nachfrage reduziert betreut werden.

Die Einrichtung der neu geschaffenen Dauerstelle beinhaltet die Abwicklung einer umfassenden Bestandserhaltung

des Wohnumfeldes als Teil des Tagesgeschäftes. Trotz des o. g. Etats von 500.000 DM für Sondermaßnahmen der Wohnumfeldverbesserung und der darin enthaltenen 60.000 DM für Mieterselbsthilfe und Mietergärten erhält die „grüne Sozialarbeit" nur noch eine Nebenrolle. Für eine Fortführung des Mietergartenprogrammes sind trotz vorhandener Finanzmittel alternative Herangehensweisen gefordert.

1987 H.-Vahrenheide (Projektgebiet 4)

Die Einsetzung eines Koordinationskreises für Wohnumfeldverbesserung im Stadtteil Vahrenheide (die GBH verwaltet hier 3.000 WE) führt zu neuen Aktivitäten. Unter Betreuung der 3. ABM-Ingenieure werden Selbsthilfemaßnahmen (Spielplatzumbau) sowie mehrere Pflanzaktionen durchgeführt. Die Beteiligung der ehrenamtlichen Mieterbeiräte bei der Organisation nimmt zu. Erstmalig stellt sich im Projektgebiet 1, wo mangels Betreuung keine Nachfrage mehr stattfand, versuchsweise ein Mieter gegen geringes Honorar als Gartenberater zur Verfügung.

1988-90 4. ABM mit anschließender Beendigung einer qualifizierten ABM-Betreuung/Einstellung einer 2. hauptamtlichen Fachkraft

Die 4. ABM führt als Unterstützung des Gartenarchitekten die eingeschränkte Betreuung der Mietergärten in allen 4 Projektgebieten fort. In Projektgebiet 1, 3 und 4 mit insgesamt 5.000 WE wird zunehmend die Betreuung gegen Honorar an Mieter delegiert mit nur noch eingeschränkter Mithilfe der ABM-Kräfte. Nur in Garbsen-Auf der Horst wird aufgrund der besonderen Pro-

blemlage weiterhin einmal pro Woche die Betreuung durch 2 Fachkräfte (GBH-Mitarbeiter) durchgeführt.

Eine qualifizierte ABM-Betreuung wird ab 1990 nicht mehr fortgesetzt, dem Arbeitsbedarf jedoch durch Einstellung einer 2. Fachkraft (Gartenbautechniker) entsprochen.

1990 Mietergärten als Bestandteil der wieder auflebenden Neubautätigkeit

Mietergärten sind mittlerweile auch Bestandteil von Neubau- und Stadtsanierungsmaßnahmen. Mit Ausnahme einer gesonderten ABM im Sanierungsgebiet Hannover-Linden, wo ebenfalls eine intensive Beteiligung der Mieter stattfand, werden Mietergärten im Planungsverfahren per Vergabe an Planungsbüros z. Z. allerdings nur als planerische Vorgabe, nicht aber mit gesonderter Betreuung realisiert.

Erste Erfahrungen mit fertiggestellten Neubauprojekten deuten jedoch auch hier auf einen gewissen Steuerungsbedarf bzgl. einer privaten Freiraumnutzung hin. Ein völliges Unterbleiben nach dem „Laisser-Faire-Prinzip" führt zur Verunsicherung von Verwaltern und Mietern. Zur Zeit wird eine eingeschränkte Nachbetreuung seitens der GBH durch Rundschreiben und/oder Einzelgespräche mit Garteninteressenten durchgeführt.

Eine verbindliche Integration in Neubauprogramme findet mangels gesetzlicher Grundlagen nicht statt. Die Gefahr, durch individuelle Entwürfe von Gartenarchitekten als mögliches Element „geschluckt" zu werden, besteht – insbesondere angesichts enger Grundstücksbemessung – für die Zukunft sehr deutlich.

1990 Die Wohnsiedlung Hannover-Vahrenheide als Beispiel für ein dauerhaft angelegtes Mietergartenprogramm mit reduziertem administrativem Aufwand

Hannover-Vahrenheide wird im Gegensatz zu den vorherigen Projektgebieten nicht mit einem flächendecken-

den, intensiv betreuten Mietergartenprogramm überzogen. Einerseits wird mit der Einsetzung von zwei Honorarkräften vor Ort – eine Mieterin als Gartenberaterin und ein Mieter zur Materialausgabe – und der Bereithaltung von materiellen Mitteln (Selbsthilfeetat) und kompetentem Verwaltungspersonal (Gartenarchitekt/Gartenbautechni-

ker der GBH) reaktiv vorgegangen – es findet nur eine Gartensprechstunde pro Woche statt. Andererseits werden im Vorfeld zeitlich begrenzt mit erhöhtem Personaleinsatz (1 – 3 Mitarbeiter der GBH, 1 – 3 Mieterfunktionäre) Pflanzaktionen zur Vorgartenverschönerung durchgeführt, die überwiegend animative Funktion haben. Zusätzlich wird

z. Z. in einem Bereich der Siedlung modellhaft eine zusammenhängende Gartenanlage mit Wohnumfeldmitteln der Stadt Hannover erstellt, die als Anschauungsobjekt dient. Neben einer nach bewährtem Muster durchgeführten gezielten Animation speziell in diesem Siedlungsteil bleibt es den Mietern im übrigen Gebiet dann selbst überlassen, nach dem vorgegebenem Beispiel Interesse zu äußern oder nicht.

Bereits nach kurzer Zeit wurde die Gartensprechstunde rege genutzt. Im Gegensatz zu begrenzten Pilotprojekten besteht kein zeitlicher Druck oder Erfolgszwang. Gärten am Erdgeschoß werden ganzjährig vergeben. Für OG-Mieter werden Wartelisten eingerichtet und ab einer bestimmten Gruppengröße (4 – 10 Gärten) werden Gartenanlagen an die Mieter zu Beginn der Pflanzzeit vergeben.

Die Rolle von unqualifiziertem ABM-Personal bei der Gartenerstellung

Erstmals wird seit dem Frühjahr 1991 in Vahrenheide die gesamte Gartenerstellung-Bodenvorbereitung, Zaunbau, Pumpenbohrung, Wegebau – durch einen „Verein Arbeit + Leben" durchgeführt. Dieser Verein beschäftigt mit öffentlicher Förderung schwer vermittelbare Jugendliche und Langzeitarbeitslose. Entstehende Personalkosten werden zu 100 % durch den Verein abgedeckt, die Bauleitung und Materialvergabe erfolgt durch die GBH.

Die gute Qualität der Arbeit, die Mängel durch laienhafte Erstellung z. B. von Zäunen seitens der Mieter ausschließt, hat zu unerwarteten Ergebnissen geführt. So ist die Nachfrage nach Gärten zum einen sprunghaft gestiegen, zum anderen ist die Pflegemoral spürbar höher als dort, wo mangelhafter Eigenbau zu einem von vornherein geringen Qualitätsdenken und Standard führen kann. Die eingeschränkten Möglichkeiten bzgl. der Beratung und Betreuung können sich jedoch seitens der GBH wieder mehr auf die Gestaltung und Nutzung der Gärten unabhängig von der personalaufwendigen Betreuung von Selbsthilfemaßnahmen konzentrieren. Die positive Resonanz wird auch bei der hohen Motivation der ABM-Kräfte deutlich, die den Erfolg ihrer Arbeit unmittelbar erleben.

einer Art Selbstverwaltung durch die Mieter, hat sich nicht erfüllt. Dies liegt nicht an der Thematik „Mietergärten", sondern in der Hauptsache an den Charakteristika einer tendenziell unmündigen Mieterschaft des Sozialen Wohnungsbaus mit all seinen negativen Erscheinungen. Allerdings hat sich – nach Beendigung einer notwendigen Animationsphase – eine Mischung aus Betreuung „von unten" und Verwaltung „von oben" als praktikabel entwickelt. Die bislang fruchtbare Zusammenarbeit von Laienberatern bzw. -betreuern aus der Mieterschaft (ehrenamtlich oder gegen geringes Honorar) und ein bis zwei Fachleuten des Wohnungsunternehmens hat Befürchtungen widerlegt, die dauerhafte Übernahme von Verwaltungsaufgaben durch das Wohnungsunternehmen selbst sei zu aufwendig und damit nicht vertretbar. Allerdings erfordert die Betreuung der Mieter auch heute noch außergewöhnliches Engagement und die Bereitschaft zu zeitweilig unkonventioneller Verwaltungstätigkeit. Als unabdingbar erweist sich hierbei die Verfügbarkeit über finanzielle Mittel, die nicht kategorisch zweckgebunden, sondern individuell handhabbar sind. Besonders aufschlußreich ist die Erkenntnis, daß auch eine Reduzierung der Selbsthilfe nicht auf Kosten der Eigenverantwortlichkeit des Mieters stattfinden muß. Vielmehr zeigt sich die Trennung von Verantwortlichkeiten und Kompetenzen als der richtige Weg – der Vermieter erstellt das Mietobjekt „Mietergarten" in Form der Garteninfrastruktur als Vorleistung, der Mieter hält sich an notwendige Spielregeln und nutzt die Mietsache für sich finanziell tragbar. Die Heranziehung des 2. Arbeitsmarktes in Form von Arbeitsbeschaffungsmaßnahmen erweist sich angesichts einer öffentlichen Verpflichtung für den Sozialen Wohnungsbau der Vergangenheit einerseits und dem eingeschränkten Kostenrahmen für Verwalter und finanzschwache Sozialmieter andererseits als wichtiges Standbein für eine konstruktive, prozeßhaft angelegte Wohnumfeldverbesserung. Der (ohnehin fragwürdige) Nachweis einer unmittelbaren Kostendeckung kann zwar nicht erbracht werden; allerdings stehen am Beispiel Garbsen-Auf der Horst mit z. Z. jährlichen Ausgaben von ca. 20.000,– DM für Personal, Neuanlagen und Unterhaltung langfristig immerhin Einsparungen von rund 7.000,– DM für ca. 10.000 m^2 nicht mehr zu pflegende Fläche/Jahr bzw. Einnahmen von 1.800,– DM/Jahr für Wassergeld

BILANZ IN ZAHLEN

Wohngebiet/ Zahl der Wohneinheiten	Mietergärten zu Projektbeginn im Jahr . . .	Mietergärten am Ende der intensiven ABM-Betreuung 1986	Mietergärten nach 5 Jahren mit reduzierter Betreuung 1991
Hannover-Hainholz rd. 600	1982/keine	rd. 30	rd. 40
Garbsen-Auf der Horst rd. 800	1983/keine	rd. 110	rd. 160
Garbsen-Berenbostel rd. 600	1984/keine	rd. 40	rd. 90
Hannover-Vahrenheide rd. 3.000	Beginn der reduzierten Betreuung 1990, erste Mietergärten 1988 (3 Stück)		rd. 70

Einschätzung

Die Frage nach einer abschließenden Einschätzung von 10 Jahren Mietergärten kann sicherlich hier nicht befriedigend beantwortet werden. Eine wissenschaftliche Begleitung z. B. in Form einer Kosten-Nutzen-Analyse hat es nicht gegeben. Trotzdem lassen sich gewisse Tendenzen ablesen und daraus Rückschlüsse ziehen.

Die ursprüngliche Erwartung, nach Initiierung des Mietergartenprogramms werde das Ganze zum Selbstläufer in

(1,– DM/Monat x 150 Gärten) gegenüber.

Wie haben sich Mietergärten im Alltag bewährt?

Die Aufgabe von Vorgärten beispielsweise wegen Wegzug des pflegenden Mieters, aber auch aufgrund von Zerstörungen hat es gegeben und gibt es weiterhin. Vorgärten, in ihrem Zweck immer Gemeinschaftsgärten, sind besonders empfindlich und erste Anzeiger für negative Veränderungen in der Nachbarschaft. Hier ist die Mitverantwortung des Vermieters besonders gefordert, erwiesenermaßen eine Überforderung reduzierter Betreuungstätigkeit. Trotzdem ist ein sehr erfreuliches Gleichgewicht von aufgegebenen und an anderer Stelle neu entstandener Vorgärten aufgrund der materiellen und ideellen Unterstützung durch den Vermieter sichtbar.

Abb. 11

Abb. 12

Die befürchteten Kosten für die Wiederherstellung aufgegebener Mietergärten nach Wegzug des Mieters hat es nicht gegeben. Die Fluktuation war zum einen ohnehin geringer im Vergleich zur Gesamtfluktuation; zum anderen wur-

Abb. 13

den Gärten vom Nachmieter meist wieder übernommen. Eine Aufgabe von (privat genutzten) Mietergärten aufgrund von Zerstörungen hat es überhaupt nicht gegeben. Als sehr stabile Gartenform und von den Mietern stark nachgefragt haben sich die wohnungsunabhängigen Gärten (hauptsächlich für OG-Mieter) innerhalb von Gartengruppen, möglichst im Randbereich der Siedlung angesiedelt, erwiesen. Hierfür müssen z. T. bis zu zweijährige Wartelisten eingerichtet werden.

Abb. 14

Abb. 15

Besonders erfreulich ist die Rolle alter Menschen bei der Gartengestaltung. So haben ältere Mieter fast immer eine Art

Vorbildfunktion eingenommen insofern, als sie mit Akribie und handwerklichem Geschick auch kleinste Gärten in blühende Oasen verwandelt haben. Hervorhebenswert ist aber auch der auffällig hohe Anteil von ausländischen Mietern an der Nutzung von Mietergärten, insbesondere von türkischen Familien, mit ihren vielfältigen Gemüsegärten. Mietergärten spielen hierbei eine herausragende Rolle als Integrationsmöglichkeit auch fremder Kulturen in den Wohnalltag.

Entscheidend letztlich ist die Beantwortung der Frage, inwieweit Mietergärten einen Beitrag zu mehr Identifikation und Wohnzufriedenheit leisten konnten. Festzustellen ist, daß die Lebhaftigkeit und die Vielfalt in all den Siedlungen, in denen es Gärten gibt, spürbar zugenommen hat. Es gibt mehr Unverwechselbares und mehr Kontakte der Mieter untereinander; aber auch Konflikte werden häufiger als bisher „vor aller Augen" ausgetragen. Beides fördert mit Sicherheit die immer häufiger vermißte Menschlichkeit im Alltag, wovon alle Betroffenen bislang profitieren konnten.

Bildunterschriften

Abb. 1
Ein Widerspruch in sich?
Gartenidylle und sozialer Brennpunkt

Abb. 4, 5
Sie zeigen am meisten Interesse: Türkische Familien, Arbeitslose und Rentner

Abb. 6
Auch Kinder und Jugendliche wurden miteinbezogen, Gärten sollten besonders für sie zum Alltag gehören

Nach getaner Arbeit – (ehemals arbeitslose) Jugendliche und Erwachsene

Abb. 7
Die ABM-Tätigkeit zu Beginn der Erprobungsphase 1982 – Gespräche am Balkon statt anonymer Angebotsplanung

Abb. 8, 9
Animation und Betreuung: Die Bereitschaft zum Mitmachen weicht abwartender Skepsis, Vorgartenaktionen 1983 und Zaunbauaktion 1986

Abb. 10
Erfahrungen: Hilfe zur Selbsthilfe wird zum Streitpunkt, wuchernde Gärten und Sperrmüllzäune

Abb. 14
Mietergärten als Selbstversorger – oder Freizeitgärten

Abb. 15
Ob an der EG-Wohnung gelegen oder, besonders nachgefragt von Obergeschoßmietern, am Rand der Siedlung

Abb. 11, 12
Über manche Gärten ging die Zeit schnellebig hinweg; manchen Vorgarten aus der Zeit der Mitmachaktionen gibt es nicht mehr ...

Abb. 13
... oder sie haben auch heute noch – wie viele andere auch – Bestand, wie dieser 1982 entstandene Erdgeschoßgarten

Ulrich Wessel

Stadtgarten Johowstraße
„Stadtteilzentrum unter freiem Himmel"

Gladbeck

Die Stadt Gladbeck, am nördlichen Rand des Ruhrgebiets gelegen, entwickelte sich nach Bergbaukrise und Einwohnerverlust zu einer Stadt im Grünen, mit dem Versuch mittelständische Industrie anzusiedeln.

Mit 80.000 Einwohnern und einer Einwohnerdichte von 2.240 E./km², der Höchsten im Kreis Recklinghausen, lassen sich die zu bewältigenden Probleme der ehemaligen Bergarbeiterstadt in ähnlicher Weise auch in den angrenzenden Nachbarstädten wiederfinden.

Schaffung von Wohnraum in den 70er Jahren.

Der Wohnungsbau in Gladbeck entwikkelte sich parallel zum Bergbau und präsentierte sich zunächst in Form von Zechensiedlungen mit viel Platz für Ziegen, Gemüsegarten, Spiel- und Klönecken. Im großen Stil endete dieser

Wohnungsbau um 1920.

Wohnungsbau – jetzt mit Hilfe von großen Wohnungsbaugesellschaften – mit dem zu Anfang der 70er Jahre errichteten Stadtteil: Rentfort-Nord. Eine zu dieser Zeit übliche Mischbebauung, in der mehrgeschossige Wohnblöcke dominieren, beherrscht das Bild. Weder privat-nutzbare Gärten noch attraktive Freiflächen für Hausgemeinschaften sind hier anzutreffen; das Wohnumfeld strotzt hier vor qualitativ und quantitativ hochwertigem Weideland für „Hunde, Hasen und Spatzen" sowie den Hinweisschildern: Ballspiele verboten. De-

fizite sowohl an Privat-Nutzbaren Flächen als auch an Öffentlich-Nutzbarem Grün waren neben der sozialen Situation – hohe Arbeitslosigkeit und steigende Zahl von Sozialhilfeempfängern/innen – ausschlaggebend, sich auf das Wagnis Stadtgarten einzulassen. Die entscheidende Hilfe sowohl finanzieller Art (87% Förderung) als auch die nicht zu unterschätzende ideelle Unterstützung kam vom Land NRW (MSWV).

Die Stadtgartenphilosophie

Ein Park „neuer Qualität" (Spitzer, 1984) sollte entstehen, so die Stadtgartenphilosophie; ein Stadtteilzentrum unter freiem Himmel, in dem multifunktionale Nutzungsmöglichkeiten die Kreativität der Besucher ansprechen, zu eigenen Aktivitäten anregen sowie die Kommunikation fördern. Sowohl die ökonomische Situation der Nutzer (Bereitstellung kostengünstigen Grabelandes) als auch ökologische Belange (naturnahe Gestaltung und Pflege) sollten berücksichtigt werden.

Grafisch gestalteter Bauwagen als zentrale Anlaufstelle während der Aufbauphase.

Der Stadtgarten wäre jedoch überfordert gewesen, hätte er auf das Bündel von städtebaulichen und sozialen Problemen eine umfassende Lösung präsentieren müssen. Trotzdem darf das stabilisierende Element durch einen so gravierenden Eingriff in das Wohnumfeld nicht unterschätzt werden.

Die Entscheidung, den Stadtgarten im Nordwesten Gladbecks – den Stadtteilen Ellinghorst und Alt-Rentfort zugeordnet auf einer u. a. ehemals landwirtschaftlich genutzten Fläche zu bauen, ist eher pragmatisch gefallen. Das ca. 18 ha große Gelände liegt 1,2 km vom o. g. Neubaugebiet entfernt und war im Flächennutzungsplan als Kleingartenanlage ausgewiesen.

Planung

Erste Planungsansätze zur Schaffung von Kleingärten gehen auf das Jahr 1964 zurück. Gut 10 Jahre später sollten Sportschützen an der Johowstraße ihr Domizil erhalten.

Dann wurde es ernst. Ab 1983 wurde in einer Arbeitsgruppe, bestehend aus Vertretern der entsprechenden Fachämter, der Gladbecker Stadtverwaltung sowie der Planergruppe Oberhausen die Stadtgartenidee weiterdiskutiert mit dem Resultat einer „Konzeption Stadtgarten Johowstraße". Von größter Bedeutung dabei war, daß der Freiraumentwurf als ein veränderbares Planungskonzept verstanden wurde. D. h., in einer inhaltlichen Auseinandersetzung von Einzelaspekten sollten die Bewohner der angrenzenden Stadtteile vor und während der Bauphase von Teilbereichen miteinbezogen werden mit dem Resultat, daß hier Identifikationsorte und Nutzungsmöglichkeiten geschaffen werden sollten, die weitgehend den Ansprüchen der Anwohner entgegenkommen.

Um diesen Prozeß einzuleiten und die Entwicklung des Stadtgartens während der Bauphase (1985 – 1989) zu steuern, wurden zwei Projektbegleiter (Landespflegerin / Diplompädagoge) eingestellt.

Bei der Stadtgartenplanung wurden die auf dem Gelände vorhandenen Strukturen integriert:

Bolzplatz, Ruderalflächen, Festwiese, Weide- und Ackerland sowie ein kleiner Wald. Hinzu kommen sollten neben traditionellen Angeboten für die Erholungsnutzung, wie z. B. Spiel- und Lagerflächen, Bänke, ein Spielgelände, auch Gartenland in Form von Gartengruppen sowie naturnahe Lebensräume: Feuchtgebiet, Hecken, Obstwiesen, etc.

In der Detailplanung dieser Teilbereiche war eine intensive Bürgerbeteiligung gefordert.

Sie wurde schrittweise vollzogen:

1. Ermittlung und Zielgruppenwerbung
2. Informationsvermittlung zum Gesamtprojekt
3. Ideenbörse zum entsprechenden Bereich
4. Planungsentwurf
5. Planungsdiskussion
6. Vorstellung in entsprechenden politischen Gremien
7. Bauausführung
   a) Fremdfirma oder
   b) Eigenleistung oder
   c) Kooperation

Aus der Sicht des Planers: Der Stadtgarten nach Fertigstellung 1989.

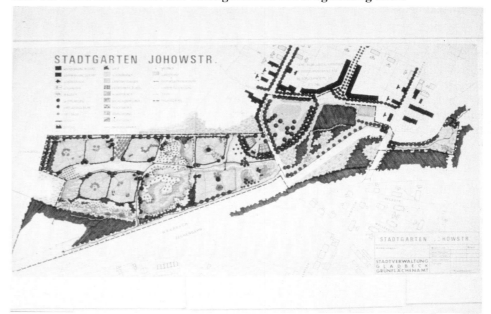

Öffentlichkeitsarbeit

Das Ansprechen entsprechender Zielgruppen erforderte ein hohes Maß an Ideenreichtum, das in öffentlichkeitswirksamen Aktionen zum Ausdruck kam: Flugblätter, Haus- und Schulbesuche, Baumscheiben- sowie Fassaden-

Informationsstand in der Innenstadt.

pflanzaktionen, Presseartikel, Stadtteilaktionen und die Vermittlung von Baumpatenschaften waren stets dem jeweiligen Anlaß entsprechend aufzubereiten und zu koordinieren.

Eine vom Konzept her definierte Zielgruppenbestimmung potentieller Aktivgruppen mit einem klaren Schwerpunkt auf sozial schwache Bevölkerungsgruppen, wie z. B. Bürger/innen mit kleinem Portemonnaie, alte Menschen, Ausländer, Kinder, Jugendliche, konnte in der Praxis so nicht eingehalten werden. Den Projektbetreuern stellte sich konkret die Frage, wie die soziale Bedürftigkeit ermittelt werden kann, ohne sich einen für die Betroffenen unzumutbaren Einblick in die Privatsphäre zu verschaffen. Die schließlich praktizierte Offenheit für alle Stadtteilbewohner hatte zum Ergebnis, daß weder ein sozialer Brennpunkt noch der Abklatsch einer mittelständischen Schrebergartensiedlung entstanden ist. Die sozialen Strukturen des Stadtteils finden sich also im Stadtgarten wieder.

Die überregionale Öffentlichkeitsarbeit diente der Verbreitung der Stadtgartenphilosophie. Zahlreiche Besuchergruppen, Teilnahme an Wettbewerben und Fachtagungen waren zeitweise während der vierjährigen Pilotphase Hauptarbeitsgebiete der Projektbetreuer. Nebenprodukte dieser offensiven Arbeit waren u. a. Preise bei Landes- und Bundeswettbewerben, sowie Radio- und Fernsehreportagen. Diese Auszeichnungen verstärkten den Stolz der Stadtgartenanwohner und Gärtner auf ihren Stadtgarten. Um dieses Wir-Gefühl und die Identifikation noch zu erhöhen, wurden Nachbarschafts-, Spiel- und Sommerfeste, die in Eigenregie von unterschiedlichen Aktivgruppen vorbereitet und durchgeführt wurden, ins Leben gerufen. Sie sind bereits traditionelle Bestandteile des Stadtteillebens geworden.

Die Festwiese als Ort stadtteilbezogener Kommunikation. Hier: Schützenfest.

Schul- und Informationsgarten

An die Festwiese schließt sich der ca. 3.500 m² große Schul- und Informationsgarten an. Im Projektalltag entwickelte sich hier die zentrale Anlaufstelle – bestehend aus mehreren Bauwagen – zu einem regen Kommunikationsort, was schließlich den Bau eines zunächst nicht vorgesehenen Stadtteilgartenhauses notwendig machte. Der zentrale Ort des Stadtgartens wird auf vielfältige Weise genutzt; Grundschulen aus dem

Stadtteil bewirtschaften hier ihre Klassengärten, die während der Pilotphase aufgebaut wurden. Andere Gladbecker Schulen nutzen die Möglichkeit, im Rahmen von Projekttagen oder Aktionswochen sich fachübergreifend der Natur zu nähern und ökologische Zusammenhänge, wie z. B. im Feuchtgebiet oder Wald zu erkennen und zu begreifen.

Darüber hinaus können sie im Garten das Wachstum einer Pflanze über einen längeren Zeitraum beobachten. Demgegenüber ist der Garten der Gesamtschule durch seinen Experimentiercharakter gekennzeichnet. Die Schüler dieser Schulform interessieren sich nicht so sehr für die mühsame Gartenarbeit, sind jedoch für Bauaktivitäten zu begeistern. Hier steht der Bau von Frühbeetkästen, Hügel- und Hochbeeten im Vordergrund.

Der Schul- und Informationsgarten ist auch ein Ort, in dem Veranstaltungen sowohl für die Stadtteilbewohner als auch für die Gärtner des Stadtgartens

Der Stadtgarten

„Charakteristisch für den Stadtgarten ist die Verbindung von Privat-Nutzbaren- und Öffentlich-Nutzbaren Freiflächen. Ein Sechstel des Gesamtgeländes sind als privat-nutzbares-Grabeland angelegt. Sie sind eingebunden in eine Vielfalt gemeinschaftlicher und öffentlicher Freiflächen" (Jessen 1989). Es folgt nun eine Beschreibung der einzelnen Teilbereiche des Stadtgartengeländes:

Auf „Ertrag" ausgerichtete Schulgartenarbeit um 1920.

Festwiese

Die im Eingangsbereich liegende alte ca. 1 ha große Festwiese wurde durch neue Baumpflanzungen und Wege im Randbereich als auch durch den Anschluß an das Be- und Entwässerungssystem aufgewertet. Neben den längst etablierten Veranstaltungen, wie Schützenfeste und Zirkus finden hier neue Stadtteilaktionen in Form von Festen und Spieltreffs statt. Ansonsten trifft man sich auf der zum Teil mit schattenspendenden Bäumen bestandenen Wiese zum spontanen Spiel, Lagern oder Drachensteigen.

Schulgartenarbeit 1990: Im Vordergrund steht die Naturerfahrung durch sinnliche Wahrnehmung.

stattfinden; naturkundliche Rundgänge, Kurse zum naturnahen Gärtnern, Baumschnitt, usw. Alle Themen können dabei gleich bei Bedarf von der Theorie in die Praxis umgesetzt werden. Demonstrationsgärten sowie Obstwiesen sind dafür frei zugänglich. Grundsätzlich wird dabei im Schulgarten wegweisend für die Gesamtanlage nur nach den Methoden des naturnahen Gartenbaus gegärtnert.

Kinder aus dem Stadtteil nutzen im Schulgarten die Möglichkeit, sich ein Beet mit einer Größe von 1 m² anzulegen. Nach ihren eigenen Vorstellungen dürfen sie hier experimentieren, pflanzen und ernten. Natürlich sehen sie auch den Mißerfolg beim Pflanzenwachstum, der bei nicht ausreichender Pflege eintritt. Für viele Kinder ist dies der erste Kontakt mit der Materie Boden. Hierbei lernen sie spielerisch die Natur mit allen Sinnen wahrzunehmen, sie zu begreifen, zu achten, zu pflegen und die Endprodukte entsprechend zu verwerten.

Erntedankfest einer Schulklasse.

Spiel

Im gesamten Stadtgartengelände gibt es viel Raum und genügend Anlässe frei zu spielen: unterschiedliche Landschaftselemente, wie der Wald, das Feuchtgebiet, die kleine Wildnis in der Nähe des Bolzplatzes und nicht zu vergessen die mit Weiden bewachsene Hügellandschaft des Naturspielplatzes mit der Riesenrutsche. Dieser Spielplatz unterscheidet sich in vielerlei Hinsicht von konventionellen. Er wächst mit den Kindern und ihren Bedürfnissen nach unterschiedlichen Spielformen. Projektbetreuer, Eltern und Kinder überlegten vor Baubeginn, wie der Kinderspielbereich aussehen könnte. Diesen Vorstellungen entsprechend wurde ein

Kinder können fast im gesamten Stadtgarten spielen. Hier: im Wald.

Bauplan angelegt und fast ausschließlich von Firmen umgesetzt.

Die Motivation zur Eigenhilfe konnte hier nicht geweckt werden. Die hier zu findenden Attraktionen: Feuerstelle, Wasserspiel- und Sandbereich, Rutsche und Hüpfplatten haben nicht zufällig ihren Platz neben dem Schul- und Informationsgarten bekommen. Um der Natur des Kindes gerecht zu werden, die dem Wechsel von konzentriertem Tun im Schulgarten mit erholsamen Kurzspiel kennzeichnet, wurde die räumliche Nähe zum Schul- und Informationsgarten gesucht. Diese gelungene Verknüpfung prägt auch den Aufenthalt der Schulklassen.

Ansonsten spielen die Kinder im gesamten Gelände. Teiche und Tümpel laden zum Matschen ein, im Wald werden Buden gebaut, Brücken werden zu Schiffen deklariert und das Weidengebüsch ist ein prima Versteck.

Gartengruppen

Anders als in den herkömmlichen Grünanlagen, in denen gärtnerische Leistungen meist nur passiv bewundert werden dürfen, besteht im Stadtgarten die Möglichkeit, gärtnerisch aktiv zu werden. Sechs Gartengruppen mit insgesamt 72 Gärten wurden angelegt. Eine Gartengruppe besteht aus maximal 14 Gärten mit einer Parzellengröße von bis zu 200 qm. Darüber hinaus gibt es zusätzliche Gemeinschaftsflächen, die als Obstwiese, Anzuchtfläche usw. von einer Gartengruppe selbstbestimmend angelegt und genutzt werden können. Die Gartengruppengröße wurde deshalb so gewählt, um den Gruppenbildungsprozeß zu intensivieren und die Kommunikation so direkt wie möglich zu gestalten. So konnte in der zweijährigen Aufbauphase einer Gartengruppe, in Eigenarbeit das Gartengruppenhaus und Gemeinschaftswasserstellen errichtet werden. Wege wurden angelegt, Hecken gepflanzt und überlegt, wie die Gemeinschaftsflächen genutzt werden sollen.

Das Gartengruppenverbindende Wegenetz mit dem zentral angelegten Feuchtgebiet.

Die Pächter sind in der Nutzung ihres Gartens völlig frei. Meist werden sie gemischt genutzt; zur Hälfte Zierrasen und Repräsentationsgarten und zur anderen Hälfte Nutzgarten. Folgende Auflagen sind einzuhalten:

- keine chemischen und bienenfeindlichen Schädlingsbekämpfungsmittel
- kein Kunstdünger, kein Torf
- keine dichten Abpflanzungen mit Nadelgehölzen
- Begrenzung der Pergola auf eine überdachte Fläche von 10 qm (Windseite geschlossen, 2 Seiten halb- und 1 Seite völlig offen).

Den Gärtnern/innen entstehen – bis auf das Wassergeld – keine Kosten. Da auf eine aufwendige Erschließung verzichtet wurde – weder Stromanschluß noch individuelle Trinkwasserversorgung – und sämtliche anfallende Arbeiten im Bereich der Gartengruppen in Eigenhilfe ausgeführt wurden, war die finanzielle Belastung für die Gärtner gering. Lediglich für Pflanzen und Pergola im Bereich der Privatgärten mußten die Gärtner aufkommen. Gemeinschaftliche Ausstattungselemente, wie z. B. Innenausbau der Gemeinschaftshäuser und größere Gartengeräte konnten aus Erlösen von Festen finanziert werden, die jede Gartengruppe pro Jahr einmal für den Stadtteil vorbereitet und durchführt.

Die Gartengruppen sind vom Alter und Nationalität her gemischt. Junge und alte, marokkanische, türkische und deutsche Bürger/innen können hier ihren Garten bewirtschaften und ins Gespräch kommen sowie gemeinsam ihre Freizeit verbringen.

Fazit

Der Stadtgarten Johowstraße als multifunktionale Freizeitanlage bietet viele Anlässe und Platz, sich aktiv in einen Alltagsfreizeitraum einzubringen. Eigene Ideen der Bürger/innen lassen sich im Gelände wiederfinden und sind Beispiele der entstandenen Identifikation der Bürger/innen mit ihrem Stadtgarten.

Die konzeptionelle Aufbauarbeit sowohl im planerischen als auch gärtnerischem Bereich kann nach Beendigung der Pilotphase als abgeschlossen betrachtet werden. Fortzuführende landschaftspflegerische Arbeiten sind im Pflege- und Entwicklungsplan aufgeführt und werden jährlich von der Unterhaltungsabteilung des Grünflächenamtes fortgeschrieben. Erste Erfahrungen bei der Vergabe von Pflegeaufträgen am Fremdfirmen zeigen jedoch, daß neue Formen der Grünflächenunterhaltung, d. h., differenzierte Pflegevorgänge, von den Ausführenden nur schwerlich nachzuvollziehen sind und lediglich im Trend Beachtung finden.

Die inhaltliche Arbeit im Schul- und Informationsgarten, die in der Pilotphase weitgehend von den Projektbetreuern initiiert und betreut wurde, muß nun weitgehend aufgegeben werden, da sie ehrenamtlich nicht leistbar ist. Dieses Ergebnis ist aus Sicht der Betreuer unbefriedigend, da in den letzten beiden Jahren der Pilotphase entsprechende Angebote für Schulen und Anwohner verstärkt in Anspruch genommen wurden.

Das Stadtteilgartenhaus bleibt auch nach Bauende als zentrales Informations- und Kommunikationszentrum in städtischer Trägerschaft. Schulklassen nutzen den gesamten Stadtgarten als außerschulischen Lernort und finden im Haus die Möglichkeit, praktische Arbeiten theoretisch vor- bzw. nachzubereiten oder auch einem Regenschauer entsprechend auszuweichen.

Nachmittags treffen sich die Kinder des nahegelegenen Jugendhauses und abends finden dort sporadisch Veranstaltungen u. a. zu gärtnerischen Fragestellungen statt; samstags öffnet hier das in Eigenregie der Gärtner/innen geführte Stadtteilcafé und abends kann es für private Feiern gemietet werden.

Für den Bereich der Gärten hat sich ein Verein gegründet. Ihm obliegt die Verwaltung und die damit verbundenen Rechte und Pflichten für das Areal der Gartengruppen. Die Vereinsgründung, als Ergebnis eines längeren Diskussionsprozesses der Gärtner/innen hat gezeigt, daß eine von „oben verordnete Bürgerbeteiligung" langfristig betrachtet eine Eigendynamik entwickeln kann.

Eigenständig entwickelte Organisationsformen versetzen die Gärtner/innen auch über die eigenen Gartenbelange hinausgehend in die Lage, Verantwortung für die Entwicklung des Gesamtprojektes zu übernehmen.

Klaus Spitzer

Die Veränderung der Welt vor der Haustür

19 Jahre Bürgeraktion in Düsseldorf-Heerdt

1970 feierten die Bewohner dreier Hochhäuser auf der Aldekerkstraße in Heerdt, einem Stadtrandviertel Düsseldorfs, zum Kennenlernen der Hausbewohner Kellerfeste, wegen des Erfolges bald wiederholt und vergrößert. Nachbarhäuser wurden einbezogen und schließlich, 1972, weiteten sich die Feiern aus zu einem großen Stadtteilfest auf der planierten Brachfläche einer ehemaligen Schuttkippe. Aus den beteiligten Helferinnen und Helfern kristallisierte sich eine aktive Bürgergruppe heraus, deren Kern bis heute zusammenblieb und seitdem intensive Stadtteilarbeit leistet.

Keiner ahnte damals, daß wir heute noch aktiv wären, uns hätte der Mut gefehlt zu beginnen. Wir fingen klein an, doch die Arbeit wuchs mit der Erkenntnis der Mißstände. Die Zahl der Mitarbeiter/innen veränderte sich mit den Aufgaben. Wir wurden mutiger und die Vorhaben größer. Der Prozeß erhielt eine Eigendynamik. Neben einer Vielzahl stadtteilbezogener Aktivitäten wurden drei – immer umfangreichere – modellhafte Projekte begonnen (oder bereits verwirklicht:

Plan I

● ein 4500 qm großer Spielbereich[1] mit Sand- und Wasserspielanlage mit Matschbecken, Kletteranlagen und Spielhäuschen, Spielhügel mit Büschen und Bäumen, Hartfläche und Spielwiese, Pavillon, Spielgarten mit Obststräuchern und -bäumen und einem Spielteich.

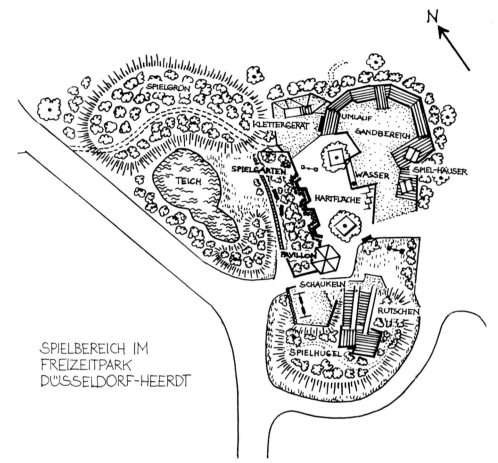

SPIELBEREICH IM FREIZEITPARK DÜSSELDORF-HEERDT

Plan II

● ein 6000 qm großer Nachbarschaftspark[2] mit Bäumen, Buschzonen, Brombeerdickicht und Wildwiesen, Obstbäumen und -sträuchern, Feuchtbiotope und Teich, Trockenmauern und Hochbeeten, BMX-Bahn, Kompostanlage, Schlängelwegen, Trampelpfaden und vielen Sitzgelegenheiten.

Plan III

● ein 160 000 qm großes integriertes System das ÖKOTOP HEERDT[3] bestehend aus einer ökologischen Siedlung (ca. 120 Wohneinheiten), einem Permakulturpark, ca. 60 Biogärten mit sie umgebendem Wildgelände und einem ökologischen Zentrum mit angeschlossenem ökologischen Versuchsgelände und Lehrgärten.

1 Arbeitsgruppe Spielplatz im Bürgerverein Düsseldorf-Handweiser e. V., 15 Jahre Spielplatzgruppe, Düsseldorf 1987
Kontaktadresse: Annette Klotz, Aldekerkstr. 7, 4000 Düsseldorf 11

Klaus Spitzer, Der offene Spielplatz, in: Garten + Landschaft 9/84

2 Arbeitsgruppe Spielplatz, Bürgerpark Düsseldorf-Heerdt, Düsseldorf 1989
Kontaktadresse: Klaus Spitzer, Aldekerkstr. 9, 4000 Düsseldorf 11

Klaus Spitzer, Der Bürgerpark vor der Haustür. Eine Stadtbrache als Aktionsfeld, in: Stadtbauwelt 12/1989

Dgl., Ein Bürgerpark als Spiellandschaft, in: Garten + Landschaft 3/89

3 ÖKOTOP HEERDT e. V., Projekt „Ökotop Heerdt". Ein Pilotprojekt, Düsseldorf 1986

Arbeitsgruppe ÖKOTOP HERRDT (Hrsg.), Stadt + Ökologie – Gegensätze? Beispiel Ökotop Heerdt. Katalog einer Ausstellung, Düsseldorf 1986

ÖKOTOP HEERDT e. V., Naturnahe Freiräume in ÖKOTOP HEERDT, Düsseldorf 1988

ÖKOTOP HEERDT e. V., Permakulturpark im ÖKOTOP HEERDT, Düsseldorf 1988

Bezug: Büro ÖKOTOP HEERDT, Krefelder Str. 145, 4000 Düsseldorf 11

Fallbeispiel: Nachbarschaftspark

1983 pachten wir von der Stadt eine neben unseren Wohnhäusern gelegene 4000 qm große planierte Schuttfläche, ein Schulerweiterungsgebiet, das nach Schließung der Schule ungenutzt liegt. Jugendliche legen mit unserer Unterstützung eine selbst entworfene Fahrradbahn an. Andere Flächen werden durch ein System vielfältiger heimischer Biotope intensiviert, ein „wilder" Park entsteht.

Jugendliche legen auf einer planierten Schuttfläche eine Fahrradbahn an

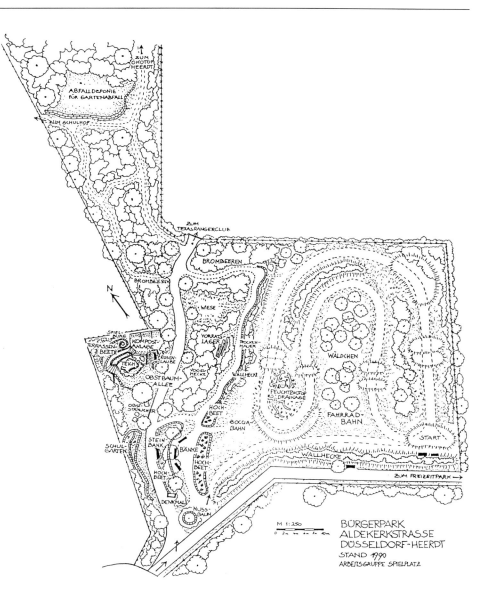

BÜRGERPARK
ALDEKERKSTRASSE
DÜSSELDORF-HEERDT
STAND 1990
ARBEITSGRUPPE SPIELPLATZ

Entlang der intensiv genutzten Fahrradbahn bildet sich ein Trampelpfad. Eine Anschüttung von Bauschutt (Recycling!) schützt die vielen älteren Spaziergänger. Das unregelmäßige Abkippen ergibt einen rhythmischen Verlauf. Aus den im Schutt enthaltenen Ziegeln bauen wir mit Kindern und Jugendlichen Trockenmauern (ökologische Nischen für Kleinlebewesen). Die Baustelle ist idealer Spielplatz.

Im Bürgerpark kann jeder seine schöpferischen Ideen verwirklichen

Zwischen Trockenmauern bauen wir Hochbeete. Nachbarn bringen Samen, Ableger und alte Topfblumen. Jeder bestimmt den Standort selbst, richtet sich nach dem noch freien Platz und schon vorhandenen Pflanzengruppen. Zier- und Nutzpflanzen stehen vermischt neben den gleichberechtigten

Wildpflanzen. Auch Brennesseln und Disteln sind schön.

Nutz-, Wild- und Zierpflanzen wachsen gleichberechtigt nebeneinander

Aus einem Schuttberg suchen wir Betonbrocken heraus und schichten sie zu einer „Sonnenfalle" auf. Aus Recycling-Ziegeln entstehen die Terrassen eines Kräutergartens für alle. Die dicht gepflanzten Kräuterstauden werden zu

einem neuen Biotop. Eine Schülergruppe legt ein Schulgartenbeet an.

Aus Recycling-Hügeln wird eine „Sonnenfalle" aufgeschichtet

Während wir die Einfassung eines Hochbeetes mauern, haben zuschauende Spaziergänger die Idee zu einer Ziegelbank. Jemand bringt einen Eimer Mosaiksteine, Reste der Badezimmerverkleidung. Eine Anwohnerin verziert die Rückenlehne mit Lebensbaum und Vögeln, ein kunstvolles Mosaik, gelegt und geklebt auf dem Küchentisch und montiert mit Hilfe eines geschickten Rentners. Beobachtende Nachbarn nehmen Anteil, kritisieren, helfen und haben neue Ideen.

Aus alten Steinen wird ein Hochbeet gebaut

Jugendliche bauen einen „Bioteich". Die Wassertiefe von 1,50 m ist gerade richtig zum Überwintern der Wassertiere, doch eine Gefahr für spielende Kleinkinder. Wir lösen das Problem durch einen Lattenrost 30 cm unter der Wasseroberfläche und einen 60 cm hohen Flechtzaun rings um den Teich.

Der Bioteich ist auch ein attraktiver Spielbereich

Ein Schuttberg wird durch einen „Hohlweg" erschlossen. Alte Bordsteine inspirieren zu einer Treppe mit zwei Pilastern, die den Aufgang feierlich flankieren, „Identifikationsmarken", Merkzeichen der Verbundenheit der Bürger mit ihrem Werk.

Bordsteine werden zu „Identifikationsmarken"

ÖKOTOP HEERDT
STAND 1990

1 Ökologische Wohnsiedlung
2 Ökologisches Zentrum
3 Permakultur Park
4 Permakultur Hof
5 Feuchtbiotop
6 Aquakultur
7 Biogärten
8 Allmende
9 Naturspielbereich
10 Grabeland
11 Ökologisches Versuchsgelände
12 Naturschutzzone
13 Biologischer Lärmschutzwall
14 Streuobstwiese
15 Wurzelraumkläranlage
16 Schönungsteich
17 BRÜSSELER STR.
18 KREFELDER STR.
19 Ökologisch vertretbares Gewerbe

Das „Denkmal" als Identifikationsobjekt

Die Nutzer nehmen ihren Park in Besitz. Zwei Jungen bauen ein „Denkmal". Eine Mutter modelliert die Keramikplatte. Die Inschrift erinnert an den Beginn, das Ende bleibt offen. Denn hier darf weitergebaut werden. Die Jahreszahl macht Geschichte erlebbar.

Der Park wird von allen Altersgruppen intensiv genutzt: Kinder spielen überall, Hundebesitzer machen die Runde, Hobbygärtner pflanzen Blumen oder ernten Kräuter, Alte ruhen sich aus – alle Bedürfnisse werden erfüllt. Die

Anlage bleibt ständig offen für Veränderungen und kann je nach Bedarf von den Nutzern selbst umgestaltet werden.

Die Anlage bleibt ständig für Veränderungen offen

Ein schmaler Weg führt durch einen Rosentunnel zur Kompostanlage. Nachbarn bringen ihre Küchenabfälle, die hier kompostiert werden. Die Müllabfuhr wird entlastet. Im Frühjahr wird die gute Erde kostenlos verteilt, sie düngt Vorgärten und Balkonblumen.

Der Weg zur Kompostanlage

Einheit von Theorie und Praxis – eine kritische Reflexion

Die Bürgergruppe besteht jetzt seit 1972, das sind 19 Jahre – Zeit für eine kritische Reflexion als Hilfe für uns und andere. Wie kam es dazu, welche Methoden entwickelten wir und vor allem, wie geht es weiter? Denn die Arbeit ist nicht abgeschlossen. Sie soll auch niemals enden. Es werden neue Bürger mitmachen, es wird mehr verändert werden.

1. Die Unzufriedenheit als Auslöser

Unser Stadtviertel ist wie viele andere – eher schlimmer: ca. 65% Industrie- und Gewerbefläche, 25% Wohngebiet und 10% Grünfläche (fast alles davon ist

Die Probleme des Stadtteils werden auf Info-Ständen diskutiert

Friedhof!), laute Verkehrsstraßen, wenig Kommunikation, kaum Geschäfte, einige triste Gerätespielplätze wie gehabt ... War es die Zeitströmung, die uns damals die miese Umwelt bewußt machte? Denn nur wer mit offenen Sinnen lebt, bemerkt die Unzulänglichkeit seiner Situation. Wir also mußten einfach etwas ändern, mußten selbst damit beginnen und gleichzeitig die Behörden unter Druck setzen:

Sensibilisierung führt zum Engagement

2. Das Ausgehen von den Bedürfnissen

Es begann mit der Unzufriedenheit über die Spielsituation unserer Kinder und endete mit dem Bewußtwerden des inhumanen Wohnungs- und Städte-

Eltern pflanzen „Patenbäume" für neugeborene Kinder

baus. Wir erlebten und erlitten seelisch und körperlich die Mißstände unseres Lebensbereiches, den Gestank, den Lärm, die Häßlichkeit, die Isolation, die Verkehrsgefahren ... Doch wir flohen nicht aufs Land, wir blieben wohnen und begannen mit der Verbesserung buchstäblich vor unserer Haustür:

Veränderung beginnt bei jedem selbst

3. Der Antrieb wegweisender Visionen

Wir wagten noch zu träumen. Wir träumten von einer besseren und schöneren Umwelt, sahen auf der Schuttkippe schon die grüne Spiellandschaft, auf der kargen Brachfläche den Park und auf dem letzten Acker am Stadtrand das ökologische Wohnmodell der Zukunft. Aber die Visionen mußten veranschaulicht werden. Wir zeichneten Pläne und bauten Modelle, verfaßten Texte und hielten Vorträge, malten Bilder und zeigten Diaschauen. Eine Wanderausstellung ging auf die Reise. Versinnlichung der Ideen, Vorgriffe auf die Verwirklichung, Anregung zum Mitmachen, dynamische Impulse zum Handeln:

Nur mit Fantasie sieht man das Ziel

4. Der Wandel der Ideale

Aber unsere Vorstellungen und Fantasien waren geprägt von der uns umgebenden Realität: der Umwelt, der Fachliteratur, den Lehrmeinungen, den Moden. Wir mußten lernen zu vergessen

Kinder und Erwachsene mischen sich. Der Spielbereich ist Kommunikationszentrum

und die Augen öffnen für die wirklichen Bedürfnisse. Wir mußten wieder die Kinder beim Spiel beobachten und ihre Wünsche erspüren, mit den Jugendlichen klönen und ihre Träume verstehen, mit den Nachbarn sprechen und ihre Nöte erkennen. So wurde unsere Arbeit nicht von Ideologien geprägt, sondern reagierte jeweils auf die veränderten Bedürfnisse der Bewohner:

Erst Offenheit schafft Flexibilität

5. Die Notwendigkeit ganzheitlicher Vielfalt

Es blieb nicht bei einem Spielplatz allein, wir mußten auch mit den Kindern spielen. Als wir uns um die Kleinen kümmerten, bemerkten wir auch die gelangweilt streunenden Jugendlichen.

Spielaktionen beleben den Spielplatz

Als wir diesen halfen, sahen wir die Alten einsam herumsitzen. Es gab Menschen ohne Obdach, Ausländer, Arbeitslose. Wir knüpften Kontakte zu Ämtern, zu Politikern, zu anderen Organisationen. Eins ergab das andere:

Stadtteilarbeit ist ganzheitlich

6. Die allmähliche Entwicklung neuer Methoden

Niemand hatte Erfahrung, aber jeder besaß andere Fähigkeiten, spezielles Wissen, eigene Kontakte und Beziehungen. Wir profitierten von den Vorteilen der Teamarbeit. Mit der Zeit entwickelten wir in allen Bereichen neue, bald gut eingespielte Arbeitsverfahren, -methoden und -kenntnisse, deren wichtigste Prinzipien hier aufgezählt werden:

Zur Entstehung

● Verschmelzung der Funktionen:

keine Trennung zwischen Gestalter, Arbeiter, Benutzer und Pfleger; jeder ist alles in einem

● Kollektive Arbeit:

gemeinsames Planen und Arbeiten nutzt das kreative Potential aller

● Mitbestimmung durch Mitarbeit:

Entscheidungen fallen durch die Anwesenden auf der Arbeitsstelle

● Kreativität vor Ort:

kein Plan am Reißbrett; sondern Realisieren von Teilzielen durch schöpferisches Reagieren auf die momentane Situation

● Sparsamkeit:

Gestalten mit den vorhandenen Materialien und Abfällen aus der Nach-

barschaft nach dem Prinzip der kleinstmöglichen Veränderung[4]

Zur Gestaltung

● Primat der Ökologie:

Naturmaterialien, Pflanzen, Tiere und Menschen sind gleichberechtigt; keine Trennung von Nutz-, Wild- und Zierpflanzen

● Einbeziehung der Natur:

Natur nicht als Gestaltungsobjekt, sondern als Mitarbeiterin; ständiges Einbeziehen der sich verändernden Vegetation in den schöpferischen Prozeß

● Zeitliche Unbegrentzheit:

Momentaner Zustand als akzeptiertes Durchgangsstadium; jede Generation kann weiter gestalten

● Räumliche Unbegrentzheit:

Ausgehen der Gestaltung von wachsenden Kernen, nicht von auszufüllenden Grenzen; Randzonen als fließende Übergänge

● Variabilität der Form: immerwährende Arbeit erzeugt ständige Gestaltveränderung

Zur Nutzung

● aktive Benutzer:

keine passive Konsumierung, sondern starke Identifikation und große Kommunikation durch Mitarbeit an der Entstehung

● Gleichzeitigkeit:

während der Entstehung auch schon Nutzung; Arbeiten, Spielen und Erholen nebeneinander

● Veränderbarkeit:

Je nach den Bedürfnissen können einzelne Nutzer oder Gruppen jederzeit den Park verändern

---

4 Klaus Spitzer, Gartengestaltung mit Abfall aus Notwendigkeit und Einsicht. Ein reflektierter Erfahrungsbericht. In: Ot Hoffmann (Hrsg.), ex und hopp: das Prinzip Wegwerf; eine Bilanz mit Verlusten, (Anabas) Gießen 1989

Die Baustelle ist ein attraktiver Kinderspielplatz

Die üblichen Muster galten nicht mehr, unsere alten Gewohnheiten, die eingefahrenen Regeln waren überholt, ja, gelerntes Wissen erwies sich als unnütz oder sogar hinderlich. Wir brauchten völlig neue Kenntnisse. Wir lernten gemeinsam durch Praxis und Reflexion. Die Gruppe entwickelte einen neuen Arbeits- und Lebensstil:

Alternatives Handeln führt zur Demokratisierung

7. Die Umkehrung gewohnter Werte

Es war nicht nur die übliche Praxis, die auf den Kopf gestellt wurde. Das gemeinsame Handeln, das unmittelbare Reagieren auf die augenblicklichen Bedürfnisse, das Offenbleiben der Pojekte

Der Einbau von zwei Rutschen in den verwilderten Hügel ermöglicht eine Vielfalt von Spielabläufen

ohne zeitliche und räumliche Abgeschlossenheit veränderte auch die altgewohnten Werte. Ästhetische Regeln und Gestaltungsmaßstäbe wurden in ihr Gegenteil verkehrt. Gerades wurde krumm und Rechtwinkliges schief, Ordentliches wurde wild und Übersichtliches undurchschaubar, Geregeltes wurde chaotisch und Sortiertes vermischt. Soziale und ökologische Aspekte verschmolzen mit unseren ästhetischen Wertvorstellungen:

Demokratisches Handeln schafft eine neue Ästhetik

8. Die soziale Veränderung eines Stadtviertels.

Neben der sichtbaren Veränderung, der Verbesserung des Lebensraumes, geschah etwas Überraschendes. Nicht nur die Gruppe lernte sich untereinander kennen und schätzen, auch im Stadtquartier intensivierte sich allmählich die Kommunikation. Denn wir sprachen mit Nachbarn und warben Mitarbeiter/innen, wir verteilten Handzettel auf der Straße und sammelten Unterschriften an den Haustüren, wir hielten Vorträge und veranstalteten Versammlungen.

Beim jährlichen Bürgerfest beteiligen sich alle Altersstufen

Und jährlich feierten wir unser großes Bürgerfest mit dem ganzen Stadtteil. So entstanden unzählige neue Bekanntschaften, wurden neue Beziehungen geknüpft, wuchsen Freundschaften in allen Altersstufen und spielten sich über die Jahre gegenseitige Hilfen ein:

Stadtteilbezogene Arbeit verdichtet das soziale Netz

9. Das Erkennen gesellschaftlicher Zusammenhänge

Mißtrauische Ämter, umständliche Beamte, hemmende Verwaltungsprozeduren, unsinnige Vorschriften und Richtlinien, aber auch verständnislose Mitbürger und aggressive, vernachlässigte Jugendliche, mit allem mußten wir zurechtkommen. Doch die stetige öffentliche Arbeit blieb nicht folgenlos. Die zahlreichen persönlichen Kontakte zu den Behörden entschleierten deren bedrohliche Anonymität und zeigte uns leibhaftige Menschen, eingespannt in die spezifischen Zwänge des Verwaltungssystems. Die zu Beginn skeptischen Bewohner profitierten glücklich vom Spielplatz und Bürgerpark. Und die Jugendlichen identifizierten sich schließlich mit den für sie und teilweise auch von ihnen mitgeschaffenen und mit ihnen wachsenden Anlagen. Wir selbst mußten unsere eigene Bequemlichkeit und die eintrainierten Konsum-

gewohnheiten überwinden. 18 Jahre gemeinnützige Samstagsarbeit statt privatem Wochenendausflug, das braucht neben der Freude am gemeinsamen Arbeiten auch Einsicht in den Sinn dieses Tuns und fördert so zwangsläufig das Nachdenken über gesellschaftliche Zusammenhänge

Stadtteilarbeit schafft soziales Bewußtsein

10. Das Wachsen politischer Erkenntnis

Die zunehmende gesellschaftliche Bewußtheit führte zum allmählichen Durchblick in die politischen Zusammenhänge. Die Folge wachsenden Selbstbewußtseins der Bürger und ihres zunehmenden sachbezogenen Wissens war ein größeres Engagement in der konkreten Stadtplanung unseres Viertels und darüber hinaus unserer Gemeinde. Als die Verwaltung den weiteren Ausbau des Gewerbes in unserem Gebiet vorschlug, gab es unerwartete Proteste der Bewohner und wir organisierten Unterschriftensammlungen, Infostände, Flugblätteraktionen, Zeitungsbeiträge und öffentliche Diskussionen. Das wache Bewußtsein spiegelte sich in politischem Handeln – Zeichen demokratischen Fortschritts, aber vielleicht nicht jedem Politiker bequem. Denn die Entwicklung war ablesbar an der Verschiebung der Wählerstimmen, prompte Folge mehr oder weniger umweltbewußter Arbeit der politischen Parteien:

Bürgerarbeit erzieht zum politischen Handeln

11. Die Schwierigkeit nichtkommerziellen Handelns

Wir wandelten uns von Idealisten zu Pragmatikern. Wir sehen jetzt realistisch die Schwierigkeiten und ihre Ursachen. Letztlich sind es doch nur wenige Bürger, die uns helfen und trotz aller Arbeit wurde unser Lebensraum schlechter. Konsumzwänge als private Ersatzbefriedigung nach entfremdender Berufsarbeit sind allemal stärker als die schwierig zu gewinnende Einsicht in die Notwendigkeit öffentlichen und ehrenamtlichen Engagements. Je größer unsere Projekte wurden, desto schwieriger geriet ihre Realisierung, desto größer waren die Widerstände. Unsere langjährige informelle, lockere und

spontane Bürgergruppe mußte sich zu einem Verein zusammenschließen. Die festere Struktur machte schwerfälliger und brachte mehr Büroarbeit. Mit wachsendem Bewußtsein bemerkten wir auch mehr Mißstände, neue Aufgaben türmten sich vor uns auf. Es fehlte an Zeit für die ja immer nebenberufliche Arbeit. Immer notwendiger benötigen wir die Unterstützung beratender Fachleute, Geldspender und Sponsoren. Ein ökologisches Siedlungsprojekt entsteht nicht mehr allein durch Idealismus. Für zwei Jahre erhielten wir dankbar begrüßte notwendige sachkundige Hilfe durch vier staatlich bezahlte ABM-Kräfte. Wir möchten sie gern länger behalten und eines Tages fest anstellen, doch wer kann uns dazu verhelfen? – Alle Probleme werden größer, denn wir schwimmen gegen den Strom:

Demokratisierung von unten muß hemmende Strukturen überwinden

12. Die Wichtigkeit einer „Kultur von unten"

Das Erkennen und hautnahe Erleben unserer Schwierigkeiten brachte uns zum Nachdenken über deren Ursachen, machte uns wach für die soziale und ökologische Problematik und schuf ein politisches Bewußtsein – schon das ist ein Erfolg! Unsere Erkenntnisse bestätigten im Nachhinein unser spontanes,

Eine große Tafel auf dem Baugelände informiert die Bürger über unsere Pläne

aus den konkreten Bedürfnissen geborenes Handeln. Aus unserer Erfahrung entwickelte sich die zu wählende Strategie. So mußten wir bei der zeitlichen und räumlichen Größe unseres letzten Projektes Einrichtungen schaffen, die uns überleben ÖKOTOP HEERDT e. V., Ökozentrum). Für die Zukunft benötigen wir fest angestellte und ganztägig arbeitende Mitarbeiter/innen, gute Fachleute, geschicktes Management. Doch die Steuerung soll weiter von un-

Der 1. Spatenstich im ÖKOTOP HEERDT wird gefeiert

ten geschehen, an den Bedürfnissen der Bewohner orientiert sein. Aber die Arbeit „unten" braucht die Unterstützung von „oben". Sie kann nicht ersetzt werden durch die bestehenden politischen Institutionen. Wir wünschen uns deren Einsicht und fördernde Unterstützung. Die Arbeit an der Basis aber kann nur von den Bürgern selbst geleistet werden. Hier entsteht wirkliche Demokratie. Dazu braucht es mündige Menschen, die wagen eigenständig zu handeln – und die man auch handeln läßt (1. Ziel). Wirksames alternatives Handeln erfordert die Kraft einer Gruppe (2. Ziel) und den Zusammenschluß vieler, ähnlicher Gruppen (3. Ziel). Wir geben die Hoffnung nicht auf:

Wir schaffen ein alternatives Netzwerk

Britta Tornow

Gemeinschaftseinrichtungen in dänischen Wohnquartieren – können wir daraus lernen?

Der Stellenwert von kommunikativen Gemeinschafteinrichtungen für die Entwicklung von nachbarschaftlichen, sozialen Beziehungen in Wohngebieten ist im Zusammenhang mit der Nachbesserung der Großsiedlungen der 60er und 70er Jahre erneut deutlich geworden.[1]

Trotzdem ist die Planung von Gemeinschaftshäusern oder Bürgerzentren beim Wohnungsneubau auch heute noch keine Selbstverständlichkeit.

In Dänemark dagegen haben Gemeinschafteinrichtungen im Wohnungsbau Tradition. Dies hat dazu geführt, daß heute

– Gemeinschaftseinrichtungen selbstverständlich sind für die Wohnungsträger wie für die Bewohner

– großer Wert auf die Standorte, die Gestaltung und die Einrichtung von Gemeinschaftseinrichtungen gelegt wird

– Gemeinschaftseinrichtungen in der Regel von den Bewohnern selbst verwaltet werden

Bereits Mitte des letzten Jahrhunderts wurden Wohnsiedlungen mit zahlreichen Gemeinschaftseinrichtungen ausgestattet. Ein bekanntes Beispiel ist die von einem philantropischen Verein gebaute Siedlung „Brumleby" in Kopenhagen, die neben Kindergarten, Konsumverein und Bibliothek auch über einen Festsaal verfügte, der heute noch den Bewohnern als solcher dient.

Zur selben Zeit wurden auf dem Land – im Zuge des wachsenden Selbstbewußtseins der Landbevölkerung – **Dorfversammlungshäuser** gebaut. Nach der dänischen Niederlage gegen Preußen 1864 erfolgte besonders in Südjütland ein wahrer Boom im Bau von Versammlungshäusern, mit dem Ziel das dänische Nationalbewußtsein zu stärken sowie die dörflichen Gemeinschaften zu fördern. Eine Reihe von ihnen funktionieren heute noch als lebendige Dorfzentren, andere dienen mehr privaten Veranstaltungen.

Seit Beginn dieses Jahrhunderts bis zu den 50er Jahren wurden in Dänemark nach schwedischem und russischem Vorbild **Kollektivhäuser** errichtet. Sie dienten vor allem berufstätigen Ehepaaren, Alleinerziehenden sowie alten Menschen zur Erleichterung der Hausarbeit durch ein weitreichendes Serviceangebot wie zum Beispiel tägliche warme Küche, eine Wäscherei, Gäste- und Hobbyräume, Boten- und Reparaturdienste. Sie erfüllen noch heute – in etwas eingeschränktem Umfang – ihre Funktion.

Die 70er Jahre brachten dann – als Gegenreaktion auf die zunehmende Privatisierung des Wohnens und die Funktionstrennung in der städtischen Umwelt – eine **Wiederbelebung des Gemeinschaftsgedankens** im Wohnbereich. Ein sicherlich sehr weitgehendes Beispiel dieser Entwicklung ist der Freistaat Christiania in Kopenhagen,[2] aber die Idee des gemeinschaftlichen Wohnens floß auch in den sozialen Wohnungsbau dieser Zeit ein: Neue Wohn-

siedlungen wurden mit zahlreichen Gemeinschaftseinrichtungen und einem hohen Maß an Mitbestimmungsrechten der Bewohner ausgestattet.

Seit 1975 werden im sozialen Wohnungsbau Gemeinschaftseinrichtungen unter denselben Bedingungen wie die Wohnungen in einer Größenordnung von bis zu 3% der Wohnfläche öffentlich gefördert. Diese Regel ist seitdem beim Wohnungsneubau weitgehend genutzt worden – und in einigen Siedlungen mit ausgesprochen gemeinschaftlichen Charakter sogar erheblich überschritten worden.

Gemeinschaftseinrichtungen in verschiedenen Siedlungstypen

Bei den in meinem Beitrag dargestellten Beispielen von Gemeinschaftseinrichtungen handelt es sich vorwiegend um Siedlungen des **sozialen Wohnungsbaus** und des **privaten Genossenschaftsbaus**. Die Beispiele sind 4 verschiedenen **Siedlungstypen** zuzuordnen, die sich im Hinblick auf das Ausmaß an Bewohneraktivitäten und die Ausstattung mit Gemeinschaftseinrichtungen unterscheiden.

a) Wohnsiedlungen der 70er Jahre mit einem hohen Anspruch an gemeinschaftlichen Aktivitäten der Bewohner

b) Wohnsiedlungen der 80er Jahre

c) Gemeinschaftswohnanlagen

d) Großsiedlungen

---

1 Unter Gemeinschaftseinrichtungen sollen in meinem Beitrag nicht Einrichtungen der Sozialen Infrastruktur verstanden werden, sondern Einrichtungen, die das soziale Leben und die Gemeinschaft unter den Bewohnern einer Siedlung fördern.

2 Der Freistaat Christiania ist ein ehemaliges Militärgelände nicht weit vom Kopenhagener Zentrum entfernt, das 1971 von mehreren 100 Personen besetzt wurde, mit dem Anspruch, dort alternative und gemeinschaftliche Wohn- und Lebensformen zu praktizieren.

Wohnsiedlungen der 70er Jahre mit einem hohen Anspruch an gemeinschaftliche Aktivitäten der Bewohner

Bei einer Reihe von in den 70er Jahren gebauten meist großen Wohnsiedlungen wurde auf ein **vielfältiges Angebot an Gemeinschaftseinrichtungen** sowie die **weitgehende Selbstverwaltung der Siedlung** durch die Bewohner großer Wert gelegt. In der Siedlung „Gadekaeret" (563 Wohnungen) südlich von Kopenhagen gibt es zum Beispiel folgende Gemeinschaftseinrichtungen: Ein Versammlungshaus mit Küche, Speisesaal, Sitzungsräumen und Räumen für die Kinder und Jugendlichen; eine Badmintonhalle, die auch für große Feste und die Jugenddiskothek benutzt wird; Werkstätten, eine Druckerei, eine Wäscherei; ein für neu entstandenen Bedarf eingerichtetes Kulturhaus; ein von den Bewohnern selbst betriebener Lebensmittelladen sowie zehn über die gesamte Siedlung verteilte Ladenlokale, die für verschiedene Zwecke genutzt werden.

Charakteristisch für die Bewohnerstruktur in diesen Siedlungen ist, daß anfangs vor allem jüngere Familien mit einem ausgesprochenen Interesse am gemeinschaftlichen Wohnen dorthin gezogen sind, während heute – nach Jahren der Fluktuation – die Gemeinschaftseinrichtungen nur noch von einem Teil der Bewohner intensiv genutzt werden. Diese Erfahrung hat dazu ge-

führt, daß die zunächst sehr offen und unbürokratisch betriebenen Gemeinschaftseinrichtungen zunehmend von Interessengruppen und Vereinen organisiert werden. In einigen Siedlungen wurden die Gemeinschaftseinrichtungen jedoch von Anfang an kleineren Siedlungseinheiten (Blocks, Zeilen, Höfen) zugeordnet. Hier zeigt sich, daß die Einrichtigungen – abhängig vom sozialen Klima im jeweiligen Bereich – sehr unterschiedlich intensiv genutzt werden.

Wohnsiedlungen der 80er Jahre

Seit Beginn der 80er Jahre werden Wohnsiedlungen grundsätzlich in kleineren Einheiten gebaut bzw. größere Wohngebiete werden in deutlich voneinander abgegrenzte Abschnitte unterteilt. Dies hat natürlich Konsequenzen für die Ausstattung mit Gemeinschaftseinrichtungen: das vielfältige Spektrum an Angeboten, das die Wohnsiedlungen der 70er Jahre auszeichnete, läßt sich in kleineren Wohngebieten nicht realisieren.

Dafür bietet die heute fast ausschließlich angewandte verdichtet-flache Bauweise gute Möglichkeiten, durch städtebauliche Gestaltung soziale Räume und überschaubare Siedlungseinheiten zu schaffen. Auch auf die **Anordnung** und die **architektonische Gestaltung der Gemeinschaftseinrichtungen** wird großer Wert gelegt: War es in den 60er und

Abb. 2

70er Jahren noch üblich, Gemeinschaftsräume in die Wohngebäude zu integrieren und im Keller oder Dachgeschoß unterzubringen, so ist in den neueren Wohngebieten der Bau eines oder mehrerer **Gemeinschaftshäuser** fast schon Standard. Sie heben sich meist durch die Gebäudeform und Gestaltung deutlich von den Wohngebäuden ab. Die typische Grundausstattung eines Gemeinschaftshauses umfaßt einen großen Saal, der für vielerlei Zwecke genutzt werden kann, eine für größere Veranstaltungen eingerichtete Küche, Garderobe, Toiletten, eine Waschzentrale, zu der alle Bewohner einen Schlüssel besitzen.

Einige Gemeinschaftshäuser enthalten darüberhinaus auch Werkstätten.

Die Gemeinschaftshäuser werden von den Bewohnern für große Feste und Bewohnerversammlungen, von verschiedenen Hobby- und Interessengruppen und für private Veranstaltungen genutzt.

Ob die Gemeinschaftshäuser überwiegend für private Feste genutzt werden oder dem sozialen Leben in der Siedlung dienen, hängt in erster Linie von der Zusammensetzung der Bewohner und dem Entstehen von Initiativen ab. Verwaltet werden sie in der Regel von der in jeder Siedlung des sozialen Wohnungsbaus gewählten Bewohnervertretung.

Abb. 1

Gemeinschaftswohnanlagen

Als „Bofaelleskab", wörtlich übersetzt „Wohngemeinschaft", wird eine Wohnform bezeichnet, bei der die Bewohner selbständige Haushalte bilden, aber einen **Teil ihres Wohnalltags gemeinschaftlich organisieren.**

Es gibt inzwischen mehr als 100 Bofaelleskaber in Dänemark – angesichts der aktuellen demographischen und gesellschaftlichen Entwicklungen gewinnen sie immer mehr an Bedeutung. Sie variieren in der Größe zwischen 6 und 80 Wohneinheiten.

Entsprechend ihrem Konzept verfügen die Bofaelleskaber über ein **breites Spektrum** an Gemeinschaftseinrichtungen. Die Anteile der Gemeinschaftsfläche an der Gesamtwohnfläche variieren zwischen 4 und 26%, abhängig von der gewählten Rechtsform. Um dies finanzieren zu können, muß – wenn es sich nicht um Eigentumswohnungen handelt – die private Wohnfläche reduziert werden. Geringere Wohnungsgrößen werden unter anderem durch Integration der Küche in den Wohnbereich, die Reduzierung der Erschließungs- und Abstellflächen erreicht und durch große Raumhöhen, Galerien und Glasanbauten kompensiert.

Abb. 3

Das große **Gemeinschaftshaus** mit Speisesaal, Küche, Werkstätten, Spielzimmer, Waschküche und mehreren disponiblen Räumen bildet meist das räumliche Zentrum der Siedlung.

Ein Teil der alltäglichen Wohnfunktionen wird in den Gemeinschaftsbereich ausgelagert: Basis des gemeinschaftlichen Lebens ist das gemeinsame Kochen und Essen, das im großen Saal des Gemeinschaftshauses eingenommen wird. Zum gemeinschaftlich organisierten Alltag gehören weiterhin das Spielen und die Betreuung der Kinder, die

Benutzung der Werkstätten, die Pflege der Frei- und Gartenflächen, aber auch der Vertrieb von Lebensmitteln, das Receycling von Abfällen und das Betreiben alternativer Energieformen.

Im Gegensatz zu den beiden erstgenannten Typen ist die Bewohnerstruktur in den Bofaelleskabern sehr **homogen** – das Interesse am gemeinschaftlichen Wohnen ist die Voraussetzung, in eine Bofaelleskab zu ziehen. Die meisten dieser Wohnanlagen sind auf Initiative der Bewohner und unter intensiver Bewohnerbeteiligung bei der Planung entstanden, und selbst bei den Bofaelleskabern, die von gemeinnützigen Wohnungsbaugesellschaften gebaut wurden, haben die Bewohner Einfluß auf die Auswahl der Mieter.

Großsiedlungen

Als viertes Beispiel wird ein Gemeinschaftshaus vorgestellt, das im Rahmen eines **Nachbesserungsprojektes** einer Großsiedlung gebaut wurde.

Abb. 4

In Wohngebiet „Taastrup Gaard" südwestlich von Kopenhagen waren zwar schon von Anfang an eine Reihe kleinerer Gemeinschaftsräume miteingeplant, sie lagen aber verteilt und nicht „sichtbar" in der Siedlung. Zudem fehlte ein für alle Bewohner offener kommunikativer Treffpunkt. Im Zentrum des umfassenden Nachbesserungsprojektes stand deshalb der Bau eines großen Gemeinschaftshauses, das gleichzeitig als Symbol für mehr Gemeinschaft und Identifikation mit der Wohnumgebung stehen sollte.

Das **Gemeinschaftshaus** besteht aus einer großen Hallenkonstruktion und enthält folgende Nutzungen: Ein Café, in dem drei bis vier Male in der Woche von den Bewohnern selbst zubereitetes

Essen angeboten wird, eine professionelle Großküche, eine Halle für Sport, Feste und Theater, mehrere kleinere disponible Räume für die Jugendlichen und für Vereine – und ein nicht ausgebautes Dachgeschoß, das für später auftretende Bedarfe eingerichtet werden kann.

Das Gemeinschaftshaus wurde in enger Zusammenarbeit mit den Bewohnern geplant – und es wird von ihnen selbst betrieben und verwaltet, als Leiter ist ein Bewohner gegen Bezahlung angestellt worden.

Voraussetzungen für gemeinschaftliche Aktivitäten in dänischen Wohngebieten

Gemeinschaftliche Aktivitäten der Bewohner und eine dementsprechend erfolgreiche Nutzung der Gemeinschaftseinrichtungen entwickeln sich in Dänemark unter bestimmten Voraussetzungen, die sich folgendermaßen strukturieren lassen:

– Nationale und sozio-kulturelle Bedingungen

– baulich-räumliche Bedingungen

– Mitbestimmungsmöglichkeiten und Organisationsformen der Bewohner

– sozialstrukturelle Faktoren[3]

Nationale und sozio-kulturelle Bedingungen

Die spezifischen Traditionen, kulturellen Werte und Lebensweisen in einem Land spielen eine nicht zu unterschätzende Rolle für die Ausprägung gemeinschaftlicher Wohnformen. Generell herrscht in der dänischen Gesellschaft ein größerer Konsens in bezug auf gesellschaftliche Normen, Formen alltäglichen Lebens und die Einstellung zur Gemeinschaft.

---

3 Eine systematische Untersuchung über die Gestaltung, Nutzung und Verwaltung von Gemeinschaftseinrichtungen in dänischen Wohnsiedlungen hat das dänische staatliche Bauforschungsinstitut durchgeführt: Statens Byggeforskningsinstitut: Faelleslokaler i boligbebyggelser – Indretning, drift og brug, Horsholm 1984.

Baulich-räumliche Bedingungen

Zum einen kann die **städtebauliche Gestaltung** eines Wohngebietes die Entwicklung von gemeinschaftlichen Aktivitäten der Bewohner fördern.

Die verdichtet-flache Bauweise und die differenzierte Gestaltung sozialer Räume in den meisten neueren dänischen Wohnsiedlungen eröffnen Möglichkeiten der nachbarlichen Kommunikation und der sozialen Aktivitäten.

Deshalb sollte man die Qualitäten der Gemeinschaftseinrichtungen nicht isoliert betrachten.

Eine wichtige Rolle spielen die **Standorte** und die **Anordnung** der Gemeinschafteinrichtungen.

In **größeren Siedlungen** stellt sich die Frage nach der **zentralen** oder der **dezentralen** Anordnung der Gemeinschaftseinrichtungen.

Die **zentrale** Anordnung bietet den Vorteil einer möglichen großen Variation an Angeboten, oft überwiegt jedoch der Nachteil der größeren Anonymität. In vielen Siedlungen hat es Probleme mit der unzureichenden Verantwortlichkeit der Nutzer und mit dem Auftreten von Vandalismus gegeben, so daß man schließlich auf bürokratische und reglementierende Formen der Verwaltung zurückgreifen mußte. Verschiedene Untersuchungen haben erwiesen, daß die Bewohner kleinere Gemeinschaftseinrichtungen in ihrem unmittelbaren Wohnumfeld vorziehen, nicht zuletzt wegen der größeren sozialen Kontrolle.

Die **dezentrale** Anordnung der Gemeinschaftseinrichtungen bietet die Vorteile, daß die Nutzer sich alle untereinander kennen, so daß die Räume entsprechend intensiv genutzt werden und es nur selten Probleme mit der Verantwortlichkeit gegenüber den Räumlichkeiten gibt. Als nachteilig erweist sich, daß sie für manche Aktivitäten, wie zum Beispiel große Feste, zu klein sind.

Die Bofaelleskab „Tinggaarden" verfügt deshalb neben 6 kleineren Gemeinschaftshäusern für die einzelnen Wohngruppen über ein zentrales Gemeinschaftshaus. Wichtig ist, daß dezentral

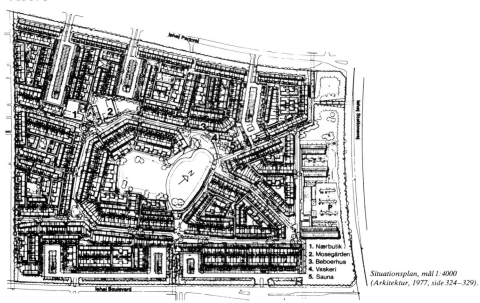

Abb. 6

Bondebjerget site plan:
1 common house, 2 parking,
3 playground.

angeordnete Gemeinschaftshäuser baulich-räumlich und sozial abgrenzbaren Siedlungseinheiten, zum Beispiel einem Hof oder einer Hausgruppe, zuzuordnen sind.

Die Siedlung „Damgaardsarealet" in Albertslund umfaßt 750 Wohnungen und besteht in drei klar voneinander getrennte Quartieren. Jedes Quartier ist in Wohngruppen mit je ca. 50 Wohnungen unterteilt, zu jeder Wohngruppe gehört ein Gemeinschaftshaus.

Bei **kleineren** Siedlungen ist es üblich, einen möglichst zentralen Standort für das Gemeinschaftshaus zu wählen:

– entweder am Eingang der Siedlung, wo alle auf dem Weg zu ihren Wohnungen vorbeikommen

– oder im Zentrum der Siedlung, an einem Platz, einem „Dorfanger" oder auf einem Hügel gelegen, so daß das Gemeinschaftshaus von allen Wohnungen aus sichtbar ist.

Die **Abstände** zwischen Wohnungen und Gemeinschaftseinrichtungen dürfen – besonders wenn diese alltägliche Funktionen wie Wäschewaschen, Kochen und Essen erfüllen – nicht allzu groß sein (als Regel gilt: möglichst unter 100 m).

Gemeinschaftseinrichtungen in dänischen Wohnsiedlungen werden heute in der Regel in **Solitärgebäuden** oder am Kopf einer Gebäudezeile untergebracht. So wird zum einen die Gefahr der Lärmbelästigung der benachbarten

Abb. 5

1. Nærbutik
2. Mosegården
3. Beboerhus
4. Vaskeri
5. Sauna

Situationsplan, mål 1:4000
(Arkitektur, 1977, side 324–329).

Beliggenhed	Ishøj Stationsvej, Ishøj
Bygherre	Vridsløselille Andelsboligforening, Albertslund
Arkitekt	Kooperativ Byggeindustri A/S
Besiddelsesforhold	Lejeboliger
Opførelsesår	1975–1979
Bebyggelsesform	Rækkehuse i 1–3 etager, grupperet langs stræder og ved pladser
Antal boliger	563 + 113 værelser
Beboelsesareal	53.560 m²
Fælleslokaler	Møde- og spisehus, hal til boldspil og møder, værksted, trykkeri, beboerhus med kontor, møderum og fotorum, vaskeri, sauna og butik
Fælleslokalernes areal	1.403 m² (ca. 3 pct. af beboelsesarealet)

Abb. 7

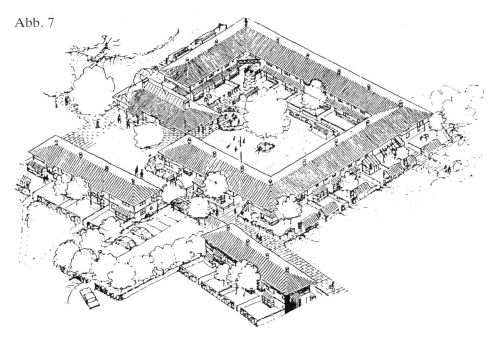

Die meisten Gemeinschaftshäuser verfügen über einen **großen Saal,** der für die vielfältigsten Aktivitäten genutzt werden kann: Feste, Sport, gemeinsames Essen aller Bewohner, Spiele, Versammlungen... Dies stellt besondere Anforderungen an die Gestaltung und Einrichtung wie zum Beispiel: Gute Lärmdämmung, Holzfußboden, Zugang zu einer Terrasse, Möglichkeit für eine Sitzecke, loses Mobiliar.

Die meist professionell ausgestattete **Küche** ist oft nur durch einen Tresen vom Saal getrennt, um die Kommunikation zwischen den „Köchen" und den „Gästen" zu erleichtern. Das gemeinsame Abendessen erfreut sich immer größerer Beliebtheit: Bisher wurde es nur in den Bofaelleskabern praktiziert, heute gründen sich auch in „ganz normalen" Wohnsiedlungen Eßclubs unter den Bewohnern.

Abb. 8

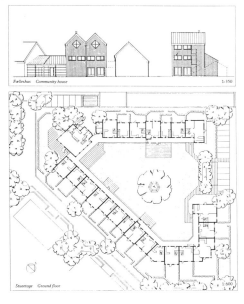

Abb. 10

Abb. 11

Abb. 13

Zum Standard eines jeden Gemeinschaftshauses gehört eine **Waschzentrale** mit mehreren Industriewaschmaschinen und Trocknern. Nur wenige Haushalte verfügen über eine private Waschmaschine, zudem ist das Waschen dort meist billiger als zu Hause.

Bewohner auf ein Minimum reduziert, zum anderen aber sind die Gemeinschaftshäuser als Zentrum des sozialen Lebens in der Siedlung sichtbar.

Abb. 9

Abb. 12

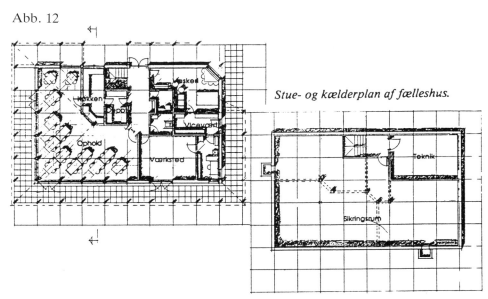

Stue- og kælderplan af fælleshus.

Abb. 14

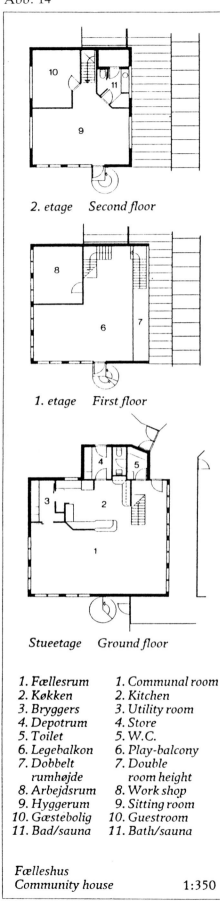

2. etage Second floor

1. etage First floor

Stueetage Ground floor

1. Fællesrum	1. Communal room
2. Køkken	2. Kitchen
3. Bryggers	3. Utility room
4. Depotrum	4. Store
5. Toilet	5. W.C.
6. Legebalkon	6. Play-balcony
7. Dobbelt	7. Double
rumhøjde	room height
8. Arbejdsrum	8. Work shop
9. Hyggerum	9. Sitting room
10. Gæstebolig	10. Guestroom
11. Bad/sauna	11. Bath/sauna

Fælleshus
Community house   1:350

In den weitaus größeren Gemeinschaftshäusern der Bofaelleskaber gibt

es darüber hinaus eine Reihe **disponibler Räume**. Diese werden zum Beispiel als Räume für die Kinder und Jugendlichen, als Gästezimmer, von neu entstehenden Hobbygruppen oder von Haushalten, die vorübergehend ein zusätzliches Zimmer benötigen, genutzt.

Wichtig ist generell, daß alle Räume **flexible Nutzungen** zulassen und so gestaltet sind, daß spätere Umbaumöglichkeiten nicht verhindert werden. So müssen selbst bei den Bofaelleskabern, bei denen die Bewohner ja weitgehend die Planung mitbestimmt haben, die Räume später meist neuen Nutzungsanforderungen angepaßt werden.

Werkstätten gibt es in vielen dänischen Wohnsiedlungen. Ein besonders beeindruckendes Beispiel sind die Werkstätten in der Siedlung „Galgebakken" südwestlich von Kopenhagen: Die Bewohner können nicht nur die mit professionellen Maschinen ausgestatteten Werkstätten (Holz-, Metall-, Keramik-, Fotowerkstatt) gratis benutzen, sondern auch Material kaufen oder Maschinen – von Gartengeräten bis zu Diaprojektoren – für die Arbeit zu Hause ausleihen. Die Ausgabe regelt der Hausmeister, der sein Büro bei den Werkstätten eingerichtet hat.

In neueren Wohnsiedlungen geht man zunehmend dazu über, auch **Erschließungsflächen** für gemeinschaftliche Nutzungen vorzusehen.

In der Bofaelleskab „Blangsted Gaard" in Odense wird der glasüberdachte Er-

Abb. 15

schließungsgang zusätzlich für die private Garderobe, zum Spielen der Kinder, als Sitzplatz und als Abstellraum benutzt.

In der Altenwohnanlage „Tandsbjerg" in Sønderborg enthält der glasüberdachte Erschließungsflur nicht nur einen Sitzplatz sondern auch die Waschmaschinen, die von allen Bewohnern genutzt werden.

Abb. 16

Mitbestimmungsmöglichkeiten und Organisationsformen der Bewohner

Eine wichtige Voraussetzung für die kontinuierliche und von möglichst vielen Bewohnern getragene Nutzung der Gemeinschaftseinrichtungen sind die **Möglichkeiten der Einflußnahme und der Selbstverwaltung durch die Bewohner.**

In dieser Hinsicht sind die Mieter in Dänemark weitaus besser gestellt als bei uns. Durch die Gesetzgebung ist festgelegt, daß es in der Regel die Bewohnervertretungen in Abstimmung mit den Bewohnern sind, die die Regeln für die Benutzung der Gemeinschaftseinrichtungen festlegen sowie die Aktivitäten planen und initiieren.

In diesem Zusammenhang ist es notwendig, kurz die **Stuktur der Mietermit-**

bestimmung zu erklären: Jede Siedlung bildet eine selbständig wirtschaftende Abteilung einer Wohnungsbaugesellschaft. In jeder Abteilung gibt es eine **gewählte Bewohnervertretung** (afdelingsbestyrelse), die zusammen mit der Vollversammlung der Bewohner alle die Siedlung betreffenden wichtigen Entscheidungen fällt. Dies sind neben der Etablierung und Nutzung der Gemeinschaftseinrichtungen vor allem der Jahresetat, die Miethöhe und eventuelle Modernisierungsmaßnahmen.

In einigen Wohngebieten ist diese Entscheidungsstruktur zusätzlich **dezentralisiert** worden: Zusammen mit der von allen Bewohnern gewählten Bewohnervertretung haben auch die Vertreter der kleineren Hausgruppen Entscheidungsbefugnisse und damit Einfluß auf die Gemeinschaftseinrichtungen ihres Wohnbereichs. In anderen Fällen bilden sie in ihrer Gesamtheit die Bewohnervertretung gegenüber der Wohnungsbaugesellschaft. In einigen Siedlungen verfügen die einzelnen Hausgruppen, Blöcke oder Zeilen über einen kleineren **eigenen Etat**, mit denen sie gemeinschaftliche Einrichtungen finanzieren können bzw. sie erhalten beim Einzug einen Etat, mit dem sie ihr Gemeinschaftshaus einrichten können.

In anderen Fällen ist die Organisation der Gemeinschaftseinrichtungen einem gesonderten **Bewohnerausschuß** übertragen worden, dessen Aufgabe es ist, die verschiedenen Interessen zu koordinieren.

Da die einzelnen Siedlungen ökonomisch selbständig sind, müssen die Kosten für den Betrieb der Gemeinschaftseinrichtungen durch die Mieteinnahmen gedeckt werden. Damit ist die Finanzierung der Gemeinschaftseinrichtungen durch den jährlich von der Generalversammlung der Bewohner verabschiedeten Haushalt begrenzt.

Im Prinzip haben also die Mieter in Dänemark großen Einfluß auf die Gemeinschaftseinrichtungen ihrer Siedlung. In großen Siedlungen ist jedoch die Kluft zwischen Bewohnervertretern und Bewohnern oft groß, und nur wenige Bewohner nutzen die Möglichkeit der Mitbestimmung.

Es ist jedoch auffallend, wie ernst im allgemeinen von allen Beteiligten die Mitbestimmung und Selbstverwaltung im Wohnbereich genommen wird. Dies drückt sich unter anderem in den wiederholt erweiterten Rechten der Mieter, in einer ausführlichen Informationspolitik und den Weiterbildungsmöglichkeiten der Bewohnervertreter von seiten der Wohnungsbaugesellschaften aus.

Sozialstrukturelle Faktoren

Die baulich-räumlichen und die organisatorischen Voraussetzungen spielen – wie die vorangegangenen Ausführungen zeigen – eine wichtige Rolle für die Nutzung von Gemeinschaftseinrichtungen in Wohngebieten. Auf der anderen Seite wird immer wieder durch Untersuchungsergebnisse der Forschung deutlich, daß die **Sozialstruktur** einer Siedlung ganz entscheidend die Entwicklung von gemeinschaftlichen Aktivitäten beeinflußt. Dabei kommt es jedoch nicht so sehr auf das Einkommen oder die Zugehörigkeit zu einer sozialen Schicht an, sondern vielmehr auf die **spezifische Lebenssituation, Lebensweise** und – vor allem – das **Interesse an gemeinschaftlichen Formen des Wohnens.**

Fazit

Das Thema dieses Beitrages heißt: Gemeinschaftseinrichtungen in dänischen

Wohnquartieren – können wir daraus lernen?

Hierzu einige Anregungen:

– Gemeinschaftseinrichtungen sollten nicht nur Freizeitinteressen vorbehalten sein. Eine intensivere Nutzung der Gemeinschaftseinrichtungen entsteht, wenn notwendige Alltagsfunktionen wie Kinderbetreuung, Waschen, Essen etc. in den Gemeinschaftsbereich verlagert werden.

– Je weniger Wohnungen einer Gemeinschaftseinrichtung zugeordnet sind, desto geringer ist die Gefahr der Anonymität, desto leichter ist es, die Nutzung ohne bürokratischen und formalen Aufwand zu organisieren.

In größeren Siedlungen ist also die dezentrale Anordnung von Gemeinschaftseinrichtungen sinnvoll, sie müssen aber zu eindeutig ablesbaren Siedlungseinheiten gehören.

– Gegenüber integrierten Gemeinschaftsräumen bieten freistehende oder an die Wohngebäude angebaute Gemeinschaftshäuser viele Vorteile: Geringere Lärmbelästigungen für die Anwohner, meist bessere Möglichkeiten, auch den Außenraum zu nutzen, die Möglichkeit, der Siedlung sozial und städtebaulich einen Mittelpunkt zu geben.

– Eine Erhöhung der Gemeinschaftsfläche zu Lasten der individuellen Wohnfläche kann vertreten werden, wenn dies durch geschickte Ausnutzung der Wohnungen kompensiert wird.

– Eine formalisierte Mietermitbestimmung sollte möglichst in jedem neuen Wohngebiet installiert werden – und nicht erst, wenn in der Siedlung soziale Probleme aufgetreten sind.

Abbildungen

Abbildungsnachweis

Abb. 5: Statens Byggeforskningsinstitut: Faelleslokaler i boligbebygglser – Indretning, drift og brug, Hørsholm 1984

Abb. 6: McCamant, K., Durrett, Ch.: Cohousing – A Contemporary Approach to Housing Ourselves, Berlely/California 1988

Abb. 7: Clemmensen, J., Haastrup, K.: Bo i By – eksempler fra hele landet, Kopenhagen 1989

Abb. 8, 13: Odense Kommune: Byg og Bo 88 Odense – Ausstellungskatalog, Odense 1988

Abb. 12: Arkitekten, Heft 10/1990

alle übrigen Abbildungen von der Verfasserin

Camilla Hübsch-Törper
Klaus Pohlandt

Neuplanung und Umbau sozialer Infrastruktur als Teil von Nachbesserungsstrategien in Großsiedlungen – das Beispiel Hamburg-Steilshoop

Blitzlicht Steilshoop:

7 000 Wohnungen, fast 20 Jahre alt, fast 20 000 Menschen, mit allen bekannten Defiziten und Strukturmerkmalen von Großwohnanlagen:

– Schlafstadt, Ghetto-Charakter, überdurchschnittlich viele Kinder und Jugendliche, viele Problemfamilien und Alleinerziehende, viele Sozialhilfeempfänger und Bezieher anderer Transfereinkommen, viele Ausländer, schlechtes Image, soziales Gefälle innerhalb der Siedlung, geringe Bewohneraktivitäten, fehlende aktive Mittelschicht.

Seit Anfang der 80er Jahre Reaktion der beiden größten Vermieter mit den meisten Problemen im Bestand, den Verslumungstendenzen entgegenzuwirken:

– Verstärkte Instandhaltung und Pflege, Mieterauswahl, Wohnumfeldverbesserung, mieternahe Verwaltung vor Ort, Image-Werbung, gezielt sozialorientierte Bestandspflege, intensive Betreuung sozialer Problemmieter in enger Zusammenarbeit mit Sozialdienststellen, Aktivierung der Bewohner zur Verbesserung Ihrer Wohnumgebung.

1985/86 vorbereitende Untersuchungen im Hinblick auf eine förmliche Festlegung als Sanierungsgebiet.

Die aktiven Bewohner und Institutionen hatten in diesem Zusammenhang Befragungen und Informationen im Gebiet durchgeführt. Der politische Wille zur Nachbesserung wurde durch Senatsentscheidung 1986 dokumentiert. Geld war also da, es konnte losgehen. Seit 1986 gibt es einen Koordinationsausschuß (Sanierungsbeirat), seit Mitte 1987 das Stadtteilbüro mit einer halben Stelle Gebietsbetreuung. Positive und für den Erfolg der Arbeit nicht wegzudenkende Ausgangssituation war das Vorhandensein stadtteileigener Strukturen, wie die Zusammenfassung aller Aktiven (Bewohner und Institutionen) in der Koordinierungskonferenz und die der Profis in der Sozial-AG als soziales Netz.

Vorwort:

In den Arbeitsplatzbeschreibungen der Referenten tummeln sich Begriffe wie Beratung, Initiierung, Unterstützung, Anleitung, Begleitung usw.

Die entscheidende Frage ist, wie diese Unterstützung erfolgen kann, wenn diejenigen, die unterstützt werden sollen, selber nicht im Bewußtsein ihrer Lage sind und keine Ansprüche formulieren. Diese Menschen sind in Wohnsiedlungen wie Steilshoop häufiger anzutreffen als in sozialdurchmischten Wohngebieten. Dort werden Bedürfnisse als soziale Anforderungen von Gruppen formuliert und darüber zu anerkannten Bedarfen. In Gebieten mit schwierigerer Bewohnerstruktur werden die Bedarfe in der Regel von Profis formuliert, weil sie von einzelnen oder Gruppen nicht als Bedürfnis wahrgenommen oder formuliert werden. Unsere Fragestellung lautet also: **Wie werden aus Bedarfen Bedürfnisse,** den Anspruch vorausgesetzt, daß

1. Planungsprozesse nicht unabhängig von den Betroffenen durchzuführen sind und

2. daß das Nichtvorhandensein artikulierter Bedürfnisse nicht bedeutet, daß keine vorhanden sind.

Diese Problematik soll beispielhaft beleuchtet werden an dem Umbau einer Spielwohnung in Steilshoop.

Das Beispiel Spielwohnung

Diese Spielwohnung besteht seit fast 18 Jahren, wurde also in der Pionierzeit Steilshoops als Elterninitiative gegründet und fand ihren Platz in von der SAGA zur Verfügung gestellten ebenerdigen Kellerräumen. Die Spielwohnung ist ca. 70 qm groß mit WC, Küche, Flur, Tobe- und Gruppenraum, hat sehr kleine Fenster, niedrige Decken (ca. 1,95 m hoch), keinen Außenbereich. Hier werden täglich bis zu 25 Kinder von 3 – 6 Jahren betreut. Die meisten Kinder sind fest angemeldet, und es gibt Wartelisten, d. h. das anfängliche Konzept einer zwanglosen Treffpunktmöglichkeit für Kinder und damit zeitweiliger Entlastungsfunktion für die Eltern hat sich wegen des immer anhaltenden Mangels an Kindergartenplätzen verschoben auf die Wahrnehmung regelmäßiger Betreuungsaufgaben, wofür die Kellerräume baulich nicht ausgerüstet sind. Darüber hinaus haben die Spielwohnungen Treffpunktfunktion für Erwachsene im Wohnring.

Grundlegende bauliche Veränderungen in Anbetracht dieses Funktionswandels hat es nie gegeben. Hier und dort gab es mal eine kleine Verbesserung mit Hilfe der SAGA, insgesamt jedoch hat man sich mit dem Kellerdasein eingerichtet.

Verdrängung der realen Situation

Baulich: Keller, sehr dunkel, zu klein, nicht kindergerecht, kein Auslauf, kein Vorbereich, keine Abstellmöglichkeiten, schlechte Beleuchtung, teilweise Sperrmüllmöbel, niedrige Decken, defekte Wände und Fußböden.

Sozial: Immer mehr Kinder, auch schwierigere Kinder, immer stärker Kindergartenfunktion, wenig Mütter, die pädagogisch zur Betreuung in der Lage sind. Einziger Treffpunkt für den Wohnring (ca. 350 WE).

Verdrängung der Kellerrealität: Also Akzeptieren und Dulden der Situation, um nicht jeden Tag wieder frustriert zu sein über die unzureichenden Bedingungen und eingeschränkten Möglichkeiten, einhergehend mit dem Gefühl, selber nur geduldet zu werden, als Geduldete keine Ansprüche zu haben („Wir haben wenigstens den Keller, andere haben gar nichts").

Bisherige Veränderungen und Veränderungswünsche bezogen sich auf das schnell Machbare. Ziele waren nur so hoch gesteckt, wie sie mit wenig Aufwand erreichbar waren, keine Visionen.

Trotz dieser schwierigen Bedingungen und der Aussicht, daß jetzt Geld vorhanden war, kam keine der Spielwohnungen zu uns, um diese für Außenstehende so sichtbaren, Bedarfe anzumelden.

Der schwierige und lange Prozeß, wie aus Bedarfen Bedürfnisse wurden

Auf die konzertant vorgetragenen Hinweise einiger Sozialprofis, jetzt die Möglichkeiten der Städtebauförderungsmittel zu nutzen und Verbesserungen zu beantragen, kam erst einmal **Abwehr**.
Diese Abwehr wird vielleicht nachvollziehbarer, wenn Sie sich vorstellen, zu Ihnen nach Hause kommt ein Besucher: Sie haben sich eingerichtet, klein aber fein, natürlich wäre ein Balkon schön, aber woher nehmen? Mangels Abstellkammer steht auch mehr rum, aber, was soll man machen?! Das ungekachelte Badezimmer ist liebevoll angepinselt, und statt der Gartenblumenpracht erfreuen Sie sich an einer Palmentapete. Sie haben den Flur so eingerichtet, daß

die Kinder mit dem Dreirad auf- und abfahren können.
Das bleibt natürlich nicht ohne Folgen für die Wand, das Kinderzimmer ist eben zu klein. Natürlich können Sie sich eine größere, schönere Wohnung vorstellen, aber man muß sich eben nach der Decke strecken, die Träume vom großen Wurf sind abgelegt. So ist eben das Leben.

Nun kommt einer an Ihre Tür und rührt genau an diesen Punkten, die sie begraben haben oder nie hatten, und behauptet auch noch, daß es den großen Wurf gäbe. Nein! Sie fühlen sich wohl so, schließlich hat das alles viel Kraft und Mühe gekostet.

Bewußtwerden der Realität

Das Durchbrechen dieser Abwehr hin zur Bewußtwerdung über die eigene Realität war nur möglich über die Stärkung des Bewußtseins der Müttergruppe über die eigene Bedeutung. In vielen Gesprächen wurde immer wieder von verschiedenen Seiten die Bedeutung und Wichtigkeit der Spielwohnung hervorgehoben. Dadurch wurde es langsam möglich, daß Veränderungsvorschläge nicht nur als Kritik an der bisherigen Arbeit und damit als Identitätsverlust empfunden wurden („18 Jahre läuft es schon so, das kann doch nicht alles falsch gewesen sein"). Wichtig war, daß die Anregungen und Ermunterungen von vielen Seiten kamen (SAGA, Stadtteilbüro, Baubehörde, soziale Dienste, Ortsamt, aber auch von Bewohnervertretern im Sanierungsausschuß), d. h. über offizielle und informelle Kanäle. Die Ängste vor Kontrollverlust und Einflußnahme von außen wurden langsam kleiner: Was wird die Kindertagesheimaufsicht sagen? Welche Auflagen wird die Bauprüfabteilung stellen, wird sie nicht gar die Einrichtung ganz schließen wegen der fehlenden Deckenhöhe? Was für Konflikte werden sich mit den Nachbarn ergeben, wenn die Kinder durch deren Garten in den Innenhof gehen? Diese alle könnten jetzt mitreden wollen, während vorher alles klein und fein und in einer Hand war.

Erst nach vielen Monaten konnten die Mütter Mängel an der Einrichtung zugestehen. Nur **langsam** war es möglich, gemeinsame Gedanken über mögliche Verbesserungen anzustellen und aufzuschreiben.

Hier beginnt also erst der „normale Planungsprozeß", die beschriebenen Vorarbeiten und Prozesse sind weder konzeptionell noch personell eingeplant. Wenn niemand da ist, der etwas will, gibt es keine Probleme, ist alles in Ordnung.

Wünsche der Initiative

Vor dem Hintergrund jahrelanger informeller Kontakte, besonders zu den Sozialarbeitern der Wohnungsbaugesellschaft SAGA, entstand langsam ein Katalog von Wünschen. Ganz ungeübt im Wünschen waren die Eltern nicht. Ein paar Jahre zuvor hatten sie ihren Außenbereich zur Straße hin neu geplant, mit Sitzecken, Pflanzflächen und Zäunen versehen. Ebenso hatten sie die äußere farbliche Gestaltung mit viel Phantasie und Geld neu entwickelt, d. h. sie hatten einen ganz ähnlichen Prozeß schon hinter sich.

Die Wünsche der Eltern bezogen sich aber doch nur auf das, was schon da war, z. B. „Wir wollen in dieser Ecke eine Sitzecke haben, bessere Pinnwände, neue Beleuchtungskörper, die nicht dauernd von der Decke fallen". Ein Herd mit einem Sichtfenster in der Backofentür wurde gewünscht. Mauerecken, die ewig abgestoßen waren, sollten verstärkt werden. Wandverkleidungen wurden gewünscht, um das ewige Renovieren zu begrenzen.

Viele andere Wünsche auf ähnlichem Niveau schlossen sich an, obwohl seit Monaten immer wieder grundsätzliche Gespräche mit den Eltern geführt wurden, daß ganz andere Wünsche möglich seien.

Vorstellungen der Planer

Jedes Fenster soll heruntergebrochen werden. Der Lichteinfall soll mindestens verdoppelt werden. Die geschlossene Außentür soll verglast werden. Einbau einer voll funktionsfähigen Küche. Sanitärbereiche sollen auf Kindergröße umgebaut werden. Neue Beleuchtungsanlage für alle Räume. Wanddurchbrüche. Durchbruch eines Ausgangs in den Innenhof. Vergrößerung der Deckenhöhe. Neue Fußböden. Bau eines Abstellschuppens im Hofbereich und vieles andere mehr.

Prozeß der Maßnahmenplanung

Nun hatten also die Eltern aus ihrer langjährigen Tätigkeit heraus ihre Wünsche geäußert. Der Planer hatte ebenso, aber aus beruflicher Distanz, zum Teil völlig andere grundsätzliche Maßnahmen vorgeschlagen.

Die Arbeit lag nun darin, angesichts der bestehenden emotionalen Barrieren, Einsichten für tiefergehende Maßnahmen zu schaffen. Drei Beispiele dafür.

Beispiel Belichtung

Ein Raum hatte keine natürliche Belichtung. Jedes Argument für eine Verglasung der Eingangstür wurde beiseite geschoben. Die Kinder sollten weiter im Dunkeln spielen. Die Ursache: Auf der Eingangstür befand sich eine Malerei (ein Apfel und ein Wurm). Wie wir später herausfanden, ist das das Wahrzeichen, der Hauptidentitätspunkt der Spielwohnung, die Visitenkarte nach außen. Die Gruppe wollte diesen Teil der Identität behalten und verteidigte deswegen die Tür, ohne sich selbst darüber bewußt zu sein. Das konnte dann geklärt werden. Möglichkeiten wurden erarbeitet, ob woanders dieses Symbol später seinen Platz finden könnte. Bei der Durchführung stellte sich dann heraus, daß sie den Neueinbau einer verglasten Tür wieder einfach heimlich aus der Maßnahmenliste herausgestrichen hatten.

Beispiel Hofausgang

Jeder Außenstehende sah viele Gründe dafür. Z. B. Kinder können, ohne den Gefahren im Straßenverkehr ausgesetzt zu sein, direkt zu den Spielplätzen gelangen, etc. Auch hier verweigerten sich die Eltern vollends.

Ursache: Direkt dort, wo sich der Durchbruch zum Hof hin anbot, befand sich eine Sofaecke der Mütter. Als wir nach monatelangen Diskussionen den Ausgang einfach anordneten, fand die Initiative in einem Nachbarraum eine geeignete Stelle für den Durchbruch und ist jetzt dankbar für unser Vorgehen. Wir hatten einfach den Verweigerungsknoten durchgeschnitten.

Beispiel Fußboden

In den Prozeß der Auseinandersetzungen kam eine neue Schärfe, als die Mittel für die Maßnahmen im Sanierungsverfahren fixiert wurden, für diese Maßnahme auf ca. 100.000 DM.

Oft argumentativ unterlegen, stimmten die Vertreter der Initiative Maßnahmen zu, die ihr nicht besonders am Herzen lagen: „Der Fußboden sah doch immer schon schäbig aus, der kann doch weiter so aussehen".

In späteren Feinplanungsprozessen, die Architekten mit der Gruppe durchführten, strichen sie dann die ihnen aufoktroierten Maßnahmen heraus und tauschten so z. B. die Erneuerung des Fußbodens gegen eine Sofaecke aus. Hier wird besonders deutlich, daß die Eltern, deren Kinder spätestens in drei Jahren die Gruppe verlassen würden, weder willens noch in der Lage waren, langfristige Instandhaltungsaspekte in ihre Planungen mit einzubeziehen. Da mußte dann immer wieder die Planerin als ideelle Gesamtmutter auftreten und für Kinder sprechen, die noch nicht geboren waren.

Fazit

Derartige Projekte können nur von PlanerInnen gesteuert werden, die einerseits im Bewußtsein solcher beschriebenen Prozesse in Initiativen arbeiten und andererseits über genügend eigene Sicherheit und Stärke verfügen, zur Not als „ideelle Gesamtmutter" aufzutreten und auch mal etwas gegen die aktuellen subjektiven Bedürfnisse von Betroffenen zu entscheiden, was eventuell erst später zu vermitteln ist (**hier sind SozialarbeiterInnen und ähnliche Berufsgruppen angesprochen! Die PlanerInnen aus anderen Berufssparten müssen eher in umgekehrter Richtung lernen, nämlich Betroffeneninteressen ernst zu nehmen!**)

Dazu bedarf es jedoch einiger **Voraussetzungen:**

– Grundsätzliche Möglichkeit der Umsetzung der Wünsche (Unterstützung der Planung, Finanzierung)

– Ideen und Visionen, abhängig von Phantasie und Kreativität der Betreiber und Begleiter

– Vertrauen zu den planungsbegleitenden Personen

– konkrete, anfaßbare Beispiele in der Umgebung, die Mut machen oder auch, wie in unserem Fall, über Neid und Konkurrenz den endgültigen Anstoß geben, auch für sich etwas zu fordern

– Flexibilität: Bauliche Veränderungen können Konzeptänderungen herbeiführen, z. B. Garten vorn und Garten hinten wirft Fragen von Aufsicht und neuen Regeln auf. Hier können im Vorfeld unbewußte Verweigerungen vorliegen

– und immer wieder emotionale Unterstützung von allen Seiten: **„Ja, ihr dürft wünschen!"**

Allgemeine Konsequenzen

Thesen für **Beginn** und **Auswahl** von Projekten (in ähnlich strukturierten Stadtteilen wie Steilshoop).

– einfaches, kleines Pilotprojekt

– Finanzierung möglich

– überschaubarer Planungszeitraum

– positive Kontakte vorhanden

– Zeit und Qualifikation der Planungsbegleiter zur Förderung der Artikulation von Interessen und Begleitung des Prozesses

– Auswahl und Bezahlung der Architekten auch nach Prozeßgesichtspunkten

– Flexibilität bei Mitteleinsatz

Das Beispiel Café-Restaurant

Rahmenbedingungen

Hamburger Wirtschaftspolitik beschäftigt sich **nicht** im Rahmen kleinräumiger Betrachtungen mit der Versorgung und Beschäftigung in Großwohnanlagen. Das heißt, Steilshoop wird von Verwaltung und Politik in seinen fundamentalen Defiziten nicht wahrgenommen. Trotz großer Anstrengungen gelang es nicht, im Rahmen der Erstellung des

Sanierungskonzeptes durch die Hamburger Baubehörde, daß das Problem struktureller gewerblicher Unterversorgung offiziell auch nur wahrgenommen wurde. Daher gibt es keine Untersuchung und deshalb auch keine vorgeschlagenen Maßnahmen zu diesem Thema amtlicherseits. Bürger des Stadtteils stehen apathisch bis wütend diesem Phänomen gegenüber. Die Ideologie der freien Marktwirtschaft tut ihr übriges dazu: „Es wird schon seine Gründe haben, wenn es in einem Stadtteil mit ca. 20 000 Einwohnern keine deutschen gutbürgerlichen Kneipen, keine Cafés oder Restaurants gibt".

Der Profiprozeß

Was machen nun Sozialprofis, die sich mit derartigen Umständen nicht abfinden wollen?

Sie versuchen, im Rahmen stadtteilvernetzender Arbeit, Ideen zu entwickeln, wie ihre Klienten, an den Defiziten des Stadtteils orientiert, zu Arbeit und Brot kommen können. Das heißt, sie bürden sich neben ihren vielen Pflichten im sozialen Brennpunkt und zusätzlichen Aufgaben im Stadtteilbezug, eine neue, echte „Küraufgabe" auf. Das ging nur mit **noch mehr** Engagement und **noch mehr** ehrenamtlicher Arbeit.

Der Weg von der Planung zur Realisierung und Durchführung bewegte sich von Beginn an entlang und jenseits der Grenzen der Belastbarkeit der ohnehin schon hoch belasteten Kollegen. Um die nachfolgenden Planungsschritte professioneller und weniger belastend für die „Projekteltern" zu gestalten, entwickelten wir das Basisprojekt, die Stadtteilentwicklungsgesellschaft (STEG). Dieser neue Träger sollte nach unserer Vorstellung hauptamtlich die notwendigen Planungen betreiben bzw. unterstützen. Als die Installation dieser Gesellschaft nicht gelang, machten wir und auf den nachstehend geschilderten Weg.

Projektidee

Entwicklung eines gemeinnützigen Cafés und Restaurants zur Beschäftigung und Qualifizierung langzeitarbeitsloser, alleinerziehender, nicht ausgebildeter jüngerer Frauen.

Die Vision

Sich ein derartiges Projekt vorzustellen, braucht Kraft angesichts der brutalen Wasch- und Sichtbetonfassaden im Zentrum Steilshoops. Wem die Ängste der in Großwohnanlagen wohnenden Menschen vor Kontakt bekannt sind, braucht noch mehr Kraft und Phantasie, sich folgendes mit Menschen belebt vorzustellen: einfach den Beton aufbrechen, ein Café hineinbauen, ein Wintergarten muß zum Café hinführen, soll selbst Café sein. Neben dem Café das Restaurant, das alles umgeben von einem wunderschönen Garten mit schattenspendenden Bäumen, ein Café-Garten mit weißen Gartenmöbeln und Sonnenschirmen. Gegenüber der Markt. Passanten sehen vom Gehweg ihre Bekannten im Café-Garten sitzen, setzen sich dazu. Alte Damen mit Hut beim Kaffeekränzchen mit Schwarzwälder Kirschtorte. Türkische Männer palawern stundenlang im Café.

Ausgangsbedingungen

Wir verfügten über Erfahrungen mit Beschäftigungsprojekten im handwerklichen Bereich mit männlichen und weiblichen Jugendlichen und Heranwachsenden. Der Trägerverein arbeitete relativ erfolgreich schon Jahre in obengenannten Bereichen trotz ABM-Anleiterproblematik. Er verfügte zusätzlich über Erfahrungen im 1. Arbeitsmarkt. Der Verein betrieb zusammen mit einem Malermeister ca. 3 Jahre lang eine gemeinnützige Malerfirma und beschäftigte ca. 15 Jugendliche. Aus kommerziellen Gründen mußte diese Firma geschlossen werden. Der Träger arbeitete stadtteileingebunden. Die Projektidee war bei Profis und Bürgern breit befürwortet. Wir kannten durch jahrelange wohngebietsbezogene Sozialarbeit alle Frauen, die wir beschäftigen wollten und wußten deshalb, auf welche Schwierigkeiten der Beschäftigten sich die Projektentwicklung einzustellen hatte.

Planungsapparat

Die „Projektgroßeltern" des Trägervereins, d. h. die altgedienten Stadtteilsozialarbeiter bildeten zum Teil gezielt Berufspraktikanten für die Arbeit in den Beschäftigungsprojekten aus. Zum Bei-

spiel wurden sie als ABM-Kräfte vom Träger eingestellt, eingearbeitet und qualifiziert, da es sich meist um Berufsanfänger handelte. Für die Planung der Projektidee STEG gelang es, vom Arbeitsamt über ABM eine Planungsmannschaft gefördert zu bekommen. Sie bestand aus Fachleuten für Organisationsentwicklung, Öffentlichkeitsarbeit, Ernährung, Sozialpädagogik und Berufsschulpädagogik. Als die Idee der STEG, sich als gewerbefördernde Hilfs- und Beratungsorganisation im Stadtteil zu etablieren, politisch nicht zu realisieren war („Wir wollen hier keinen neuen Sozialkonzern"), konnte die Planungsgruppe mit der konkreten Planung des Café-Restaurants betraut werden. Auf den ersten Blick eine ideale personelle Situation, abgesehen vor der Berufsanfängersituation der Kollegen. Die „Projektgroßväter" hofften, ihre Belastung würde sich nach einer kurzen Einarbeitungszeit wieder reduzieren.

Restriktionen und Genehmigungen

Was sollte geschehen? Wir wollten ein mittelständisches Unternehmen mit ca. 25 Angestellten gründen, hatten kein Geld und keine Verbündeten.
Als Verhandlungspartner standen uns gegenüber:

a) für den Bereich der investiven Mittel

  – Amt für Arbeitsordnung

  – Landessozialamt

  – Baubehörde

  – Sanierungsausschuß

b) für den Bereich der zu zahlenden Löhne

  – Behörde für Arbeit, Gesundheit und Soziales

  – Arbeitsamt

  – Hamburger Arbeit GmbH (staatliche Beschäftigungsgesellschaft)

  – Beschäftigungsbeauftragter des Bezirks

  – Finanzamt

c) für den Bereich der Genehmigungen

  – Grundeigentümer

- Bauprüfabteilung

- Stadtplanungsamt

- Amt für Stadterneuerung

- Bauausschuß des Ortsamtsbereichs

- Bezirksausschuß für Bau und Verkehr

- Gewerbeaufsichtsamt

- Gesundheitsamt.

Die kurze, vereinfachte Aufstellung macht deutlich, daß es eben **kein** Zufall ist, daß vorher ein derartiges Projekt noch nie angegangen wurde, obwohl es in Großwohnanlagen Arbeitslosigkeit, fehlende Kommunikationsräume, hohe Zahlen alleinerziehender Frauen und schlechte Versorgungslage im Bereich von Gaststätten, Cafés, Restaurants etc. schon sehr lange gibt.

Planungsideologie und Leitgedanken

Allein der Hauptgedanke, ein gemeinnütziges, nicht auf Profit orientiertes Unternehmen zu planen, stieß bei allen beteiligten Dienststellen auf Unverständnis bis strikte Ablehnung. Die Planungsmannschaft war wegen des massiven Widerstandes der Behörden immer wieder kurz davor, hier Kompromisse zu machen. Andauernd mußte von den „Projekteltern" deutlich gemacht werden, daß neben der Werftindustrie und der europäischen Agrarwirtschaft auch ein kleines Café in Steilshoop subventioniert arbeiten könne. Die Grundidee, langzeitarbeitslose Frauen für den 1. Arbeitsmarkt zu qualifizieren, setzt eben eine Subventionierung voraus. Immer wieder gingen in den Durchsetzungsgefechten diese und andere Grundhaltungen verloren und mußten wieder neu entwickelt werden. Die Art und Weise, ein Projekt zu planen, ohne daß vorab auch nur grob die Finanzierung absehbar war und zumindest ein gewisses Wohlwollen zuständiger Behörden die Arbeitsmotivation anhob, stellte die Planungsgruppe immer wieder vor unlösbare Aufgaben und zwang die „Projekteltern", immer wieder unterstützend und auch „seelsorgerisch" einzugreifen.

Der Prozeß

Die Planungen dauerten ca. 3 Jahre und verschlissen zwei komplette Planungsmannschaften. Zu groß waren immer wieder die Anforderungen, die sich aus den sich ständig weiter entfaltenden Anspruchsentwicklungen ergaben. Zu Beginn gab es ein Konzept mit ca. 6 Tischen und ca. 8 Beschäftigten in einer ruhigen Randlage. Durch eine noch nicht bis ins Letzte erforschte Dynamik entwickelten sich die Planungen bis auf ca. 25 Beschäftigte und auf ca. 70 Plätze ohne Café-Garten.

Ursachen für die ständige Anspruchsentwicklung

- Hauptursache war der Zielkonflikt zwischen der Versorgung des Stadtteils mit Kommunikationsräumen und einem Restaurationsangebot und der Beschäftigung gering qualifizierter, deklassierter Frauen.

- Die einfache Übernahme der Ergebnisse von Mieterversammlungen: Die Mieter wollten einen zentraleren Ort, größere Räume, breiteres Speiseangebot usw.

- Die Anspruchsentwicklung im Bereich der Qualifizierung der Frauen. Es sollte berufsbildend, allgemeinbildend und persönlichkeitsbezogen geschult werden. Allein dafür mußten zusätzliche Hauswirtschaftsleiterinnen, Näherinnen und auch Sozialpädagoginnen eingeplant werden und natürlich auch ihre Büros und Schulungsräume.

- Bürgervertreter des Sanierungsausschusses banden ihre Zustimmung an Öffnungszeiten, die Schichtbetrieb notwendig machten. Städtebauliche Betrachtungsweisen und Auseinandersetzungen mit der bestehenden Baustruktur ließen den anfangs geplanten sehr kleinen Wintergarten nicht zu.

- Die Vergrößerung der Räumlichkeiten in den Bereichen Garten, Wintergarten, Café und Restaurant und Küche mußte seine Entsprechung auch in der Vergrößerung der Räume für Lagerung, Personal, Verwaltung und Schulung finden. Dieser Aufblähung des Projektes konnte sich niemand

widersetzen, weil es das Konzept dadurch auch immer geschlossener machte. Der planerische Aufwand vergrößerte sich so von Tag zu Tag.

Noch ein Beispiel, um deutlich zu machen, in welcher Mühe derart anspruchsvolle Projektplanungen enden können:

Nach der positiven Entscheidung zur Finanzierung durch den Sanierungsbeirat bzw. die Baubehörde waren erweiterte Öffnungszeiten erforderlich geworden und damit die Notwendigkeit der Organisation von Schichtarbeit außerhalb der Öffnungszeiten von Kindertagesheimen (zeitweilig ca. 20 Projektkinder von 0 bis 6 Jahre). Es mußte sich also um die Unterbringung der Kinder gekümmert werden. So war dieser Punkt, wie Hunderte andere, direkt mit dem Gelingen des Projektes verbunden. Als Kindertagesheime besonders die Wochenendunterbringung ablehnten, mußte diese Dienstleistung selbst organisiert werden. Zumindest jeder, der Kinder hat, weiß, was es heißt, Kinderbetreuung professionell zu organisieren.

Behördenkontakte

Wegen der geschlossenen Ablehnung der Verwaltung war es notwendig, durch monatelange intensive persönliche Kontaktpflege sich in den einzelnen Behörden und Dienststellen spezielle „Projektfreunde" aufzubauen. Ohne diese „Freunde" auf Sachbearbeiterebene wäre das Projekt nicht zu realisieren gewesen, denn keine Behörde konnte mit dem prozeßhaften Entstehen der Planung umgehen. Jede Behörde, jeder Einflußagent, verlangte die Zustimmung aller anderen beteiligten Dienststellen als Voraussetzung für seine Zustimmung. Deshalb bestand die Hälfte des Planungsaufwandes in der Koordination der Behörden bzw. in der Organisation der Verständigung zwischen den Bürokratien. Fast jede Behörde verlangte für die grundsätzliche Zustimmung zum Projekt ausgereifte Planungen. Zum Beispiel war die Baubehörde erst nach Vorlage ausschreibungsreifer Planungen und Kostenschätzungen bereit, das Projekt zu finanzieren. Die Mittel für diesen Planungsaufwand mußten deshalb von uns privat vorfinanziert werden.

Ergebnisse

Als der Bau begann, war eine Planungsmannschaft schon verschlissen, neue Planer und Projektdurchführer mußten neu angeleitet werden. Aus den verbliebenen „Projektkindern" wurden „Eltern", aus den „-Eltern" wurden „-Großeltern".

Die Bewältigung der konkreten Planung und Baudurchführung, auch zum Teil unter Mitarbeit von anderen Beschäftigungsprojekten, bewirkte einen ungeheuren Identifikations- und Motivationsschub, obwohl viele Beziehungen untereinander durch die 60- bis 70-Stundenwoche arg zerrüttet bis irreparabel zerstört waren.

Die bauliche und organisatorische Struktur war erstellt. Die maßgeblichen neuen „Eltern" bekleideten ABM-Stellen, die bald abgelaufen sein würden.

Das Faustpfand Investitionssumme, die Drohung der Investitionsruine, d. h. die Drohung mit der Schließung des Projektes, bewirkte dann nach einem weiteren Jahr intensiver politischer Arbeit, daß die ersten Planstellen zugewiesen wurden und damit der Beginn einer Chance zur langfristigen Absicherung einer personellen Kontinuität erstritten wurde.

Allein mit ABM-Stellen sind derartige Beschäftigungs-Stadtteil-Versorgungs-Projekte nicht zu betreiben. Bis heute sind jedoch noch nicht alle wichtigen Stammpersonalarbeitsplätze mit Planstellen versehen, d. h. die Perspektive des Projektes ist immer noch nicht gesichert.

Die Bevölkerung in ihrer ganzen Verschiedenheit hat das Café-Restaurant, wie in der Vision beschrieben, angenommen. Anfangs nahmen mittags ca. 40, jetzt bis zu 100 Menschen, ihr Essen ein. Viele Frauen haben die wohnungsnahe Arbeit als Sprungbrett für eine neue berufliche Karriere genutzt. Ebenso taten das aber auch einige Frauen aus dem Anleitungspersonal und schafften dadurch wieder neuen Streß durch Suchen, Finden und Einarbeiten neuer ABM-Kollegen.

Gezogene Lehren

Es war möglich, ein derartig komplexes Projekt zu realisieren unter idealen Bedingungen: Intensiver Stadtteilbezug, Stadtteilstrukturen (intensive Arbeitszusammenhänge, breiter Stadtteileinsatz der Sozialprofis, mehrere unerschrockene „Projekteltern" bzw. „Großeltern" (Workoholics) mit Bausanierungs- und Beschäftigungsprojekterfahrungen).

Es war ein ungeheurer Streß. Derartige Arbeitsvolumina können nur von professionellen Planungs- bzw. Sanierungsmenschen in speziell dafür gegründeten Gesellschaften bewältigt werden.

Gegen den Willen von Politik und Verwaltung, ähnliche Großprojekte durchzusetzen, kann **niemandem** geraten werden.

Deshalb ist das Projekt **nicht übertragbar,** es sei denn, man schafft die entsprechenden Planungsstrukturen, d. h. z. B. die Stadtteilentwicklungsgesellschaft mit dem Auftrag, auf den jeweiligen Stadtteil bezogen, gemeinnützige, gewerbliche, soziale oder kulturelle Projekte und Betriebe zur besseren Versorgung der Bevölkerung zu planen.

Kurt Horz

Experiment Stadtteilwerkstatt
Das Haus der Eigenarbeit in München-Haidhausen

Die Projektidee

Das Haus der Eigenarbeit, kurz HEi, wie es inzwischen genannt wird, ist aus der Idee entstanden, Eigenarbeit zu fördern. Eigenarbeit ist tätig werden nach eigenen Bedürfnissen, nach eigenen Ideen, in eigener Regie und mit eigenen Kräften. Eigenarbeit ist keine Erwerbsarbeit. Eigenarbeit kann sich als handwerkliches Tun, als ein Zusammenfinden und gegenseitiges Unterstützen in kleinen Gruppen oder als Gestaltung einer künstlerischen Skulptur, als Laienspiel oder Liedervortrag entfalten.[1] Sind die Möglichkeiten erst einmal erkannt, ergeben sich die Anlässe zu diesem Tun auf vielerlei Weisen. Doch oft stehen der Realisierung, vor allem in den Städten, Hindernisse im Weg: es fehlt an Qualifikation, an Raum, an Hilfsmitteln, an Anregungen und an Möglichkeiten zum Gespräch.

An diesem Punkt setzt die Projektidee, Eigenarbeit zu fördern, an. Den genannten Hindernissen will das Haus der Eigenarbeit (HEi) mit Werkstätten, Werkzeugen und Maschinen, mit Räumen zum sozialen und künstlerischen Miteinander sowie mit fachlicher Beratung entgegenwirken. Mit dem Angebot einer räumlichen und technischen Infrastruktur zur individuellen oder gemeinschaftlichen Nutzung, mit fachlicher Beratung, mit Einführungen und Kursen, fördert das HEi Eigenarbeit in einem umfassenden handwerklichen, kulturellen und sozialen Sinne. Im Zentrum der täglichen Arbeit der Mitarbeiter steht das Bemühen, Menschen für

das Abenteuer Eigenarbeit anzuregen und zu befähigen.

Die Idee für ein Haus der Eigenarbeit entstand Anfang der 80er Jahre in der ANstiftung, einer gemeinnützigen Forschungsgesellschaft in München, wesentlich geprägt durch ihren Gründer und Gesellschafter Jens Mittelsten Scheid. Die ANstiftung denkt, fördert und erprobt soziale Experimente mit verschiedenen inhaltlichen Schwerpunkten, u.a. „Eigenarbeit" und „Nachbarschaft". Sie garantiert auch den finanziellen Rahmen des HEi. In den Anfangsjahren übernimmt sie die Defizite des Experiments, außerdem finanziert sie eine wissenschaftliche Begleitung des Projektes.[2]

Der Stadtteil

Anfang 1987 wurden für das Haus der Eigenarbeit im Stadtteil Haidhausen, im Rückgebäude der Wörthstraße 42, Räume einer ehemaligen Druckerei angemietet. Die Standortwahl war mehr von den Zufälligkeiten des Münchner Immobilienmarktes als von den Auswahlkriterien der ANstiftung bestimmt. Der Stadtteil liegt am Rande der Innenstadt, in der Nähe des Ostbahnhofs und ist sehr gut mit öffentlichen Verkehrsmitteln zu erreichen. Er ist dicht bebaut mit Häusern, die zum Teil noch aus der Gründerzeit stammen. Traditionell wohnten hier Arbeiter, Rentner, Ausländer, Studenten und Künstler. Der Anteil älterer Menschen war sehr hoch.

Nicht zuletzt als Folge städtebaulicher Sanierungsmaßnahmen seit Mitte der 70er Jahre ist Haidhausen zu einem bevorzugten Wohnquartier für die gutverdienende Mittelschicht geworden. Im Stadtteil wohnen ca. 35.000 Einwohner. Er ist noch stark durchmischt mit Kleingewerbe und Handwerksbetrieben und beheimatet eine große Zahl sozialer und kultureller Projekte und Initiativen. Nur wenige Straßenzüge entfernt präsentieren das Kulturzentrum am Gasteig und die Zentrale der Münchner Volkshochschule ein umfassendes und attraktives Kultur- und Bildungsangebot.

Porträt des Hauses der Eigenarbeit

Anfang 1987 konnte nach langjährigen Vorbereitungen und einer langwierigen Suche nach einem geeigneten Objekt mit dem Aufbau des HEi begonnen werden. Im Oktober 1987 öffnete es seine Türen zum ersten Mal für die Bürgerinnen und Bürger des Stadtteils, aber auch für Interessierte aus der ganzen Stadt und der Region. Auf einer Fläche von anfänglich 400 m² wurden auf zwei Etagen professionell eingerichtete Freizeitwerkstätten für Holz, Metall und Textil eingerichtet. Seit Oktober 1990 ist mit einem Raum von ca. 80 m² im Souterrain des Hauses noch eine dritte Etage hinzugekommen, in der Arbeiten mit Glas und Papier sowie Schmuckherstellung möglich sind. Außerdem gibt es Mehrzweckräume für soziale und kulturelle Aktivitäten aller Art und im Eingangsbereich ein Café, das mit Mobiliar aus verfremdeten Altmaterialien eingerichtet ist, das Schrottcafé.

Von Dienstag bis Samstag können Kinder, Jugendliche, Männer und Frauen

1 Auf die wissenschaftliche Diskussion zum Begriff der Eigenarbeit, der Entwicklungstendenzen informeller Arbeit und der Selbstversorgungspotentiale privater Haushalte soll hier nicht eingegangen werden. Einen guten Überblick bietet das Buch von Johann Jessen und Walter Siebel, Wohnen und informelle Arbeit, ILS Schriften Bd. 19, Dortmund 1989.

2 Die Debatte innerhalb der Anstiftung um den Begriff der Eigenarbeit und das Konzept des HEi sind nachzulesen in dem ersten Bericht der Begleitforscherin Dr. Elisabeth Redler: Eigenarbeit fördern – Die Entstehungsgeschichte des Hauses der Eigenarbeit in München, Anstiftung Papers 1/1988.

das Haus nutzen, indem sie entweder mit fachlicher Beratung durch Hausangehörige oder völlig selbständig ihre handwerklichen und künstlerischen Ideen verwirklichen. Für soziale und kulturelle Eigenaktivitäten bietet das HEi zusätzlich an Sonn- und Montagen viele Entfaltungsmöglichkeiten.

Eingangsbereich und Café

Wer ins HEi kommt, betritt zuerst den Eingangsbereich – wir haben noch keinen besseren Namen dafür gefunden – mit der Empfangstheke, Informationstafeln, der Probe- und Ausstellungsbühne, dem Zeichenbrett, der kleinen Bibliothek und dem Schrottcafé. Vieles von dem was hier steht oder liegt war einmal Schrott. Die Stühle sind aus Baustahl und Industrie-Stanzresten zusammengeschweißt. Im Wandschrank stehen altmodische Teegläser hinter ausrangierten Autotüren einer „Ente". Die Theke ist mit schwarz lackierten Blechtonnen eingefaßt. Und auf den Bänken, zwei Hälften einer halbierten, weißen Badewanne, sitzen zwei Besucher und trinken eine Tasse Kaffee, die sie sich in Selbstbedienung aus der Thermoskanne von der Anrichte genommen haben. Manchmal sitzt ein Nutzer am Klavier und spielt ein Lied.

Den anderen Teil des Eingangsbereichs schmücken kleine Kaffeehaus-Tische, unterschiedlich in Design und Material. Bleiverglaste Lampen setzen sie ins rechte Licht. Fachberater der Holz- und der Glaswerkstatt haben die Gegenstände hergestellt. In der Ecke steht ein Plüschsofa.

Hinter der Empfangstheke sitzt ein/e MitarbeiterIn. Wenn sie oder er nicht gerade sonst im Haus unterwegs ist, gibt er/sie den neuen Besuchern erste Informationen und Hinweise und begrüßt die, die das HEi schon öfter besucht haben, gibt Auskunft am Telefon und kassiert die Nutzungsgebühren. Sie oder er ist „Chef vom Dienst", zuständig für die Erfordernisse des laufenden Betriebs.

Im Eingangsbereich schlägt das Herz des HEi. Hier zeigt sich das HEi in seiner Vielfalt. Hier werden ohne Worte durch anregende Beispiele „Räume" eröffnet, die jedem Besucher Mut zur Entfaltung der eigenen Kreativität machen wollen. Hier bietet das HEi Mög-

lichkeiten zum Gespräch. Schwellenängste können sich so abbauen. Im Vorraum der Werkstätten soll sich jede/r eingeladen fühlen zum Pläneschmieden, zum Ausruhen in Arbeitspausen und zum Austausch mit anderen EigenarbeiterInnen.

Es hat sich inzwischen herumgesprochen, daß es jeden Samstag im HEi Werkstattfrühstück gibt, von Hedi mit Liebe zubereitet. Sie überrascht auch zu jedem Mittwochstreff mit einem klei-

nen Imbiß und nutzt die Zeit ihrer Anwesenheit zu Gesprächen. Diese Gespräche, der Austausch mit dem Thekendienst sowie die fachlichen Beratungen in den Werkstätten, die meist nicht auf das Fachliche beschränkt bleiben, schaffen die Nähe für Besucher und Nutzer, die notwendig ist, damit das Haus als sozial-kulturelles Zentrum angenommen wird. Vernetzung entsteht über diese Gespräche und das Vertrauen in die Personen, die sie führen. Sie entsteht langsam, aber sie entsteht.

Abb. 1
Grundrisse Haus der Eigenarbeit

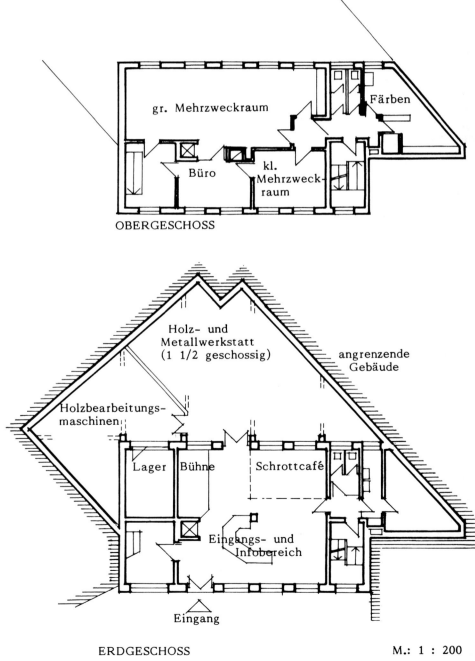

OBERGESCHOSS

ERDGESCHOSS   M.: 1 : 200

(Die neuen Werkstätten befinden sind im Souterrain unterhalb von Eingangsbereich und Schrottcafé.)

Menschen, die sich im HEi kennengelernt haben, treffen sich im Schrottcafé in loser Folge. Eine Erzeuger-Verbraucher-Initiative verteilt von hier aus regelmäßig Obst und Gemüse aus kontrolliert-biologischem Anbau und organisiert während der Sommermonate Ökomärkte in verschieden Hinterhöfen des Stadtteils. Jeden Freitag schart sich der Musikertreff ums Klavier. Für einige organisierte Singls ist das Schrottcafé Treffpunkt und Stützpunkt. Kleinere Vereine und Initiativen treffen sich hier. Aber immer wieder sind es Einzelpersonen, die im HEi nach Betätigung und Entfaltung suchen.

Die überwiegende Zeit während der Woche kann das Café in Selbstbedienung genutzt werden. Getränke stehen im Kühlschrank, Kaffee und Tee können selbst zubereitet werden. Die Preise für die Getränke sind angeschlagen, das Geld kommt in einen kleinen Hut aus Stahl. Kontrollen gibt es keine. Das Vertrauen, das wir so den Besuchern entgegenbringen und das im Abrechnungsmodus der Werkstätten seine Fortsetzung findet, wurde bisher nicht enttäuscht. Es ist charakteristisch für den Umgangsstil im Haus.

Zu Projektbeginn haben wir dem Eingangsbereich nicht die personelle Aufmerksamkeit gewidmet, die notwendig gewesen wäre. Sehr lange Öffnungszeiten und eine knapp bemessene personelle Ausstattung waren die Gründe dafür. Durch einen Zivildienstleistenden und die Erhöhung von Teilzeitkontingenten ist dieser Platz nun während der gesamten Öffnungszeiten besetzt. Der Eingangsbereich mit seinem Schrottcafé hat, für Besucher und HEi gleichermaßen, eine ganz wichtige Brückenfunktion. Das Tor zur Eigenarbeit und zu den Herzen der Menschen wird hier geöffnet.

Die Werkstätten

Das HEi verfügt über sechs Werkstattbereiche. Mit Werkstätten für die Holz- und Metallbearbeitung sowie für das Nähen und Färben wurde das Projekt Ende 1987 gestartet. Im Oktober 1990 sind Werkstätten für Glas und Papier sowie für die Schmuckherstellung hinzugekommen. Alle Werkstätten sind so eingerichtet, daß Laien unter professionellen Bedingungen arbeiten können.

Dies trifft für die Holz- und Metallwerkstatt in höherem Maße zu als beispielsweise für die Glas- und Papierwerkstatt. Die Werkstätten wurden so eingerichtet, daß sie einem gut ausgestatteten Hobbykeller überlegen sind. In den HEi-Werkstätten sollen Arbeiten ausgeführt werden können, für die es zu Hause an Werkzeugen, Maschinen und Platz fehlt. Auswahl und Ausstattung der Werkstätten waren räumlichen und finanziellen Beschränkungen unterworfen, nur die wichtigsten – unter professionellen Gesichtspunkten betrachtet – Maschinen und Werkzeuge sind vorhanden.

Die Werkstätten werden während der gesamten Öffnungszeit fachlich betreut. So wird es jedem Besucher ermöglicht, sich in den Werkstätten zurechtzufinden. Bei Bedarf kann dieser Mitarbeiter mit kleinen Hilfestellungen und Tips weiterhelfen. Eine spezielle fachliche Beratung von MitarbeiterInnen, die auf dem jeweiligen Fachgebiet qualifiziert sind, wird während genau festgelegter Zeiten gewährt.

In der **Holzwerkstatt** stehen für das Schreinern sieben Hobelbänke, die dazugehörigen Werkzeuge und alle wesentlichen Schreinereimaschinen zur Verfügung (Formatkreissäge, Abrichte-Dickenhobel, Bandsäge, Bandschleife und Fräse, eine pneumatische Verleimpresse sowie die gängigen Handmaschinen). Die Holzwerkstatt beansprucht die größte Werkstattfläche (ca. 100 m^2). Die großen Standmaschinen und der Bankraum sind durch eine Glaswand voneinander getrennt. In ihr können, je nach Größe des anzufertigenden Objekts, sechs bis acht Nutzer gleichzeitig arbeiten. Ein Schreinermeister, eine Schreinerin und ein Schreiner beraten abwechselnd dienstags bis donnerstags von 18.00 – 21.30 Uhr, freitags von 15.00 – 18.00 und samstags von 12.00 – 18.00 Uhr.

In der Holzwerkstatt vermittelt sich die Konzeption des HEi am leichtesten. Es ist der lebendigste Werkstattbereich, er wird am häufigsten genutzt. Möbel und Raumschmuck aus Holz werden für die Wohnung benötigt. Viele trauen sich das Arbeiten mit dem Werkstoff Holz zu. So geschieht es, daß Menschen ins HEi kommen und einen Gegenstand herstellen wollen, aber die dafür notwendigen handwerklichen und konstruktiven Fähigkeiten nicht besitzen. In Zusammenarbeit mit der Schreinerin

oder dem Schreiner, die/der in der Holzwerkstatt fachlich berät, werden gemeinsam die Techniken und Fertigkeiten herausgefunden, die von der Nutzerin oder dem Nutzer geleistet werden können und die bei der Herstellung des Gegenstandes zum Erfolg führen.

Besondere Zuwendung und Aufmerksamkeit begleitet die Arbeit der Nutzer an den großen Schreinereimaschinen. Das, wofür ein Schreinerlehrling einen Maschinenschein erwerben muß, soll im HEi einem Laien unmittelbar zur Verfügung stehen? Im HEi gilt, daß jede/r, die/der es sich zutraut mit diesen Maschinen zu arbeiten, auch an den Maschinen arbeiten darf. Er oder sie wird punktuell in die Benutzung der Maschine eingewiesen, damit die anstehenden Arbeiten ausgeführt werden können. Gleichzeitig wird auf mögliche Unfallgefahren hingewiesen. Ein Maschinenkurs (drei Stunden) bietet die Möglichkeit, sich umfassend über die Maschinen zu informieren. Diese Kenntnisse verhelfen den NutzerInnen zum selbständigeren Arbeiten, auch an den großen Standmaschinen.

Bisher hat es an den Holzbearbeitungsmaschinen keine Unfälle gegeben. Es hat sich gezeigt, daß Laien nur dann an den Maschinen arbeiten, wenn sie sich im Umgang mit ihnen auch sicher fühlen. Kleinere Probleme gibt es mit Nutzern, die Schreiner sind oder einen Maschinenschein der Innung besitzen und im HEi universell an den Maschinen arbeiten wollen. Oft fühlt sich dieser Personenkreis sicher, ohne die Maschinen im HEi mit ihren spezifischen Bedienungserfordernissen zu kennen. Hier verbergen sich Unfallgefahren, die wir durch eine besonders sorgfältige Einführung zu minimieren versuchen. Obwohl es für die Betroffenen nur ein schwacher Trost wäre: alle Nutzer sind durch Betriebshaftpflicht- und Gruppenunfallversicherung versichert.

In der Schreinerei wird viel mit Naturhölzern gearbeitet. Anfänger und weniger geübte verwenden verleimte Massivholzplatten und vorgefertigte Kanthölzer, fortgeschrittene Nutzer und solche die sich mehr zutrauen fertigen ihre Gegenstände aus Massivholz-Rohware. Plattenmaterialien werden weniger verarbeitet. Dies sicher auch deshalb, weil das HEi über keine Furnierpresse verfügt. Die NutzerInnen werden eingehend über die Möglichkeiten umweltschonender Oberflächenbehandlung aufgeklärt, so daß kaum Lacke und Sprays eingesetzt werden. Einige Materialien (z. B. verleimte Massivholzplatten, wenig Massivholz, Schrauben, Lamellos, Dübel, Leinölfirnis) haben wir auf Lager. Was nicht vorrätig ist, kann über den Fachhandel bestellt werden. Material darf aber auch mitgebracht werden. Die Materialpreise entsprechen Baumarktpreisen, so daß der Materialverkauf eine kleine Einnahmequelle darstellt.

Die Vielfalt der Tätigkeiten und gefertigten Werkstücke ist enorm. Von Arbeitsplatte, über Hochbett, Hasenstall, Tisch, Vitrine bis zur Ziehente wird alles gefertigt was man sich nur vorstellen kann. Das Besondere gestalten, der kreative Umgang mit dem Material steht bei den Nutzern im Vordergrund, Reparaturen sind nicht so gefragt.

Die **Metallwerkstatt** (ca. 40 m^2) verfügt über drei Werkbänke mit Schraubstock und den gängigen Werkzeugen für die Metallbearbeitung. An Apparaten und Maschinen können je ein Autogen- und Schutzgasschweißgerät, eine Kreissäge, eine Ständerbohrmaschine, ein Amboß und eine kleine Drehbank benutzt werden. Fachberatung ist mittwochs und freitags von 18.00-21.00 Uhr und samstags von 12.00-18.00 Uhr. Ein Schlossermeister im Ruhestand, ein Maschinenbautechniker und ein Schlosser sind an den jeweils festgelegten Tagen in der Werkstatt anzutreffen.

Auch in der Metallwerkstatt steht der kreative Umgang mit dem Material im Vordergrund, Reparaturen kommen erst an zweiter Stelle. Eine besondere Faszination geht von Schrottmaterialien aus. Angeregt durch die Möbel im Schrottcafé werden viele Stühle und Plastiken aus dem Material zusammengeschweißt. Die monatlich angebotenen Einführungskurse (zwei Abende) kommen fast alle zustande. Insgesamt ist im Metallbereich die Nachfrage nach Kursen größer als im Holzbereich. Viele Frauen reizt der Umgang mit dem harten Werkstoff Stahl. Ihr Anteil an den Nutzern beträgt ca. 20%. Manche Kurse „Schrottschweißen" werden ausschließlich von Frauen besucht.

Die **Textilwerkstatt** besteht aus einer Schneider- und einer Färbewerkstatt. Vier moderne Nähmaschinen, ein Zuschneidetisch und viele fertige Schnitte sind die ganze Ausstattung für die

Schneiderwerkstatt. Die Werkstatt belebt sich donnerstags zwischen 15.00 und 21.00 Uhr, wenn die Schneiderin anwesend ist. An anderen Tagen wird die Werkstatt nur vereinzelt genutzt. Wir haben aus diesem Verhalten der Nutzerinnen – die Werkstatt wird überwiegend von Frauen genutzt – den Schluß gezogen, daß es nicht in erster Linie auf die Ausstattung ankommt. Eine Nähmaschine haben viele Frauen zuhause stehen. Wichtig ist das Arbeiten zusammen mit anderen, der Kontakt, die Möglichkeit zum Gespräch, die Anregungen und Tips der Fachberaterin, die Hilfe beim Anprobieren und die Gewissheit, das Kleid, die Bluse oder den Mantel werden fertig und die Arbeiten drohen nicht auf halbem Weg steckenzubleiben. Allerdings hat es fast drei Jahre gedauert, bis donnerstags zwischen drei und acht Frauen, verteilt auf Nachmittag und Abend, von dem Angebot Gebrauch machten.

Das Werkstattangebot einer **Färbewerkstatt** wurde nicht angenommen. Obwohl die Angebote attraktiv und anspruchsvoll waren (z.B. färben mit Pflanzenfarben) kamen nur wenige Frauen zu den Kursen. Hin und wieder erschien eine Frau zur Beratung. Durch das Experimentieren mit Kurs- und Beratungsangeboten konnten wir herausfinden, daß eine rege Nachfrage nach Kursen in Seidenmalerei besteht. Durch die Verbesserung der Ausstattung (große Spannrahmen 1,40 x 2,50 m, frei stehende Spannrahmen 1,50 x 1,50 m, Dampffixiergerät für französische Seidenmalfarben) und ein erweitertes Kursangebot (Kurse für Fortgeschrittene) wurden die Aktivitäten in diesem Bereich erhöht. Vermehrt finden auch hier Nutzungen außerhalb der Kurszeiten statt. Eine Fachberatung nach Vereinbarung ist möglich, weil die Fachberaterin 20 Std. in der Woche im HEi arbeitet: sie ist zuständig für die Öffentlichkeitsarbeit des Hauses.

Über die **Glas-, Papier- und Schmuckwerkstatt** lassen sich noch keine Aussagen machen. Im letzten Quartal 1990 wurden vor allem die Kursangebote dieser Bereiche nachgefragt. Nur vereinzelt kamen NutzerInnen zur Fachberatung oder arbeiteten während den übrigen Öffnungszeiten. Vom Trend her läßt sich sagen, daß das Interesse an Arbeiten mit Schmuck am größten ist. Auch für diese Werkstätten gilt, daß sie während der gesamten Öffnungszeit besucht werden können, unabhängig von

Kursen und Zeiten spezieller fachlicher Beratung.

Die Gründe für die Erweiterung um die neuen Werkstätten waren pragmatischer Art. Vor einem Jahr wurde ein Kellerraum im Souterrain des Hauses frei, der zuvor an einen Künstler vermietet war. Weil dieser Raum früher in die Druckerei integriert war und über keine gesonderte technische und sanitäre Versorgung verfügt, entschlossen wir uns, ihn hinzuzumieten, bot er doch die Möglichkeit, unser Werkstattangebot zu erweitern. Je mehr verschiedenartige Gewerke im HEi untergebracht sind, so die These, desto wahrscheinlicher wird es für die Menschen werden, ihre Eigenarbeitsideen im HEi verwirklichen zu können. Die Auswahl der Gewerke ergab sich aus bestehenden Kontakten zu Personen, die mit dem HEi vertraut waren und ihrerseits angeregt hatten, das HEi um einen Bereich der von ihnen vertretenen Technik zu erweitern: eine Frau, die in den ersten drei Jahren Kurse in Papiergestaltung angeboten hatte, ein Glaskünstler, der oft die Metallwerkstatt genutzt hatte und Glas als einen Werkstoff empfahl, der sich gut mit den Werkstoffen Holz und Metall kombinieren läßt und schließlich ein Goldschmiedemeister aus der Nachbarschaft, der schon bei der Einrichtung des HEi das Team beraten hatte, dessen Vorschläge aber damals nicht berücksichtigt werden konnten, weil der geeignete Platz fehlte.

Bedarfsanalysen wurden keine gemacht, ebensowenig wie für die Auswahl der Werkstattbereich zu Beginn des Projektes. Wir sind der Meinung, daß man diesen Bedarf nicht vorab ermitteln kann. Erst im Laufe der nächsten ein bis zwei Jahre wird man sagen können, ob eine Nachfrage für dieses neuartige Bildungs- und Dienstleistungsangebot, das die bisherigen Möglichkeiten ergänzt, besteht.

Neben dem Vorhandensein professionell ausgestatteter Freizeitwerkstätten, die jedem zur Verfügung stehen, ist die Möglichkeit, **umfassend fachlich beraten** zu werden, das Neuartige an der HEi-Idee. In der Vergangenheit konnten wir feststellen, daß diese Art sich zu betätigen und Neues kennenzulernen, für viele erst einmal fremd ist. Für uns ist Fachberatung die individuellste und effektivste Form des Lehrens und Lernens, die wir uns im Rahmen des HEi vorstellen können. Dies bedeutet, jeder

NutzerIn der Werkstätten steht in gewisser Weise eine „Privatlehrerin" bzw. ein „Privatlehrer" zur Seite, die/der dabei hilft, die je eigenen Vorstellungen zu verwirklichen. Dies geschieht nur in dem Maße, wie es gewünscht wird. Keine/r muß also befürchten, im HEi würden ihr/m fremde Ideen übergestülpt. Darüberhinaus bietet die Fachberatung die Gewähr, daß begonnene Vorhaben nicht an fachliche Grenzen stoßen, sondern fertiggestellt werden können. Aus der ursprünglichen Idee entsteht in der Regel immer ein Gebrauchsgegenstand oder ein kleines Kunstwerk, das „Hand und Fuß" hat, auch wenn sich die NutzerInnen in den Werkstätten als Laien fühlen. Manchmal müssen kleine Durststrecken überwunden werden. Dies gehört dazu, wenn man sich auf das Abenteuer Eigenarbeit einläßt.

Andere Menschen bevorzugen das Lernen in der Gruppe. Auch in den **Werkstattkursen** erleben sich die TeilnehmerInnen bei der Anfertigung eines individuellen Gegenstandes. Sie lernen dabei die Nutzungsmöglichkeiten der Werkstätten, verschiedene Arbeitstechniken und den Umgang mit verschiedenen Werkstoffen und Materialien kennen. Unsere Kurse verstehen sich in der Regel als Einführungskurse. Ziel der Kurse ist es, den Weg zu einem selbständigen Arbeiten im Rahmen der üblichen Werkstattnutzung zu ebnen.

Der soziale Bereich

Soziale Eigenarbeit soll im HEi ebenso ihren Platz haben wie handwerkliche oder kulturelle Eigenarbeit. Wichtiger Bestandteil des Angebots ist auch hier die Infrastruktur: Räume, die sich als Treffpunkt eignen und in denen man sich wohlfühlen kann. Das Schrottcafé und zwei Mehrzweckräume (40 m² und 20 m²) stehen dafür zur Verfügung. Die zweite Bedingung für die Entfaltung sozialer Eigenaktivitäten ist, daß die BesucherInnen im HEi anderen Menschen begegnen können. Kommt der Einzelne ins HEi, so entdeckt er eine neue Umgebung, es bieten sich Möglichkeiten zu losen Kontakten, er kann Gleichgesinnte suchen, mit denen er sich austauschen will oder sich mit Freunden und Bekannten im HEi verabreden. Sie oder er trifft auf Menschen, die in den Werkstätten arbeiten, die eine Veranstaltung

besuchen oder in einer festen Gruppe integriert sind. Sie/er trifft auf die Mitarbeiter des Hauses. Solche Begegnungen können anregend sein, in ihnen liegt die Möglichkeit verborgen, bisher Unbekanntes zu entdecken.

Das HEi verlangt keine Begründung fürs Kommen. Jede/r kann im HEi initiativ werden und sich dabei Zeit lassen. Die Möglichkeit sich einzubringen wird sehr verschieden genutzt: Besuch des Cafés, Werkstattfrühstück und Mittwochstreff, Veranstaltungen und Vorträge haben mehr informativ-konsumtiven Charakter. Ein Treffen von HEi-Nutzern, die sich in der Werkstatt kennengelernt haben, will vorher abgesprochen und organisiert sein. Im Mutter-Vater-Kind-Treff finden sich dienstags nachmittags Menschen in vergleichbaren Lebensphasen und mit ähnlichen Bedürfnissen zusammen. Aus diesem offenen Treff, der annähernd zwei Jahre besteht, sind Freundschaften zwischen jungen Familien entstanden, die weit über die Zusammenkunft im HEi ihre Bedeutung haben. Eine Kinderladeninitiative nutzt den großen Mehrzweckraum vormittags. Für sie ist das HEi eine Starthilfe. Besonders in der Gründungsphase ist es für solche Gruppen sehr schwer, im Stadtteil geeignete Räume zu finden. Frauen, die sich regelmäßig zum Tanzen treffen, brasilianische Mütter, die ihren Kindern dreimal im Monat im wahrsten Sinne des Wortes einen muttersprachlichen Rahmen bieten (sie sprechen, singen und spielen in portugiesischer Sprache). Für sie ist der Raum im HEi die Alternative zum Wohnzimmer, das für diese Anlässe zu klein, aber auch zu privat wäre. Andererseits eignet sich der Raum auch für Vorträge über Gentechnologie und Energiesparen des Umweltinstituts, einer benachbarten Initiative aus dem Stadtteil.

Diese Beispiele zeigen, daß das HEi für Einzelpersonen, für Menschen, die sich zu einer Gruppe oder Initiative zusammenschließen wollen und für bereits bestehende Gruppen ein guter Platz ist und auch als solcher erkannt und angenommen wird. Wir versuchen nicht, den Begriff „soziale Eigenarbeit" zu definieren und daraus unser Handeln abzuleiten. Wir unterstützen, was an Kontakten und Möglichkeiten zur überwindung von Isolation, Einsamkeit und Ratlosigkeit entsteht. Durch diese Intention der Mitarbeiter ist das HEi zu einem Ort der Freude und der Offenheit

geworden, einem Ort an dem sich menschliche Wärme entfalten und Nähe gelebt werden kann. Das starke Bedürfnis der Menschen nach dieser Form sozial-kommunikativer Entfaltung, hat uns, die Mitarbeiter, sehr überrascht. Es freut uns zu sehen, daß die angebotene Vielfalt des Hauses ein wichtiger Antrieb für diese Entfaltung darstellt. Andererseits erhöht die Wahrscheinlichkeit, unterschiedlichste Menschen im HEi zu treffen, die Attraktivität der Einrichtung. Keiner ist hier unter Seinesgleichen.

Der kulturelle Bereich

Wie bei der sozialen Eigenarbeit geht es auch bei der Förderung kultureller Eigenarbeit darum, Menschen Mut zu machen, sich selber als kulturelles Subjekt zu entdecken, sich mit ihren Talenten und Fähigkeiten an einem öffentlichen Ort zu zeigen, in der Gruppe oder im Rahmen einer Veranstaltung vor einer kleinen Öffentlichkeit. Mit Unterstützung von zwei Mitarbeiterinnen sind ein Musiker-Treff und ein Literaten-Treff entstanden. Wenn im Frühjahr und im Herbst die beiden Gruppen gemeinsam ihre Gedichte, Geschichten und Lieder im Schrottcafé präsentieren, entsteht eine besonders herzliche und offene Atmosphäre, weil Menschen etwas sehr Persönliches, etwas Eigenes einer kleinen Öffentlichkeit zeigen. In dieser leisen und öffentlich kaum vernehmbaren Art ist für einige eine Alternative zum öffentlichen Kulturbetrieb entstanden, der durch zunehmende Vermarktung bedroht ist und der dem Einzelnen oft nur die Rolle des Konsumenten zuweist.

Das HEi ist auch Veranstaltungsort. Die Holz- und Metallwerkstatt läßt sich innerhalb einer Stunde in einen ansprechenden Theater- und Konzertraum verwandeln, in dem die Laiengruppen ihre Stücke aufführen, die sie im HEi geprobt und inszeniert haben, die Bauchtanzfrauen sich zeigen, regelmäßig Kindertheater stattfinden oder alle gemeinsam Sommer- und Maskenfeste feiern. Während der ersten beiden Jahre haben wir auch fremden Gruppen die Werkstatt für Aufführungen zur Verfügung gestellt. Wegen des großen Aufwandes, der damit für uns verbunden ist, haben wir davon Abstand genommen. Für uns ist es wichtig, daß die

Gruppen, die sich im HEi treffen, sich auch im HEi zeigen und öffentlich präsentieren können. Dafür räumen wir nach wie vor gerne die Werkstatt um. Meist bringen diese Gruppen ihr eigenes Publikum (Freunde und Bekannte) mit, so daß der Erfolg des Abends gesichert ist. Zusätzliche Öffentlichkeitsarbeit ist nicht notwendig.

Das HEi als „Werkstatt"

Die Bereiche Handwerk, Kultur und Soziales existieren nicht jeweils für sich abgeschlossen nebeneinander. Im Gegenteil, die Bereiche befruchten und unterstützen sich gegenseitig. Handwerkliche Eigenarbeit bekommt seinen sozialen Charakter durch das Gespräch, den Austausch und die gegenseitige Hilfe. Die Übergänge zum künstlerischen Gestalten sind oft fließend. Der originelle Einrichtungsgegenstand ist Möbel und Ausstellungsstück zugleich. Die Mitglieder der sozialen Gruppen entdecken die Werkstätten, in denen sie ihre handwerklichen Ideen verwirklichen können, entweder für sich als Individuen oder als Unterstützung des Gruppenprozesses (Bau von Infotafeln und Stellwänden, Einrichtungsgegenständen für den Gruppenraum, etc.). Gespräche, gegenseitige Unterstützung und Geselligkeit findet auch bei Laienspielern und Werkstattpoeten statt, Requisiten müssen gebaut werden. Nach drei Jahren kann man sagen, daß die Verbindung von Handwerk, Kultur und Sozialem im HEi gelungen ist. Alle drei Bereiche befähigen zu einem mehr autonomen Leben in dieser Gesellschaft. Das HEi ist zu einem Ort geworden, wo Tätigwerden Freude, Nutzen und Stärke bringt, mit anderen Worten Sinn stiftet. „Werk-statt" ist für Hermann Glaser der Begriff für solche Orte. Stadtteilwerkstatt HEi ist in diesem umfassenden Sinne zu verstehen.

Personal

Die Aufgaben in den Bereichen Organisation, Verwaltung, Öffentlichkeitsarbeit, allgemeine Werkstattbetreuung, Café und Thekendienst teilen sich fünf Personen. Kurt, der Projektleiter, (Ing. grad. und Dipl. Volkswirt) ist zuständig für die Vertretung des Hauses nach au-

ßen, die Koordination der Teamprozesse, für Verwaltung, Finanzen und Haushalt sowie einige Stunden allgemeine Werkstattbetreuung. Michael (Maschinenschlosser und Maschinenbautechniker) leitet die Werkstätten und ist Fachberater/Kursleiter in der Metallwerkstatt. Darüberhinaus ist er für die allgemeine Werkstattbetreuung und den Materialeinkauf zuständig. Beide haben jeweils eine volle Stelle. Hedi (Sozialarbeiterin) fördert die soziale Eigenarbeit, betreut das Café und übernimmt einige Aufgaben in der Verwaltung. Sie arbeitet 30 Stunden in der Woche. Ulla (Lehrerin, Batikerin, Atemlehrerin, zweiter Start nach 20 Jahren Kindererziehung) ist für die Öffentlichkeitsarbeit zuständig, betreut die Färbewerkstatt und gibt Kurse in Atemtherapie. Sie versucht diese Arbeiten im Rahmen einer halben Stelle zu erledigen. Seit März 1989 hilft ein Zivildienstleistender mit, die Werkstätten zu warten und beteiligt sich am Ausbau der neuen Werkstattbereiche. Die Betreuung des kulturellen Bereichs teilen sich Hedi (Musikertreffs), Ulla (Kindertheater), Gabi (Literatentreff – Honorarbasis), Kurt und Michael (allgemein).

In den Werkstätten arbeiten 12 weitere **FachberaterInnen.** Der größte Teil von ihnen erhält dafür ein Honorar. Einige arbeiten ehrenamtlich. Im Herbst/Winter Programm 1990/91 boten noch weitere 10 Personen zusätzliche Kurse an (Schmuck, Buchbinden, Spinnen, Seidenmalen, Kochen, Drachenbau, Feldenkrais, Bauchtanz; Kinderwerkstatt, Töpfern, Theaterspielen und Yoga für Kinder).

Die MitarbeiterInnen fanden über persönliche Kontakte oder Anzeigen in einer Stadtteilzeitung zum HEi. Entscheidend für ihr Mitwirken war nicht so sehr die formale fachliche Qualifikation, sondern eine auf soliden handwerklichen Fähigkeiten basierende Begeisterung für die Idee der Eigenarbeit und die Bereitschaft, sich an diesem Experiment mit all seinen Unsicherheiten und Unwägbarkeiten zu beteiligen.

Alle MitarbeiterInnen gemeinsam (Hauptamtliche, FachberaterInnen, KursleiterInnen) bilden das Team. Im Team werden die grundsätzlichen Belange des HEi diskutiert und entschieden: Programmangebot, Haushalt, Ausbau und Gestaltung der Werkstätten und die Grundzüge der Öffentlichkeitsarbeit. Diese Treffen finden inzwischen alle vier bis sechs Wochen statt. Bis zum Sommer 1990 traf sich das Team wöchentlich bzw. alle zwei Wochen. Ergänzt werden die Treffen des Gesamtteams durch teamöffentliche Arbeitsgespräche der vier hauptamtlichen Mitarbeiter und des Zivildienstleistenden.

Im HEi gibt es keine Hierarchie. Die oben beschriebenen Zuständigkeiten und die daraus resultierende Verantwortung sagen allerdings etwas über die unterschiedlichen Einflußmöglichkeiten auf den gesamten Projektverlauf aus. Wer, wie die Hauptamtlichen, täglich mehrere Stunden im Projekt anwesend ist und sich im Rahmen seiner Arbeit mit übergeordneten Aufgaben beschäftigen muß, hat einen größeren Gestaltungsspielraum als z. B. eine FachberaterIn oder eine KursleiterIn. Der bisherige Erfolg des Projektes und das große Engagement aller MitarbeiterInnen ist sicher auch darauf zurückzuführen, daß in den Teamsitzungen versucht wird, anstehende Probleme einvernehmlich zu lösen. So kann sich jede/r in den getroffenen Entscheidungen wiederfinden. Dies ist auch ganz wichtig, denn das Erscheinungsbild des HEi wird von der Kompetenz und dem Engagement jeder Mitarbeiterin und jedes Mitarbeiters entscheidend mit geprägt.

Die beschriebene Mitarbeiterstruktur ist ein Ergebnis des bisherigen Projektverlaufs. Zu Beginn sind wir von der Vorstellung ausgegangen, die Fachberatung könnte von älteren Handwerkern übernommen werden, die ehrenamtlich oder gegen ein geringes Entgelt arbeiten. Daneben sollte die allgemeine Projektorganisation von ein oder zwei hauptamtlichen Personen übernommen werden. Diese Annahme war falsch. Ein Haus der Eigenarbeit benötigt eine intensive personelle Betreuung, vor allem auch außerhalb der unmittelbaren Betreuung in den Werkstätten. Die in dem Konzept angelegte Vielfalt, die Verknüpfung handwerklicher, sozialer und kultureller Eigenarbeit, die Nutzung des HEi als ein kreatives Zentrum, benötigt MitarbeiterInnen, die sich ganz in das Projekt einbringen und bereit sind, Verantwortung zu tragen. Unsere Erfahrung mit älteren Mitarbeiter ist, (ein Schlosser- und ein Schreinermeister, beide älter als 65 Jahre, machen Fachberatung im HEi) daß diese keine Verantwortung im Rahmen des Gesamtprojektes übernehmen wollen.

Sie geben jedoch gerne für einige Stunden in der Woche ihre beruflichen und menschlichen Erfahrungen an die Nutzer und auch an uns jüngere Mitarbeiter weiter. Inzwischen bringen sie sich auch verstärkt in den Teamprozeß ein.

Die übernommenen Aufgaben waren für alle MitarbeiterInnen neu. Keine/r verfügte über einschlägige Erfahrungen, weder was die Öffentlichkeitsarbeit betraf, noch die Belebung der kulturellen und sozialen Eigenarbeit. Das trifft auch für die FachberaterInnen zu. „Für diese Fachleute, die bisher als Lernende oder Lehrende, als Design-Individualisten oder als Facharbeiter im Großbetrieb sich professionell bewährt haben, ist die neue Rolle als FachberaterIn nicht einfach zu erfüllen. Sie sollen jeden Besucher mit seinem Anliegen annehmen, sollen seine Kreativität fördern und Mut machen zu ungewöhnlichen Lösungen; sie sollen bei der Realisierung von Ideen beistehen, Erfahrungen selber machen lassen und dabei, falls nötig, einführen in den Umgang mit Werkzeugen, Maschinen und Werkstoffen. Von ihren eigenen Vorstellungen von Ästhetik, von zu verwendenden Materialien, von Perfektion und rationellen Arbeitsgängen müssen sie u. U. Abstriche machen. Sie müssen die Kunst beherrschen, Originelles, Schönes, Solides nicht für den Nutzer zu tun, sondern ihm selber dahin den Weg zu weisen.“[3]

Finanzen

Das HEi befindet sich in der ungewöhnlichen Situation, nicht aufs Geld achten zu müssen, aber doch aufs Geld achten zu sollen. Wie sieht diese widersprüchliche Rahmenbedingung im Detail aus?

Entstanden ist das Haus mit Mitteln der ANstiftung. Die ANstiftung garantiert im Rahmen ihrer Möglichkeiten für die Anfangsjahre die Übernahme der Defizite. Mit den im Haushalt vorgesehenen Mitteln, die der Trägerverein „Verein zur Förderung von Eigenarbeit e.V.“ von der ANstiftung bewilligt bekommt,

kann das HEi-Team experimentieren um die Projektidee zu verwirklichen. Die Mittelvergabe durch die ANstiftung ist sehr unbürokratisch, so daß für die Mittelbeschaffung keine besonderen Anstrengungen erforderlich sind, wie dies oft bei öffentlich geförderten Projekten der Fall ist.

Andererseits sind wir aber auch von der ANstiftung gehalten, praktisch zu erproben, ob ein Haus der Eigenarbeit sich ganz oder teilweise finanziell selbst tragen kann. Das Ziel Selbstfinanzierung ist als realistisches Korrektiv in das ansonsten idealistische Zielsystem eingestrickt, damit sich das Projekt auf seinen neuen Wegen nicht von den Bürgern entfernt. Bei aller Unkonventionalität soll es Rücksicht nehmen auf die Nachfrage von Bürgern, auf ihre Bereitschaft, für ein Angebot zu zahlen.

Das finanzielle Gesicht des HEi wird von folgenden wesentlichen Ausgabenposten und Einnahmequelle bestimmt: Investitionen für Sachanlagen und Betriebsausstattung, Kosten der Instandhaltung, Personalaufwendungen, Miete, Aufwendungen für Öffentlichkeitsarbeit und sonstige Kosten (Telefon, Kfz, Verwaltung, etc.) auf der Ausgabenseite und Gebühren für die Nutzung der Werkstatt-Arbeitsplätze, Kursgebühren, Vermietung von Räumen, Eintrittsgelder von Veranstaltungen, Erlöse aus Materialverkauf und Café auf der Einnahmeseite.

Die Zahlen in **Tabelle 1** ermöglichen eine Einschätzung der finanziellen Entwicklung des Projekts während der ersten vier Jahre. Die **Ausstattung der Werkstätten** mit Maschinen, Werkzeugen und Einrichtungsgegenständen war Ende 1990 weitgehend abgeschlossen. Im Aufbaujahr 1987 waren diese Ausgaben natürlich am größten. Aber es hat noch weitere drei Jahre gedauert, bis alle Werkzeuge und Maschinen angeschafft waren. Einige Schreinereimaschinen gehörten zwei Schreinern, die abends und samstags als Fachberater im HEi tätig waren, während der Woche tagsüber aber das HEi für ihre Produktionstätigkeit nutzten. Für die beiden Schreiner bedeutete dies eine voll ausgestattete Werkstatt, in der sie zu günstigen finanziellen Bedingungen (Miete im Tausch gegen Fachberatung) arbeiten konnten. Das HEi konnte sich andererseits langsam an eine optimale bedarfsorientierte Ausstattung herantasten. 1990 hat das HEi die Maschinen

und Werkzeuge der Schreiner abgelöst. Einer von ihnen begann ein Studium und ist nicht mehr im HEi als Fachberater tätig. Der zweite ist gerade dabei in eine andere Werkstattgemeinschaft zu wechseln, wird aber auch zukünftig dem HEi als Fachberater zur Verfügung stehen. Die Standmaschinen der Holzwerkstatt wurden überwiegend gebraucht gekauft. Eine Anschaffung neuer Maschinen vergleichbarer Größe und Qualität hätte leicht eine drei bis vierfache Summe kosten können. Die Werkzeuge und Handmaschinen der Holzwerkstatt sowie die Werkzeuge und Maschinen der anderen Werkstätten wurden neu gekauft.

Die **Personalkosten** waren im ersten Jahr relativ niedrig. Durch die Einstellung weiterer hauptamtlicher Mitarbeiter stiegen sie im zweiten Jahr sehr stark an. Seither sind mehr als 50% der gesamten Ausgaben Personalkosten. Etwa ein Viertel der Personalausgaben sind Honorarmittel.

Die **Miete** ist seit Beginn unverändert. Wir zahlen ca. DM 11,– pro m^2 Miete zzgl. Nebenkosten. Die unterschiedlichen jährlichen Mietkosten wurden durch eine Rückerstattung von Nebenkosten verursacht. Sonstige Raumkosten: Bei der Einrichtung der Holzwerkstatt wurde eine Trennwand aus Glas zwischen Maschinen- und Bankraum eingezogen, ferner mußte eine Plattform gebaut werden, um das 1. OG einfacher zugänglich zu machen. Eine Mietkaution von DM 13.000,– wurde hinterlegt.

Sehr aufschlußreich sind die Zahlen für **Instandhaltung** von Räumen und Werkstätten. Hierunter sind Renovierungsarbeiten, Schärfkosten, Reparaturen, Ersatz von Werkzeugen und kleinen Handmaschinen zusammengefaßt. Das HEi benötigt, zusammen mit den Abschreibungen, jährlich ca. DM 25.000,– für die Aufrechterhaltung der langfristigen technischen Funktionsfähigkeit der Einrichtung. Der vergleichsweise hohe Betrag für die Instandhaltung der Räume 1989 ist einem Schwelbrand in der Holzwerkstatt (Selbstentzündung eines Lappens mit Leinölfirnis) geschuldet. Ihm stehen Versicherungsleistungen gegenüber (sonst. Einnahmen).

Im Verlauf des Projektes wurde von Jahr zu Jahr deutlicher, daß es großer Anstrengungen bedarf, das Haus im Stadtteil und darüber hinaus bekannt zu

---

3 Zitat aus dem zweiten Bericht der Begleitforscherin Dr. Elisabeth Redler, Einladung zum Abenteuer Eigenarbeit, der von der ANstiftung, Daiserstr. 15, 8000 München 70, Tel.: 089/777031, im Frühjahr 1991 veröffentlicht wurde.

Tabelle 1
Ausgaben und Einnahmen Haus der Eigenarbeit 1987 – 1990

	1987 DM	1988 DM	1989 DM	1990[a] DM
Ausgaben				
Anschaffungen				
(Maschinen, Werkzeuge, Ausstattung)				
– Werkstätten alt: Holz, Metall, Textil	50.989	22.409	7.279	23.521
– Werkstätten neu: Glas, Papier, Schmuck				11.212
– Sozialer Bereich	18.912	1.609	1.759	4.817
– Büro	4.120			6.127
Personalkosten	75.552	244.657	269.872	270.757
Miete (incl. NK)	60.474	80.082	72.700	77.083
Miete neue Werkstätten				9.882
Sonst Raumkosten (Einbauten, Kaution)	57.605	3.010		
Instandhaltung				
– Räume		1.714	8.348	2.756
– Werkstätten		11.839	13.023	8.203
– Sozialer Bereich/Café		2.659	1.656	428
Öffentlichkeitsarbeit	5.895	14.494	20.743	24.174
Verwaltung	5.260	7.191	18.061	8.085
Materialeinkauf	7.790	15.274	14.801	18.858
Einkauf Café	708	6.533	7.472	9.549
Vorsteuer	27.417	19.628	17.049	36.603
Ausgaben gesamt	314.722	431.099	452.762	512.055
(Abschreibungen)	(4.354)	(12.811)	(13.169)	(....)[b]
Einnahmen				
Förderung ANstiftung	345.000	330.000	300.000	340.000
Spenden		2.630	209	2.392
Kurse	1.102	4.578	8.966	29.752
Nutzung Werkstätten	4.859	39.849	65.512	60.369
Nutzung Räume	531	8.651	14.820	12.664
Einnahmen Café	1.083	13.766	17.302	21.292
Veranstaltungen		1.445	1.647	1.871
Materialverkauf	5.769	17.497	15.525	15.210
Mehrwertsteuer	856	5.684	10.985	12.688
Erstattung ZDL			2.795	4.240
Sonstige Einnahmen[c]			7.066	37.160
Einnahmen gesamt	359.200	424.100	444.827	537.638

Anmerkungen zu Tabelle 1:
a) Bei den Zahlen für 1990 handelt es sich um vorläufige Werte.
b) Für die Abschreibungen 1990 liegen noch keine Zahlen vor.
c) Sonstige Einnahmen: 1989, Erstattung Versicherung Brandschaden; 1990, Umsatzsteuer Rückerstattung für 1987 und 1988.

machen. Am erfolgreichsten sind die Empfehlungen zufriedener NutzerInnen an Freunde und Bekannte. Keine Extrakosten verursachen Bekanntmachungen in Stadtteil-Zeitungen, Stadtmagazinen und Durchsagen im Radio. Aber diese Medien wollen regelmäßig und differenziert informiert werden. Dies verursacht Personalkosten (1989: DM 29.000,–), die den Ausgaben für **Öffentlichkeitsarbeit** hinzugezählt werden müssen. Die unmittelbaren Werbekosten entstehen durch das Drucken und Verteilen von Halbjahresprogrammen, Plakatgestaltung und -druck, mieten von Werbeflächen, Aufkleber in S-Bahnen, etc.

Die ANstiftung hat das HEi mit jährlich zwischen DM 300.000,– bis DM 345.000,– (insgesamt 1,315 Mio DM) schwankenden Beträgen gefördert. Der Projektverlauf enttäuschte die Erwartungen der ANstiftung, die davon ausgegangen war, der Zuschußbedarf würde in absehbarer Zeit merklich sinken. Die umfangreiche personelle Betreuung, die nur langsam zunehmende größere Auslastung der Werkstätten und die Erweiterung des Projekts im vierten Jahr machte dies unmöglich.

Die Brutto-**Einnahmen** stiegen von DM 14.200 (1987, nur 9 Wochen Öffnungszeit), über DM 94.100 (1988) und DM 144.827 (1989) auf DM 197.638 (1990). Allerdings enthalten die Einnahmen von 1990 eine Umsatzsteuer Rückerstattung für die Jahre 1987 und 1988 von DM 37.160. Vergleicht man die projektbezogenen Bruttoeinnahmen, so sind diese von 1989 gegenüber 1988 um ca. 45% und 1990 gegenüber 1989 um ca. 16% gestiegen. In den beiden letzten Jahren lag der Anteil der Eigenfinanzierung bei ca. 30%. Bei der Entwicklung der Einnahmen ist bemerkenswert, daß sich die Einnahmen durch die freie Nutzung der Werkstätten auf ein Niveau einzupendeln scheint. Andererseits sind die Einnahmen aus Kursnutzung um mehr als das Dreifache gestiegen. Ein Grund hierfür sind die neu eingerichteten Werkstätten, die in den ersten drei Monaten fast ausschließlich Interessierte über Kurse ansprechen konnten. Hinzu kam, daß die übrigen Kurse mehr nachgefragt wurden.

Mit welchen **Preisen** wurden nun diese Einnahmen erzielt? Die Nutzung der Werkstätten kostet 10 Mark in der Stunde. Wer eine 10-Stunden-Streifenkarte kauft, zahlt 70 Mark, also 7 Mark in der Stunde. Verrechnet wird die reine Werkstattzeit. Pausen werden abgezogen, obwohl der Arbeitsplatz belegt bleibt. Die großen Holzbearbeitungsmaschinen kosten zusätzlich DM 0,50 pro Minute (DM 30 pro Stunde). Jede NutzerIn notiert eigenverantwortlich Beginn und Ende der Arbeit, ggf. Maschinenzeiten sowie verbrauchtes Material. Ermäßigung gibt es in der Textil-, Papier- und Glaswerkstatt wenn kein Fachberater anwesend ist (25%), für Gruppen (35%) und für Jugendliche und Sozialhilfeempfänger (50%). Der große Gruppenraum kostet 20 Mark in der Stunde, der kleine 10 Mark. Für Langzeitnutzer werden Sonderkonditionen ausgehandelt. Die Mitglieder der Kinderladeninitiative zahlen beispielsweise DM 50 pro Kind und Monat.

Nutzerinnen und Nutzer

Anfang 1989 begann die Begleitforscherin mit einer statistischen Vollerhebung aller Werkstattnutzungen. Ab Oktober 1989 wurden auch die Gruppen, Kurse, Veranstaltungen und Treffs statistisch erfaßt. Jede Nutzerin und jeder Nutzer mußte auf einer gelben Dokumentationskarte die Zeit der Verweildauer, Werkstattbereich, Alter, Geschlecht, Werkstück/Tätigkeit und Selbsteinschätzung (Laien, Geübte, Quasi-Profis) angeben. Dem HEi dient die gelbe Karte als Abrechnungsformular. Einige Ergebnisse dieser Dokumentation[4] sollen hier kurz dargestellt werden. (In Klammern stehen die Werte für 1990, soweit sie schon verfügbar waren. Die neuen Werkstätten sind in den Zahlen von 1990 noch nicht berücksichtigt.)

Das Haus mit seinen 10 Arbeitsplätzen in der Holz- und Metallwerkstatt und 5 Arbeitsplätzen in der Näh- und Färbewerkstatt hatte 1989 245 (1990: 244) Öffnungstage (Dienstag bis Freitag 10.00 bis 21.30 Uhr, Samstag 11.00 bis 18.00 Uhr). Diese Werkstätten erlebten

4 Ausführliche Darstellung und Diskussion der Ergebnisse der Dokumentation: siehe Redler (1991).

2.564 (2.616) Nutzungen von 560 (599) Einzelpersonen. Nicht einbezogen in diese Zählung sind Kurse, Kinderwerkstatt und Gruppen. Das sind täglich durchschnittlich 10,5 (10,7) Nutzungen bzw. Personen, die individuell die Werkstätten nutzten.

Schauen wir uns die Zahlen genauer an, so können wir sehen, daß ein Drittel der NutzerInnen Frauen waren. Auf ihr Konto ging aber nur knapp ein Viertel der Nutzungen, d. h. Männer (68% der NutzerInnen) arbeiteten häufiger (durchschnittlich 5,1 mal) als Frauen (durchschnittlich 3,5 mal) in den Werkstätten. Laut Selbsteinschätzung waren 41% aller NutzerInnen „geübt", 35% „Laien" und 18% „(Quasi-)Profis".

Von den 560 NutzerInnen besuchten 335 (59%) die Holzwerkstatt, 161 (29%) die Metallwerkstatt und 67 (12%) die Näh- und Färbewerkstatt. Insgesamt wurden die Werkstätten 6280 Stunden genutzt. Die durchschnittliche jährliche Verweildauer einer NutzerIn in den Werkstätten betrug in der Holzwerkstatt 11,9 Stunden, in der Metallwerkstatt 12,8 Stunden und in der Textilwerkstatt 5,2 Stunden. Abb. 2 zeigt die Verteilung der NutzerInnen in den drei Werkstätten nach Geschlecht.

Von Interesse ist auch die Altersverteilung der WerkstattnutzerInnen: 70% aller NutzerInnen sind 20 bis 39 Jahre alt. Die stärkste Gruppe sind die 20- bis 39jährigen. Kinder nutzen das HEi in der Kinderwerkstatt oder in Kursen und

Tabelle 2
Nutzungshäufigkeit nach Geschlecht und Grad der Geübtheit 1989

Personengruppe		Frauen	Männer	k.A.	gesamt
Laien	NutzerInnen Nutzungen $\varnothing^a$	103 282 2,7	89 295 3,3	1 3	193 580 3,0
Geübte	NutzerInnen Nutzungen $\varnothing$	47 212 4,5	183 896 4,9	0 0	230 1108 4,8
Quasi-Profis	NutzerInnen Nutzungen $\varnothing$	10 95 9,5	93 730 7,8	0 0	103 825 8,0
keine Angaben	NutzerInnen Nutzungen	18 29	14 19	2 3	34 51
gesamt	NutzerInnen Nutzungen $\varnothing$	178 618 3,5	379 1940 5,1	3 6	560 2564 4,6

a durchschnittliche Anzahl der Nutzungen pro Person

Abb. 2
Verteilung der NutzerInnen in den drei Werkstätten

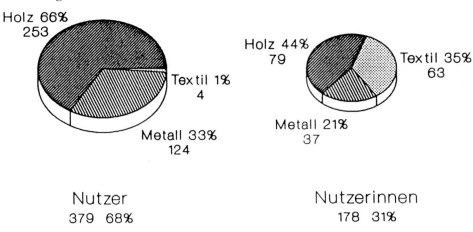

Holz 66%
253

Textil 1%
4

Metall 33%
124

Nutzer
379 68%

Holz 44%
79

Textil 35%
63

Metall 21%
37

Nutzerinnen
178 31%

**Doppelzählung bei Mehrfachnennung
des Werkstattbereiches**

sind deshalb nicht erfaßt. Jugendliche und junge Erwachsene unter 20 sind sehr selten in den Werkstätten aktiv, ebenso Menschen über 50. Jugendliche haben wohl andere Bedürfnisse und Treffpunkte. Auch eine Halbierung der Nutzungspreise machte für sie das HEi nicht attraktiver. Knapp 50% der Gesamtarbeitszeit fielen in die Fachberatungszeiten (40% der gesamten Öffnungszeit waren Fachberatungszeiten).

Die Nutzungszahlen verteilen sich nicht gleichmäßig über das Jahr, wobei die Schwankungen nur teilweise auf kürzere Wochenöffnungszeiten zurückzuführen sind (siehe Abb. 3). Auch weicht die wöchentliche Anzahl der Nutzungen im Vergleich der Jahre 1989 und 1990 zum Teil erheblich voneinander ab.

Signifikant weniger genutzt wurde das HEi Mitte Mai bis Mitte Juni (20.–25.

Woche) und Mitte August bis Ende September (33.–39. Woche). In beiden Fällen handelt es sich um Ferienzeiten. Mitte August bis Anfang September war allerdings auch das Angebot des HEi reduziert. Während des Ferienbetriebs wurden Öffnungszeit und Fachberatung eingeschränkt. Die Gründe für die Schwankungen sind uns nicht bekannt. Spontan geäußerte Thesen wie „Biergartenwetter" oder „Fernsehzeit" haben sich als wenig zuverlässig erwiesen. Da es scheinbar keine eindeutig saisonal bedingten Schwankungen der Nachfrage nach Nutzungsmöglichkeiten für Eigenarbeit gibt, bemühen wir uns darum, daß Eigenarbeit das ganze Jahr über Saison hat.

Die Werkstätten des HEi leben von ihren Stammgästen: 5% der NutzerInnen verbuchen 48% der Nutzzeit auf sich, 10% der Nutzerinnen 63% der Nutzzeit und 20% der NutzerInnen 78% der Nutzzeit. Dennoch kann man aber nicht von einer „geschlossenen Gesellschaft" in den Werkstätten reden: das HEi zieht übers ganze verteilt zwischen 7% und 9% neue BesucherInnen im Jahr an. Diese Tatsache läßt auf eine günstige Entwicklung in der Zukunft hoffen.

Ab Oktober 1989 können wir von einer regelmäßigen Dokumentation der Nut-

Abb. 3
Wöchentliche Anzahl der Nutzungen, Vergleich 1989-1990

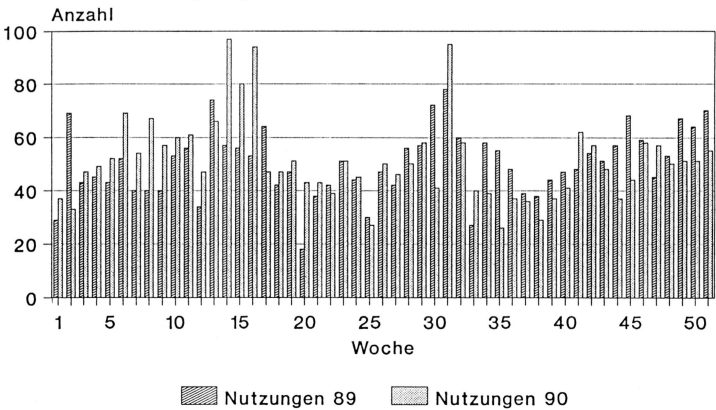

Anzahl

Woche

Nutzungen 89   Nutzungen 90

Tabelle 3
Tätigkeiten und gefertigt Werkstücke im HEi 1989 (eine Auswahl)

12 SEITIGER WÜRFEL	BRIEFWAAGE REP.	HOLZTROMMEL
ABDECKPLATTE	BRONZESCHÄLCHEN	HOSENSCHNITT
ABLAGE FÜR BAD	BROSCHE	KAMINTÜR
ABSTECKEN	BRUNNENABDECKUNG	KARATE TRAININGSGERÄT
ACRYL COLLAGE	BUCHATRAPPE	KAUFLADEN FÜR KINDER
ADAPTER FÜR LAMPE	BÜCHERREGAL	KERZENLEUCHTER
ANRICHTE	BÜHNENGESTELL	SOFA
ARBEITSPLATTE F. KÜCHE	BUMERANG	SONDERWERKZEUG
AUSPUFFLAMPE	COUCHGESTELL	SPIEGELRAHMEN
AUTOSITZ GESCHWEISST	DISCO SCHRANK	SPIELTISCH
BACK GAMMON STEINE	DRACHEN	SPIELZEUGKISTE
BADEZIMMERMÖBEL	DREHTEIL	STAHLBILD
BANK	DUSCHLAMPE	STAHLTISCHGESTELL
BASTELN MIT HOLZRESTEN	ECKSCHRÄNKCHEN	STATIV
BAUERNSCHRANK	EINBAUKÜCHE	STEHLAMPE
BERATUNG	ENTROSTEN	STEHPULT
BETT AUS ESCHE	FAHRRADAUFHÄNGUNG	STEUERPULT FÜR MODELLBAHN
BETT REPARATUR	FENSTERBRETT	TABLETT
BETTRAHMEN	FLASCHENREGAL	TASCHE
BETTEILE ERNEUERT	FLEXEN	TEEKANNE LÖTEN
BILDERRAHMEN METALL	FLICKEN	THEATERREQUISITEN
BLUMENBANK	FLIESEN GEBOHRT	THEKE
BLUMENKASTENHALTER	FUSSBODENDIELE ABHÄNGEN	TISCH
BLUSE	FUTONRAHMEN	TISCHLAMPE
BOARD	GEPÄCKTRÄGER MOTORRAD	TREPPE
BOGEN	GITARRE	TROMMELRINGE
BOHREN UND SCHLEIFEN	GLASVITRINE	TÜRRAHMEN
BOLZENSCHNEIDEN	GRABTAFEL	VITRINE
BOOTSWAGEN	HÄNGESCHRANK	WANDBEHANG GEFÄRBT
BOXEN	HASENSTALL	WESTE
BREMSEN JUSTIEREN	HERRENHEMD	WIEGE
BRETT ZUSCHNITT	HOCHBETT	WINDSPIEL
BRETTSPIEL	HOCKER	ZIEHENTE

zung in **Gruppen und Kursen** ausgehen. Die Daten entstanden aus der Multiplikation der Gruppenstärke mit der Dauer der Gruppe oder des Kurses. Daraus ergibt sich, daß die Nutzung des HEi in Gruppen und Kursen eine nicht zu unterschätzende Nutzungsart ist: 56% der Nutzzeit entfallen von Oktober bis Dezember auf Vorträge, Treffs, Tanzabende, Werkstattfrühstück und Kurse, sie ist also um 8% höher als die Zeit der individuellen Werkstattnutzung in diesen Monaten.

Tätigkeiten und gefertigte Werkstücke

Die Vielfalt der im HEi verwirklichten Ideen ist beeindruckend. Sie zeigt, welches Potential an Kreativität und Selbstverwirklichungsmöglichkeiten in uns allen schlummert. Sie verweist aber auch auf die Verschiedenartigkeit eines je-

den Menschen und fordert Respekt vor seinen Bedürfnissen und Wünschen.

Zielsetzungen des Hauses der Eigenarbeit

Ziele des HEi sind in den vorangehenden Erörterungen schon angesprochen worden, sie sollen hier noch einmal zusammengefaßt genannt werden[5]. In bezug auf einzelne Menschen, die das HEi aufsuchen, soll erreicht werden:

Förderung von Eigenarbeit und Vergrößerung individueller Gestaltungsspielräume
– Das Haus soll die Verwirklichung vorhandener Ideen ermöglichen.
– Das Haus soll die Fähigkeiten der Menschen entwickeln, die Entdeckung solcher Kompetenzen und den

5 Redler (1988), S. 54 f.

Mut zum Experimentieren fördern.
– Das Haus soll zu neuen Ideen und neuen Wegen der Realisierung anregen.

Förderung sinn-voller, aktiver Freizeitgestaltung
– Das Haus soll Anregungen und Möglichkeiten zur produktiven Gestaltung der freien Zeit geben.
– Menschen, die mit erwerbsarbeitsfreier Zeit keinen Sinn verbinden, soll mit der Eigenarbeit eine sinnvolle Betätigung eröffnet werden.

Verringerung der Abhängigkeit von Konsumgüter- und Dienstleistungsmarkt mit seinem oft genormten, oft kostspieligen Angebot und Förderung teilweiser ökonomischer und sozialer Subsistenz.

Förderung der Kommunikation, des gemeinschaftlichen Tuns und der gegenseitigen Hilfe.

Kulturpolitisch formuliert, geht es dem HEi um die Stärkung der Autonomie und der Autarkie der Menschen und um eine Verminderung der Entfremdung. Eigenarbeit wird gesehen als ein Akt der Selbstbestimmung und Selbstentfaltung.

Folgende Arbeitsziele mußten in der Vergangenheit und müssen auch in Zukunft verfolgt werden:

– bekannt werden, trotz ungewohntem Namen und ungewöhnlichem Angebot, ein griffiges und dem Selbstbild entsprechendes Image in der Öffentlichkeit gewinnen,
– Kontakte zu Stadtteilinitiativen und -einrichtungen knüpfen und pflegen,
– didaktische Formen zur Befähigung zu Eigenarbeit entwickeln,
– spektakuläre Aktionen verwirklichen.

Schließlich soll das Projekt das Fundament für die eigene Zukunft sowie für die Verbreitung der Eigenarbeits-Idee bauen. Das bedeutet:

– Das HEi soll einen möglichst großen Anteil der Betriebskosten aus den eigenen Einnahmen finanzieren.
– Es soll seine Erfahrungen transparent machen, so daß seine Nachfolger davon profitieren können.

Vorläufige Bilanz

Nach etwas mehr als drei Jahren ist das Experiment Stadtteilwerkstatt noch nicht beendet. Allerdings sind die Umrisse der Möglichkeiten des Projektes inzwischen deutlich sichtbar:

1. Das Projekt basiert auf einer gesellschaftlichen Utopie: die gesellschaftspolitischen Potentiale der Eigenarbeit könne die Entfremdung der Menschen überwinden, erlaube Korrekturen an der alles bestimmenden Warenproduktions- und Konsumgesellschaft, fördere selbstbestimmtes und kreatives Handeln. Entsprechend weitreichend waren die Zielsetzungen (s. oben). Johann Jessen, der ansonsten der Idee des Hauses positiv gegenübersteht, meinte, „eine gewisse Skepsis (sei deshalb) angebracht"[6]. In der Tat spielen die weitgesteckten Ziele in der alltäglichen Praxis immer weniger eine Rolle, die Arbeitsziele erfordern fast die ganze Aufmerksamkeit. Dennoch ist diese Utopie auch im vierten Projektjahr noch der lebendige Motor, aus dem das HEi seine Kraft schöpft, weil sich die Idee jeden Tag aufs Neue ein kleines Stück konkretisiert: Menschen erfahren Zuwendung im Alltäglichen, persönliche Grenzen werden überschritten, Horizonte verschoben und Kompetenzen entdeckt.

2. Öffentliche Werkstätten funktionieren. Auch Laien können sie erfolgreich und gefahrlos nutzen, wenn sie von Fachpersonal unterstützt werden. Das Nebeneinander verschiedener Werkstattbereiche ist möglich. Die Menschen nutzen diese Werkstätten verantwortungsvoll. Rigide Kontrollen und Vorschriften sind nicht notwendig.

3. Die Verbindung von Handwerk, Kultur und Sozialem im HEi ist gelungen. Jeder Bereich hat sein eigenes Profil und seine eigene Dynamik entwickelt. Dennoch inspirieren und unterstützen die Bereiche sich gegenseitig. Die Vielfalt der möglichen Betätigungen im HEi ist sein großes Kapital.

4. Die Mehrzweckräume bereiten keine organisatorischen Schwierigkeiten. Bis zu drei verschiedenartige Gruppennutzungen am Tag sind keine Seltenheit. Die Räume gehören allen Gruppen, aber jede Gruppe hat die Möglichkeit, sich „ihre" räumliche Atmosphäre zu schaffen.

5. Das Ziel der Selbstfinanzierung wird sich nicht vollständig erreichen lassen. Die bisher erzielten 30% – im Vergleich mit anderen sozio-kulturellen Einrichtungen bereits ganz beachtlich – sind sicher noch nicht das letzte Wort. Das HEi muß noch bekannter werden, damit die Anzahl der potentiellen Nutzer wächst. Dies wird noch einige Zeit dauern.

6. Die Werkstätten des HEi brauchen ein größeres Einzugsgebiet als einen Stadtteil der Größe Haidhausens. Für die sozialen und kulturellen Aktivitäten ist der Nachbarschafts- und Stadtteilbezug ausreichend.

7. Auffallend ist an den Tätigkeiten der NutzerInnen, daß sie seltener

6 Jessen/Siebel (1989), S. 85.

einem Nützlichkeits- oder Sparsamkeitsmotiv entspringen, als vielmehr dem Wunsch nach kreativer Entfaltung. Zwar wurden bei der Gestaltung des Hauses und des Angebots immer Akzente in diese Richtung gesetzt, doch sind alle Beteiligten überrascht, daß die Kreativität eine solch herausragende Rolle spielt. Der Schwerpunkt liegt bei der Entdeckung des Eigenen, der Eigenheit und des Eigen-sinns.

8. Weder für die anderen Stadtteilgruppen noch für das örtliche Handwerk stellt das HEi eine Konkurrenz dar. Das HEi spricht in erster Linie Einzelpersonen an, während die Initiativen in der Regel mit Gruppen arbeiten. Die benachbarten Handwerksbetriebe schicken uns immer wieder Nutzer vorbei, die sich zuerst an die Handwerksbetriebe gewandt haben, deren Anliegen aber zu viel Aufwand im routinierten Betriebsablauf erfordern würde. Andererseits wirkt sich die unmittelbare Nähe des städtischen Kulturzentrums und der VHS nicht nachteilig auf das HEi aus. Im Gegenteil, die Vielfalt der Angebote im Stadtteil regt an.

9. Das HEi ist eine Initiative von oben. Eine institutionalisierte Nutzerpartizipation gibt es bisher noch nicht. Vereinzelt „avancieren" NutzerInnen zu FachberaterInnen und KursleiterInnen. Dafür ist das HEi (bei Bedarf) offen. Auch werden Anregungen von NutzerInnen im Team aufgenommen und diskutiert. Mitbestimmen können sie bisher noch nicht. Hier Wege zu finden, ist eine lohnende Aufgabe für die Zukunft.

10. Die Zahl der Menschen, die das HEi als „ihr Haus" ansehen wird immer größer. Die Atmosphäre im Haus und die Behaglichkeit der Räume haben viel dazu beigetragen. Das HEi ist zu einem Ort geworden, wo die „Menschen menschlich miteinander umgehen", wie es eine Kollegin einmal formulierte. Diesen Reichtum wollen wir behutsam vermehren.

11. Für uns MitarbeiterInnen ist das Experiment Haus der Eigenarbeit gelungen. Die längerfristige Absicherung der Existenz des HEi ist die Aufgabe der nahen und sicher auch noch der etwas ferneren Zukunft.

Haus der Eigenarbeit, Wörthstr. 42/ Rgb., 8000 München 80, 089/4480623

Raimund Gutmann

Gemeinsam planen und wohnen in einer Neubausiedlung

Wohnumweltverbesserungen durch soziokulturelle Gemeinwesenarbeit am Beispiel ‚Forellenweg‘ in Salzburg

1. Einleitung

In den großen Neubausiedlungen der Ballungsgebiete vollzieht sich die ‚**Entwicklung sozialen Lebens**‘ heute nicht mehr von allein und automatisch. Die industrielle und gesellschaftliche Entwicklung, die damit verbundene Art zu wohnen und die Gestaltung unserer Städte und Gemeinden haben zu einer Zerstörung der früher vorhandenen Sozialkontakte geführt, ohne dafür neue Strukturen anzubieten. **Nachbarschaftliche Hilfe, solidarisches Handeln und gemeinsame Interessenvertretung müssen erst wieder entwickelt werden.** Dem Aufbau von Gemeinschaftsleben, dem Knüpfen ‚kleiner Netze‘ und der sozialen und kulturellen Infrastruktur ist insbesondere am Stadtrand vermehrt Augenmerk zu schenken. Dies um so mehr, als der **Wunsch der Menschen nach verstärkter Selbstgestaltung ihrer Wohnumwelt** wieder stark zunimmt.

‚Soziales Leben‘ als Kultur des Zusammenlebens, der kollektiven Interessenvertretung sowie als Qualität der baulich-räumlichen und wohnumfeldbezogenen Infrastruktur muß nicht dem Zufall überlassen bleiben, sondern kann entwickelt und gestaltet werden. Dafür sind u. E. bei größeren Neubausiedlungen, aber auch bei alten, modernisierungsbedürftigen Stadtquartieren **unterstützende professionelle Akteure von außen** notwendig. Das im folgenden Beitrag vorgestellte Modell von „Aktionsforschung“ und „aktivierender Gemeinwesenarbeit“, verstanden als soziokulturelle Siedlungs- oder Stadtteilarbeit, ist ein solches Beispiel.

Abb. 1

Das Projekt ‚Forellenweg' im Überblick

Die 1990 fertiggestellte Wohnanlage Forellenweg liegt an der nordwestlichen Grenze der Stadt Salzburg ca. 5 km vom Zentrum entfernt. Mit seinen **302 geförderten Wohnungen** (60% Eigentum, 40% Miete) und der dazugehörenden Infrastruktur stellt die Siedlung ein **Stadterweiterungsprojekt mittlerer Größenordnung** dar. Als städtebauliches Leitprojekt diente ein vom Salzburger Gestaltungsbeirat im Zuge eines Gutachterverfahrens prämierter Entwurf des Kölner Architekten **O. M. Ungers.** Die Architekturentwürfe für die Einzelobjekte stammen von sieben teilweise international bekannten Architekturbüros. Nach langen Diskussionen kam schließlich ein mehrfach überarbeitetes Bebauungskonzept zur Ausführung, das eine **relativ dichte, urbane Situation** mit einer Abfolge von Gassen, Plätzen, Toren und Gärten vorsah. Der **Typus ‚Siedlung'** als vorortliches, strukturiertes und relativ autonomes Wohnquartier mit guter Infrastruktur sollte wieder aufgegriffen und neu definiert werden. (vgl. Gutmann 1990, Steiner 1986).

Bauträger ist eine gemeinnützige Baugesellschaft, die je zur Hälfte Stadt und Land Salzburg gehört. Die Wohnungsvergabe erfolgte zum Großteil durch die Stadtverwaltung, die auch einen **„Planungsbeauftragten"** (s. Reiterer 1990) zur Organisation der Mitbestimmung bei der Grundrißplanung bereitstellte.

Forellenweg steht insgesamt für den Versuch, städtebauliche, architektonische und soziokulturelle Ambitio-

Abb. 2

Bauvorhaben Forellenweg

(Bebauungsvorschlag nach Abschluß des Gutachterverfahrens vor der Überarbeitung)

302 Wohneinheiten
156 Eigentumswohnungen (Objekte I, VI, VII, VIII, IX, XI)
146 Mietwohnungen (Objekte II, III, IV, V, X)

Geschäftslokale in den Objekten II und X

Bauträger:
Gemeinnützige Salzburger Wohnbauges.m.b.H.

Örtliche Bauaufsicht:
Technische Abteilung der GSWB

Architekten:
Prof. O.M. Ungers, Köln
Dipl.-Ing. A. Krischanitz und O. Kapfinger, Wien
Dipl.-Ing. F. Fonatsch und H. Wondra, Salzburg
Mag. Arch. E. Pontiller, Salzburg
Univ.Prof. Dr. A. Rossi, Mailand
Prof. Dipl.-Ing. R. Krier, Wien
Mag. Arch R. Kaschl und Dipl.-Ing H. Mühlfellner, salzburg

Planungsbeauftragter (Mitbestimmung):
Ing. Harald Reiterer

Sozialwissenschaftliche Begleitforschung:
Dr. Raimund Gutmann

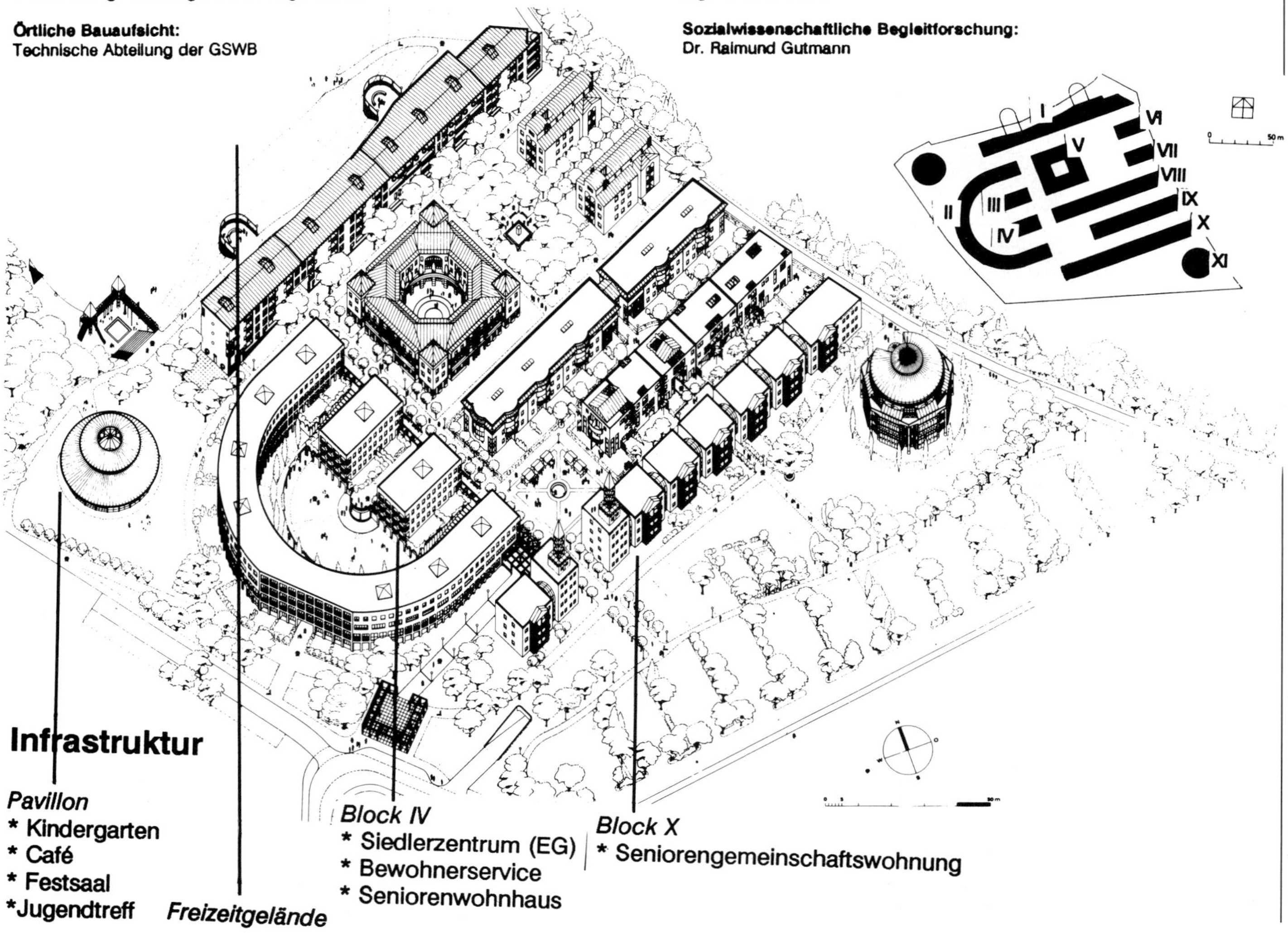

Infrastruktur

Pavillon
* Kindergarten
* Café
* Festsaal
*Jugendtreff   *Freizeitgelände*

Block IV
* Siedlerzentrum (EG)
* Bewohnerservice
* Seniorenwohnhaus

Block X
* Seniorengemeinschaftswohnung

nen im Rahmen eines größeren Siedlungsprojekts des ‚Sozialen Wohnbaus' zu verknüpfen. Auf dem Hintergrund einer interessanten städtebaulich-architektonischen Lösung im Kontext der vielfach konflikthaft diskutierten „Salzburger Architekturreform" (s. Voggenhuber 1988) wurde in vielen wichtigen Bereichen um Innovationen gerungen: Neben einer demokratischen Wohnungsvergabe, der Mitbestimmung bei der Wohnungsplanung sowie bei Planung und Ausbau der Grün-, Spiel- und Freizeitanlagen stand vor allem der Aufbau von ‚Gemeinwesen'-Strukturen (Siedlerverein, Be-

wohnerzeitung, Selbsthilfegruppen, Gemeinwesenarbeit etc.) und die Sicherung einer modernen Versorgungs- und sozialen Infrastruktur im Mittelpunkt.

Im Rahmen der Bundes-Wohnbauforschung war das **Institut für Alltagskultur** als unabhängige Einrichtung mit der aktivierenden sozialwissenschaftlichen Begleitung beauftragt worden. Über Dokumentation und empirische Erhebungen hinaus war das praktische Ziel der methodisch zum Großteil als ‚Aktionsforschung' angelegten Arbeit die **Förderung verstärkter Selbtgestal-**

tung der Wohnumwelt durch die Bewohnerschaft. Ausgehend von den Ideen und Initiativen der künftigen Bewohner sollte dabei vor allem eine möglichst frühzeitige Entwicklung einer lebendigen Siedlungsgemeinschaft und der partizipative Aufbau einer soziokulturellen Infrastruktur angestrebt und moderiert werden. Inzwischen werden die begonnenen Aktivitäten bereits von einem „Siedlerverein" eigenständig weitergeführt, der vom „Bewohnerservice", einem kommunalen Projekt stadtteilbezogener Gemeinwesenarbeit unterstützt wird.

2. „Aktionsforschung" – Ziele, Handlungsansatz und Methoden

Die Beteiligungswirklichkeit im Sozialen Wohnbau ist immer noch dadurch gekennzeichnet, daß die vorwiegend räumlich ausgerichtete Planung nur allzu leicht die mit zufriedenstellendem ‚Wohnen' eng verbundenen **sozialen und kulturellen Komponenten** verdrängt. Technisch und hygienisch einwandfreie vier Wände für die alltägliche Wiederholung der notwendigsten Tätigkeiten, wie Schlafen, Essen, Erholen sind nur eine Voraussetzung für modernes Wohnen, sie bedeuten aber noch lange nicht erfülltes Leben, Identität oder gar ‚Heimat'. Was fehlt, sind Möglichkeiten für selbsttätiges Einwirken der zukünfigen Bewohnerschaft auf den **gesamten Vorgang des Besiedelns und Bewohnens eines Ortes**, d. h. Möglichkeiten für mehr Selbstgestaltung der Wohnumwelt.

Diese Lücke sollte beim Bauvorhaben Forellenweg durch die **aktivierende sozialwissenschaftliche Projektbegleitung** sowie in deren Folge einer schrittweisen Installierung „soziokultureller Gemeinwesenarbeit" beispielhaft geschlossen werden.

2.1 Ziele

Grundsätzlich war die Absicht der Begleitforschung daher, der Vernachlässigung soziokultureller, siedlungsökologischer und qualitativ-struktureller Aspekte des Bewohnens entgegenzuwirken sowie **Raum für mehr Selbstge-**

staltung und aktive Teilhabe der zukünftigen Wohnungsnutzer zu schaffen. ‚Wohnen' sollte für alle beteiligten Akteure als ein in hohem Maße ‚sozialer Prozeß' erfahrbar werden, in den man auch positiv intervenieren kann. Als **Anreger, Berater, Förderer und Vernetzer zwischen Bewohnergruppen einerseits sowie öffentlicher Verwaltung und Bauträger andererseits** fiel dem Projektteam sowohl die Rolle eines ‚intermediären' Vermittlers, als auch die einer sozialen ‚Innovationsagentur' zu.

Die Hauptziele der Aktivierungsarbeit des Projektteams mit den späteren Wohnungsnutzern als einzelne, als (Interessens)Gruppe und als Siedlerverein können zusammengefaßt werden in

● der **Sicherstellung eines Höchstmaßes an demokratischem Informationsfluß,**

● der ‚Anstiftung' zur ‚Einmischung' der Wohnungswerber in alle planungsrelevanten Fragen und damit einer **besseren Abdeckung der individuellen Bedürfnisse** und **Erhöhung des Nutzwertes der Wohnung und Wohnumgebung,**

● der **Entfaltung schöpferischer Potentiale** der zukünftigen Bewohnerschaft **für nutzer- und gemeinschaftsorientierte Problemlösungen** und für das gesamte ‚Wohnambiente',

● dem Einbringen von **sozialen, kulturellen und siedlungsökologischen** ‚Innovationen' sowie

● im **Aufbau von dauerhafter Mitbestimmung** bzw. ‚Selbstverwaltung'.

2.2 „Mitbestimmung' bei der Wohnungsplanung als Anknüpfungspunkt für Aktivierung und Gemeinwesenarbeit

Die Mitbestimmung bei der einzelnen Wohnungsplanung in fachlich-technischer Hinsicht wurde von einem kommunalen „Planungsbeauftragten" abgewickelt. Ihm fiel neben der Abhaltung von Einführungen in die Wohnungsplanung und diversen Informationsabenden vor allem eine gewisse **Anwaltsfunktion für die Wohnungswerber** gegenüber dem Bauträger und den Architekten zu. Die Teilnahme an allen Planungssitzungen, Hausbesuchen und Besprechungen ermöglichte dem Projektteam einen optimalen Einstieg in das ‚Forschungsfeld' und war Anknüpfungspunkt für Aktivierung und spätere Gemeinwesenarbeit.

Die Mitwirkung des Projektteams an den Aktivitäten des Planungsbeauftragten bedeutete, daß bereits sehr frühzeitig das Augenmerk der zukünftigen Bewohnerschaft über den jeweils eigenen Wohnungsgrundriß hinaus auch auf gemeinschaftsbezogene und infrastrukturelle bzw. soziokulturelle Aspekte des künftigen Wohnens am Forellenweg gelenkt werden konnte. **Damit konnte der immer noch dominierenden Tendenz der herkömmlichen ‚Mitbestimmungs'-Praxis zur Überbewertung der Planungs- gegenüber der Nutzungsphase entgegengewirkt werden.**

Alle Wohnungswerber erhielten gleich an den ersten Informationsabenden einen Fragebogen ausgehändigt. Neben einer ersten Informationsgewinnung diente die **Befragung** (Vollerhebung/62% Beteiligung) vor allem dazu, mit den Wohnungsinteressenten ins Gespräch zu kommen über die Motive ihrer Wohnungswahl, über ihre erste Bewertung des städtebaulichen Entwurfes, über ihre Mitbestimmungsbereitschaft sowie Wünsche und Bedürfnisse im Hinblick auf Infrastruktur. Knapp nach Wohnungsbezug wurde zum Abschluß der Begleitforschung eine **zweite schriftliche Bewohnerbefragung** (Vollerhebung/60% Beteiligung) durchgeführt, die eine Zwischenbilanz hinsichtlich Zufriedenheit mit Wohnung, Außenanlagen und Infrastruktur, eine Bewertung der Siedlungsarchitektur, der Mitbestimmungsmöglichkeiten, der Arbeit des Bauträgers, des Siedlervereines und des Bewohnerservice ermöglichte.

2.3 Bewohnerfeste und Informationsveranstaltungen

‚Siedlungskultur' ist sowohl während der Planung, als auch nach Bezug der Wohnungen in einem hohen Ausmaß ‚Kommunikationskultur'. Geselligkeiten und Feste zu den verschiedensten Anlässen im Wohnquartier oder Stadtteil kommen dabei große Bedeutung zu. Neben einer Reihe von **blockweisen und stiegenhausweisen Informations-**

Abb. 3
Aktionsforschung brachte Information, Transparenz, Bewohnerbeteiligung und neue Problemlösungen

abenden bzw. **Planungssitzungen** wurden **mehrere Bewohnerfeste** initiiert und mit Hilfe aktiver Bewohner durchgeführt. Große Bedeutung kam dabei der ersten, als Kennenlernfest organisierten Veranstaltung zu, die in der gerade erst fertiggestellten Tiefgarage durchgeführt wurde und 600 Besucher zählte. Dabei sollte vor allem das Sied-

lungsgelände, der künftige Wohnort, symbolisch ‚in Besitz' genommen und auch Kontakt mit der Nachbarschaft geknüpft werden. Das von einigen benachbarten Firmen und dem Bauträger gesponserte Rahmenprogramm bestand aus Bierschank, Würstelbude und Teehaus, einer Rock-Band, einem umfangreichen Kinderprogramm, einem Gewinnspiel sowie einer „alternativen Baustellen- und Geländebesichtigung" in 30 Meter Höhe mit Hilfe einer Hebebühne der Feuerwehr.

Im Mittelpunkt stand natürlich die „**Informationsmesse**" mit einer Ausstellung, der Präsentation der Ergebnisse der ersten Bewohnerbefragung, Info-Tischen des Bauträgers und des Planungsbeauftragten, dem Architekturmodell und einem Videofilm, der – aufgenommen mittels Endoskopie am Modell – die Siedlung aus der Sicht eines Spaziergängers in den Gassen zeigte.

2.4 Bildung von Bewohnergruppen und Aufbau selbsttragender Strukturen

Die Arbeit des Planungsbeauftragten und des Projektteams haben sich bereits in der relativ frühen Planungs- und Bauphase auf die Bildung von Nachbarschaftsbeziehungen und das Entstehen von ersten Interessensgruppen erkennbar positiv ausgewirkt.

Die im Laufe der weiteren ‚Mitbestimmung' sowie im Zuge von Bewohnerinitiativen und bei der Durchführung des ersten Bewohnerfestes aufgefundenen aktiven personalen Ansatzpunkte – **erste informelle Schlüsselpersonen, Multiplikatoren und Meinungsführer** – mußten nun in ihrem Engagement bestärkt und für die weitere Mitarbeit an der Gestaltung der Außenanlagen und der soziokulturellen Infrastruktur gewonnen werden.

In dieser Phase haben sich bereits zu einigen wichtigen Themen und Forderungen **Initiativgruppen aus der Bewohnerschaft** herauskristallisiert. (‚Schulfrage', Kindergartenprovisorium, ambulante Seniorenbetreuung, Nachbesetzung von Wohnungen, Gestaltung der Spielplätze, Hausmülltrennung usw.). Diese Interessengruppen begannen schon vor Baubeginn, sich mit der Siedlung und den Aktivitäten zu identifizieren und sich dafür auch ver-

antwortlich zu fühlen. sie garantierten damit **erste Ansatzpunkte für kollektive Mitbestimmung** und Gemeinwesenentwicklung.

2.5 Installierung des ‚Bewohnerservice' – Übergang von Aktionsforschung zu Gemeinwesenarbeit

Neben dem möglichst raschen Aufbau ‚selbsttragender' gemeinschaftlicher Gruppen- und Siedlungsstrukturen, war es auch Ziel der Aktivierungsphase, die geplante personelle Hilfsstruktur Schritt für Schritt zu installieren. Nach den ersten Aktivierungsimpulsen ‚von außen' durch die Begleitforschung sollten die Bewohnerinitiativen zunehmend auf die sich herausbildenden selbstverwalteten Siedlungsstrukturen unterstützt durch eine **adäquate professionelle ‚Gemeinwesensarbeit'** übergehen, so daß sich das Projektteam selbst sukzessive aus dem Handlungsfeld würde zurückziehen können. Dieser Rückzug gelang auch ohne Probleme.

3. ‚Räume für das Leben' – partizipativer Aufbau einer soziokulturellen Siedlungsinfrastruktur

Voraussetzung eines qualitätsvollen Wohnquartiers ist eine **gute soziokulturelle Infrastruktur**, d. h. eine Wohnumwelt, deren Qualität vor allem in ihrem **Funktionsreichtum** und ihrem vielseitigen Angebot an Möglichkeiten der Lebensgestaltung für alle Altersgruppen zu sehen ist. Dabei handelt es sich sowohl um ‚**physische**' Räume drinnen und draußen, private und gemeinschaftliche, um **Räume für Gesundheit und Soziale Dienste, Freizeit und Hauswirtschaft, Bildung und Kultur, für Geselligkeit und handwerklich-kreatives Tun, für Bewegung und Kinderspiel, für Erholung und Naturkontakt** als auch – das ist uns besonders wichtig – um organisatorisch zu verstehende ‚**Räume' für Bewohnerbeteiligung, Selbstverwaltung und Interessenausgleich.** Ziel des Projekts Forellenweg war daher, solche ‚Räume für das Leben' in einem offenen

Abb. 4
Projektziel: Aufbau einer modernen soziokulturellen Infrastruktur

Planungsprozeß gemeinsam mit den Bewohnern zu schaffen.

Dabei sollte möglichst wenig vorgeschrieben und von oben festgelegt, sondern **eine Vielfalt von Nutzungen und Aneignungen** ermöglicht, möglichst viele Anreize gegeben, Veränderungen zugelassen und Kreativität gefördert werden.

Am Forellenweg sind für viele haushalts- und freizeitbezogene Aktivitäten, die in der einzelnen Wohnung nicht oder nur unter Schwierigkeiten stattfinden können, eine Reihe von ergänzenden gemeinschaftlichen und privaten Einrichtungen im direkten Siedlungsbereich geplant worden. Zumindest wurden genug Freiräume bereitgestellt, in welchen Aktivitäten sich ‚einnisten‘ bzw. ein ‚Dach überm Kopf‘ finden können.

Das vielfältige und differenzierte Angebot an Infrastruktur ist konzeptionell aber nicht nur auf die Wohnanlage beschränkt, sondern soll die neue Siedlung – im Sinne des städtebaulichen Zieles – auch in den umliegenden Stadtteil integrieren bzw. diesen mitversorgen und damit auch aufwerten. Wir sind dabei aber immer davon ausgegangen, daß dezentrale, stadtteilbezogene Infrastrukturen am Forellenweg **nur als Ergänzung zu den großen Einrichtungen im Stadtkern und nicht als deren Ersatz** zu sehen wären. Eine kleine ‚Freizeitmaschinerie‘ am Forellenweg in einer ghettoartigen ‚homeland‘-Situation sollte unbedingt vermieden werden.

3.1 Einrichtungen der Nahversorgung

Die Planungspolitik der **Funktionstrennung** zusammen mit den wirtschaftlichen Konzentrationsprozessen (Stichwort: Einkaufszentren) hat vor allem in den Stadtrandlagen zu einer **latenten Unterversorgung an wohnungsnahen Einrichtungen für Güter des täglichen Bedarfes sowie an privaten und öffentlichen Dienstleistungen** geführt. Insbesonders für die eher immobilen Bevölkerungsgruppen, wie Hausfrauen, alte Menschen, Gehbehinderte und auch Kinder, entstanden durch diese Entwicklung große Nachteile. Bei Neubau-Wohnvierteln wird dieser **‚geplante Mangel‘** zumeist mit dem Verweis auf die Unwirtschaftlichkeit begründet. So auch bei der Forellenwegsiedlung, wo mit Verweis auf die mangelnde Größe ebenfalls die wirtschaftliche Existenzfähigkeit eigener Geschäfte und Dienstleistungen im unmittelbaren Wohngebiet anfänglich umstritten war.

Nicht zuletzt durch Druck der Bewohnerschaft konnte am Forellenweg letztlich doch eine akzeptable Situation erreicht werden, so daß es zumindest folgende Nahversorgungseinrichtungen und Dienstleistungsangebote (s. Abb. 2) direkt in der Siedlung gibt:

- ein **Lebensmittelgeschäft** und eine **Trafik** in Block II an der Seite zum Stadtplatz,

- eine **Sparkasse** und ein **Friseur** in Block X an der südlichen Seite des Stadtplatzes,

- eine **Arztpraxis** und eine **Elternberatung** in Block II,

- in regelmäßigen Abständen einen **Grünmarkt** und einen **Bücherbus** der Stadtbibliothek sowie

- ein **„Siedlerzentrum"** und

- einen eigenen **„Kulturpavillon"** mit Kindergarten, Jugendtreff, Café-Beisl und Veranstaltungssaal.

3.2 „Siedlerzentrum" – Treffpunkt und Bewohnerservice

Soziale Drehscheibe und Treffpunkt der Wohnsiedlung ist das „Siedlerzentrum" im Erdgeschoß des Block IV. (s. Abb. 2) Dieser Bewohnertreff mit Servicefunktion befindet sich in der Siedlungsmitte in unmittelbarer Nähe der Geschäfte und öffnet sich über einen Arkadenbereich direkt zum Stadt-

platz. Die 125 qm große Räumlichkeit umfaßt eine **Infotheke**, eine **Kinderspielecke**, ein **Büro** sowie **Versammlungs- und Beratungszimmer** und soll Ort der Selbstverwaltung, Begegnung, Information, Beratung und Nachbarschaftshilfe werden. (s. Abb. 5) In Anlehnung an das Modell der alten Genos-

Abb. 5
Das Siedlerzentrum: künftiges ‚Herz‘ und ‚Hirn‘ der Forellenwegsiedlung

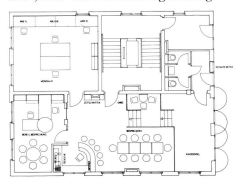

senschaftshäuser soll es zum **Herz und Hirn der Forellenwegsiedlung** werden, zum **Rathaus, Klub bzw. Kristallisationspunkt sozialer Aktivitäten**, zum **‚Umschlagplatz‘ für Ideen, Meinungen und Beziehungen** und zur **Bildungsstätte** zugleich. Im Siedlerzentrum treffen sich Haussprecher und der Siedlerverein und hier arbeitet im Rahmen fester Öffnungszeiten auch das kommunale Gemeinwesenteam „Bewohnerservice". Die Bau-, Einrichtungs- und Betriebskosten dieser dezentralen Einrichtung der Soziokultur werden von der Stadtverwaltung getragen.

Das Siedlerzentrum soll sich in einer neuen ‚Mischform‘ sowohl als Ort moderner kommunaler Dienstleistungen im Bereich Soziales, Freizeit und Kultur präsentieren, der in unterschiedlicher Weise grundsätzlich von allen sozialen Schichten genutzt werden kann, als auch als Ort bürgerschaftlichen Engagements. Die soziale Akzeptanz durch Mieter und Eigentümer wird langfristig dabei das entscheidende Kriterium des Gelingens der Einrichtung werden.

Aus diesem Grund werden **auch ‚unverfängliche‘ Dienstleistungen** wie ein Fotokopierautomat, ein öffentlich zugängliches Telefon, Informationen zu Freizeit- und Kulturveranstaltungen, eine Anschlagtafel, eine Kleinanzeigenbörse usw. sowie gesellige Anlässe (Kaffee, Tee) angeboten.

3.3 „Kulturpavillon" – Kindergarten, Café-Beisl, Jugendtreff, Festsaal

In einem eigenen Gebäudekomplex am nordwestlichen Siedlungsrand (s. Abb. 2) werden öffentliche Einrichtungen und Dienstleistungen untergebracht, die auch den umliegenden Stadtteil ansprechen und damit zur Verbesserung der soziokulturellen Infrastruktur des gesamten Gebietes beitragen sollen. Zusammen mit dem „Siedlerzentrum" soll der „Kulturpavillon" ein **Ort der sozialen und kulturellen Bildung**, ein **Freiraum für wohnungsnahe Freizeitgestaltung und Geselligkeit** sowie ein **Feld gesellschaftlichen Lernens** werden. Die Einrichtung soll bewußt offen sein für alle Sozial-, Alters- und Bildungsschichten.

Auf drei Etagen beinhaltet der Pavillon

– einen dreigruppigen **Kindergarten**,

– **ein privat geführtes ‚Café-Beisl' mit Gastgarten**,

– **einen Mehrzweck-Veranstaltungssaal (‚Festsaal')** und

Abb. 6
Der Kulturpavillon als stadtteilbezogener Kommunikations- und Veranstaltungskomplex

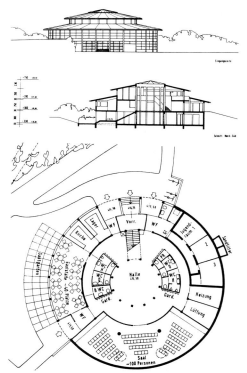

– **Räume für Jugendaktivitäten.** (s. Abb. 6)

Der „Kulturpavillon" wird von der Stadtgemeinde finanziert. Das Café-Beisl wird verpachtet, die Betriebskosten für den Veranstaltungs- oder Festsaal sollen nach dem Verursacherprinzip durch Vermietung aufgebracht werden. Die Nutzungskoordination liegt beim Gemeinwesenteam des Bewohnerservice, das zusammen mit dem Siedlerverein ein detailliertes Nutzungs- und Betriebsführungskonzept erarbeitet hat.

3.4 Gemeinschaftsräume für Freizeit, Hobby, Gesundheit

Den Bewohnern der Forellenwegsiedlung stehen **insgesamt 17 Gemeinschaftsräume für Freizeit und Hobby in den Kellergeschossen** der einzelnen Wohnblocks zur Verfügung. Die Größe dieser sogenannten ‚Hobbyräume' liegt zwischen 20 und 50 qm. Insgesamt ergeben diese Räumlichkeiten 620 qm Nutzfläche. Alle Räume sind über Lichtschächte weitgehend natürlich belichtet und verfügen auch zum größten Teil über eigene WC-Anschlüsse sowie separate, von den allgemeinen Stiegenhäusern getrennte Zugänge. Die meisten der Keller-Gemeinschaftsräume sind somit **räumlich weitgehend autark** und können daher grundsätzlich auch für Bewohner anderer Wohnblocks zugänglich gemacht werden.

Die allgemeinen Erfahrungen mit den sogenannten ‚Hobbyräumen' zeigen, daß diese räumlichen Angebote überall dort nicht funktionieren, wo Gemeinschaftsräume, die manchmal sogar vorbildlich eingerichtet sein können, einer großen, anonymen Anzahl von Bewohnern bzw. sämtlichen Bewohnern eines Wohnblocks ohne Konzept überlassen werden. Gute Nutzungschancen besitzen Gemeinschaftsräume dagegen dort, wo sie kleineren, klar abgrenzbaren Gruppen angeboten werden.

Am Forellenweg wurden daher keine fix gewidmeten oder gar ausgestatteten Hobbyräume eingeplant, sondern sogenannte ‚**Verfügungsräume**' vorgesehen, für die viele spätere Widmungen möglich sind. Die konkreten Nutzungswünsche für die vorhandenen Hobbyräume wurden erhoben und werden Schritt für Schritt gemeinsam konkretisiert und

Abb. 7
Einer der 17 Gemeinschaftsräume (zusammen 620 qm) für Freizeit, Hobby, Gesundheit

schließlich in ein flexibles Gesamtkonzept eingebettet, das letztlich ein für alle Beteiligten zufriedenstellendes baulich-räumliches Angebot für **vielfältige Aktivitäten** bedeutet. Berücksichtigt wird auch, daß die bei Neubausiedlungen in der Regel erst in den ersten Jahren nach Bezug sich artikulierenden Interessen und Raumbedürfnisse noch Platz finden können.

Das Konzept sieht vor, daß unter Absprache mit den jeweiligen Blockbewohnern die jeweils geeigneten Hobbyräume sukzessive für spezifische Nutzungen gewidmet, ausgestattet und klar abgrenzbaren Betreibern und Verantwortlichen anvertraut werden. **Aktiven Hausgemeinschaften, Hobbygruppen und Klubs** wird am Forellenweg also in Aussicht gestellt, daß sie für ihren jeweils konkreten Bedarf den nötigen Raum bekommen, diesen selbst in geeigneter Weise ausbauen oder zumindest zu bestimmten Zeiten belegen und sich auch selbst dementsprechende Benützungsregeln geben können.

Einige Interessensgruppen haben sich in der Forellenwegsiedlung bereits gebildet, andere sind erst andiskutiert:

– **Werkstätten/Ateliers** für Holzverarbeitung, Metall und Kunststoff, Elektro und Elektronik (EDV), Fahrrad- und Mopedreparaturen, Textiles, Keramik und Modellbau;
– **Schlechtwetterspielraum** für Kleinkinder mit Teeküche;
– **Foto-, Viedeoklub**;
– **Tischtennisklub**;
– **Fitness-, Gymnastik-, Tanzklubs**;
– **Sauna-Klub**;
– **Billard-, Schachklub und Tarockstüberl**;
– **Flohmarkt, Tauschboutique**;

3.5 Wohnhaus und Gemeinschaftswohnung für Senioren

Im Rahmen des neuen kommunalen „Seniorenplanes" der Wohlfahrtsabteilung werden auch am Forellenweg in Anlehnung an ausländische Beispiele ambulanter Altenpflege **neue Wohn- und Betreuungsformen für alte Menschen** in einem **Modellversuch** erprobt. Ziel ist, alte Menschen nicht in das gesellschaftliche Abseits zu schieben, sondern konkrete Voraussetzungen zu schaffen, daß sie ihre Selbständigkeit so weit und so lange wie möglich in räumlicher Nähe und sozial integriert bewahren können.

Die Einrichtung des „Seniorenwohnhauses" über dem Siedlerzentrum in Block IV und einer „Seniorengemeinschaftswohnung" in Block X bieten für alte Menschen eine **echte Alternative zum Altersheim** und sind insgesamt für die neue Siedlung ein Beitrag zu einer altersmäßig ausgeglicheneren ‚Lebenslandschaft'. Bei der Vergabe der Kleinwohnungen im Seniorenwohnhaus und der Appartements mit jeweils eigener Kochnische und Sanitäranlage in der Gemeinschaftswohnung sowie den jeweils dazugehörenden Gemeinschaftsräumen wurden Bewerber bevorzugt bzw. bewußt eingeladen, die **Angehörige in der Siedlung** haben. Dadurch sollen, bei jeweils eigenen abgeschlossenen Wohnbereichen, Kontakte und gegenseitige Unterstützung zwischen den einzelnen Generationen einer Familie erleichtert bzw. gefördert werden.

Bei auftretender Pflegebedürftigkeit können **ambulante Soziale Dienste,** der praktische Arzt sowie auch die ‚Betreuungsinitiative' von Krankenpflegern aus der Siedlung herangezogen werden. Ziel ist die Vermeidung der oft unnötigen, aber kostpieligen permanenten ‚Überbetreuung' und die Förderung von verläßlichen ambulanten Pflegediensten und psychosozialen Betreuungsstrukturen, die bei Bedarf jederzeit herangezogen werden können, um ein möglichst langes Verbleiben in der eigenen Wohnung zu gewährleisten.

Bei der Betreuung der Senioren wird am Forellenweg ein zumindest für Salzburger Verhältnisse noch **innovativer Ansatz gemeinwesenorientierter, offener Altenarbeit** erprobt. Eine Person des Gemeinwesenteams vom Bewohnerservice koordiniert im Sinne eines **ganzheitlichen Ansatzes von Alten-(sozial)arbeit,** der über die Koordination von Sozialen Diensten hinausgeht, auch Aktivitäten im soziokulturellen Bereich. Damit soll die Integration der alten Menschen ins allgemeine Siedlungsleben, in Aktivgruppen, Klubs und in den Siedlerverein sowie auch die Inanspruchnahme der nicht altersspezifischen infrastrukturellen Angebote auf Siedlungs- und Stadtteilebene gefördert werden. Dieses Angebot ist nicht auf den Modellversuch der beiden neuen Wohnformen beschränkt, sondern kann auch von anderen alten Menschen der Siedlung und des umliegenden Stadtteiles in Anspruch genommen werden.

3.6 Allgemeine Außenanlagen – Vom ‚Abstandsgrün' zur Erlebnisqualität

Der Aufenthalt im Freien, **das ‚Draußenwohnen' in unmittelbarer Wohnungsnähe,** bedeutet für immer mehr Menschen den notwendigen Ausgleich zur Arbeit. Dabei ist der private Außenraum genauso wichtig wie die gemeinschaftlich genutzten Außenbereiche. Wenn der Aufenthalt in einer Wohnsiedlung angenehm sein soll, ist die **Lebendigkeit, Erlebnisdichte** und **Mehrfachnutzbarkeit** der wohnungsnahen Freiflächen und Außenanlagen wichtig. Vor allem Haushalte mit Kindern, mit älteren Mitgliedern und geringerem Einkommen sind intensive Nutzer.

Unser Ziel war daher die **Suche nach nutzer- und gemeinschaftsorientierten Lösungen** gemeinsam mit den Wohnungswerbern. In einem offenen, transparenten und in mehrere Phasen gegliederten Planungsverfahren sollte verhindert werden, daß die Grünflächen und sonstigen Außenräume zu **bloßen Abstandsflächen,** sprich ‚Hausbesorger-Grün', verplant werden. Ungegliederte, monotone Leerräume ohne klare Zuordnungen zu privaten, halböffentlichen oder öffentlichen Nutzungen mit einer bloß abstrakten Erholungsfunktion sollten vermieden werden.

Auf mehreren plenaren und blockweisen Abendveranstaltungen mit Impulsvideos zum Thema, einem „Wiesenfest" mit Information und Schautafeln sowie mit diversen **Spielaktionen** wurde auf der Basis des vorgelegten Außenanlagenkonzeptes des planenden Architekten ein gemeinsamer Entwurf für eine vielfältig gestaltete Wohnumwelt abgestimmt auf die vorgebrachten Wünsche der Bewohnerschaft erarbeitet. Neben den Themen **Verkehrsfreihaltung, Freiflächengestaltung, Mietgärten und Kinderspielplätze** stießen auch Fragen einer ‚sanfteren' **Abfallentsorgung mit Mülltrennung, -kompostierung und auch – vermeidung** auf das Interesse der Bewohnerschaft. Alle Wohnungswerber erhielten zur Information und Motivation Faltprospekte über naturnahe Grünraum- und Spielplatzgestaltung sowie über Abfallvermeidung bzw. Mülltrennung.

Die **Beteiligungsquote** an den Veranstaltungen zur Außenanlagenplanung lag bei immerhin rund **60%** aller zu diesem Zeitpunkt feststehenden Haushalte.

Plätze, Gassen, Wege und Spielzonen

Durch die Situierung eines Sammelparkplatzes am süd-östlichen Siedlungsrand und der Bereitstellung einer zentralen Tiefgarage war die grundsätzliche Möglichkeit gegeben, die Siedlung vom Kfz-Verkehr freizuhalten. Dadurch erhalten die Plätze, Gassen und Erschließungswege der Forellenwegsiedlung den Charakter einer einzigen **Wohn- und Spielzone.**

Abb. 8
Plätze, Gassen und Wege sind verkehrsfreie Spielzonen

Die Wohnumwelt ist ein wichtiges Lernfeld für Kinder. Daher stehen ihnen am Forellenweg grundsätzlich die gesamten nichtprivaten Freiflächen als „**Spielraum für Spielräume**", wie es die Spielpädagogen fordern, offen und laden zum Aufenthalt und Spielen ein. Eine Konzentration der Kinderspielmöglichkeiten wurde mit Ausnahme des Aktivspielplatzes bewußt vermieden. Die Spielangebote kleinerer Art wurden über das gesamte Gelände gestreut.

Der große „**Stadtplatz**" soll zur echten Siedlungsmitte, zum spontanen Treffpunkt, zum **Ort für Kundgebungen und Bewohnerfeste** werden und auch als Stellplatz für den städtischen Büchereibus sowie als regelmäßiger Grün- oder Bauernmarkt fungieren.

Nutzgärten statt „Rasen betreten verboten"

Die große Beliebtheit von „**Schrebergärten**" ist bekannt, die Wartelisten der Kleingarten-Vereine zeugen davon. Laut Freizeitforscher steht ‚Gartenarbeit' mit an der Spitze der häufig ausgeübten Freizeittätigkeiten.

Abb. 9
Private Vorgärten und eine Mietgartenanlage statt ‚Hausbesorger-Grün'

Am Forellenweg wurden daher die Grünstreifen zwischen den Wohnblocks als private Gärten den Erdgeschoßwohnungen zugeschlagen. Die Grünfläche zwischen Parkplatzareal und Block X (s. Abb. 2) am südlichen Siedlungsrand wurde zu einer Miet- oder **Kleingarten-Anlage**. Diese Angebote sollen zum ei-

nen mehr ‚Wohnqualität' für die direkten Nutzer und zum anderen ein insgesamt abwechslungsreicheres Siedlungsbild erbringen, das wiederum allen Bewohnern zugute kommt. Die 30 Mini-Parzellen wurden außerdem nicht einzeln vergeben, sondern als Gesamtfläche an eine ‚**Kleingarteninitiative**' verpachtet.

Spiel- und Erholungsgelände

Zur Verbesserung der Wohnqualität hat die Stadtverwaltung ein **16.400 qm** großes, unmittelbar an die Siedlung angrenzendes Areal als öffentliches **Erholungs-, Spiel- und Freizeitgelände** zur Verfügung gestellt.

An mehreren Informationsabenden und bei einem großen „Wiesenfest" wurden die ersten Vorstellungen und Wünsche der Bewohnerschaft (auch der Kinder) gesammelt, in grobe Gestaltungskonzepte eingearbeitet und über die Bewohnerzeitung rück- bzw. weitervermittelt. Grundsätzlich einigte man sich auf eine **Mischnutzung,** die allen Altersgruppen dienen soll. Darüber hinaus sollte das Gelände so erschlossen werden, daß sein öffentlicher Charakter als ‚kleiner Stadtteilpark' sichtbar wird und sich damit auch Kontaktmöglichkeiten mit der Nachbarschaft und sonstigen Besuchern ergeben.

Derzeit liegt es an einer Arbeitsgruppe aus Gartenamt, Landschaftsplanern und der „**Spielplatzinitiative**" der Bewohner, unter Mitsprache der Kinder und Jugendlichen die unterschiedlichen Nutzungsinteressen, wie Spiel und Freizeit sowie Ruhezonen und Biotope, in einer möglichst wenig konfliktträchtigen Gesamtlösung zusammenzufassen.

Als Zwischenlösung wurde das Freizeitgelände durch die Bewohner selbst mit wenig finanziellen Mitteln in mehreren Wochenend-Einsätzen provisorisch als Kinderspielplatz adaptiert. Das Positive an einer langsamen, prozeßhaften Realisierung der Freizeitanlage liegt in der Möglichkeit, sie schrittweise nach den Bedürfnissen und unter Mitarbeit der Bewohnerschaft entwickeln zu können und nicht alles bereits in der schwierigen ersten Zeit nach Wohnungsbezug festzulegen.

3.7 „Siedlerverein" und Bewohnerzeitung

Der Wohnalltag der Mieter und Eigentümer wird ganz entscheidend beeinflußt von der alltäglichen Praxis der Wohnungs- bzw. Siedlungsverwaltung. Dies betrifft Maßnahmen der baulichen Instandhaltung sowie der räumlichen und sonstigen Ausstattung der Siedlung und Wohnumwelt genauso wie Fragen der Wohnungsnachbelegung. Immer noch werden **Verwaltungsangelegenheiten in der Regel ohne Nutzerbeteiligung** allein von Wohnungsbaugesellschaften und kommunalen Stellen vorbereitet und durchgeführt.

Eine solide **Interessenvertretung** aller Mieter und Wohnungseigentümer, das heißt ein ernstzunehmender **Partner und Gegenüber** des Bauträgers und der Kommunalverwaltung ist für eine siedlungsbezogene Mitbestimmung daher unumgänglich und muß als **wichtige ‚immaterielle' Infrastruktur** angesehen werden. Wie die Erfahrungen zeigen, kann nur ein von der Mehrheit der Bewohnerschaft getragener oder zumindest anerkannter Bewohnerverein das entsprechende Maß an Selbstorganisation, dauerhafter Absicherung demokratischer Mitbestimmungsstrukturen und auch **innere Repräsentativität** erreichen. Bürgerschaftliches Engagement funktioniert nicht strukturenlos, sondern braucht einen Zusammenhalt, einen Ort gegenseitiger Bestätigung, ein Forum des Gesprächs, aber auch der Konflikte sowie eine Organisationsform für ‚gemeindliche' Aktivitäten. Dem zugrunde liegt die Einschätzung, daß die politischen Parteien, Kirchen und traditionellen Vereine sich als soziale Träger für bürgerschaftliche Zusammenschlüsse in Siedlungs- oder Stadtteilinitiativen auf Quartiersebene immer weniger geeignet zeigen. Demokratiepolitisch bedeutet u. E. daher die Existenz aktiver Bewohner- oder Siedlervereine, das heißt von Nachbarschaftsnetzen, Selbsthilfe und Solidarität, die Grundlegung von lebendigen Zellen einer neuen demokratischen Gemeinde.

Aufbau und Gründungsberatung eines Bewohnervereines Forellenweg als organisatorische Basis für die Wahrnehmung aller Mitbestimmungsfragen durch die Mieter und Eigentümer sowie überhaupt als **demokratischer Organisator von ‚Lebensraum'** im Sinne eines umfassenderen Begriffes von Wohnen war deshalb von Beginn an ein wichtiger Teil des Aktivierungskonzeptes im Rahmen der Begleitforschung. Als zentraler Baustein der erwünschten schrittweisen Kompetenzverlagerung zugunsten der Wohnungsnutzer steht die Unterstützung eines siedlungsbezogenen Bewohnervereines auch im Mittelpunkt der weiteren soziokulturellen Gemeinwesenarbeit.

Die Hauptaufgabe eines Bewohnervereines am Forellenweg liegt neben der **Ausübung der Kontrollfunktion** gegenüber dem Bauträger und Hausverwalter vor allem darin, mit Unterstützung des Gemeinwesenteams die **Begegnung der Siedlungsbewohner** und Nachbarn aller Altersgruppen und sozialen Schichten zu ermöglichen, **Kritikfähigkeit** und **kreative Betätigung** anzuregen und **soziales Verhalten** zu fördern. Als repräsentative Interessenvertretung aller Forellenweg-Bewohner hat der „Siedlerverein" zum einen möglichst viele Bewohner bzw. Haushalte als Mitglieder zu gewinnen und zum anderen darauf zu achten, daß in seinen Gremien Wohnungseigentümer und Mieter, Frauen und Männer, Jüngere und Ältere sowie auch Vertreter der Initiativ- und Hobbygruppen in einem repräsentativen und gleichberechtigten Verhältnis vertreten sind.

Der Aufbau des „Siedlervereines Forellenweg" erfolgte schrittweise. Einzelne Kontakt- oder Schlüsselpersonen aus dem Bewohnerkreis hatten sich als mögliche ‚Akteure' bereits im Zuge der Mitbestimmungs-Aktivitäten, der gemeinsamen Außenanlagenplanung, der Bewohnerfeste und anderer Aktivierungsschritte herauskristallisiert. Unmittelbar nach Abschluß der letzten Wohnungsvergaben erfolgte in blockweisen Abendveranstaltungen die **Wahl der ‚Haussprecher'**. Die Vereinsstatuten wurden in mehreren offen ausgeschriebenen Veranstaltungen erarbeitet.

Deutlich festgehalten ist in den Statuten, daß zwischen Wohnungseigentümern und Mietern hinsichtlich Mitgliedschaft und der daraus erfließenden Rechte und Pflichten kein Unterschied besteht. Der Zusammenschluß erfolgt freiwillig, das heißt, daß **keinerlei formeller oder informeller Druck im Hinblick auf Mitgliedschaft** ausgeübt werden soll.

Sitz, Anlaufstelle und Drehscheibe des Bewohnervereines ist das „Siedlerzentrum". Der Bewohnerservice bietet organisatorische ‚Hilfestellung' in Form personeller und sachlicher Unterstützung.

Obwohl eine definitive Vereinbarung mit dem Bauträger/Hausverwalter über Art der Zusammenarbeit und Umfang der Mitbestimmungsrechte erst noch erarbeitet werden muß, kann der Siedlerverein in der kurzen Zeit seines Bestehens bereits auf **einige wichtige Erfolge** zurückblicken:

– Einrichtung des **Kindergartenprovisoriums**;
– **freie Anwaltswahl** bei der Errichtung der Kaufverträge;
– Installierung eines **‚Siedlungsanwaltes'**;
– **Gründung der „Altenbetreuung Liefering"**;
– **Interventionen zur Lösung der Arztfrage**;
– **Auftreten gegen Einsparungen** bei der soziokulturellen Infrastruktur („Kulturpavillon" etc.);
– Organisation mehrerer **Veranstaltungen und Bewohnerfeste**
– Lösung einiger siedlungsinterner **Probleme und Konflikte**;
– **Herausgabe der Bewohnerzeitung** u. a. m.

Abb. 10
Der Siedlerverein kann bereits auf eine Vielzahl von Aktivitäten zurückblicken

Die Haltung der Stadtverwaltung gegenüber dem Siedlerverein Forellenweg ist noch ambivalent, die längerfristige Finanzierung der unterstützenden Gemeinwesenarbeit bleibt zumindest unsicher. Dennoch zeigen jüngste Initiativen der neuen Stadträte für Soziales und Kultur, daß die Kommune **die große Bedeutung organisierten bürgerschaftlichen Engagements** endlich zu erkennen beginnt und von der ‚Duldung' zu

ihrer Förderung übergeht. Wenige, gezielt eingesetzte Mittel für Bewohner-Organisationen können schließlich wertvoller sein als so manche große kommunale Investition.

Wie so oft im Wohnbereich, kommen die Wohnungsnutzer, die eigentlichen ‚Bauherren', auch **bei Information und Öffentlichkeitsarbeit zu kurz** bzw. haben überhaupt nichts mitzureden. Mit der Initiierung einer periodischen siedlungsbezogenen Bewohnerzeitung sollte diesem Mangel begegnet und ein beispielhafter **Beitrag zu mehr ‚Informationsdemokratie'** bei der Siedlungsplanung und -verwaltung geleistet werden. Umfassende Information ist die erste Voraussetzung für echte Mitbestimmung, ein eigenes Medium von und für die Bewohner ist die Konsequenz.

Bislang sind acht durchschnittlich 20-seitige Ausgaben der Bewohnerzeitung **„Gemeinsam Wohnen am Forellenweg und in Liefering"** erschienen. Der Siedlerverein zeichnet als Herausgeber und wird technisch und organisatorisch vom Bewohnerservice unterstützt. Bei der Bewohnerschaft hat das Zeitungsprojekt großen Anklang gefunden, wie die letzten Befragungsergebnisse zeigen.

4. „Bewohnerservice Forellenweg" – Soziokulturelle Stadtteilbelebung durch „Aktivierende Gemeinwesenarbeit"

Voraussetzungen für eine lebendige und möglichst selbstgestaltete Wohnumwelt sind neben den notwendigen Vorkehrungen für wohnungsnahe soziokulturelle Einrichtungen im materiellräumlichen Sinne vor allem ‚immaterielle' Strukturen wie Initiativgruppen, Vereine und andere kleinräumige ‚soziale Netze'. Die Erfahrungen mit so manchen Prestigeprojekten zeigen, daß durch die bloße Zurverfügungstellung von Freizeitbauten und Gemeinschaftsräumen die soziokulturelle Belebung von neuen Wohnvierteln am Stadtrand nicht möglich ist. Einrichtungen wie Stadtteil- und Kommunikationszentren, Bürgerhäuser und ähnliches organisieren und verwalten sich nicht von selbst, sondern brauchen **interessierte ‚Betreiber'.**

Entgegen der Meinung nicht weniger Architekten tragen ‚Architektur', Plätze und Räume ebenfalls nicht von sich aus und allein zur Siedlungskommunikation bei, sie können diese nur behindern oder fördern. Entscheidend ist vielmehr, ob ein genügend großes **Potential an offenen und aktiven Personen** vorhanden ist, die Anlässe und Gelegenheiten schaffen, sich an gewissen Orten zu treffen, zu feiern, sich für gemeinschaftsbezogene Probleme zu engagieren u. a. m.

Das soziale und freizeitbezogene Bewohnerengagement im unmittelbaren Wohnumfeld und Stadtteil muß im Falle von Neubaugebieten jedoch erst langsam wachsen. In nicht wenigen dieser Viertel wird **eine lebendige ‚Quartiersöffentlichkeit'** auch nach Jahren nicht und manchmal überhaupt nie erreicht, die Bewohner bleiben sich fremd und isolieren sich. Zum Aufbau funktionierender ‚Gemeinwesen'-Strukturen in größeren Siedlungen werden u. E. daher Ansprechpartner, Berater und Animateure gebraucht, die Anregungen aufgreifen, Impulse geben, organisatorische Hilfen anbieten und gemeinsam mit den Bewohnern Strategien zur Veränderung ihrer Lebensbedingungen entwickeln. Eine **kontinuierliche Animations- und Beratungsarbeit**, die aber **personell und finanziell abgesichert** sein muß, kann die ‚Qualität' einer Wohnsiedlung bzw. eines Stadtviertels erheblich verbessern.

Solch professionellen, hauptamtlichen Kräften fällt vor allem die Aufgabe zu, Selbsthilfe und ehrenamtliches Engagement in der Bewohnerschaft zu stärken, die Koordination zwischen den verschiedenen Gruppen und Initiativen im Stadtteil zu fördern und soziale Beratung anzubieten oder zu vermitteln.

Am Forellenweg werden die Infrastrukturangebote im Freizeit-, Sozial- und Kulturbereich sowie für die Bewohnerselbstorganisation um eine personelle ‚Infrastruktur' ergänzt. Ein von der Wohlfahrtsverwaltung der Stadt finanziertes Sozial- bzw. Kulturarbeiterteam von drei hauptamtlich tätigen Personen sorgt unter dem Titel **„Aktivierende Gemeinwesenarbeit"** professionell für **soziokulturelle Siedlungs- und Stadtteilbelebung.**

Der vorerst auf drei Jahre bewilligte **Modellversuch „Bewohnerservice Forellenweg"** schließt zeitlich und inhaltlich unmittelbar an die Bewohneraktivierung im Rahmen der sozialwissenschaftlichen Begleitforschung an. Je nach Entwicklung bzw. Akzeptanz dieser Serviceeinrichtung soll nach Ablauf des Modellversuches sowohl die Weiterführung als auch eine neue Organisations- und Finanzierungsform in Frage kommen.

4.1 Ziele und Grundsätze

Anknüpfend an die Vorstellung des Aktionsforschungsprojektes wurden im Handlungskonzept im Sinne einer groben inhaltlichen und methodischen Orientierung folgende Ziele definiert:

– Aufbau einer siedlungseigenen soziokulturellen Infrastruktur, die gemeinsam mit den Siedlern bedürfnisgemäß entwickelt werden soll;

– Aufbau eines belastungsfähigen Gemeinwesens, in dem Verschiedenheiten akzeptiert werden und alle mitgestalten können;

– Erweiterung des gestaltbaren Wohnbereiches zum be-leb-baren Siedlungsbereich und Entwicklung einer gemeinsamen Siedlungskultur;

– Schaffung von Basisstrukturen für Selbstorganisationsgruppen;

– Stärkung der Konfliktlösungskompetenzen innerhalb der Bewohnerschaft (vgl. Dengg/Gordon 1987)

Ihre praktische Arbeit möchte das Gemeinwesenteam an folgende „Grundprinzipien" aktivierender Gemeinwesenarbeit gebunden wissen:

– „Das Angebot knüpft an das Alltags- und Spezialwissen der Bevölkerung an und nützt deren Kompetenzen zur Verbesserung ihrer Lebensbedingungen in der Siedlung und im Stadtteil.

– Alle Angebote werden in einem partizipativen ‚Prozeß' erstellt, erweitert und verändert.

– Bildungs- und Kulturarbeit besitzen einen zentralen Stellenwert, sie sind

zugleich Inhalt und Hilfsmittel.

– Das soziokulturelle Angebot ist grundsätzlich gruppenübergreifend und integrierend, aber auch alters- und interessensgruppenspezifische Aktionen sind ein wesentlicher Bestandteil.

– ‚Freiwilligkeit' ist unabdingbare Voraussetzung für alle Aktivitäten. Druck aktiver Siedler auf passive in Richtung ‚Kommunikationszwang' ist auszugleichen.

– Die Unterstützung von Selbsthilfe- und Selbstorganisationsaktivitäten der Bewohnerschaft hat Priorität vor Vermittlung von ‚Experten'.

– Die Stärkung der Eigenkompetenz der Bevölkerung soll weitestgehend über Ausgleichen der Informationdefizite der Betroffenen, nicht aber über Betreuung und kurative Beratung erfolgen.

– Die ‚Gemeinwesenarbeit' muß die bestehenden Arbeitsfelder sozialer Dienste und Institutionen ‚vernetzen' und weiterentwickeln und nicht neben ihnen oder an ihnen vorbei neue Betreuungsfunktionen schaffen. Stadtteilbezug bedeutet eine inhaltliche und organisatorische Zusammenarbeit bestehender Einrichtungen, um Zuständigkeiten zu koordinieren, Informationen besser auszutauschen, kreativ und ‚bürgernah' Aktivitäten aufeinander zu beziehen und dadurch eine effektivere Nutzung der verfügbaren Ressourcen zu erreichen.

– ‚Amtliche' sozialarbeiterische Betreuung (Jugendamt, Sozialamt usw.), die ein Teil der zukünftigen Bewohner/innen bereits bisher in Anspruch nimmt, kann nicht vom Gemeinwesenteam übernommen werden. Eine Vermischung von kurativer Sozialarbeit mit soziokultureller Stadtteilarbeit bedeutet (infolge der notwendigen Sozialkontrolle) die Ablehnung nicht nur der ‚Betreuten' durch die übrigen Bewohner, sondern auch des Teams.

– Gegensätzliche Bedürfnislagen der verschiedenen Bevölkerungsgruppen sind zu berücksichtigen; die unterschiedlichen Möglichkeiten der Artikulation müssen vom Projektteam in einem transparenten Prozeß ausgeglichen werden."

4.2 Aufgaben und Schwerpunkte

Die wichtigsten Aufgaben aktivierender Gemeinwesenarbeit am Forellenweg können dahingehend zusammengefaßt werden, daß eigenständige Service-, Beratungs-, Freizeit- und Kulturangebote genauso angeboten werden sollen wie die Funktion einer ‚intermediären‘ Unterstützungsstruktur, die einerseits den eigenständigen Bewohnerverein berät, fördert und entlastet und andererseits auch die notwendige Kommunikation bzw. Vernetzung zwischen Stadtverwaltung, Bauträgergesellschaft und Bewohnerverein samt seinen Selbsthilfeinitiativen verbessert. Zusammengefaßt sind dies folgende Aufgabenbereiche:

- **Belebung und Verwaltung des Siedlerzentrums;**

- **Moderation und Unterstützung des Siedlervereines;**

- **Vermittlung sozialer Dienste und Beratung;**

- **Betreuung des Seniorenschwerpunktes;**

- **Programmkoordination des Kulturpavillon;**

- **Impulse zur Nutzung der Gemeinschafts- bzw. Hobbyräume;**

- **besondere Beachtung der Zielgruppen Frauen, Jugendliche und Ausländer;**

- **Öffentlichkeitsarbeit.**

Laut Handlungskonzept geschieht die Gemeinwesenarbeit grundsätzlich übergreifend und in ‚Teamarbeit‘ der drei Mitarbeiter.

4.3 Bisherige Aktivitäten – ein Jahr „Bauhütte“

Die zweite repräsentative Bewohnerbefragung knapp nach Wohnungsbezug erbrachte eine überaus **positive Beurteilung der bisherigen Gemeinwesenarbeit** durch die ‚Konsumenten‘. Vier von fünf Befragten beurteilen das „Bewohnerservice“ positiv. Insgesamt lassen sich die Erfolge und Mißerfolge, aber auch die unerwünschten, nicht geplanten

Auswirkungen der Gemeinwesenarbeit in dieser Projektphase noch nicht endgültig bewerten. Wie wollen uns daher im vorliegenden Bericht auf einen ausgewählten Querschnitt der Aktivitäten des Gemeinwesenteams beschränken.

Die Startphase der Gemeinwesenarbeit bestand vor allem aus dem ‚sanften‘ Einstieg ins Arbeitsfeld anknüpfend an die Aktivitäten im Rahmen der Pla-

Abb. 11

Die Arbeit des Bewohnerservice wird von der Bewohnerschaft positiv aufgenommen

nungsmitbestimmung und Aktionsforschung. Mit Beginn der dreijährigen Projektphase Anfang 1989 wurde der Betrieb vor Ort in der „Bauhütte“ des Bauträgers aufgenommen. Das Gemeinwesenteam adaptierte die ursprünglich nur als Baustellenbüro vorgesehene, jedoch großzügig ausgestattete und damit gut geeignete Baracke rasch zu einer **Informationsdrehscheibe** für die künftigen Bewohner.

Die beheizbare und sanitär gut ausgestattete Bauhütte beherbergte

- ein Technikerbüro
- ein Büro für das Gemeinwesenteam,
- eine Teeküche,
- einen Versammlungs- und Schauraum mit Ablagen, und Info-Wänden und
- einen Nebenraum für das Siedlungsmodell und gleichzeitig Spielzimmer für Kleinkinder.

Die Bauhütte wurde von den künftigen Bewohnern überraschend schnell angenommen. Vor allem die Freitag-Nachmittage entwickelten sich rasch zum beliebten „Jour fixe“-Termin, wo man nach dem wöchentlichen Baustellenbesuch immer wieder einige der künftigen Nachbarn beim Kaffee treffen und sich in zwangloser Atmosphäre auch über

Baufortschritt, Aktivitäten und sonstiges Wichtiges informieren konnte. Hier wurden dann auch jene ihre Wünsche und Beschwerden los die sich bei den offiziellen Informationsveranstaltungen nicht reden getrauten.

Allgemeine Informations- und Servicearbeit

Bedingt durch die zeitliche Verschiebung der zweiten Bauetappe war der Bewohnerservice in seinem ersten Jahr vor Ort noch unbeabsichtigt stark in die Bauabwicklung selbst involviert. Die ständige Präsenz des Gemeinwesenteams an der Baustelle führte dazu, daß es **auch in vielen Baufragen zur ersten Anlauf- und Koordinationsstelle für die Wohnungswerber** wurde. Der Bewohnerservice organisierte und gestaltete im Schauraum die Informationen zu den Grundrissen und jeweiligen Grundausstattungen der Wohnungen, den Fassaden und Außenanlagen, den Sonderwunsch-Ausführungen und hielt auch alle die Bewohner tangierenden Termine in Evidenz. Dieses Engagement des Bewohnerservice ermöglichte den interessierten künftigen Bewohnern, die Bauphase aktiv mitzuverfolgen, Mitbestimmungswünsche einzubringen oder einfach nur ein paar wichtige Informationen zu erhalten. Die in diesem Umfang nicht geplanten Informations- und Vernetzungsaktivitäten in Baufragen trugen sehr wesentlich zur **Akzeptanz der Einrichtung als Servicestelle** bei und verschafften dem Gemeinwesenteam damit auch Aufmerksamkeit für andere, zu diesem Zeitpunkt noch weniger verständliche Fragen. Nach anfänglichen Widerständen stießen diese Tätigkeiten auch beim Bauträger zunehmend auf positive Resonanz.

Auch eine ganze Reihe von ‚Interventionen‘ gehörte zu den laufenden Tätigkeiten des Bewohnerservice. **Baumängelbehebungen** bei bereits bezogenen Wohnungen, **Abwicklung von Sonderwünschen, Anträge um Wohnbeihilfe** und andere Unterstützungen, **Wohnungssuche für Zwischenlösungen** u. a. m. konnten in Zusammenarbeit mit dem Bauträger, der lokalen Konsumentenberatung und dem Siedlungsanwalt positiv erledigt werden.

Darüber hinaus wurde der Bewohnerservice auch bald zu einer Informationsbörse für allerlei alltägliche Angelegenheiten und Dienstleistungen.

Moderation von Bewohnerinitiativen und Selbsthilfegruppen

Die Unterstützung und Moderation von Initiativen der Bewohnerschaft war vom Konzept her selbstverständlich die wichtigste Aufgabe. Im Mittelpunkt stand dabei die möglichst frühzeitige Entwicklung einer repräsentativen Bewohnervertretung durch die Wahl von Hausvertrauensleuten und die Gründung des Bewohnervereines. Darüber hinaus gelang es dem Bewohnerservice, folgenden für die Siedlung wichtigen **Selbsthilfe- und Initiativgruppen** auf die Beine zu helfen:

– Initiative „Altenbetreuung Liefering" (,Nachbarschaftsbetreuung' für alte Menschen der Siedlung und des Stadtteiles durch eine Gruppe diplomierter Krankenschwestern und Pfleger sowie engagierter Bewohner der Forellenwegsiedlung);

– Elternselbsthilfegruppe „Die Krabbler" (Kleinkinderbetreuung in Selbsthilfe in Form einer informellen ,Krabbelstube');

– Elterninitiative „Kindergartenprovisorium" (Provisorium in einem großen Wohncontainer bis zur Fertigstellung des Kindergartens);

– Elterninitiative zur Schulwegfrage (erreichte die Einführung eines kostenlosen Schulbusses);

– „Frauenklub Forellenweg" (Gesprächskreis und Gymnastik);

– Jugendinitiative „Nichts ist los am Forellenweg" (Aktivgruppe mit regelmäßigen Disco-Treffen);

– Mietgarteninitiative „Zwischen Zwerg und Zwiebel" (verwaltet die Mietgärten);

– Spielplatzinitiative „Unter der Leiten" (Initiativgruppe zur Gestaltung des Spiel- und Freizeitgeländes);

– Umweltgruppe „Einfälle statt Abfälle" (Zusammenschluß interessierter Bewohner zu einer Umweltgruppe, die Müllvermeidung und -trennung propagieren und auch konkrete Lösungen für die Siedlung erarbeitet);

– Redaktion der Bewohnerzeitung (Redaktionsgruppe des Siedlervereines).

Koordination der soziokulturellen Infrastrukturplanung

Wohnen ist längst zu einer echten ‚Querschnittsaufgabe' geworden, die gleichzeitig Sozial-, Kultur-, Umwelt- und Städtebaupolitik ist. Die Kommunalverwaltung dagegen ist immer noch der klassischen, sektoralisierten Aufgabenteilung verhaftet, die häufig zu einer kaum mehr überblickbaren **Fragmentierung von Problemlösungsabläufen** führt. Dieses Dilemma bzw. der daraus resultierende Bedarf nach einer Koordinationsstelle, die ,Zuständigkeiten' miteinander vernetzt und immer auch das Gesamtergebnis vor Augen hat, ist auch bei der Planung der Infrastruktur am Forellenweg deutlich zutage getreten. Der Bewohnerservice mußte bei der Konkretisierung der vorgeschlagenen Infrastruktur diese Koordinations- und Vernetzungsfunktion voll übernehmen, was gelegentlich auch zur fachlichen Überforderung führte. Einiges an den notwendigen Siedlungseinrichtungen wäre wohl längst gestrichen, hätte nicht das Bewohnerservice ständig hartnäckig interveniert, die richtigen Beamten der verschiedensten Abteilungen zusammengebracht und die Mitbestimmung der betroffenen Bewohner gesichert.

Bewohnerstammtische und andere Aktionen

Zur laufenden Information und Öffentlichkeitsarbeit wurde vom Bewohnerservice etwa einmal pro Monat eine Abendveranstaltung unter dem Stichwort „Bewohnerstammtisch" in lockerer Atmosphäre in einem Lieferinger Gasthaus abgehalten. Alle (künftigen) Bewohner der Forellenwegsiedlung wurden dazu schriftlich eingeladen. Die Teilnehmerzahlen schwankten zwischen 30 und 120 Personen. Neben der Funktion des laufenden Informationstransfers und der Meinungsbildung waren die „Stammtische" wichtiges Forum des gegenseitigen Kennenlernens. Neben der Besprechung jeweils eines Hauptthemas wurde auch genügend Zeit für Kritik, Beschwerden und Anregungen vorgesehen.

Zusammen mit dem Siedlerverein veranstaltete der Bewohnerservice zur Feier des Bezuges des ersten Bauabschnittes ein großes Siedlungsfest. Das „3. Bewohnerfest", das auf mehreren Plätzen und im Rohbau des künftigen Lebensmittelgeschäftes stattfand, bot wieder eine Mischung aus Geselligkeit, Information, Kultur und Kinderpro-

Abb. 12
Spielaktion: Bauen eines Hüttendorfes

Abb. 13
Bewohnerfest am Stadtplatz

gramm. Im Sinne des Gemeinwesenaspektes relevant war neben einer gemeinsamen Baumpflanzaktion vor allem die Tatsache, daß erstmals der neue Siedlerverein das Fest gestaltete und daß die Gassen und Plätze der Siedlung erstmals offiziell von Bewohnern ‚bespielt‘ wurden.

Konsumentenberatung war für der Bewohnerservice ebenfalls ein wichtiger Themenbereich. Mehrere Informationsabende sowie „Begutachtungstage" zur sachkundigen Beurteilung von Bauausführungsmängeln und anderen Beanstandungen bei Wohnungsbezug wurden in Zusammenarbeit mit der

Konsumentenberatung der Arbeiterkammer organisiert.

Auch die gesellschaftliche Integration der neuen Siedlung in den Stadtteil sowie die **Pflege von Anrainerkontakten** waren Gegenstand von Aktivitäten des Bewohnerservice. Die Einladung der Nachbarn zu Bewohnerfesten und anderen Veranstaltungen, die Kontaktaufnahme mit den örtlichen Vereinen und ihre Vorstellung in der Bewohnerzeitung sowie die Initiierung eines wöchentlichen Bauernmarktes benachbarter Landwirte am Stadtplatz sollten die **Annäherung zwischen ‚Neusiedlern‘ und ‚Alteingesessenen‘** fördern.

5. Schlußbemerkung

Ob das vielschichtige Modellprojekt den erwarteten Erfolg gebracht hat bzw. bringen wird, läßt sich zu diesem Zeitpunkt noch nicht beurteilen. Die geschaffenen Voraussetzungen für eine lebendige ‚Soziokultur‘ am Forellenweg zeigen sich unserer Ansicht nach jedenfalls günstiger, als dies nach dem langen ‚Architekturstreit‘ um die Siedlungsform anzunehmen war. Schon während der Planung und in der relativ kurzen Zeit seit der vollständigen Besiedelung hat sich **ein überaus dichtes Netz an sozialen Aktivitäten herausgebildet,** hat sich ein Siedlerverein als repräsentative Bewohnervertretung konstituiert und haben sich eine Reihe von Selbsthilfe und Freizeitinitiativen eingerichtet.

Wie die zweite Bewohnerbefragung belegt, sind Bekanntheitsgrad und Akzeptanz der soziokulturellen Projekte und Einrichtungen am Forellenweg groß. Deren tatsächliche Nutzung kann zu diesem Zeitpunkt natürlich noch nicht endgültig bewertet werden. Ihre finanzielle, baulich-räumliche und personelle Ausstattung ist im Vergleich zu anderen Neubau-Wohnanlagen überaus gut. Vorstellbar ist, daß die weitestgehend durch die öffentliche Hand unter Federführung der kommunalen Sozialplanung getätigte Grundinvestition in Zukunft sukzessive durch Zusatz- und Begleitleistungen von Bewohnergruppen, der verwaltenden Wohnbaugesellschaft und privater Träger noch ergänzt wird.

Die bisherige Annahme dieser Strukturen und Angebote, einschließlich des neuen kommunalen Modells soziokultureller Gemeinwesenarbeit durch die Bewohner unterstreicht die durchaus große Bereitschaft der ‚Neu-Bürger‘, sich bei ehrlich eröffneten, relevanten Beteiligungsmöglichkeiten für die Siedlung und den Stadtteil mit großem Engagement und Ideenreichtum einzusetzen.

Abb. 14

ORGANIGRAMM:"Siedlerverein Forellenweg"

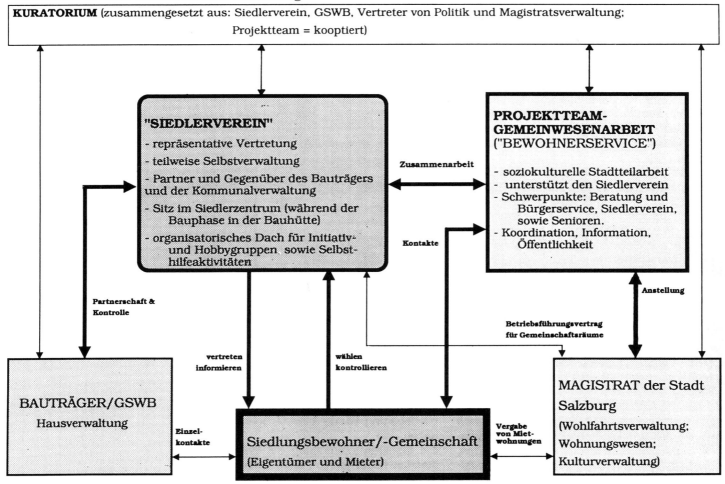

KURATORIUM (zusammengesetzt aus: Siedlerverein, GSWB, Vertreter von Politik und Magistratsverwaltung; Projektteam = kooptiert)

"SIEDLERVEREIN"
- repräsentative Vertretung
- teilweise Selbstverwaltung
- Partner und Gegenüber des Bauträgers und der Kommunalverwaltung
- Sitz im Siedlerzentrum (während der Bauphase in der Bauhütte)
- organisatorisches Dach für Initiativ- und Hobbygruppen, sowie Selbsthilfeaktivitäten

PROJEKTTEAM-GEMEINWESENARBEIT ("BEWOHNERSERVICE")
- soziokulturelle Stadtteilarbeit
- unterstützt den Siedlerverein
- Schwerpunkte: Beratung und Bürgerservice, Siedlerverein, sowie Senioren.
- Koordination, Information, Öffentlichkeit

Zusammenarbeit

Kontakte

Partnerschaft & Kontrolle

Anstellung

Betriebsführungsvertrag für Gemeinschaftsräume

vertreten informieren

wählen kontrollieren

BAUTRÄGER/GSWB
Hausverwaltung

Einzel-kontakte

Siedlungsbewohner/-Gemeinschaft
(Eigentümer und Mieter)

Vergabe von Mietwohnungen

MAGISTRAT der Stadt Salzburg
(Wohlfahrtsverwaltung; Wohnungswesen; Kulturverwaltung)

Literatur

BÖRSTINGHAUS, W.: Kommunale Sozialpolitik und Stadtteilkultur. Lokale Kulturarbeit mit Vereinen. Dortmund 1986

BRECH, J. (Hg.): Neue Wohnformen in Europa. Berichte des 4. Internationalen Wohnbund-Kongresses. 2 Bde, Darmstadt 1989

DENGG, B./GORDON, S.: Handlungskonzept für ,Aktivierende Gemeinwesenarbeit' im Wohnbauvorhaben Forellenweg. Salzburg 1987, und Fortschreibung: Salzburg 1988

FESTER, F.M./KRAFT, S./METZNER, E.: Raum für soziales Leben. Karlsruhe 1983

FREISITZER, K./KOCH, R./UHL, O.: Mitbestimmung im Wohnbau. Ein Handbuch. Wien 1987

GUTMANN, R.: Gemeinsam planen und wohnen. ,Entwicklung sozialen Lebens' am Beispiel der Neubausiedlung Salzburg-Forellenweg. Salzburg 1990

HUBBERTZ, K. P.: Gemeinwesenarbeit in Neubauvierteln. Ansätze zu einem integrativen Handlungsmodell. Münster 1984

LANGSCHWERT, G.: Wohnen mit Nachbarn – drinnen und draußen. Ein Handbuch für die Nutzung von Gemeinschaftsräumen und von Räumen, die dazu werden können. Wien 1985

LINS, J.: Mitbestimmung im Wohnbau. Von Technokratenherrschaft zu konkreter Demokratie. Wien 1982

NOVY, K. u. a. (Hg.): Anders Leben. Geschichte und Zukunft der Genossenschaftskultur. Berlin/Bonn 1985

REITERER, H.: ,Wohnungsmitbestimmungsmodell Salzburg' untersucht am Beispiel des Wohnbauvorhabens Forellenweg. Bericht, Salzburg 1990 (unveröff.)

STEINER, D.(Hg.): Das Salzburg-Projekt. Entwurf einer europäischen Stadt. Wien 1986

Axel Gutzeit

Selbsthilfe im sozialen Wohnungsbau

1. Vorbemerkung

Seit 12 Jahren beschäftigt sich mein Büro mit Selbsthilfe, und wir haben inzwischen ca. 200 bis 240 WE als Miet- und Eigentumswohnungen erstellt.

Dazu habe ich zahlreiche Artikel, Empfehlungen und Wunschvorstellungen verfaßt, die anscheinend bei den jeweiligen Politikern, die für Wohnungsbau zuständig waren, Aufmerksamkeit erregt haben, aber zu keinen durchschlagenden Entscheidungen führten.

Ich bin es leid, darüber zu diskutieren, ob Selbsthilfe evtl. oder vielleicht in wenigen Projekten möglich ist, sondern ich weise darauf hin, daß in der heutigen Zeit in jedem Land der Welt Selbsthilfe im Wohnungsbau unbedingt erforderlich ist und wird, demzufolge muß jeder Politiker an seiner Wohnungsbaupolitik scheitern, der nicht auch hier sein besonderes Augenmerk hinwendet.

2. Selbsthilfe – ein zwingender Bestandteil in der Wohnungsbaupolitik eines Landes

In West-Berlin ist Anfang 1989 die CDU/FDP-Regierung an der Wohnungs-Politik ihrer letzten 8 Jahre – trotz aller Erfolge, die sie sonst vorzuzeigen hatte – gescheitert.

8 Jahre vorher war die SPD/FDP-Regierung gescheitert – ebenfalls an ihrer Wohnungs-Politik. Trotz ihrer Erfolge und trotz der hervorragenden Ideen des damaligen SPD-Bausenators Ristock, seiner Idee-„Besinnen auf die Innenstadt".

Was ist passiert in all den Jahren der jeweiligen Regierungen, daß sie jedesmal an der Wohnungs-Politik gescheitert sind!?

Lassen sie mich das in kurzen Thesen am Beispiel West-Berlin darstellen.

a) Falsche Prognosen;
West-Berlin z. B. sollte nach einer Prognose aus dem Jahre 1976, 10 Jahre später – also 1986 – nur noch 1,75 Mio Einwohner haben. Tatsache: Es waren fast 1,95 Mio!

Selbst die Prognosen um 1986 wollten sich nur mühsam mit der Tatsache befreunden, daß WEST-BERLIN aller Wahrscheinlichkeit nach im Jahre 2000 und danach eine 2-Millionen-Stadt sein würde (dies hat sich nach dem Nov. 1989 natürlich überholt).

Die Volkszählung im Mai 1988 ergab 2.045 Mio. Einwohner. Eine zweite Tatsache ergab sich durch die Volkszählung, was seit 10 bis 15 Jahren keine Regierung in Berlin glaubte, daß es eine Wohnungsnot gibt, die zwar nur unterschwellig spürbar, aber doch vorhanden war.

b) Die Bürokratie

Die 2. These soll sich nicht mit der Kritik an der Bürokratie beschäftigen, sondern nur mit dem Apparat direkt. Die Bürokratie war eigentlich einmal eine vom Bürger initiierte Institution, um dem Bürger die Arbeit zu erleichtern – irgenwie hat sie sich zu einem Zwitter entwickelt, der dem Bürger einmal hilft und ihn ein anderes Mal so behindert, daß viele Ideen schon im Anfangs-Stadium stecken bleiben – nach dem Motto: WAS NICHT SEIN KANN – NICHT SEIN DARF!

Dem Bürger ist inzwischen das Verständnis für seine Bürokratie verlorengegangen und darum plädiere ich dafür, daß der Bürokratie vom Politiker und vom Bürger wieder geholfen werden muß.

Der Bürokratie muß geholfen werden – von beiden Seiten (Politiker wie Bürger) – um Phantasie für neue Dinge zu entwickeln und sie auch geschehen zu lassen.

Die Selbsthilfe hat in Berlin 10 Jahre gebraucht, bis nun endlich die Bürokratie aufmerksam wurde und z. B. im März 1990 ein Seminar für Selbsthilfe abgehalten wurde.

c) Subventionen für die falschen Leute und fehlende flexible Programme der Förderung

Jede Landesregierung hat vor, für die armen Leute etwas zu tun.

Sie will jeden mit Wohnraum versorgen und es jedem recht machen. Warum gelingt das eigentlich nicht!?

Ich will mich einmal vorsichtig herantasten:

Traut man sich nicht, die Probleme beim Namen zu nennen? Gewerkschaften und Politiker, die in der Opposition sitzen, behaupten ja, fast alle Leute seien arm (man soll ihnen hier Glauben schenken). Hält man sich aber an die Tatsache, so muß man wohl unterscheiden, daß sich nach dem Kriege in Deutschland eine große Mittelschicht entwickelt hat, es aber heute im Gegensatz dazu noch wirklich ARME MENSCHEN gibt.

Warum also, wenn man das schon erkannt hat, baut man nun nicht für die wirklich Armen und Bedürftigen angemessene Wohnungen!?

Sie sollen mit Wohnraum versorgt werden, und diesen für wenig Miete bekommen. Nur weil sie arm und bedürftig sind, muß man ihnen das aber nicht unbedingt auf die Nase binden, und so sollen sie aktiv mit daran teilhaben – mit ihrer Selbstleistung für ihre preiswerte Wohnung.

Hier hätte man die Möglichkeit zu helfen und Not zu lindern – ohne ihnen aber den Stolz zu nehmen.

Durch die Selbsthilfeleistungen könnten ganz andere Programme im Sozialen Wohnungsbau entwickelt werden als jetzt zur Zeit bestehen.

Im Selbsthilfebau sind die Baukosten für den Staat ca. 15 – 20 % billiger.

Dem Mittelstand und den etwas besser verdienenden Personen könnten flexible Programme – je nach Standard – zur Verfügung stehen, und warum soll dann eine Sozialbauwohnung in gut gelegener Lage nicht bei 10,- bis 12,- DM/m^2 Miete liegen.

Hat man sich erst von der unnötig geführten Diskussion getrennt, Wohnungen für alle gleich teuer zu machen, wird sicher Geld übrig bleiben, genügend Wohnungen für wirklich Bedürftige zu geringeren Mieten zu bauen.

Die Diskussion in der Selbsthilfe darf nicht bei den Bedürftigen aufhören – ganz im Gegenteil – selbst der, der genügend Geld für die Miete hat, ist daran interessiert.

d) Strukturwandel in der Wohnungswirtschaft

Die CDU-FDP-Regierung in Berlin wollte lobenswerter Weise sparen, hat dies aber an den falschen Stellen getan und vor allen Dingen den realen Wohnungsbedarf nicht erkannt.

Es wurde nicht reagiert auf deutliche Aussagen der Mieter über schlecht gelegene Wohnungen und schlechte Grundrisse und auch nicht auf Zeitungsartikel, die sich mit dem Problem „Wohnung" befaßten.

Ohne auf evtl. flexible Möglichkeiten innerhalb der Programme zu achten, wurde dies trotz vorhergehender Versprechen heruntergefahren.

Die SPD-AL-Regierung wiederum wollte nur noch den sozialen Wohnungsbau fördern und wollte sogar den freifinanzierten Teil (3. Programm) stoppen – und wieder vermißte man hier die flexiblen Programme.

Selbsthilfe wäre hier ein Regulativ um Kosten zu sparen und vor allen Dingen aufzuzeigen, wie etwas entstehen kann ohne nach Einheitswohnungen zu riechen.

Der Politiker, der dem Bauen und Wohnen sein Augenmerk zuwendet, sollte nicht vergessen, die Möglichkeiten der Selbsthilfe ausreichend untersuchen zu lassen.

Denn, wenn nicht ein Teil der Bevölkerung mit eingebunden wird, ist Verständnislosigkeit vorprogrammiert und ein weiteres Scheitern in der Wohnungsbau-Politik angesagt.

3. Die veränderten Wohn- und Lebensformen

Seit ca. 15 Jahren liegen Sozialberichte auf dem Tisch, wonach in Ballungsgebieten ca. 10% aller Menschen in Wohngemeinschaften zusammenleben wollen.

Meines Wissens gibt es nicht einen geförderten Bau in der Bundesrepublik, in dem (zum Beispiel) diese Menschen in neuen Wohnformen ihr Leben verwirklichen können.

In den letzten Jahrzehnten sind wir in unserer Entwicklung gewaltig vorangeschritten. Unsere Aufmerksamkeit galt dem „Mehr, Größer, Schneller, Besser" und der Steigerung. Steigerung von Bruttosozialprodukten mit immer mehr Umsatz und mehr Gewinn.

Dieses Gedankengut ist in unsere gesamten Lebensbereiche eingedrungen. Bei diesem „Mehr" ist uns jedoch einiges in unserer Umwelt verlorengegangen. Bei allem Fortschritt, den wir erzielen, muß festgestellt werden, daß es Bereiche gibt, in denen wir verarmen.

Nicht nur, daß es in den Industrie-Nationen Bevölkerungsanteile gibt, die nicht einmal das Geld für das Allernotwendigste verdienen, nein, man muß feststellen, daß wir auch seelisch verarmen. Große Teile der Produktion werden zukünftig von Robotern hergestellt, und in allen Lebensbereichen ist der Computer auf dem Vormarsch. Den Menschen wird eingeredet, daß sie nicht das leisten, was Roboter oder Computer können. Diese werden auch nicht krank und können auch nicht streiken.

Bedingt durch solche Entwicklungen, zieht sich der Mensch zurück und beginnt zu leiden. Bedenken wir die steigenden Umsätze der Video-Industrie, die Menschen lassen sich mit Filmen berieseln und all dies führt zu noch mehr Passivität.

Studenten, junge und alte Leute sowie die ausländischen Mitbürger haben – ungeachtet der „Aussagen von Politikern" – ihre Wohn- und Lebensform geändert.

Wie alte Leute nicht mehr unbedingt ihren Lebensabend auf der grünen Wiese verbringen wollen, so wollen ausländische Bürger größere Wohnungen und die Studenten keine untervermieteten Zimmerchen mehr haben.

Trotzdem werden nur Einheits-Wohnungen gefördert und trotz des Ansteigens von Single-Gruppen kaum 1-, 1½-Zimmer-Wohnungen oder ähnliche gefördert.

Da aber diese Gruppen – die früher als Randgruppen bezeichnet wurden – inzwischen mehr als 2/3tel der Bevölkerung ausmachen, ist hier eine Antwort notwendig.

Freizeit ist inzwischen ein bedeutender Teil unseres Lebens geworden; und z. Zt. wird diese aber fast ausschließlich für den Urlaub genutzt.

Man kann aber doch hinterher fragen:

– wie lange reicht das Geld für die Freizeit?

– wenn wir an den Umweltschutz denken – nicht nur bei uns zu Hause, sondern auch in der Ferne:

   die überlaufenen Strände, die verschmutzten Berge.

Ist es nicht an der Zeit, uns auf uns selbst zu besinnen!? Das, was uns stark macht, was wir vorzeigen können, was bezahlbar ist – unsere Eigenleistung in der Wohnung.

Früher war der Mensch in der Lage, seine Wohnung selbst zu bauen; inzwischen verlassen wir uns nur noch auf Dienstleistungen, die zwischenzeitlich im Preis so angewachsen sind, daß sie für viele unbezahlbar geworden sind. Kann mehr Freizeit nicht sinnvoll genutzt werden!?

Sollten Politiker die Zeit nicht nutzen, um zum Umdenken aufzufordern?

Arbeitslosigkeit ist inzwischen ein beliebter und vielbenutzter Begriff jeder Opposition, um den politischen Gegner in die Pfanne zu hauen; bei der Nachfrage, wer arbeitslos ist, kommt oft zum Vorschein, daß der weniger Qualifizierte oder nicht Gelernte arbeitslos ist. Könnten hier nicht – und dies natürlich mit aller Vorsicht, ungelernte Kräfte für Selbsthilfe gesetzt – sich zum etwas billigeren Dienstleister entwickeln?

In der Selbsthilfe liegen gute Gedanken verborgen, aber sie müßten noch mehr gefördert werden als bisher, um ihr deutlich zum Durchbruch zu verhelfen.

4. Die Verantwortung des Staates

Selbstverständlich hat der Staat das Recht, Normen vorzugeben für diejenigen der Wohnungen, die von ihm in erheblichem Maße gefördert werden.

Die letzten Wohnungsbauförderungsbestimmungen der meisten Länder stammen jedoch meines Wissens nach noch aus den 60er Jahren und sind selten modifiziert worden.

Die WFB's, wie man sie abgekürzt nennt, sollen natürlich die Qualität und eine Mindestausstattung sichern. Sie stammen aber aus Zeiten, wo jeder froh war eine Wohnung zu erhalten.

Nun ist es wieder der Fall. Dazwischen gab es aber Zeiten wo Hochhausarchitektur leer stand und von „Rückbau" die Rede war. Die Zeiten haben sich schon so und so gewandelt – die WFB's jedoch haben all dies überstanden.

Muß hier nicht der Staat eingreifen um zu modifizieren, um Denkbares möglich zu machen oder der Phantasie etwas Freiraum zu geben? Wieviel ist auf Anregung des Staats in die IBA-Berlin geflossen, es wurden wahrlich große Bauvorhaben geleistet – haben sie aber in den Grundrissen der Wohnungen etwas bewirkt? Der Staat – und hier steht er in der Pflicht – hat nicht nur die Vorgaben zu leisten für das Machbare (indem er finanziert), in den Vorgaben müssen

auch Freiräume sein für Veränderungen. Selbsthilfe ist eine der Veränderungen.

Selbsthilfe hat den Anschein des Billigen – Unvollkommenen – und das erscheint uns Deutschen suspekt, selbst Politiker die Selbsthilfe wollten, haben sich hier disqualifiziert, indem sie in diesem Zusammenhang von Billigbauten redeten. So etwas darf nie mehr vorkommen, denn eines Tages wird Selbsthilfe in allen Bereichen notwendig sein.

5. Die Verantwortung des Bauträgers und des Bürgers

Der Bauträger, egal ob gemeinnützig oder privat, hat sich durch die Vorgaben des Staates gängeln lassen. Es war bequem – hier die Förderung und da die Bestimmungen – und keiner brauchte sich Sorgen zu machen solange er im Bereich der Normen lag. Wo war der Bauträger, der Architekt, der Bürger der hier etwas dagegen sagte?

Egal wo sich eine 3-Zimmer-Wohnung befand – in Berlin, Hamburg oder Bayern – sie sieht immer gleich aus.

Nur die Fassaden sind unterschiedlich, denn daran kann sich der Architekt beweihräuchern lassen. Die Fassade zählt – sie macht ihn mittelmäßig oder berühmt. Der Architekt hat längst die Einengungen im Bereich der Wohnung durch die Wohnungsbau-Förderungsbestimmungen akzeptiert, hat er doch die Fassade als Spielwiese entdeckt.

Der Bürger hat den Gegenstand Wohnung geschluckt, immer mit dem Grund, er bräuchte sie dringend. Kein Protest, keine Verweigerung; auch der Bürger hat hiermit seine Verantwortung nicht wahrgenommen.

Bürger wie Bauträger müssen sich zumindest von einem Teil der Subventionen trennen und sich ihrer Verantwortung klar werden. Nicht der Staat darf nur Vorschreiben wie eine Wohnung auszusehen hat, sondern Bauträger wie Bürger müssen für eine Wohnung Verantwortung tragen. Der Bürger – einstehen für das Innere, so wie er es persönlich haben möchte – und der Träger als beratender Partner.

Die Lustlosigkeit der Bevölkerung gegenüber den EINHEITSWOHNUNGEN. Da in den meisten Ballungs-Gebieten in Deutschland akute Wohnungsnot herrscht, wird – auf deutsch gesagt – noch jedes Loch vermietet. Ideal wäre ein Zustand, der 5% der Wohnungen als Leer-Stand hätte; dann würde sich die Spreu vom Weizen trennen, d. h. welche der Einheits-Wohnungen noch vermietbar wären und welche nicht.

Um es hier auf eine Kurzformel zu bringen: „Solange die Hygiene und die Sicherheit einer Wohnung gewährleistet ist, muß ein Bürokrat seine Nase aus dem Inneren einer Wohnung nehmen."

Aber auch die Bauträger müßten mutiger sein.

Die Gemeinnützigen sollten nicht nur ihre großen Namen vor sich her tragen und Private sollten die Innovationen aufgreifen, die in der Selbsthilfe stecken.

Im Bezirk Wedding in West-Berlin haben wir seit einiger Zeit Erfahrungen mit einer Firma, die es sich zur Aufgabe gemacht hat, Jugendliche in die Arbeit einzubinden, die aufgrund zahlreicher Gründe ins Stolpern geraten sind.

Diese Jugendlichen haben sich ihre Wohnungen selbst ausgebaut und diese in Selbsthilfe modernisiert. Sie haben aber auch gezeigt, daß sie in Form einer Firma überlebensfähig sind.

Firmen dieser Art könnten noch mehr gegründet werden, um Jugendarbeitslosigkeit abzubauen, und den Jugendlichen ein sinnvolles Leben zu garantieren.

6. Organisation der Selbsthilfe

Die Kosten der Bauten könnten erheblich gesenkt werden durch:

a) kürzere Bauzeiten

b) flexible Konstruktionen und

c) Selbstbeteiligung der Mieter

Daß kürzere Bauzeiten Kosten ersparen, braucht hier wohl nicht besonders erwähnt zu werden. Zwischenfinanzierungen sind teuer und eine erhebliche Belastung für die spätere Miete. Es ist sehr wohl ein Unterschied, ob ein 6-geschossiges Gebäude bis zum Rohbau, in zwei oder zehn Monaten erstellt wird.

Die Bauvorhaben, die geplant werden, sollten so flexibel sein, daß der Bauträger in die Lage versetzt wird, jede mögliche Wohnform – die vom Bürger verlangt wird – möglich zu machen. Eines sollten wir uns vor Augen halten: im quantitativen Bereich haben wir heute genug Wohnungen lt. Statistik, nur nicht in dem Bereich um qualitativ, individuell und emotionell den Bürger zu befriedigen.

Angeregt durch die Flexibilität des Grundrisses kommt der Bürger erst auf neue Ideen. Seine Wünsche und die Vorgaben des Architekten können sich in wunderbarer Weise verbinden. Durch den Selbstausbau seiner Wohnung entrinnt der Mieter der Einheitswohnung, da er hier den Innenraum selbst gestalten kann. Wenn er dies geschafft hat, kann er stolz auf sich sein, kann er sich in privatem Kreis seine Anerkennung verschaffen, die ihm vielleicht woanders versagt bleibt.

Durch den Selbstausbau kann er außerdem seine Miete oder sein einzuzahlendes Eigenkapital erheblich senken.

Durch meine Erfahrungen mit ausgeführten Projekten, einer Anzahl zu planender Objekte, und durch zahlreiche Vorträge vor Bürgern weiß ich, daß sie bereit sind diese Arbeiten gern zu übernehmen, um sich eine individuelle Wohnung zu schaffen.

In dieser Bereitschaft liegt eine Chance, Bauten in großem Maße zu planen und zu bauen, die auf die Wünsche der Bürger zugeschnitten und schnell abgewickelt sind. Außerdem gibt es keine Querelen im Bereich der Mängelbeseitigung, im Inneren der Wohnung, für den Bauträger.

Modelle dieser Art können sowohl im Eigentums-Wohnungsbau als auch im sozialen Wohnungsbau durchgeführt werden. Mit Abgrenzungsbaubeschreibungen lassen sich sowohl Bauträger als auch Wohnungsinhaber schützen. Hier wird geklärt, was der eine haben will, und was der andere bekommt.

Ein letzter Punkt zum Selbstausbau:

Folgende Fragen werden immer wieder gestellt:

1. Müssen es denn nur Handwerker sein, die in diese Wohnungen einziehen?

Diese Frage ist mit einem klaren „NEIN" zu beantworten. Märkte aller Art haben die Verbraucher so aufgeklärt und informiert, daß sie selbst zum größten Teil mit den Materialien, die sie einbauen, klarkommen.

Es gibt inzwischen Materialien zu kaufen, die selbst so alte Bauhasen wie mich (und ich habe Maurer gelernt) verwundern.

2. Was passiert bei einem Auszug?

Dies kann vertraglich sehr gut geregelt werden. Wir haben es untersucht.

In einem solchen Haus ist die Fluktuation jedoch sehr gering. Auch kommt kein Vandalismus vor, weil die Leute auf ihr Haus achten.

Noch ein Wort zur Beratung:

Bei den Grundrissen, die sich der Bürger wünscht, sollte der Architekt auf Ungereimtheiten achten, damit dem Bürger die Freude an seiner Wohnung nicht verlorengeht.

In der Ausbauphase sollte die Bauleitung 2 x in der Woche dem Bürger zur Verfügung stehen (vielleicht Mittwoch abends und Samstag früh), um zu beraten und kleine Probleme sofort zu beheben.

Ein 6-geschossiges Haus mit 24 Wohnungen kann einschließlich Mieterselbstausbau in 9 bis 10 Monaten fertig sein; für Bürger, die hier die Möglichkeit finden individuell und emotionell, eine Heimat zu finden.

Es ist sicher schwer umzudenken – jedoch ist es Zeit.

Und nun – an die Adresse der Banken:

Ausstattung und Ausführung ist bedeutend besser als in normalen Bauten.

Ich warne davor, Selbstbeteiligungsobjekte als Billigobjekte abzuqualifizieren.

Ein Hinweis zur „Schwarzarbeit" und zum „Pfusch".

Es wurde oft und viel von Pfusch und Schwarzarbeit gesprochen; jedoch sollten sich die Handwerker einmal in Selbsthilfe ausgeführte Arbeiten ansehen!

Eine 1990 durchgeführte Untersuchung der IWU, Institut Wohn- und Umwelt Darmstadt, über die Untersuchungen von Planungskosten ergab eindeutig, daß zwar Schwarzarbeit nicht gänzlich ausgeschaltet werden kann, jedoch insgesamt ziemlich unbedeutend bei der Selbsthilfe ist.

Selbsthilfe ist von den Handwerkskammern und den Gewerkschaften verteufelt worden; allen sind aber anscheinend die Entwicklungen der letzten 15 Jahre bei den Baumärkten entgangen; es gibt inzwischen Märkte jeglicher Form, bis hin zu speziellen Märkten, wie für Sanitär- Heizungs- und Lüftungs-Artikeln. Hier ist ein Fundus für die Selbsthilfe – der Trend ist nicht mehr aufzuhalten!

Die Innenarbeiten, die die Mieter oder Eigentümer ausführen, betreffen folgende Gewerke:

a) Innenwände
b) Fliesenarbeiten
c) Innentüren und Zargen
d) Malerarbeiten
e) Sanitärleitungen und Objekte
f) Elektro-Innenausbau
g) Bodenbeläge
h) Einbauküchen
i) Dichtungen (Kleinteiliger Art)

Ich gebe zu, daß bei den Gewerken:

a) Innenwände
b) Fliesenarbeiten und
c) Malerarbeiten

vielleicht die Arbeit den Handwerkern weggenommen wird. Wenn man sich jedoch heute einen Maler oder Fliesenleger bestellt, wann kommt er dann?

Wo steht denn auch geschrieben, daß man mit „der" oder „jener" Arbeit immer sein Geld verdienen kann? Haben denn die Putzer gejammert, als die Maler in ihr Metier der Fassadenbeschichtung eingedrungen sind?

Der Wandel wird sich immer schneller vollziehen: nur wer flexibel reagiert, wird auf die Dauer Arbeit haben.

Nun zu den restlichen Gewerken: wo wird denn nun wirklich Geld verdient?

Z. B.: beim Sanitärgewerbe – beim Rohre verlegen oder bei der Objektmontage?

Hier kann mir keiner erzählen, daß der Sanitärmonteur nicht froh ist, wenn er die Restmontage nicht mehr machen muß. Hier gibt es keinen Akkord mehr, hier beginnt die Lustlosigkeit der Handwerker und der „Pfusch". Wieviel schief angebrachte Becken etc. gibt es, usw., usw.

Die gleichen Dinge passieren beim Einbau durch andere Gewerke. Verdient ein Bodenbelagshandwerker nicht mehr beim Verkauf als beim Verlegen?

Einbauküchen: Hier werden bei weitem bessere Objekte eingebaut, als es der soziale Wohnungsbau normalerweise zuläßt. Hier gibt es Steigerungen und keinen Verlust.

Es wird immer vom mündigen Bürger gesprochen, dazu gehört, daß sich der Bürger nicht nur auf den Staat verläßt, sondern auch selbst etwas tut. Man hat ihn lange genug zur Passivität erzogen. Fehlendes Engagement sollte aktiviert werden.

Der Bürger wird durch gemeinsame Arbeit neu trainiert.

Gestalten sich die Bürger ihre Wohnungen selbst, so lernen sie sich auch untereinander kennen. Kontakte entstehen während der Phase des Ausbaues.

Außerdem wirken sich die Erfahrungen beim Ausbau auf das Zusammenleben der späteren Zeit, nach der Fertigstellung, aus.

Eine weitere Erfahrung ist, daß die Bürger merken, wie sich Baukosten überhaupt zusammensetzen und was es kostet, etwas neu zu schaffen oder zu erneuern.

Carsten Lorenzen

Jystrup Savvärk – eine Bewohnergemeinschaft

Die Bewohnergemeinschaft Jystrup Savvärk (= Jystrup Sägewerk), gelegen in einem ländlichen Ort südlich von Kopenhagen, ist eine der vielen Wohngemeinschaften der letzten Jahre in Dänemark. Für die Beteiligten liegt der Wunsch zugrunde, einerseits gemeinschaftlich zu wohnen und andererseits entscheidenden Einfluß zu nehmen auf die Gestaltung ihrer Wohnumwelt auch in der Planungsphase.

Jystrup Savvärk hat 21 Wohneinheiten, die um zwei winkelförmig angeordnete Wohnstraßen angeordnet sind. Im Eckpunkt liegt das große Gemeinschaftshaus und setzt mit seinem Turm einen baulichen Akzent. Jede Wohnung wird direkt über die glasüberdachte Wohnstraße erschlossen. In der Straße wird gespielt und gewohnt, sie ist eine natürliche Erweiterung der einzelnen Wohnungen, die somit nicht nur die Eingangstür, sondern auch Fenster zur Wohnstraße haben. Dort gibt es Sandkästen, Spiel- und Aufenthaltsflächen mit Blicken auf die schöne Landschaft. Die Straße ist von der Materialwirkung her gestaltet wie ein Wohnweg im Freien, jedoch ergibt sich durch die Verglasung ein für dänische Verhältnisse sehr großer Vorteil. Die sparsamen sommerlichen Gutwetterperioden werden auf einen Schlag um Monate verlängert. Die Straße ist ein Klimapuffer, der auch im Winter frostfrei ist und ganzjährlich benutzt wird.

Die gebaute Wirklichkeit hat sich entwickelt aus einem ersten Entwurf, in dem angestrebt wurde, den Gemeinschaftsgedanken konsequent zu verfolgen. Ausgangspunkt war der – auch gebaute – Gedanke, eine Wohngemeinschaft nicht zu begreifen als eine Reihe von Einzelhäusern, freiliegend und mit einem ebenfalls freiliegenden Gemeinschaftshaus. Wohngemeinschaft hieß hier: ein Organismus, eine bauliche Struktur mit fließenden Grenzen zwischen öffentlicher und privater Fläche,

Grenzen, die verschoben werden können bei veränderten Bedürfnissen der Bewohner und auch im Laufe der Jahreszeiten. Die einzelnen Basiswohneinheiten wurden minimiert. Die Flächen für Küchen und zum Aufenthalt wurden teilweise aus der Wohnung herausgenommen und z. B. als Kücheninseln im Gemeinschaftsbereich angeordnet. Es gab Ergänzungsräume zwischen den Wohnungen, eine Art von Hotelzimmern, die zur Flexibilität der Basiswohnungen beitragen sollten. Diese Auffassung von Gemeinschaft bedeutete nicht nur, daß die Bewohnergruppe sich über ihr späteres Zusammenleben Gedanken machen mußte. Sie bedeutete auch, daß sich die Architekten mit ganz neuen baugesetzlichen, sicherheitsmäßigen und bautechnischen Problemen beschäftigen mußten. Das Projekt erlangte Experimentstatus und wurde als solches wohlwollend in den zuständigen Verwaltungen und in den Instanzen, die Zuschüsse für experimentelle Bauvorhaben erteilen, behandelt.

Obwohl das Programm sich im Laufe der Planung veränderte und schließlich in seiner zuerst gewollten Konsequenz nicht durchzuführen war, ist Jystrup Savvärk mit einem Anteil der Gemeinschaftsfläche an der Bruttogeschoßfläche von 40 % eines der konsequentesten Realisierungen einer Wohnungsgemeinschaft in Dänemark. Es gibt 5 verschiedene Wohntypen mit 2 bis 4 Zimmern in Größen von 63 – 98 qm, gerechnet ohne Anteil an den Gemeinschaftsflächen. Die zur großen Grünfläche hin orientierten Wohnungen sind eingeschossig und haben einen kleinen Garten, während die außenliegenden Wohnungen 1,5- bis 2geschossig sind und einen über der Wohnstraße angeordneten Balkon haben. Das große 2- bis 3geschossige Gemeinschaftshaus, von dem die beiden Wohnstraßen ausgehen, beinhaltet eine Gemeinschaftsküche und die eigentlichen Gemeinschaftsräume.

„Andelsloven" – die rechtliche Grundlage

„Andelsloven" (= Anteilgesetz), ein relativ junges Gesetz zur Finanzierung von Wohnungen, ermöglicht eine Wohnform zwischen Miet- und Eigentumswohnungen. Die Schwerfälligkeit der sozialen Wohnungsbaugenossenschaften wird umgangen, und gleichzeitig gibt es nicht den Spekulationseffekt wie bei Familienheimen. Jedoch wird eine dem sozialen Wohnungsbau entsprechende Mitfinanzierung der öffentlichen Hand gesichert.

In gewissen Punkten spricht dieses Gesetz Menschen an, die gemeinschaftlich wohnen wollen. Gefordert ist eine Gruppe von mindestens 12 Anteilhabern, um in Frage zu kommen. Der Finanzrahmen und die Wohnungsgrößen werden eindeutig definiert, die Miete kann mit großer Sicherheit von vorneherein festgelegt werden.

Die Zusammenarbeit Architekten – Bewohner

Für die Zusammenarbeit mit der Jystrup-Gruppe waren die Bestimmungen im „Andelsloven" eine große Erleichterung. Von Anfang an wurden die Gespräche und Diskussionen „diszipliniert". Ein grundlegendes Verständnis wurde für einen zentralen Aspekt in der Bewohnermitbestimmung erreicht: Der Wohnungsbau ist eine vielfältige und eine gebundene Aufgabe, die – wenn wie glücken soll, ohne banale Resultate hervorzurufen – immer wieder fordert, daß gegensätzliche Gesichtspunkte, individuelle Wünsche, Sonderinteressen im Verhältnis zu einer Ganzheitlichkeit abgewogen werden, eine Ganzheitlichkeit, die von allen Beteiligten verstanden und verfochten werden muß.

Im Büro war die Erinnerung an frühere Bewohnergemeinschaften in frischer Erinnerung. Man war sich darüber einig, in die neue Zusammenarbeit einige Beschränkungen einzufügen, die notwendig waren, um als Architekt darin zu überleben. Wir verlangten Einfluß auf das Bauprogramm, damit es in gewissen Punkten verschärft werden konnte, um die soziale Perspektive des Wohngemeinschaftsgedankens verwirklichen zu können.

Wir wollten, daß individuelle Lösungen auf ein Minimum reduziert werden sollten und Grundrißvariationen in erster Linie von architektonischen und bautechnischen Zwängen bestimmt werden sollten. Wir forderten Verständnis für die künstlerische Dimension der Arbeit des Architekten und machten von Anfang an deutlich, daß auch irrationale Ideen, gefühlsmäßige Faktoren, das Musische und auch ein gewisser Leichtsinn ab und zu wichtig für ein gelungenes Resultat sind. Es ist einleuchtend, daß solche Voraussetzungen nur bei großem Vertrauen und Kongruenz der Lebensanschauungen zu erfüllen sind.

Aus welchem Grund auch immer war die Gruppe musischer und neugieriger, als wir es gewohnt waren. Sie hatte die gute Eigenschaft, Beschlüsse nicht formell zu fassen, bevor die Idee sich in dem oft sehr widersprüchlichen Spannungsfeld der kreativen Arbeit als lebenstüchtig erwiesen hatte. Es wurde zusammen skizziert, und es wurden gemeinsam Vorstellungen von Gemeinschaft entwickelt.

Viele lange Abende und Nächte wurden verbracht, um sich aufeinander einzupeilen und auf die ganz besondere soziale Organisation einer Wohngemeinschaft. Immer wieder versuchten wir Möglichkeiten zu entwickeln und festzuhalten, Möglichkeiten, die entstehen, wenn viele Neugierige und Interessierte zusammen sind. Es wurde gelacht und geweint, Türen öffneten sich und wurden zugeschlagen. Wohnträume sind derart wichtig, daß sie das gesamte Register der Gefühle fordern.

Als Architekten sagten wir: Architektur ist Zusammenhang. Zusammenhang zwischen Geld und Bautechnik, zwischen dem Irrationalen und dem Vernünftigen. Aber – sagten wir uns selbst und des öfteren auch der Gruppe – gut wird sie erst, wenn sie verantwortlich ist, und das heißt grenzüberschreitend, das heißt Experimentieren im Maßstab 1:1, um die Grenze des Machbaren zu prüfen und um diese Grenze zu verrükken.

Wolf Greling

Neue Wege der Mietermitwirkung im Wohnungsbau

Das Projekt „DAB-Gelände"

1. Der Begriff

Mietermitbestimmung, für viele ein Reizwort, für andere ein Begriff mit Chancen und neuen Inhalten, für die Betroffenen ein Angebot mit Verpflichtung –

oder

Mietermitbestimmung in einer Zeit ohne Leerstände ist

– gesellschaftspolitisch nicht relevant
– kollisionsträchtig
– nicht funktionsfähig
– für den Vermieter ohne Vorteile
– der vergebliche Versuch, Demokratie zu üben
– mit zusätzlichem Aufwand verbunden
– schlichtweg: nicht erforderlich.

Die aufgezeigten konträren Ansätze bieten genügend Diskussionszündstoff. Es wird wohl auch nicht möglich sein, grundsätzlich nur ja oder nur nein zu sagen, denn, wie viele Ansätze im Umgang mit dem Thema „Mietermitbestimmung" zeigen, ist jedes Projekt in bezug auf seine Rahmenbedingungen und auch inhaltlich ein neues Projekt und im Ergebnis offen.

Der Begriff Mietermitbestimmung ist im weiteren Verlauf durch **Mieterbeteiligung** ersetzt, weil dieser Begriff deutlicher ausdrückt, daß von vornherein in diesem Projekt Eingrenzungen vorgenommen wurden und dennoch gleichzeitig definierte Handlungsfelder eröffnet wurden.

2. Das Projekt DAB-Gelände

Das vorzustellende Projekt „Mieterbeteiligung DAB-Gelände" läuft seit dem 23. Oktober 1989. Die aufzuzeigenden Ergebnisse sind eine Zwischenbilanz, nach Einschätzung der Beteiligten sehr erfolgversprechend und offensichtlich sehr wohl geeignet, als Beispiel für Mieterbeteiligung im Wohnungsneubau zur Nachahmung weiterempfohlen zu werden.

Bezug der Wohnungen war Mitte 1987.

3. Entwicklung

Die Dortmunder Actien-Brauerei, kurz DAB, gab Anfang der 80er Jahre ihren Produktionsstandort im Bereich der Dortmunder Innenstadt auf. Das durch den Grundstücksfond Ruhr aufbereitete ehemalige Brauereigelände wurde für eine innerstädtische Wohnungsbaumaßnahme aufbereitet. Ein Standort mit vielen Problemen, im Norden die Haupttrasse der Deutschen Bundesbahn, unmittelbar im Einzugsbereich

Abb. 1

Abb. 2

des Dortmunder Hauptbahnhofes, dahinter im Norden Produktionsstätten der Firma Hoesch, im Süden die sehr stark frequentierte Rheinische Straße, belastet mit hohem Verkehrsaufkommen, mit doppelgleisiger Straßenbahnführung, als Hauptverbindungsstrecke zwischen der Dortmunder City und dem Dortmunder Stadtteil Dorstfeld.

Neben den Belastungen aus Erschütterung und Lärm war jedoch die besondere Lage innerhalb der Dortmund City wohl ausschlaggebend für die Entscheidung, hier qualitätsvollen Wohnungsneubau zu betreiben. Entscheidend in dieser Phase war wohl, daß alle Beteiligten am Planungsprozeß versuchten, die höchstmögliche Qualität in allen Belangen erreichen zu wollen.

Klare städtebauliche Strukturen, begleitet von einem von vornherein auf Verkehrsberuhigung angelegten Erschließungskonzept, Ausbildung von ruhigen Innenhöfen, abwechslungsreiche Blickpunktbeziehungen, hohe Architekturqualität, Durchmischung neuer und anspruchsvoller Grundrißlösungen, Qualität in Material und Umsetzung wirtschaftlicher ökologischer Ansätze bilden das Rahmenprogramm für dieses Projekt.

4. Qualität als Leitgedanke

Das Projekt entstand nicht unter dem Gesichtspunkt, ein Mieterbeteiligungsmodell zu praktizieren, sondern ausdrücklich unter dem Leitgedanken: Qualität zu schaffen.

Erst heute zeigt sich, daß viele Leitgedanken des Projektes jedoch geradezu Vorbedingungen zu sein scheinen, um Mieterbeteiligung im Wohnungsneubau praktizieren zu können.

Neben der Qualität der Grundrisse, die ausnahmsweise weiterhin nicht vorrangig betrachtet werden sollen, aber in jedem Falle auch eine Voraussetzung für Qualität in diesem Projekt sind, gilt es, die oft vernachlässigten Bereiche im Wohnungsneubau deutlicher hervorzuheben, da sie oft in der üblichen Form und wenig Beachtung findend mehr oder weniger als Randerscheinung „miterledigt" werden.

5. Städtebauliche und architektonische Voraussetzungen für Mieterbeteiligung

Ziel der städtebaulichen Lösung war es, abgeschirmte Freiräume mit der Möglichkeit sozialer Kontrolle im Wechsel zu den erforderlichen Erschließungsflächen zu schaffen, wie sie durch die gleichmäßig wechselnde Kombination von Innenhof mit Gassenzeilen umgesetzt wurden.

Die Akzeptanz der Innenhöfe ist ein aussagekräftiges Beispiel für die Vereinnahmung der Freifläche durch die dort wohnenden Mieter. Kontaktflächen schaffen war ein weiteres Ziel. Ein Ziel mit dem Hintergedanken, Kontakte unter den Mietern zu fördern.

Abb. 3

Hierzu gehören im Projekt Mietergärten sowie fußläufige Verbindungswege, aber auch Gemeinschaftseinrichtungen, wie ein Gemeinschaftsraum, und auch punktuelle Treffpunkte sowohl im öffentlichen als auch im privaten Bereich.

Der Gedanke, Niederschlagswasser nicht einfach der Kanalisation zuzuführen, sondern in unterirdischen Behältern zu sammeln und mittels einfacher Handpumpe zur Bewässerung den Mietern zur Verfügung zu stellen, sollte ein geplanter, praktischer Anpackpunkt für den Mieter sein, seine Wohnumgebung zu begreifen und mit ihr umzugehen.

Der Planungsprozeß wurde ohne Beteiligung zukünftiger Mieter durchgeführt, wohl wissend, daß grundsätzlich gutgemeinte geplante Ansätze später nicht unbedingt funktionieren müssen.

6. Offene Planung

Weg vom Gewohnten, neue Qualität oder auch Wiederbelebung von Qualitäten

a) Mietergärten

Den Bezug zwischen Wohnung und Freiraum herstellen – den Freiraum erlebbar machen. Was liegt näher, als dem Mieter einen Teil der Freifläche zu übertragen, sie ihm in die Hand zu geben, um sie nach seinen eigenen Vorstellungen für sich herzurichten. Welche Voraussetzungen müssen geschaffen werden? Man tat sich schwer in dieser Frage, da es keine Einschätzung gab, welche vorgegebene Standardisierung des Mietergartens die beste Akzeptanz erhalten würde. Die Kosten waren ein weiterer Gesichtspunkt bei diesen Überlegungen, denn es standen schließlich nicht mehr Mittel zur Verfügung, als üblicherweise für den öffentlich geförderten Wohnungsbau im Rahmen einer normalen Finanzierung bereitgestellt werden können.

Schaffung von direkt zugeordneten Freiflächen, den Wohnzimmern der Erdgeschoßwohnungen zugeordnet, so hieß das einfachste Konzept zur Bereitstellung von Mietergartenfläche. Im Weglassen bestand hier die Kunst: Weglassen von Details, von Ausstattung, von Anpflanzungen. Eine Abgrenzung durch eine Hecke als Ersatz für eine teure Mauer- und Zaunkombination, als Grundlage eine kleine gepflasterte Terrassenfläche, sowie eingeebneter Mutterboden wurden schließlich zur Verfügung gestellt.

Abb. 4

b) Be- und Entwässerungssystem

Ökologie hieß das Stichwort, sammeln und wiederverwenden von Regenwasser war die Detaillösung. Es war „nicht mehr zu tun", als das Oberflächenwasser über offene Rinnen in unterirdischen Behältern zu sammeln und durch eine einfache Handpumpe als Bewässerungssystem für die Freiflächen den Mietern zur Verfügung zu stellen.

Abb. 5

Entwässerung, das schien entbehrlich. Befestigte Wege müssen nicht unbedingt an ein Kanalsystem angeschlossen sein, wenn es in der Geländemodellierung Möglichkeiten gibt, die wenigen Situationen mit zu viel Oberflächenwasser so zu lösen, daß über natürliche Ablauf- und Grabensysteme langfristige Versickerung möglich wird.

c) Private Gemeinschaftsfreifläche – Kinderspielangebot

Wieviele Kinder und in welchen Altersstufen werden hier wohnen? Wie sollte

Abb. 6

demzufolge der private Kinderspielplatz ausgestattet sein? Wie groß der Sandkasten? Ist es einer oder sind es besser zwei? Gibt es Wackeltiere oder ein Klettergerät? Warum das alles? Es gibt doch in unserer Anlage einen öffentlichen Spielplatz, und zwar für alle Altersgruppen. Bieten wir doch nur das Notwendigste: eine grüne Fläche, diesmal aber „Betreten willkommen" und zwei Sandspielkästen, damit die Kleinsten in der Nähe der Wohnung bleiben können.

d) Der Gemeinschaftsraum

An entscheidenden Stellen mehr tun als das Übliche, das könnte die Lösung sein. Ob es die richtige Stelle war, das zeigt sich in der Regel später. Ein Gemeinschaftsraum wird im Zweifel nicht benutzt, steht leer. Wer will – andersherum – einen leeren Raum schon benutzen? Also muß etwas her. Man richtet ihn teilweise ein. Was braucht so ein Raum? Es beginnt damit, daß es nicht **ein** Raum sein sollte, und eigentlich ist schon die Erreichbarkeit wichtig. Wo liegt er also?

Unser Gemeinschaftsraum liegt im „Torbereich". Torbereich, das ist der Übergang von öffentlicher in private Fläche. Hier kann ihn jeder erreichen, denn er ist von außen zugänglich. Über einen Windfang mit angehängtem WC wird er erschlossen. Ausgestattet von vornherein mit einer Küchenzeile, ansonsten vorbereitet zur Benutzung. Das ist die Ausgangslage.

Nach diesem für das gesamte DAB-Gelände gültigen Überblick richtet sich der nun folgende Themenkreis nur auf die Wohnhofanlage der RLW mit 49 MW.

7. Gründung des Mieterbeteiligungsprojektes

a) Grundkonzeption und Voraussetzungen

Die Erkenntnis, daß viele Ansätze gegeben sind, Mieter an der Komplettierung der Maßnahme beteiligen zu können, führt schließlich dazu, ein gezieltes Mieterbeteiligungsmodell einzuleiten.

In der Diskussion ist das Thema schon lange. In den siebziger Jahren vorrangig unter dem Aspekt der Demokratisierung aller Lebensbereiche, ist die Erörterung und Umsetzung von Mitbestimmungs-, Beteiligungs- und Selbstverwaltungsmöglichkeiten der Mieter heute eher ein Gegenstand der alltäglichen Praktikabilität geworden.

Worum geht es? Es geht aus der Sicht der Beteiligten darum, die divergierenden Interessen, die sich notwendig aus der Eigentumssituation und den damit verbundenen Rechten und Pflichten ergeben, auf **einer** möglichen Ebene zusammenführen.

Es ist auch – sicherlich sehr überspitzt formuliert – der Versuch, den Nutzern einen eigentümerähnlichen Status zu suggerieren. Leitendes Interesse eines Unternehmens bleibt, unter Einsatz geringer Mittel, eine hohe Identifikation der Nutzer mit dem Objekt zu erreichen und dadurch gleichzeitig zu erzielen, daß Konflikte minimiert und Ausgaben für Instandhaltung wesentlich gesenkt werden. Daher bleibt aus der Sicht des Unternehmens zwingende Voraussetzung, daß die möglichen Beteiligungsformen sich nur auf das Objekt und in keinem Fall, was durchaus konsequent wäre, auf das Unternehmen erstrecken können.

Mietermitbestimmung, -beteiligung oder -selbstverwaltung ist entliehenes, verliehenes „Recht", beschränkt und begrenzt auf enge Bereiche, ohne den **umfassenden** Anspruch, der mit den einst erörterten Demokratisierungsmodellen einhergegangen ist.

Die Ruhr-Lippe Wohnungsgesellschaft hat in Dortmund mit dem Modellprojekt „Mieterbeteiligung" durchaus Neuland beschritten. Wir haben, um eine terminologische Klärung vorab vorzunehmen, diesen Begriff so gewählt, weil wir den Begriff der Mitbestimmung mit seiner eher **umfassenden** Aussage- und Interpretationsmöglichkeit nicht verwenden wollten, der Begriff „Selbstverwaltung" nur einen Teil skizziert.

Mieterbeteiligung heißt nach unserem Verständnis, daß die Nutzer einerseits an allen relevanten Angelegenheiten, die ihre Lebens- und Wohnverhältnisse betreffen, beteiligt sind, andererseits ihnen in definierten Räumen Selbstverwaltungschancen eröffnet werden.

Die Durchführung des Modellprojektes setzt daher eine breite Akzeptanz bei den 49 Mietparteien voraus. Dies ist um so notwendiger, als es sich hier um eine **besondere** Situation handelt.

Während üblicherweise Beteiligungsformen Ergebnis von Auseinandersetzungen zwischen Eigentümer und Nutzer sind, dort eine Vorstruktur erfahren haben und dann nachträglich vom Eigentümer anerkannt werden, bestand hier eine eher **in**formelle Struktur, in deren Mittelpunkt die Verbesserung der Nachbarschaft stand.

Diese informelle Basis haben wir zum Ausgangspunkt für die Entwicklung unseres Projektes genommen. Nach ausführlichen Diskussionen mit engagierten Mietern wurde der Mieterversammlung, die gleichzeitig einen Mieterrat als Vertretungsorgan wählte, der Vereinbarungsentwurf zur Beschlußfassung vorgelegt. Die vorgesehenen Regelungen, die auch die Bestimmung eines Schiedsmannes für den Fall des Konfliktes zwischen den Vereinbarungspartnern vorsehen, sollten einerseits die Nutzer nicht unmäßig überfordern, andererseits durchaus Handlungsspielräume offenlassen. Gleichzeitig war zu berücksichtigen, daß es sich hier um eine **neue** Wohnanlage handelte, Nachbarschaftsstrukturen noch im Aufbau waren und typische Konfliktsituationen zwischen Nutzer und Eigentümer aufgrund des bestehenden Bauzustandes vorläufig kaum zu erwarten sind.

Zwei wesentliche Regelungsbereiche bestimmen das Verhältnis zueinander. Dabei wurde klar festgehalten, daß die Vereinbarung **erstens** die einzelvertraglichen Bestimmungen nicht berührt und **zweitens** kein Zwang zur Beteiligung an der Vereinbarung besteht.

b) Information und Kommunikation

Beide Vereinbarungspartner haben sich gegenseitig verpflichtet, sich umfassend zu informieren. Ausgeschlossen sind alle Kündigungsfälle und Räumungsklagen, sofern der Betroffene es nicht ausdrücklich wünscht. Das Unternehmen hat sich weiterhin verpflichtet, einen aktiven Beitrag zur Verbesserung der nachbarschaftlichen Kommunikation zu leisten. Hier besteht für den Mieterrat ein weitgehendes Handlungsfeld.

c) Anhörung und Beteiligung

Bei Instandhaltungs- und Modernisierungsmaßnahmen ist ein umfassendes Anhörungsrecht zugebilligt worden.

Bei Neuvermietungen wird der Mieterrat frühzeitig informiert und kann am Vermietungsgespräch teilnehmen. Die Entscheidungsmöglichkeiten werden allerdings durch das Belegungsrecht begrenzt. Ziel ist es, die Nachbarschaftsstruktur durch ein derartiges Verfahren zu stabilisieren.

Der Gemeinschaftsraum und der Gemeinschaftsinnenhof werden eigenverantwortlich genutzt und in enger Absprache mit dem Unternehmen gestaltet. Hier bietet sich vorläufig, und das weisen erste Erfahrungen nach gut einem Jahr aus, das größte Beteiligungspotential. An dieser Stelle kann, um es salopp zu formulieren, jeder den Erfolg der Beteiligung sehen, erfahren und sich letztlich damit auch identifizieren.

Die Projektvereinbarung wurde 1989 für zwei Jahre abgeschlossen mit der Möglichkeit, diese zu verlängern. Gleichzeitig ist allen Beteiligten klar, daß der Erfolg und damit die Chance der Fortsetzung in entscheidendem Maße vom Engagement der Nutzer abhängig ist. Die notwendige soziale Motivation ist eine Tatsache, die sich allerdings nicht durch eine noch so perfekte Vereinbarung erreichen läßt.

8. Ergebnisse der Mieterbeteiligung

In der Vereinbarung zum Modellprojekt „Mieterbeteiligung" wurde festgelegt, daß die Mietergemeinschaft den zur Wohnanlage gehörenden Gemeinschaftsinnenhof sowie den Gemeinschaftsraum in eigener Verantwortung nutzen können. Über Art und Umfang der Nutzung entscheidet der Mieterrat. Dazu gehören auch die Gestaltung des Innenhofes und des Gemeinschaftsraumes.

Als Ergebnis der Bemühungen, die Inhalte der Vereinbarung umzusetzen, kann heute als Zwischenbilanz die weitere Gestaltung des Gemeinschaftsraumes in Eigenleistung durch die Mieter gewertet werden. Hier wurde als Ergänzung zur vom Bauherrn gestellten Küchenzeile eine Baranlage eingebaut sowie eine Gestaltung der Wände mit Holz durchgeführt. Der Einbau einer Akustikdecke ist vorgesehen.

Die Gestaltung des Innenhofes und die Neuanlage der Sandkästen sowie die Erstellung eines Spielgerätes ist der Aktivität des Mieterrates zuzuschreiben. Hierbei ist besonders zu betonen, daß der Mieterrat sich sehr intensiv mit Spielgeräten und Sandspielanlagen beschäftigt hat, und sowohl bei der Wahl des Standortes als auch bei der Qualität der Anlage sehr intensive Vorarbeit leistete.

Das I-Tüpfelchen der Innenhofgestaltung stellt der Holzpavillon dar, der durch die Mietergemeinschaft selbst erstellt wurde. Lediglich die Kosten für die Dacheindeckung wurden vom Bauherrn übernommen.

Abb. 7

Neben diesen sehr deutlichen, sichtbaren Ergebnissen sind aber auch Ergebnisse zu verzeichnen, die vor allem in sozialer Sicht von besonderer Qualität sind.

Hier ist beispielhaft zu nennen, daß der Mieterrat sich intensiv darum bemüht,

Kontakte zwischen den Bewohnern der 11 Altenwohnungen und der jüngeren Generation herzustellen, darüber hinaus sogar fürsorglich tätig wird.

Abb. 8

Man kümmert sich um das Wohlergehen der älteren Menschen genauso, wie um das Wohlergehen der Kinder, die stets unter Kontrolle gehalten sind, wenn sie im Innenhof spielen. Dies bedeutet im Detail, daß sich beispielsweise ein Elternteil von der Wohnanlage entfernen kann, um Besorgungen zu erledigen, ohne für sein Kind oder seine Kinder einen Babysitter engagieren zu müssen, damit hier für Aufsicht gesorgt ist. Dies erledigt sich von selbst.

Andere Beispiele für eine gut funktionierende Mietergemeinschaft in dieser Anlage sind Aktionen wie Mieterfest oder Weihnachtsfeier oder Aktionen für Abfallbeseitigung, z. B. in der Teichanlage innerhalb der Gemeinschaftsgrünflächen.

Die aktuellsten Anlässe sind intensive Bemühungen des Mieterrates, eine Ampelanlage im Bereich der Rheini-

Abb. 9

Abb. 10

schen Straße zu fordern, um für die Kinder der Gesamtwohnanlage den Schulweg stärker zu sichern.

Ferner hat offensichtlich der ökologische Grundansatz in der Wohnanlage dazu geführt, daß sich der Mieterrat mit dem Thema „Müllkompostierung" beschäftigt und dazu in der Vorbereitung eines Pilotprojektes ist.

9. Resümee

Das Modellprojekt DAB-Gelände zeigt sehr deutlich, daß Mieterbeteiligungsmodelle nicht nur in gewachsenen Strukturen möglich sind, sondern auch in Neubauanlagen Eingang finden können.

Erfolgreiche Mieterbeteiligung beginnt im städtebaulichen Ansatz, gewinnt Substanz über die gebotene bauliche Qualität und lebt von der Intensität der Nutzung der Möglichkeiten, die durch vertragliche Bindungen aufgezeigt werden.

Wesentliche Voraussetzungen sind je-

doch nach den Erfahrungen dieses Projektes

– eine wohldurchdachte städtebauliche Organisation, die ein Miteinander der sich zufällig treffenden Mieter ermöglicht oder geradezu herausfordert,
– geplante Freiräume, mit dem Ziel, durch Beteiligung der Mieter aufgefüllt zu werden,
– das Glück, daß sich eine Mietergemeinschaft findet, die die ihr gebotenen Chancen erkennt und dann auch wahrnimmt,
– eine klare Regelung in Form einer Vereinbarung, die Interessen, Möglichkeiten und Verpflichtungen eindeutig regelt
– und schließlich ein Vermieter, der einen solchen Demokratisierungsversuch im Grundsatz positiv beurteilt und nicht als Einengung seines Handlungsspielraumes wertet.

Abb. 11

Stimmen die Voraussetzungen, dann wird es langfristig gelingen, den Verwaltungsaufwand zu reduzieren, Identifikation der Mieter mit dem Besitz zu erzielen, mit der Chance, ihn wie eigenen Besitz zu behandeln. Gesellschaftliche Kontrolle steigert sich selbst zu gesellschaftlicher Verantwortung mit einer deutlichen Entlastung für die Gesellschaft insgesamt.

Mieterbeteiligung beinhaltet andererseits aber auch Risiken der Kollision, und zwar Kollision mit zu hoch geschraubten Ansprüchen aus der Mieterschaft oder aus Sicht des Vermieters, die im Zweifelsfalle zum Abbruch eines Mieterbeteiligungsprojektes führen kann oder muß.

Jedes Projekt ist demzufolge eine neue Herausforderung mit neuen Kriterien.

Erfolgsrezepte und Erfolgsgarantien gibt es nicht, da Menschen mit Menschen umgehen.
Der Ausgang bleibt offen.

Joachim Boll

Neue Formen der Mietermitbestimmung

Seit Anfang 1989 wird in Nordrhein-Westfalen ein „Modellvorhaben Mietermitbestimmung und Selbstverwaltung" erprobt. Das Modellvorhaben wird in vier Siedlungen der Landesentwicklungsgesellschaft (LEG) NW und der LEG-Wohnen über zwei Jahre durchgeführt. Das Modell soll an dieser Stelle nicht in seiner Gesamtheit vorgestellt werden (hierzu siehe Boll, J. (1989)). Wir wollen vielmehr vor dem Hintergrund der Ziele im Memorandum der Internationalen Bauausstellung Emscher-Park („Mitwirkung und Mitbestimmung der Bewohner bei Modernisierung und Neubau sind ... eine unverzichtbare Notwendigkeit") und dem Einstieg in die ersten Wohnprojekte der IBA (im Bestand wie im Neubau) auf erste Erfahrungen aus dem Modellvorhaben hinweisen. Wir beziehen uns dabei im folgenden ausschließlich auf die Erfahrungen mit der Mietermitbestimmung in den drei Siedlungen der LEG; wegen der besonderen Bedingungen ist die Mietermitbestimmung in der Wohnanlage von LEG-Wohnen hier nicht berücksichtigt.

Ziele des Modellvorhabens aus ganz unterschiedlichen Blickwinkeln

Wir wollen zum besseren Verständnis noch einmal die Ausgangsbedingungen und Ziele andeuten, die die ganz unterschiedlichen Partner im Vorfeld des Modellvorhabens mit dem Ansatz Mietermitbestimmung verbanden.

(1) Mieterinitiativen waren ursprünglich die treibenden Kräfte zur Durchsetzung des Modellvorhabens. Die Gebäude und Wohnungen in den drei heutigen LEG-Siedlungen sollten privatisiert werden. Die Unsicherheit über die zukünftigen Eigentumsverhältnisse und Verfügungsrechte trieb sie dazu, genossenschaftliche Vorstellungen als Alternative zur Privatisierung zu entwickeln. Die Rechts- und Organisationsform der Bewohnergenossenschaft Rheinpreußensiedlung eG in Duisburg-Homberg war lange Zeit die Leitidee für zwei der

Initiativen (zu diesem Genossenschaftsprojekt siehe Segin u.a. (1984)). Die Mieterschaft in den betreffenden Siedlungen war durch die Auseinandersetzungen um die Privatisierung organisiert und für Fragen der Wohnungsbewirtschaftung sensibilisiert. Und die Mieter hatten gelernt, daß sie zukünftig auf alle wesentlichen Entscheidungen über ihre Wohnungen und Siedlungen direkt Einfluß nehmen müssen, daß ohne sie solche Entscheidungen nicht mehr getroffen werden dürfen.

(2) Die Landespolitik hatte bis Mitte der 80er Jahre aus einer ähnlichen Konfliktsituation heraus Rahmenbedingungen für den Aufbau der Bewohnergenossenschaft Rheinpreußensiedlung geschaffen. Dies erschien ihr Ende der 80er Jahre u.a. aus finanziellen und organisatorischen Gründen keine übertragbare Lösung für die angesprochenen Siedlungen. Minister Zöpel bot schließlich an, die Übernahme der Siedlungen durch die Landesentwicklungsgesellschaft LEG zu unterstützen. Und er sicherte den Mietern für den Fall der Übernahme weitestgehende Formen der Mitbestimmung und Selbstverwaltung zu. Damit war die Frage verbunden: Wenn die Mieter unter dem Dach des gemeinnützigen Wohnungsunternehmens LEG genossenschaftsähnliche Verfügungsrechte bekommen könnten, warum sie dann auch noch das gemeinschaftliche Eigentum in Form einer Genossenschaft wollten. Weitgehende Formen der Mietermitbestimmung also als Alternative zu eigenständigen Bewohnergenossenschaften?

(3) Zur Rolle der Landesentwicklungsgesellschaft LEG NW verweisen wir auf den Beitrag von R. Sinz.

(4) Der WohnBund als bundesweit tätiger Verband zur Förderung wohnpolitischer Initiativen hat die Aktivitäten der Mieterinitiativen seit Mitte der 80er Jahre begleitet und gemeinsam mit der Arbeitsgemeinschaft der Arbeitersiedlungsinitiativen beraten (hier die örtlich und regional tätigen Beratungseinrichtungen werkstatt e.V. Dortmund und

WohnBundBeratung NRW). WohnBundBeratung NRW war schließlich an der Konzeptionierung des Modellvorhabens beteiligt und begleitet das Modellvorhaben (hierzu weiter unten mehr). Der WohnBund hat sich seit seinem Bestehen für die Wiederbelebung des Genossenschaftsgedankens im Wohnbereich eingesetzt, weil eine Genossenschaft einerseits in nahezu idealer Weise in der Lage ist, die Sicherung preiswerter Mietwohnungen mit weitestgehenden Verfügungsrechten der Bewohner zu verbinden. Andererseits stellt die (rechtliche) Vergenossenschaftlichung von Wohnungsbeständen erhebliche Anforderungen an die Bewohner, die nur unter ganz bestimmten Bedingungen einzulösen sind. Insofern war es auch immer Ziel des WohnBunds, einen Großteil der traditionellen genossenschaftlichen Prinzipien nicht nur in der Rechtsform Genossenschaft (Mieter/Nutzer = Eigentümer), sondern auch in Wohnungsunternehmen und damit in das Verhältnis Mieter/Nutzer vs. Eigentümer einzulagern. Letztlich ist nur auf diese Weise eine gewisse Breitenwirkung zu erzielen. Mit dem Modellvorhaben verband sich die Möglichkeit, dies experimentell auszuprobieren und mit den hier gemachten Erfahrungen die Übertragung von Formen der Mietermitbestimmung auf andere Siedlungen und andere Wohnungsunternehmen zu verfolgen.

Mietermitbestimmung im Modellvorhaben – einige knappe Definitions- und Abgrenzungsversuche

(1) Mietermitbestimmung im Sinne des Modellvorhabens ist nicht beschränkt auf eine – wenn auch noch so weit gehende – Beteiligung der Mieter an zeitlich, räumlich und inhaltlich begrenzten Projekten wie z.B. zur Wohnumfeldverbesserung oder zur Modernisierung. Mietermitbestimmung zielt hier vielmehr ab auf das gesamte Spektrum der Bewirtschaftung klar abgegrenzter Wohnsiedlungen. In Vereinbarungen

zwischen dem Wohnungsunternehmen (hier der LEG) und Mietern werden von der Miete, den Betriebskosten, der Ausgestaltung der Mietverträge und der Hausordnung, Kündigungen und Räumungsklagen über die Wohnungsbelegung und die Instandhaltung bis hin zur Modernisierung und zur Veränderung des Wohnumfelds beinahe alle wichtigen Fragen der Mietermitbestimmung geöffnet – wenn auch sehr unterschiedlich weitgehend (Mitbestimmungsvereinbarungen können bei Wohn-Bund-Beratung NRW oder bei LEG NRW Düsseldorf angefordert werden).

(2) Mietermitbestimmung im Sinne des Modellvorhabens soll in erster Linie Entscheidungen über die Bewirtschaftung von Wohnungen und Siedlungen dem Einfluß der Mieter öffnen. Der Mitbestimmungsansatz soll darüberhinaus auch für Mit- und Selbstverwaltungsansätze (Übernahme von Aufgaben) als der weitestgehenden Form der Einbindung von Mietern in die Bewirtschaftung bei Wohnungsunternehmen geöffnet werden. Insofern basiert die Mitbestimmung im Modellvorhaben auf einem partnerschaftlichen Konzept, in dem Mieter und Wohnungsunternehmen/Eigentümer (ohne Aufgabe ihrer unterschiedlichen Interessenstandpunkte) aufeinanderzugehen.

(3) Die Mietermitbestimmung im Modellvorhaben ist an gewählte Mieterräte gebunden und nicht an die einzelnen Mieter. Das heißt: Der gewählte Mieterrat ist das Bindeglied zwischen den einzelnen Mietern und dem Wohnungsunternehmen. Der Mieterrat muß sich durch Wahl und praktische Arbeit bei den Mietern legitimieren, er muß das „Ohr an Volkes Stimme" haben, Wünsche der Mieter in praktische Entscheidungsvorschläge umsetzen.

(4) In der Konsequenz setzt eine Mitbestimmung im Sinne des Modellvorhabens die Bereitschaft der Wohnungsunternehmen voraus, mit anderen Organisationsformen dezentraler Wohnungsverwaltung zu experimentieren und sich anderen Leitbildern der Wohnungswirtschaft zu öffnen.

Bausteine des Mietermitbestimmungskonzepts im Modellvorhaben

Wir wollen hier noch einmal kurz die wesentlichen Bausteine des Modellvorhabens benennen:

● unterschriebene Mitbestimmungsvereinbarungen zwischen den Mietervertretungen und den Wohnungsunternehmen (hier sind Verfahren wie die ¼-jährlichen Entscheidungssitzungen zwischen Wohnungsunternehmen und Mietervertretungen ebenso geregelt wie die Mitbestimmungsrechte der Mietervertretungen in den einzelnen Feldern der Wohnungsbewirtschaftung)
● eine siedlungsbezogen organisierte Mieterschaft und gewählte Mieterräte als Bindeglied zwischen Mietern und Wohnungsunternehmen
● unabhängige Beratung der Mieterräte und Moderation des Mitbestimmungsprozesses zwischen Mieterräten und Wohnungsunternehmen
● Erprobung der Mietermitbestimmung und Offenheit für die Weiterentwicklung der Mitbestimmungskonzepte in den einzelnen Siedlungen
● Dokumentation der Erfahrungen.

Rolle von Beratung und Moderation

Das Modellvorhaben wird zum Jahresende 1990 abgeschlossen. Die Erfahrungen werden dann zusammengefaßt und konkrete Vorschläge zur Weiterentwicklung für die Mitbestimmung in diesen Siedlungen gemacht. Im folgenden wollen wir auf den Teilaspekt „Beratung und Moderation" genauer eingehen und zwar – das muß einschränkend erwähnt werden – aus einem noch laufenden Verfahren heraus.

Warum überhaupt eine Beratung der Mieter und eine Moderation des Mitbestimmungsprozesses durch Dritte? Diese Frage war im Vorfeld des Modellvorhabens lange umstritten und – so weit dies Mitte 1990 schon abzusehen ist – ist auch in den ersten IBA-Projekten eine eigenständige Berater- und Moderatorenrolle neben den Akteuren Eigentümer/Bauträger, Architekt/Planer, Stadt/IBA und Nutzer/Bewohner nicht klar definiert und erst recht nicht selbstverständlich. Im Rahmen des Modellvorhabens gab es gegen eine Beratung der Mieterräte und eine Moderation des Prozesses zunächst Bedenken wie:

● Wenn eine Mitbestimmungsvereinbarung zwischen dem Unternehmen und den Mietern schriftlich abgeschlossen ist, haben doch beide Seiten den Willen zu einer guten Zusammenarbeit bewiesen, dann wird das auch schon alleine laufen.
● Oder: „Die Mieter werden doch nicht über den Tisch gezogen werden!"
● Und schließlich: „Das können wir (das Wohnungsunternehmen) selber, dazu brauchen wir keine Hilfe von außen!"

Warum wurde dann aber doch eine „unabhängigen Beratung und Moderation" im Modellvorhaben festgeschrieben?

Zunächst einmal haben die Mieterinitiativen/Mieterräte eine eigentümerunabhängige Beratung (gewissermaßen Anwaltsplaner) für sich gefordert. Sie wollten sich Fachbeistand sichern im Interessensgeflecht der Zusammenarbeit mit dem Unternehmen, um eigenständig Ziele und konkrete Vorschläge formulieren zu können. Als ganz offensichtliches Beispiel wurden oft alle Fragen um die Miete, die Betriebskosten, also überall dort wo es um Geld geht als Begründung angeführt.

Will andererseits ein Wohnungsunternehmen mit einer Mitbestimmungsvereinbarung die Wohnungsbewirtschaftung auf eine andere, explizit auf die Mieter ausgerichtete Geschäftsgrundlage stellen, so ist dies für die an der Arbeit in einem Mieterrat interessierten Mieter wie für ein Wohnungsunternehmen und deren Mitarbeiter etwas Neues, an das man sich in der alltäglichen Praxis herantasten und das gelernt werden muß. Die Organisation eines Wohnungsunternehmens und die Verhaltens- und Verfahrensweisen lassen sich nicht von heute auf morgen umstellen. So stehen viele Teile der zentrale Verwaltung wie z.B. bei der jährlichen Betriebskostenabrechnung gegen ein Modell der dezentralen Verwaltung im Zusammenhang von Mietermitbestimmung. Oder: Ein Techniker, der in seiner ganzen bisherigen Berufserfahrung immer alle Fragen der Reparaturen und der Instandhaltung vor Ort selbst entschieden hat, tut sich schwer, diese Entscheidungen für Mieter nachvollziehbar zu gestalten oder auch einmal in Frage stellen zu lassen. Dasselbe gilt für einen Planer im Unternehmen, der sich an die Erneuerung/Modernisierung der Gebäude und Wohnungen macht.

Mitarbeiter des Wohnungsunternehmens müssen im Zweifels- und Konfliktfalle die Interessen des Unternehmens wahrnehmen ebenso wie ein Architekt oder Planer, der im Auftrag des Wohnungsunternehmens die Modernisierung von Wohnungen oder die Verbesserung des Wohnumfelds plant. Die Mietervertretungen/Mieterräte wiederum sollen die Interessen und Wünsche der Mieterschaft in die Bewirtschaftung der Wohnungen und in die Planungen einbringen. Mietermitbestimmung im hier beschriebenen Sinne setzt gegenseitiges Vertrauen voraus. Dies darf aber nicht zu einer Aufgabe der durchaus unterschiedlichen Interessenstandpunkte von Eigentümer und Mietern führen. Erfahrungen mit vielen Mieterbeiräten aus den 70er Jahren haben gezeigt, daß sie sich oftmals in grundsätzlichen Gegenpositionen gegen das jeweilige Wohnungsunternehmen festgefahren haben (in vielen Fällen wegen der Haltung der Wohnungsunternehmen auch festfahren mußten) oder aber bald – v.a. durch zu große Nähe zum Wohnungsunternehmen – in ihren Aktivitäten einschliefen. Wie also lassen sich unnötige Reibereien ebenso vermeiden wie eine gewisse Kontinuität der Arbeit einer Mietervertretung herstellen?

Schließlich sollten auch Phantasie und Vorstellungen der Mieter für ihre Wohnungen, ihre Wohnumgebung und ihre Nachbarschaft aktiviert werden. Ihnen sollten Möglichkeiten der Eigengestaltung aufgezeigt werden, die auch jenseits gängiger Verfahren der Wohnungsbewirtschaftung liegen.

Aus diesen Erkenntnissen heraus wurden für die Jahre 1989 und 1990 dann doch sowohl eine unabhängige Beratung der Mietervertretungen als auch eine Moderation des Mitbestimmungsprozesses zwischen allen Beteiligten vereinbart und WohnBundBeratung NRW als eine unabhängige Organisation mit der Durchführung beauftragt. Da es sich um ein Modellvorhaben handelt, wird dies neben den beteiligten Wohnungsunternehmen auch vom Ministerium für Stadtentwicklung, Wohnen und Verkehr (nach der letzten Landtagswahl vom Ministerium für Bauen und Wohnen) des Landes NW und dem Landesverband NW des Deutschen Mieterbundes finanziell getragen.

Aktivierung von Mietermitbestimmung ...

Mit der eigenständigen Berater- und Moderatoren-Rolle sollen im Modellvorhaben

● die Befähigung der gewählten Mietervertretungen zur aktiven und eigenständigen Teilnahme am Prozeß der Mietermitbestimmung,
● die Initiierung von Lernprozessen bei den beteiligten Wohnungsunternehmen im Hinblick auf „mitbestimmungsfreundliche" Entscheidungsprozesse,
● eine Art „Rollen-Findung" bei Mietervertretungen und Wohnungsunternehmen im Spannungsverhältnis von Vertrauen und Interessengegensätzen,
● eigenständige Fortentwicklung der Mitbestimmung in den beteiligten Siedlungen nach 1½ bzw. 2 Jahren (ohne intensive Formen der Beratung und Moderation)
erreicht werden.

Wie weiter oben schon angedeutet, muß Mietermitbestimmung sich letztlich einordnen in ein Leitbild der Wohnungswirtschaft, das weniger die Wohnung als vielmehr den „Mieter als Kunden" und somit die Bewohner der Wohnungen in den Mittelpunkt stellt und die Mieter im Sinne einer Nachbarschaftsentwicklung an die jeweilige Wohnumgebung binden will. Insbesondere unter solchen Bedingungen machen Beratung und Moderation Sinn nicht nur als „trouble shooter" in Konfliktsituationen, sondern vielmehr als Projektentwickler für einen Teilbereich einer umorientierten Wohnungswirtschaft.

... durch Beratung der Mieterräte

Die (in den Mitbestimmungsvereinbarungen festgelegten) ¼-jährlichen Entscheidungssitzungen zwischen Wohnungsunternehmen und Mietervertretungen werden auf Mieterseite vor- und nachbereitet. Dies geschieht ohne die Mitarbeiter des Wohnungsunternehmens zwischen den Mieterräten und ihren Beratern. Nur so können die Mieter konkrete eigene Vorstellungen in die Entscheidungsrunden mit dem Wohnungsunternehmen einbringen – eine wesentliche Voraussetzung für eine lebendige Mietermitbestimmung.

● Zunächst einmal müssen die Mieterräte auf Fakten- und Sachwissen zurückgreifen können, das ihnen nicht ausschließlich als „Sachzwang" vermittelt wird. So wie sich die Wohnungsunternehmen Sachverstand „einkaufen" können, sollen dies punktuell auch die Mietervertretungen tun. Vier Sachgebiete waren bislang von Bedeutung: Mieten und Mietrecht, Wirtschaftlichkeitsrechnungen (einschl. Finanzierung und öff. Förderung), Planung und Planungsrecht sowie der ganze übrige Bereich der Organisation der Wohnungswirtschaft. Primär stand dabei nicht die reine Faktenvermittlung im Vordergrund. Die Mieterräte sollten nicht zu „kleinen" Wohnungswirten oder Planern ausgebildet werden. Sie sollten vielmehr qualifiziert und in die Lage versetzt werden, Zusammenhänge eigenständig nachzuvollziehen, Handlungsspielräume für die Mieter ebenso zu erkennen wie schließlich aber auch Handlungsgrenzen oder „Sachzwänge" für das Wohnungsunternehmen. Besonders sensibel aus der Sicht eines Wohnungsunternehmens ist dabei alles, was mit der Mietenkalkulation zusammenhängt.

So wurden in mehreren Fällen zwischen Beratern und Mietervertretungen die Zusammensetzung der Mieten lange diskutiert. Hierbei ging es im Kern immer um die Beseitigung von aus Sicht der Mietervertretungen ungerechter Mietenstrukturen. Bisher gelang es, eine Durchschaubarkeit für die Mietervertretungen herzustellen, in der Mietenkalkulation die vorgegebenen Rahmenbedingungen auch für ein Wohnungsunternehmen glaubhaft zu machen und eine gemeinsame Strategie zu entwerfen, die den Absichten der Mietervertretungen zumindest mittelfristig Rechnung trägt. In einem anderen Fall konnte im Zusammenhang einer Einfachmodernisierung den Mietervertretungen die Vorteile einer öffentlichen Förderung für die mittelfristige Mietbindung verdeutlicht werden, so daß öffentliche Fördermittel Grundlage für die Entscheidung um die Modernisierungsalternativen wurde.

● Ein besonders wichtiger und zu Beginn des Modellvorhabens vielleicht auch ein wenig unterschätzter Aspekt der Beratung war die Initiierung von Lernprozessen bei den Mietervertretungen im Hinblick auf (auch) für sie „neuen Orientierungen" im Umgang mit ihrer Wohnumgebung. Beratung der Mieter ist auch inhaltliche Auseinandersetzung mit den Mieterräten. Berater sind nicht neutral, sie bringen ihre eigenen Orientierungen mit ein. Bei der Beratung der Mieterräte ging es somit nicht darum, einfach die Wünsche der Mietervertretungen zu „erfragen", um sie dann in den Mitbestimmungsprozeß bei den Wohnungsunternehmen einzubringen. Vielmehr mußten auch die Mietervertretungen bei ihren Entscheidungen mit neuen Leitbildern insbesondere aus dem sozialen, dem ökologischen oder auch dem städtebaulich-denkmalpflegerischen Bereich konfrontiert werden: z.B. die Berücksichtigung der Konsequenzen von Entscheidungen für benachteiligte Gruppen in der Siedlung (Ausländer, Alte, etc.) oder Fragen nach dem ökologischen Umgang mit dem Freiraum oder Fragen nach der Unterbringung von Autos/Stellplätzen/Garagen u.v.m. Sollen derartige neue Orientierungen dauerhaft Bestand haben, müssen sie im Alltag der Menschen nachvollzogen werden. Die Kombination von Mietermitbestimmung und Beratung ist ein nahezu idealer Ansatz zur praktischen Verwirklichung und Verankerung derartiger Orientierungen. So wurde im Zusammenhang einer von der Mietervertretung gewünschten Teilmodernisierung eine Umfrage gestartet, die zu einer über 90%igen Zustimmung der Mieter führte. Auf Anregung der Berater wurde immer wieder darüber gesprochen, ob sich dann die Mieter, die aus ganz unterschiedlichen Gründen keine Teilmodernisierung wünschen, dem Druck der Mehrheit beugen müssen oder auch für diese Mieter eigenständige Lösungen gefunden werden sollen.

● Fachverstand und inhaltliche Auseinandersetzung müssen zu konkreten Entscheidungen bzw. Vorschlägen der Mietervertretungen für die gemeinsamen ¼-jährlichen Sitzungen mit der LEG führen. Die Entscheidungen bzw. Vorschläge müssen letztlich aber auch so „übersetzt" werden, daß sie in die Bewirtschaftung durch das Wohnungsunternehmen und in Planungsentscheidungen eingeordnet werden können. Auch derartige „Übersetzungshilfen" sind Teil der Beratung. So wurden die Vorstellungen einer Mietervertretung zur Wohnumfeldverbesserung in ihrer Siedlung so in Verfahren und Förderrichtlinien zur Stadterneuerung übersetzt, daß sie in einen eigenen Antrag bei der Stadtverwaltung mündeten.

Bezogen auf alle angedeuteten Tätigkeiten müssen diejenigen, die die Mietervertretungen beraten, zwar auch das Vertrauen des Wohnungsunternehmens, vor allem aber das der Mietervertretungen haben. Die Berater müssen ihre Unabhängigkeit ständig glaubhaft machen können. Gelingt dies den Beratern nicht oder versucht das Wohnungsunternehmen auf die Inhalte und die Ausrichtung der Beratung Einfluß zu nehmen, sind die weiter oben angedeuteten Ziele von Beratung kaum zu erreichen.

... durch Moderation von Entscheidungsprozessen zwischen Mieterräten und Wohnungsunternehmen

An allen Entscheidungssitzungen zwischen den Mietervertretungen und dem Wohnungsunternehmen nahmen immer auch Mitarbeiter von WohnBund-Beratung als Moderatoren teil.

Mietervertretungen (und darin z.T. auch jeder einzelne Mieter) und die Mitarbeiter der Wohnungsunternehmen müssen im Prozeß der Mitbestimmung ihre neuen Rollen finden. Hierbei kann Beratung und Moderation einen wichtigen Beitrag leisten. Bei allem notwendigen Vertrauen darf das Gegenüber von Mieter- und Eigentümerstandpunkt nicht verwischt werden. Dabei kam die klassische Rolle von Moderatoren als Vermittlern bei Konflikten in der bisherigen Praxis kaum vor. Aufgabe der Moderation war es dagegen vielmehr, für eine Transparenz der Interessen zu sorgen, in aufkeimenden Konflikten ihren Kern herauszuschälen und

entweder konkrete Problemlösungen herauszuarbeiten oder doch zumindest Wege dahin aufzuzeigen. So kollidierte z. B. der Versuch des Wohnungsunternehmens zur Breitbandverkabelung mit den Vorstellungen der Mietervertretung. Ursprünglich war das Wohnungsunternehmen lediglich von einer Information der Mietervertretung ausgegangen. Durch Verweis auf die Mitbestimmungsvereinbarung (die Breitbandverkabelung ist Teil einer Modernisierung und damit mitbestimmungspflichtig) wird an einer Lösung gearbeitet, die den Mietern den Anschluß an das Kabelnetz ermöglicht, die dies wünschen, diejenigen Mieter aber, die keinen Kabelanschluß wünschen, von der Verkabelung und seinen Kosten ausnimmt.

Das Beispiel verweist darauf, daß es auch wichtige Aufgabe der Moderation war, die einzelnen Mietervertreter aktiv in die Entscheidungsprozesse einzubeziehen und auf mitbestimmungsfreundliche Entscheidungsverfahren und Darstellungsformen hinzuwirken. Zwei Beispiele hierzu. Mietervertreter und Mitarbeiter der Wohnungsunternehmen haben ganz verschiedene Entscheidungsrhythmen. Eine vom Wohnungsunternehmen auf einer Sitzung der Mietervertretung vorgelegte Instandhaltungsplanung für ein ganzes Jahr kann von den Mietern mit seinen konkreten Auswirkungen nicht immer sofort nachvollzogen werden. Daher mußte öfters durch die Moderation auf den Grundsatz hingewiesen werden: In der einen Sitzung Informationen austauschen und frühestens in der nächsten Sitzung entscheiden. Oder ein anderes Beispiel: Schriftliche Protokolle, Akten u.ä. sind nur in sehr seltenen Fällen Ausdrucks- und Kommunikationsformen von Mietern in Arbeitersiedlungen. Inhalte und Entscheidungsgegenstände mußten daher in den Sitzungen sprachlich und von der Darstellungsform her umgearbeitet werden, um für die Mietervertretungen nachvollziehbar zu werden.

... durch eine (siedlungsbezogene) Projektentwicklung Mietermitbestimmung

Beratung und Moderation werden im Modellvorhaben ergänzt durch eine Art „Projektentwicklung Mietermitbestimmung". Die Entwicklung der Mitbestimmungsmodelle für die einzelnen Siedlungen im Vorfeld des Modellvorhabens bis hin zu Unterschriften unter die Mitbestimmungsvereinbarungen war schon Teil der „Beteiligung der Mieter". Die Mitbestimmungsrechte der Mieter sind nicht nur durch Wohnungsunternehmen „gewährte Rechte", sondern auch erkämpfte, zumindest aber ausgehandelte Rechte. Auch schon in dieser Phase hat es Berater und Moderatoren im zuvor beschriebenen Sinne gegeben. Konsequenterweise wurden sowohl die Vorlaufphase in den zwei Siedlungen, für die zum Zeitpunkt des Beginns des Modellvorhabens noch keine Mitbestimmungsvereinbarung unterschrieben waren, als auch die Weiterentwicklung des Mitbestimmungsmodells in den Siedlungen nach Beendigung der Erprobungsphase zum Gegenstand von Beratung und Moderation. Zumindest für die Vorlaufphase können wir sagen, daß genau dies sehr wesentlich dazu beigetragen hat, die Mietermitbestimmung in den jeweiligen Siedlungen zu verankern.

abschließend – einige Hinweise für Projekte in der IBA

Zum Abschluß wollen wir vor dem Hintergrund eineinhalbjähriger Erfahrungen im Modellvorhaben einige Anregungen für das IBA-Ziel, Bewohnerbeteiligung und Mietermitbestimmung in Wohnprojekte der IBA einzulagern, zur Diskussion stellen.

● Zunächst einmal sollte in IBA-Projekten zwischen Bewohnerbeteiligung an Planungsprozessen (punktuell und z.B. auf Neubau, Wohnumfeldverbesserung oder Modernisierung bezogen) und Mietermitbestimmung unterschieden werden als dauerhafte Einbindung von Mietern in Veränderung, Entwicklung und Entscheidungen um ihre Siedlung. Das ist weniger von definitorischer als vielmehr von ganz praktischer Bedeutung. Ansätze der Bewohnerbeteiligung beim Neubau, bei der Modernisierung oder der Wohnumfeldverbesserung sollten in erster Linie Wege suchen, an alle einzelnen Mieter heranzukommen und deren Wünsche und Ideen in die Planungen einzubinden. Mietermitbestimmung im hier beschriebenen Sinne wendet sich dagegen eher an eine sich organisierende Mieterschaft und an Themen und Inhalte, die das Interesse jedes einzelnen Mieters

überschreitet. Mietermitbestimmung ist auf Langfristigkeit angelegt, Bewohnerbeteiligung dagegen kann räumlich und zeitlich begrenzt sein.

● Sofern es in den Wohnprojekten der IBA noch keine organisierte oder sich organisierende Mieterschaft gibt, erscheint es sinnvoll, über den ganz praktischen Weg der Beteiligung aller einzelnen Bewohner an den sie betreffenden Planungen (insbesondere beim Wohnungsneubau, bei der Wohnungsmodernisierung und bei Maßnahmen zur Wohnumfeldverbesserung) einzusteigen. Dies sind gleichzeitig auch hervorragende Anknüpfungspunkte, um eine Gruppe interessierter und in der Mieterschaft verankerter Bewohner zu aktivieren und für einen Ansatz der längerfristigen Mietermitbestimmung zu interessieren. Dies gilt im übrigen nicht nur für die Mieterseite. Wohnungsunternehmen werden sich in aller Regel schwer tun, den strukturverändernden und längerfristig angelegten Ansatz Mietermitbestimmung von vorneherein zu akzeptieren. Auch zur Überwindung dieser Barrieren ist ein Einstieg über Bewohnerbeteiligung an der Planung sinnvoll. Wichtig ist nur, daß ein Einverständnis darüber hergestellt wird, frühzeitig (d.h. zu Beginn eines Projekts oder zu einem klar definierten Zeitpunkt im Projektablauf) eine Art „Projektentwicklung Mietermitbestimmung" einzurichten, die zur Aufgabe hat, Hilfestellungen zu geben zum Aufbau einer Kerngruppe aktiver Bewohner und mit dieser Kerngruppe und allen weiteren Beteiligten ein siedlungsbezogenes Konzept der Mietermitbestimmung zu entwickeln.

● Die Organisation von Bewohnerbeteiligung an der Planung und erst recht der Einstieg in Mietermitbestimmung sollten als eigenständige Aufgaben begriffen werden, wenn sie nicht nur oberflächlichen Charakter haben sollen. Zum einen ist beides nur schwer nebenher zu betreiben (z. B. neben den traditionellen Aufgaben der Wohnungsunternehmen oder der Architekten und Planer). Und noch wichtiger: Beides muß „gelernt" werden. In diesem Zusammenhang wäre vielleicht auch einmal an spezifische „Lernprojek-

te" oder „Schulungen" für Mitarbeiter von Wohnungsunternehmen wie von Architekten/Planern zu denken. Zum anderen denken wir aber auch, daß es in Mietwohnungsprojekten tendenziell zu einer „Rollendifferenzierung" kommen sollte zwischen Eigentümer (Wohnungsunternehmen/Bauträger), Architekten/Planern (die im Auftrag des Eigentümers tätig sind) und einer „Projektentwicklung •Bewohnerbeteiligung und Mietermitbestimmung" (die eher anwaltsplanerisch auf Mieterseite und als „Moderator" in Entscheidungssituationen zwischen allen Projektbeteiligten tätig ist). Diese Rollendifferenzierung erscheint uns deswegen wichtig, weil die Interessenslagen in aller Regel auch unterschiedlich sind.

● Aus dem „Alltag" des Modellvorhabens zur Mietermitbestimmung wollen wir schließlich noch auf die Notwendigkeit von mieterfreundlichen Entscheidungsrhythmen aufmerksam machen. Zu bewähren scheint sich ein System aus Beratung der Mieter ohne andere Beteiligte und daran anschließende Entscheidungsrunden mit allen am Projekt Beteiligten. Es muß die Möglichkeit des offenen Dialogs zwischen den Bewohnern und „ihren" Beratern bestehen ohne Beisein von Vertretern des Wohnungsunternehmens, der Städte etc. Nur so lassen sich eigenständige und realisierbare Positionen der Bewohner zu bestimmten Entscheidungen entwickeln, die die Bewohner dann in anstehende Entscheidungsprozesse einbringen können. In den Entscheidungsrunden sollten dann neben den Bewohnern auch alle weiteren Entscheidungsträger sitzen. Erfahrungen aus dem Modellvorhaben zeigen, daß auf diese Weise sich u.U. Teile der notwendigen Projektkoordinierungen unter allen Beteiligten erheblich vereinfachen lassen, Bewohnerbeteiligung und Mietermitbestimmung nicht nur keine projektverzögernde, sondern im Gegenteil projektbeschleunigende Faktoren sein können.

Zum Jahreswechsel 1990/91 wird das Modellvorhaben zur Mietermitbestimmung in der zuvor beschriebenen Form beendet sein. Wir hoffen, dann mit weiteren Erfahrungen nicht nur aus dem Bereich von Beratung und Moderation, sondern zusätzlich aus dem Bereich der Verstetigung der Mieterratsarbeit, vor allem aber auch aus dem Bereich der Organisation und der Durchführbarkeit innerhalb des Wohnungsunternehmens aufwarten zu können.

Ausgewählte weiterführende Literatur:

Boll, J. (1989)
Vom schwierigen Weg zu mehr Mitbestimmung und Selbstverwaltung der Mieter – aktuelle Erfahrungen aus Nordrhein-Westfalen
in: J. Brech (1989) Neue Wohnformen in Europa. Darmstadt

Mauthe, Anne/Segin, B./Selle, K. (1989)
Mieterbeteiligung. Mit- und Selbstverwaltungsmöglichkeiten für Mieter – Konzepte und Praxiserfahrungen (herausgegeben vom Institut für Landes- und Stadtentwicklungsforschung des Landes Nordrhein-Westfalen)
Dortmund

Segin, B. u.a. (1984)
Das Genossenschaftsprojekt Rheinpreußensiedlung. Geschichte der Siedlung und Entwicklung des Gründungsvorhabens, Konzeptvorstellung und Bewertung der Genossenschaft
Darmstadt (Verlag für wissenschaftliche Publikationen)

Roswitha Sinz

Mietermitbestimmung in Bergarbeiter-siedlungen
Modelle in Bochum und Dortmund

Mit der probeweisen Einführung der Mietermitbestimmungsmodelle in den Siedlungen „Lothringen" in Bochum und „Grunewald" in Dortmund-Scharnhorst (wie sie J. Boll vorab substanziell und mit ihren gegenseitigen Verbindlichkeiten näher beschrieben hat) betritt die Landesentwicklungsgesellschaft Nordrhein-Westfalen GmbH, Düsseldorf (LEG NW) in ihrem wohnungswirtschaftlichen Unternehmensbereich landesweit Neuland.

Bekannter ist die LEG NW bisher als Dienstleistungsunternehmen in den kommunalpolitisch bedeutsamen Arbeitsfeldern der Stadtsanierung und -erneuerung, der Stadtentwicklung und Aufbereitung von Industriebrachen und deren Vermarktung (Produkt: Arbeiten im Park), der Durchführung von Wohnumfeldmaßnahmen und der experimentellen Entwicklung von sozio-kulturellen Projekten. In diesen Tätigkeitsfeldern sammelt die LEG NW schon lange Erfahrungen und setzt sich auseinander mit den Forderungen nach mehr Demokratie in der Planung, aktiven Formen der Bürgerbeteiligung und dem Einsatz von Selbsthilfe. Ihr Personal konnte sich hier in der Mitbestimmung des Gegenübers qualifizieren, Engagement und Professionalität praktisch erlernen und entwickeln.

Der Aufbau eines eigenen Wohnungsbestandes und damit die Ausübung einer Wohnungsverwaltung und -bewirtschaftung betreibt die LEG NW erst seit knapp vier Jahren. Den Wohnungsbestand von derzeit rd. 13.000 Wohnungen hat die LEG NW überwiegend erworben; darunter Wohnanlagen, die vor und schon in einer Privatisierung standen oder Objekte in Zwangsversteigerungen waren. Die LEG NW tätigte diese Ankäufe, um preiswerten Wohnraum zu sichern und die Sozialbindungen zu erhalten oder neu zu begründen.

Die mit der Mietermitbestimmung angesprochenen Siedlungen im Revier wurden in diesem Rahmen und vor diesem Hintergrund von der LEG NW erworben. Der ehemalige Städtebauminister Christoph Zöpel hatte diese Erwerbe unterstützt; die Unternehmenspolitik der LEG NW im wohnungswirtschaftlichen Bereich erfüllt hier instrumentell eine landespolitisch gewollte Zielsetzung. Die Einführung der Mietermitbestimmung war aus der Sicht des Unternehmens zuvorderst und „schlicht" an die politische Zusage des damals zuständigen Ministers Zöpel an die Arbeitsgemeinschaft der Initiativen aus den Bergarbeitersiedlungen gebunden, die zuerst und weitergehend genossenschaftliche Lösungswege zur Abwehr der Privatisierung suchten und beschreiten wollten.

Mit dem Erwerb dieser Siedlungen verknüpfte die LEG NW zugleich ihre Zustimmung gegenüber den Mietern bzw. deren Interessenvertretern, das Experiment der Mietermitbestimmung zu wagen. Unternehmensmotivierend waren zum einen die bitteren Erfahrungen der Wohnungswirtschaft mit den Vermietungsproblemen und Leerständen Anfang der 80er Jahre. Es galt, die Bestandspolitik zu überdenken. Ein Blick in die einschlägigen Fachzeitschriften der Wohnungswirtschaft belegt Veränderungen in der Wohnungsverwaltung. Anstelle des anonymen Eigentümers und des zurückgezogenen Vermieters tritt der dienstleistende Mitarbeiter vor Ort. Begrifflichkeiten wie der Mieter als Partner, Kundennähe, dezentrale Wohnungsverwaltung, Mieterzeitungen und Siedlungsfeste, Geranienmärkte und Ehrungen langjähriger Mieter fallen auf.

Auch wenn der Wohnungsmarkt aktuell jedwede Vermietung ermöglicht, stellen sich aus Vermietungssicht gemessen an der Langfristigkeit des Gutes Wohnens die Fragen (neben den städtebaulichen Qualitätserfordernissen):

Was nützt eine technisch einwandfreie Wohnung (inklusive Grundrißgestaltung, Besonnung und Belichtung etc.)
– wenn der Mietzins nicht bezahlbar bleibt,

– wenn die Nachbarschaft nicht stimmt (Wohnungsverwalter sind keine „Ordnungshüter" noch „Erzieher"),

– wenn das private Wohnumfeld nicht benutzt werden darf (der Rasen zum Angucken, der Spielplatz an falscher Stelle zum Ärgernis, der Kaninchenstall nicht erlaubt),

– wenn die Instandsetzungen nicht zeitnah oder gar nicht gemacht werden (Wohnungsverwalter und Hausmeister sind nicht zu erreichen),

– wenn die Gemeinschaftsräume ohne Leben sind,

– wenn das öffentliche Wohnumfeld sich nicht angeeignet werden kann (da autogerecht, kein Spiel- und Aufenthaltsraum mehr),

– und wenn schließlich der kleinräumige Standort nicht behagt, da Läden und/oder andere notwendige Infrastrukturen fehlen, Serviceeinrichtungen für das Älterwerden nicht vorgesorgt werden.

Mit der Selbstgestaltung der Wohnumwelt als weitestgehendes Ziel, dem sich Informieren können (und informiert werden), Mitentscheiden und Mitbestimmen als praktisches Modell wird die Hoffnung von seiten der Vermieter wie auch der Mieter verbunden, daß die Zufriedenheit mit der Wohnung und der Wohnumwelt wächst. Diese Grundeinstellung motiviert die LEG NW als Vermieterin zum anderen.

Sie erhofft sich:

den treuen Mieter
– weniger Leerstand
– weniger Wohnungswechsel

den sich identifizierenden Mieter
– weniger Zerstörung
– sparsamen Umgang mit Ressourcen
– Selbsthilfe bei Kleinstreparaturen

den aktiven, partizipierenden Mieter
– Selbsthilfe in und mit der Gemeinschaft von der Gartengestaltung bis zur Altenpflege

den Mieter in einer Siedlungsdemokratie.

Diese Hoffnungen sprechen zuvorderst ökonomische Momente an. Mit dieser „treibenden" Kraft zur Einführung des Modells und dem weiteren Gelingen einer breitgestreuten Übertragbarkeit und Vervielfältigung, kann sich die Mietermitbestimmung auch zu einem ökologischen und sozial-kulturellen Beitrag in der Wohnumwelt entwickeln.

Die Aushandlung der Vereinbarungen über die Mieterbestimmung für mittlerweile vier Siedlungen in Bochum und Dortmund war von diesen Hoffnungen und Wünschen eher diffus bestimmt. Die Abgabe von Entscheidungsbefugnissen an die Mieter (im Drei-Stufen Modell als höchste Mitwirkungsform die Mitbestimmung genannt) ist hingegen klar durch die unternehmerische Eigenverantwortung, dem wirtschaftlichen Risiko des Eigentümers wie seiner rechtlichen Verbindlichkeit begrenzt worden.

Hierzu zählen die Verpflichtung zu einer langfristigen Substanzpflege wie die damit inhaltlich verknüpfte Mietpreisgestaltung, soweit letztere nicht (ohnehin) durch Förderungs-/ Finanzierungsmodalitäten des öffentlich geförderten Wohnungsbaues und/oder andere gesetzliche Regelungen bestimmt wird.

Auch die Belegung freiwerdender Wohnungen, die zunehmend von Mietinteressenten mit Marktzugangsproblemen bestimmt wird, konnte die LEG NW aus übergeordneten wohnungspolitischen Gründen nicht allein den Wünschen der gewählten Mieterräte nach ausschließlicher Belegungsentscheidung überlassen.

Für die bisherige Praxis der Wohnungswirtschaft hingegen ist es geradezu revolutionär, daß die Mieter über die Art der Verwendung von 20% der in der Miete enthaltenen Pauschale für Instandhaltung und Instandsetzung in der höchsten Stufe der alleinigen Entscheidung mitbestimmen können. (So sei an dieser Stelle, wie auch die Diskussion im Plenum auf der Tagung es hervorhob, betont, welche Bedeutung einer demokratisch gewählten und somit legitimierten Mietervertretung zukommt; die LEG NW akzeptiert zur Modelleinführung nur eine mehr als 50%-ige Wahlbeteiligung der betroffenen Mieter bei der Wahl ihres Mieterrates).

Für eine umfassende, fundierte und vor allem verallgemeinerbare Erfahrungseinschätzung ist die Laufzeit und Erprobung der Mietermitbestimmungsmodelle noch zu kurz. Ein eher ernüchternder Lernprozeß auf beiden Seiten kennzeichnet die erstmal auf zwei Jahre befristete Erprobungszeit; wobei an dieser Stelle auf die wertvolle wie auch notwendige Moderatorenrolle des WohnBundBeratung NRW e. V. hingewiesen wird.

Die erste schlichte Erfahrungserkenntnis verweist auf den Faktor Zeit, der Mitwirkung benötigt; damit eng verknüpft auch auf eine gewisse Beständigkeit der agierenden Personen und Ansprechpartner. Neben der Erfordernis nach einer von Engagement und Offenheit geprägten Einstellung sind die Mitarbeiter der Wohnungsverwaltung für den Umgang mit mehr Demokratie zu qualifizieren, da weder die bisherige Ausbildung noch die Tradition ihres Berufsfeldes hierzu Fertigkeiten und Inhalte vermittelt hat. Die „Fassade" der wohnenden Menschen – ein zufriedenes Gesicht – muß für die Einstellung ebenso vorrangig sein wie eine frisch getünchte Hausfassade. (Dies mögen die beigefügten Dia's der Bewohner, beispielhaft aus der Siedlung Grunewald und der Müsersiedlung, vermitteln).

Der Einstieg in die Mietermitbestimmungsmodelle ist für die LEG NW sichtbar mit Mehraufwendungen und -kosten verbunden. So stellt die LEG NW den gewählten Mieterräten kostenlos Räumlichkeiten für deren Tätigkeiten und zur Durchführung der Sprechstunden zur Verfügung. Sie erstattet diese notwendige Auslagen bis zu DM 3.000 pro Jahr. Die praktische Ausübung der Mietermitbestimmung erfordert zudem eine personalintensive Betreuung, die aufgrund ihres modellhaften Charakters anfangs auch in die zentralen Bereiche des Unternehmens greift.

Wenn diese Mehranforderungen vor allem der Einführung des Modells zuzuschreiben sind und somit als anfängliche Kosten verbleiben, das Modell sich zu einer mittel- bis langfristig kostenneutralen, sich wirtschaftlich tragenden sozialen Leistung eines Wohnungsunternehmens entwickeln kann (wozu auch eine Sozialbilanz gehört – wie ist ein wegen des siedlungsbezogenen Qualitätsmerkmals Mietermitbestimmung nicht ausgezogener Mieter kostenmäßig zu fassen?), dann kann die Mietermitbestimmung einen breiten Eingang in die Unternehmensphilosophie der Wohnungswirtschaft finden. Auch aus der Sicht der Mieter, insbesondere aus der auf ehrenamtliche Tätigkeit aufgebauten Mühewaltung, lohnt es sich (nur), wenn Aufwand und Nutzen stimmen.

Carsten Lorenzen

Brumleby –
Experimente im Mietwohnungsbau

In diesem Beitrag soll anhand eines Beispiels gezeigt werden, daß es vernünftig ist, für und vor allem mit Bewohnern zu planen, und daß es dadurch möglich ist, im sozialen Wohnungsbau ganz besondere Wohnqualitäten zu erreichen. Voraussetzung ist, daß der Traum vom Eigenheim, vom isolierten und individualisierten Besitz und Leben ausgetauscht wird gegen den Traum vom Zusammenleben – nicht als Zwang, sondern als Möglichkeit.

Hier ist im besonderen Maße der Architekt gefragt. Es geht darum, auf menschliche Bedürfnisse mit architektonischen Lösungen zu reagieren. Wichtig ist die Verbindung der architektonischen mit der sozialen Frage. Nur wenn diese Einheit erreicht ist, ist auch das Projekt als solches geglückt.

Dieses Beispiel soll Mut machen. Es soll aufzeigen, daß es möglich ist, Dinge zu verändern und neue Situationen zu schaffen. Ein absolutes Rezept gibt es nicht, nur unterschiedliche Situationen, auf die man als Bewohner, als Hausbesitzer oder Hausbesetzer, als Architekt oder Behörde reagieren kann.

Der Bedarf ist da in unserer Zeit, wo man mit den Mitteln der elektronischen Industrie auch bald zu Hause arbeiten kann und wo die generelle Arbeitszeit so kurz ist, daß neue Aktivitäten – sprich informelle Arbeit im Wohngebiet – eine natürliche Herausforderung werden. Gemeinschaftseinrichtungen bieten die Möglichkeit, außerhalb der eigenen vier Wände spezifische Funktionen zu erfüllen. Außerdem ist es wichtig, ein vielschichtiges Wohnungsangebot anzubieten – jetzt, wo es die Normalfamilie als Norm nicht mehr gibt, wo Haushaltsgrößen vom Single bis zur Mehrgenerationenwohnung gefragt sind und sich diese Haushaltsgrößen für jeden einzelnen im Laufe des Lebens mehrfach verändern.

Das Beispiel Brumleby, eine Wohnsiedlung mit ursprünglich 500 kleinen Arbeiterwohnungen in Kopenhagen, hat zweifachen Experimentcharakter:

– Die Erstellung Mitte des letzten Jahrhunderts, initiiert durch einen Verein progressiver Ärzte, sollte beweisen, daß es möglich ist, mit geringen Baukosten eine vorbildliche Wohnanlage zu bauen.
– Die Sanierungsbestrebungen der letzten Jahre sollen zeigen, wie sich Bewohner eine Bebauung aneignen können und wie mit diesen Bewohnern eine Sanierung geplant werden kann.

Brumleby – Entstehungsgeschichte

Choleraepidemie 1853:

Brumleby entstand als Reaktion auf die Choleraepedemie in Kopenhagen 1853. Nachdem die Krankheit 1840 Hamburg, 1848 St. Petersburg, Helsingfors, Reval und Riga und 1850 Lübeck und Malmö heimsuchte, erreichte sie 1853 das übervölkerte Kopenhagen. Die gesundheitlichen Zustände waren miserabel. An Warnungen fehlte es nicht. Man wußte sehr wohl, daß schlechte Wohnverhältnisse an der Ausbreitung der Krankheit schuld waren. Militär und Grundbesitz waren jedoch nicht an Veränderungen interessiert. Von den 140.000 Einwohnern starben knapp 5.000. Vor den Verteidigungsanlagen der Stadt wurden Notlager und Baracken errichtet.

Der Arzt Emil Hornemann setzte sich stark für eine permanente Lösung ein. Es sollte eine Siedlung mit „gesunden und preiswerten Wohnungen für die unbemittelten Klassen" erstellt werden.

Nach einigem Hin und Her wurde einer Errichtung durch den Ärzteverein zugestimmt. Erst wurden 250 Wohnungen nach Plänen von Arch. Bindesböll gebaut. Einige Jahre später wurde die Anzahl nach Plänen von Arch. Klein, einem Mitarbeiter Bindesbölls, verdoppelt. Die Bebauung, der erste soziale Wohnungsbau in der Geschichte Dänemarks, war über Jahrzehnte das Vorzeigebeispiel für den Wohnungsbau.

Zur Architektur:

Architekt Bindesböll plant nach damaligem Maßstab zukunftsweisende und zugleich vernünftige Arbeiterwohnungen. Die Häuserzeilen werden paarweise so angeordnet, daß die Erschließung von den Freiflächen getrennt ist. In die Siedung kommen Licht und Luft. Die hygienischen Einrichtungen sind wohlgegliedert. Jede Erdgeschoßwohnung hat einen kleinen Garten, und zwischen

- Eine Kabarettgruppe macht jedes Frühjahr ein Bewohnerkabarett, ein wichtiges soziales Ereignis.
- Eine Festgruppe organisiert Weihnachts- und Frühlingsfeste mit Flohmarkt und Darbietungen für Kinder und Erwachsene.

Instandsetzungen – Umbauten:

Dem Mieterverein wird zugestanden, die Vermietung der Wohnungen zu verwalten. Zwei Ziele werden bestimmend. Erstens der Wunsch nach einer breiten Altersverteilung innerhalb der Siedlung und andererseits das Ziel, flexibel auf Bewohnerbedürfnisse reagieren zu können.

Vermietet wird von nun ab nach Bewerberlisten, wo Rücksicht auf die normale Altersstruktur der Gesellschaft genommen wird. Es soll vermieden werden, daß Brumleby zum Ghetto für eine Alters- und Sozialgruppe wird. Ein Gemisch aus Familien, Rentnern und Studenten, Menschen mit den verschiedensten Berufen wird beibehalten.

Die Bedürfnisse der Bewohner ändern sich laufend. Familien werden gegründet, und die Kleinstwohnungen reichen nicht mehr aus. Geschiedene wollen in der Siedlung wohnen bleiben, und zusätzliche Wohneinheiten werden benötigt. Singles werden älter und benötigen mehr Wohnraum. Kinder werden selbständig und wollen ihre eigene Kleinwohnung in Brumleby. Um auf diese Bedürfnisse flexibel reagieren zu können, werden interne Listen gemacht, so daß registriert wird, wer welche Wünsche hat. Einige ziehen in freiwerdende Wohnungen, andere bekommen die leere Nachbarwohnung dazu. Die Struktur der Grundrisse ist einfach, und die Häuser sind gegenüber Veränderungen gedanklich und baulich robust. Werden Wohnungen zusammengelegt, entstehen auf vielfältigste Weise vernünftige Grundrisse. Manche wollen viele und damit kleine Zimmer, andere mögen lieber größere Räume und offene Raumzusammenhänge. Es zeigt sich, daß die Kombination von gemauerter Bauweise und dem ganz gewöhnlichen Handwerkszeug der Bewohner die größte Flexibilität bedeutet! Im Zuge der Veränderungen entstehen innerhalb der Gebäude völlig neue Strukturen. Die ehemals feste Struktur mit gleich großen Ein- und Zweizimmer-

den zweigeschossigen Häuserzeilen gibt es gemeinschaftliches Grün. Alles im allem eine sozial orientierte Mustersiedlung – aber nicht nur das. Die Siedlung hat darüber hinaus unterschwellige architektonische Werte und beschreibt einen Traum vom Zusammenleben der Menschen. Als architektonisches Vorbild wählte Bindesböll das italienische Landarbeiterhaus, das er von seinen Italienfahrten kannte. Diese konkrete Inspiration ist verknüpft mit einem Traum vom glücklichen Leben auf dem Lande in Licht und Sonne. Der „italienische Traum" wird hier transformiert zu einer Arbeitersiedlung vor den Toren eines verdreckten, übervölkerten und konservativen Kopenhagens des letzten Jahrhunderts. Diesem Traum ist hier eine architektonische Form gegeben worden, so daß der Inhalt, die gesunde Arbeiterwohnung, ein erlebbares und qualitätsvolles Gesicht bekommt.

Brumleby 1960 – 1990: Selbstgestaltung durch die Bewohner

Bedrohung von außen:

Seit den 30er Jahren werden Stimmen für den Abriß Brumlebys laut. Die Bebauung liegt nun nicht länger außerhalb der Stadt zwischen Feldern, sondern ist ein Teil des neuen Stadtteils Österbro mit seiner 5geschossigen Blockbebauung. Es ist nun eine Oase in der Stadt, für Grundstückseigner und Bauunternehmer jedoch nur ungenügend genutztes Bauland. In den folgenden Jahren wird die Instandsetzung vernachlässigt, so daß in den 60er Jahren der Abriß beschlossen wird. In dieser Zeit werden Wohnungen nur zeitbefristet vermietet. Besonders junge Leute ziehen in freiwerdende Wohnungen. Sie erkennen das Potential dieser Siedlung aufs neue und organisieren einen Mieterverein, der sich energisch für den Erhalt der

Bebauung einsetzt. Eine Konfrontation mit den Behörden bleibt nicht aus. Ein Gerichtsurteil über die Zulässigkeit der befristeten Mietverträge gewinnen die Bewohner: die Polizei muß abziehen, und die Grundlage für eine eigentliche Selbstgestaltung ist gegeben.

Selbstorganisation:

Ausgangspunkt für die Organisation der Bewohner ist die Arbeit für den Erhalt der Siedlung. Eine basisdemokratische Struktur gibt jedem Bewohner eine Stimme bei allen Entscheidungen in den Vollversammlungen, die im großen Versammlungssaal der Bebauung abgehalten werden. Es werden Arbeitsgruppen gebildet, die sich gezielt mit Einzelfragen beschäftigen.
- Eine Pressegruppe sorgt dafür, daß Bewohnergesichtspunkte in die Medien kommen.
- Eine „Brumlen-"Gruppe gibt intern Informationen weiter. Das Informationsblatt „Brumlen" erscheint regelmäßig.

wohnungen wird zu einem vielfältigen und individuellen Wohngemisch. Dieses Gemisch bildet später den Ausgangspunkt für die Sanierung.

Brumleby – Sanierungsprojekt der Bewohner

Erhalt der Siedlung:

1971 erarbeiteten die Bewohner in Zusammenarbeit mit dem Dänischen Architektenverband einen Plan, in dem aufgezeigt wird, wie der Erhalt von Brumleby gesichert werden kann. Daraufhin wird mit Gemeinde, Denkmalschutzbehörde und Staat verhandelt. Man beschließt den Erhalt der Bebauung, und eine Sanierungsgesellschaft wird damit beauftragt, einen Sanierungsplan zu erstellen. Voraussetzung dieses Planes ist eine relativ simple Grundrißstruktur und eine Sanierung von sehr hohem Ausstattungsstandard mit großen direkten Unkosten für Staat, Gemeinde sowie Bewohner.

Sanierungsprojekt der Bewohner

In Zusammenarbeit mit Beratern, Ingenieuren und Architekten erstellen die Bewohner ein alternatives Sanierungsprojekt. Ziel ist es, Brumleby zu einem Versuchsgebiet für Sanierung zu machen, damit hier Erfahrungen für eine Sanierung mit minimalen baulichen Eingriffen und maximaler Bewohner-

mitbestimmung gesammelt werden können.

Folgende Voraussetzungen für solche Versuche sind gegeben:

– Die Bebauung hat kulturhistorisch und architekturhistorisch unumstrittene Qualitäten und steht mittlerweile unter Denkmalschutz.
– Eine Verbesserung der Baumasse ist notwendig, die Bautechnik ist überschaubar.
– Es gibt einen effektiven und interessierten Mieterverein mit einem hohen Grad von Selbstverwaltung.

Ausgangspunkte für eine Sanierung:

– Ausgangspunkt für die Sanierung ist die bestehende Bebauung mit ihren architektonischen, technischen und sozialen Qualitäten.

– Ausgangspunkt für alle baulichen Eingriffe ist die jetzige Wohnungsverteilung und Grundrißstruktur. Diese Verteilung soll sichern, daß es auch in Zukunft ein Gemisch von unterschiedlichen Haushalten gibt. Eine Ghettobildung soll vermieden werden. Der Wohnungsschlüssel soll in der Hauptsache kleinere Wohnungen anbieten. Die Wohnungen sollen flexible Grundrisse haben, die geänderten Bedürfnissen offen gegenüberstehen.

– Bauliche Eingriffe werden auf das Notwendige begrenzt. Was noch einige Jahre halten kann, wird nicht auf einmal, sondern im Zuge des normalen Unterhalts ausgewechselt. Modernisierung geschieht nur im notwendigen Umfang, d. h. Wärmedämmung, Heizung und Bäder. Mit bautechnischen Lösungen werden Versuche gemacht, um neue Modernisierungstechnologien zu entwickeln. Die Modernisierung wird über einen längeren Zeitraum durchgeführt, um aus Erfahrungen lernen zu können.

– Allen jetzigen Bewohnern, auch den sozial schwächeren, soll die Möglichkeit gegeben werden, nach der Sanierung in Brumleby wohnen bleiben zu können. Durch die Beschränkung der baulichen Eingriffe ergeben sich Möglichkeiten. Weiteres muß über Versuche mit der Änderung der Wohngeldregeln oder über eine spä-

tere Übernahme der Bebauung durch die Bewohner nach dem „Anteilgesetz" erfolgen.

– Die individuelle Organisierung der Freiflächen nach übergeordneten Richtlinien und die Beibehaltung der Gemeinschaftseinrichtungen bleibt bestehen.

– Alle Phasen der Sanierung werden gemeinsam mit dem Mieterverein besprochen und zusammen beschlossen. Die bestehende Organisationsform mit Vollversammlungen und Besprechungen in den einzelnen Häusern kann angewendet werden.

Nach einigen komplizierten Verhandlungen wird von einer politischen Mehrheit im Gemeinderat in Kopenhagen beschlossen, den Sanierungsplan der Bewohner zum Ausgangspunkt für eine konkrete Modernisierung zu machen. Es wird jedoch später die Auflage gemacht, daß der technische Standard eines Neubaus erreicht werden soll. Als Ziel beibehalten wird eine Zusammenarbeit mit den Bewohnern, eine Variation der Wohnungstypen und Größen sowie die Anerkennung von ausgeführten baulichen Veränderungen.

Brumleby: Erstellung des endgültigen Sanierungsplans

Der Bauausschuß:

1987 wird ein Bauausschuß gebildet, der die konkrete Ausarbeitung des Sanierungsplans leiten soll. Diesem Ausschuß gehören an: der Bauherr, die „Sanierungsgesellschaft Kopenhagen", deren Architekten und Ingenieure sowie die Vertreter der Bewohner.

Die Grundsatzbeschlüsse zu Wohnungsgrößen und Wohnungsschlüssel werden als erstes bearbeitet. In einem Ping-Pong zwischen dem Architekten des Bauherrn und den Bewohnern und deren Architekt kämpft man sich durch

eine Fülle von Einzelgrundrissen. Dieser Grundrißkatalog wird von Bauherr und Bewohnern verabschiedet und ist nun Grundlage für die Ausarbeitung von Grundrissen für die einzelnen Gebäude. Ziel ist es, jedem Bewohner eine seinen Bedürfnissen angepaßte Wohnung zu geben. Die Bewohnervertreter machen nach Besprechungen mit allen Bewohnern Vorschläge zur Einrichtung der Häuser. Diese werden von dem Architekten des Bauherrn bearbeitet und im Bauausschuß eingehend diskutiert.

Resultat ist ein von allen mitgetragenes Dokument, wo für jeden jetzigen Bewohner eine neue Wohnung zur Verfügung steht, zu der er sein Einverständnis gegeben hat.

Ausführung der Sanierung:

Die Einzelteile des Bauvorhabens werden Anfang 1991 ausgeschrieben. Nach einer Genehmigung durch Staat und Gemeinde kann mit der Ausführung Anfang 1992 begonnen werden. Mit dem Abschluß des Bauvorhabens – das größte seiner Art in Dänemark – kann 1995 gerechnet werden.

Erfahrungen mit Bewohnersanierung und Selbstgestaltung:

In diesem Projekt wurde durch eine intensive Bewohnerarbeit erreicht, daß die Siedlung erhalten bleibt, daß jeder nach der Sanierung wieder eine Wohnung hat, daß diese Siedlung ein gutes Wohngemisch und ein breites soziales Gemisch erhält. Nicht erreicht wurden Experimente mit preiswerten und alternativen technischen Lösungen und dem Standard der Ausstattung. Diese Sanierung wird nach Gemeindebeschluß leider teurer werden als die Erstellung von neuen Wohnungen. Die Frage, ob sozial schwache Mieter gehalten werden können, ist noch nicht endgültig zu beantworten. Über das Wohngeld und den

ganz besonderen gesetzlich verankerten Sanierungszuschuß hinaus muß über zusätzliche Maßnahmen verhandelt werden. – Geglückt ist in diesem Beispiel, daß Bewohner ernst genommen wurden, und das ist keine Selbstverständlichkeit.

In der Bewohnergruppe in Brumleby gibt es ein Potential, das bei der Selbstgestaltung der Wohnungen und der Wohnumwelt und auch bei den komplizierten Vorgängen einer Sanierung angewandt werden kann, um eine bessere Wohnqualität zu schaffen. Architektonische Visionen kann man von Bewohnern nicht erwarten. Hier ist der Architekt gefragt. In diesem Beispiel war eine kraftvolle Architektur vorgegeben. Sie wurde mit neuem Leben erfüllt. Dieser Aufgabe waren die Bewohner vollends gewachsen. Hätte sich dieser Vorgang auch in einer Veränderung/Bereicherung der Architektur ausdrücken sollen – und dies hätte durchaus gelingen können – wäre es nur durch ein Mitspielen des Architekten des Bauherrn möglich gewesen. Diese interessierte allein der Erhalt der Gebäude mit ihren historischen Werten, und somit blieb der Sanierungsvorgang ein innerer. Die Gebäudehülle gibt nicht Auskunft über neue inhaltliche Zusammenhänge. In unserer Zeit wohl ein normales Denkmalschutzbewußtsein – allerdings nicht zukunftsweisend.

Will eine Bewohnerorganisation Neuland betreten, wollen Bewohner Mitbestimmung, gehört dazu auf jeden Fall ein langer Atem und ein starker Wille. Die Ansprechpartner, vom Hausbesitzer, dessen Techniker zu den verschiedensten Behörden, alle tun sie ihre Arbeit, alle bekommen sie dafür ihr Gehalt. Bewohner arbeiten ehrenamtlich, haben also von vornehrein einen Nachteil. Wenn die Einbeziehung der Bewohner in den Sanierungsvorgang, wenn Selbstgestaltung ernst gemeint sein soll, müssen Mittel in Form von Beraterstunden und einer Unkostendeckung bereitgestellt werden.

Irene Wiese-v. Ofen

Wie kann die Kommune die Selbstgestaltung der Wohnumwelt fördern?

1. Aufgaben der Kommune im Rahmen der hoheitlichen und vorsorgenden Verantwortung

Bei der Durchsicht des Programms habe ich festgestellt, daß gesetzliche Verfahren, die Rahmen und Voraussetzung selbstgestaltenden Handelns sind, kein Themenschwerpunkt der anderen Referate ist, deshalb erlaube ich mir, darauf einzugehen.

Ich habe in vielen Gesprächen und unzähligen Bürgerbeteiligungen immer wieder festgestellt, daß man einerseits Verfahren in ihrer Bedeutung überschätzt und deshalb immer versucht, am Verfahren selbst etwas zu verändern, da der Bürger sie als „closed shop" empfindet, anstatt ihre Handhabung zu verändern oder zu beeinflussen, bzw. sich mit Phantasie und Stetigkeit an ihrer Ausfüllung zu beteiligen. Andererseits werden Verfahren im Hinblick auf ihre Aufgabe unterschätzt: sie geben den legalen Rahmen, sie bieten Sicherheit und Verläßlichkeit für die Ausgestaltung des Einzelnen. Das BGB ist über 100 Jahre alt, es wird Gott sei Dank nicht jedem Tagesgeschäft angepaßt. Bauleitplanung ist Ortsgesetz. Vergleiche sind erlaubt!

Bekanntlich hat die Kommune im Rahmen der ihr obliegenden Planungshoheit die städtebauliche Entwicklung ihres Gemeindegebietes zu ordnen und zu leiten. Sie hat dafür eine Reihe von Instrumenten, und diese muß sie nach Planungserfordernis und in Eigenverantwortlichkeit entsprechend einsetzen.

Der FNP, der das ganze Stadtgebiet umfaßt, ist, so abstrakt er auch immer dem Bürger erscheinen mag, die erste Weichenstellung mit der Ausweisung von Wohngebieten. Zwar arbeitet der Planer heutzutage überwiegend im Bestand, dennoch ergeben sich gerade in Anbetracht der wachsenden Nachfrage nach Wohnungsbau im Moment erneut die Notwendigkeiten zu entscheiden, an

welcher Stelle entweder im Freiraum oder durch weitere Abrundung von Wohnbauflächen im Außenbereich des Innenbereichs dem Wohnungsbau Flächen zur Verfügung gestellt werden sollen. Auch ist gerade im Ruhrgebiet sicherlich nicht nur vor dem Hintergrund von Altlastenfragen, sondern auch im Zusammenhang mit dem großräumigen stadtstrukturellen Umbau von besonderer Bedeutung darüber nachzudenken, ob die vielen aufgelassenen Industrie- und Brachflächen, die das Ruhrgebiet aufweist, dem Wohnungsbau zugeführt werden können, oder für Grün- und Freiraumnutzung oder für die Wiederbesiedlung mit Gewerbe zur Verfügung stehen sollen. Diese Arten von Standortentscheidungen basieren bei den Städten im allgemeinen nicht auf Marktanalysen, und geschehen üblicherweise auch nicht mit Beteiligungsformen aller Arten. Ich meine damit nicht die formalisierten Bürgeranhörungen, die selbstverständlich nach den Vorschriften des Gesetzes und den jeweiligen Beschlüssen, die die Kommunen zur Form und Art der Durchführung der Bürgerbeteiligung haben beschließen lassen, durchgeführt werden, sondern ich meine die Versuche, ggf. schon Interessierte an diesen Grundsatzentscheidungen zu beteiligen.

Ich bin mir im klaren darüber, daß die Ebene des Flächennutzungsplanes im allgemeinen zu abstrakt ist, und daß es in der Regel noch niemanden gibt, der in der Phase der Ausweisung von Wohnbauflächen im Flächennutzungsplan als Gruppe schon feststeht und bereits Vorstellungen entwickeln könnte für die spätere Gestaltung dieser Wohnbereiche. Hier handeln also Kommunen „stellvertretend". Andererseits gibt es genügend Fälle, bei denen das Flächennutzungsplanverfahren und das Bebauungsplanverfahren parallel durchgeführt wurden, wobei es sich häufig um Flächennutzungsplanänderungsverfahren für bestimmte Maßnahmen mit Planungserfordernis handelt und Investoren schon feststehen, die Vorstellungen

haben bzw. von denen der Anstoß zu planen ausgeht. Diese Vorgehensweise bedeutet allerdings, daß sich die Bauleitplanung immer weiter von der generellen vorsorgenden Planung, die für jegliche Art von später durchzuführendem Projekt den gleichermaßen neutralen Rahmen zu setzen hat, entfernt in Richtung auf eine Projektplanung. Der Einfluß des „Devellopers" steigt damit. Diese Entwicklung zur Projektplanung liegt allerdings auch im Zuge der Zeit, da immer mehr eine konkrete Beteiligung im Rahmen der Projektentwicklung gewünscht wird, und auf der anderen Seite je abstrakter die Planungsebene ist, desto unwilliger die Bevölkerung auf Planungen reagiert, wo sie die konkreten Auswirkungen nicht erkennen kann, dieses aber gerne möchte. Auf dieser Ebene liegt aber oft genug schon die Weichenstellung für die Art der späteren baulichen Struktur: verdichteter Flachbau oder Geschoßbau, Infrastruktur nach Umfang und Standort, Integrationsfähigkeit wird damit bestimmt – also ein Pladoyer für kleine Einheiten.

Das Maßnahmengesetz zur Erleichterung des Wohnungsbaus hat dazu eine Antwort angeboten, die man in den nächsten 5 Jahren ausprobieren müßte. Für konkrete, kleinere Wohnungsbauprojekte können die Kommunen dieses vereinfachte Verfahren anwenden, indem sie die langwierige Beteiligung von Trägern öffentlicher Belange und die formalisierte Bürgerbeteiligung ersetzen durch eine Beteiligung der Träger, der Öffentlichkeit und der Betroffenen im Dialog, um mit allen am Planungsprozeß Beteiligten in einem solchen abgestimmten Vorgehen Konflikte möglichst von vornherein zu vermeiden oder sie durch diesen Beteiligungsprozeß beizulegen, damit das Verfahren möglichst reibungslos und damit auch schneller als andere Verfahren zum Abschluß kommt. Es wird sich zeigen, für welche Projekte die Gemeinden diesen Verfahrensweg zu gehen bereit sind, und wie sie die Chancen, die ohne Zweifel in diesem Maßnahmegesetz stekken, entsprechend nutzen. Die Verkürzung von Fristen ebenso wie die Ausschlußmöglichkeiten von Bürgerbeteiligungen oder die Reduzierung der Offenlage, über die landauf/landab diskutiert worden ist im Zuge dieses Maßnahmegesetzes, ist sicherlich nur die eine Seite. Die andere Seite ist die, ob und wie die Kommunen verantwortungsvoll und bürgerfreundlich die Angebote einsetzen, die in diesem Maßnahmegesetz stecken, d. h. nämlich eben diese gemeinsame Erarbeitung von konkret durchzuführenden Projekten im Dialog entwickeln und damit der Bauleitplanung eine Seite abgewinnen, die sie in der bisherigen abstrakteren Anspruchsebene nicht gehabt hat.

Ich bin damit bereits bei der Ebene des Bebauungsplanes, der in der Regel durch die Festsetzung der überbaubaren Grundstücksflächen, der Geschoßhöhen, der Gebäudetypen, der Anzahl der Wohnungseinheiten bis hin zu detaillierten Festlegungen in Gestaltungssatzungen und Bepflanzungsplänen die Wohnumwelt der späteren Bewohner in einem Maße prägt, wie man es sich häufig als Planer ebensowenig klar macht wie als Architekt, der oft genug kritisch dem Ergebnis solcher Bebauungspläne gegenübersteht geschweige denn der spätere Nutzer, der mit vielem der Festsetzungen nicht viel anfangen kann oder will. Hier sind ganz deutlich die auseinanderklaffenden Anforderungen an die Festsetzungsmöglichkeiten und Festsetzungsnotwendigkeiten des Bebauungsplanes erkennbar und die Chancen der zukünftigen Ausfüllung. Gemeinden füllen eigentlich in den seltensten Fällen aus – sondern Private aller Art realisieren die Festsetzungen. Aber „Gängelungen" oder „Chancen" werden auch davon bestimmt, daß durch immer perfektere Methoden, durch ständig wachsende Anforderungen aus der Umweltverträglichkeitsprüfung, durch die Beteiligung von immer mehr Trägern öffentlicher Belange, Dienststellen, Vereinen, Verbänden und anderen halböffentlichen und öffentlichen Trägern immer mehr an Verfeinerungsansprüchen in den Bebauungsplan hineingetragen werden, denen die Kommunen auch vor dem Hintergrund der Forderungen der Politik insoweit Rechnung tragen, als sie immer detailliertere Festsetzungen treffen. Ich gehöre nicht zu den Planern, die diese Entwicklung für richtig halten. Ich bin der Meinung, daß ein Bebauungsplan als ein rahmensetzendes Ortsgesetz, das gegenüber jeder-

mann verbindlich ist, möglichst generalisierende und möglichst offene Festsetzungen treffen sollte. Ich habe das Vertrauen der Architektenschaft gegenüber ebenso wie den Trägern und den privaten Bauherren, daß sie auch mit offeneren Festsetzungen umgehen können. Ich bin mir im klaren darüber, daß dieses durchaus eine Kehrseite der Medaille hat, nämlich die Überschreitung der Möglichkeiten der Ausnutzung solcher Bebauungspläne ebenso wie die unangepaßten und durchaus auch mit erkennbaren Stilbrüchen verbundenen Gefahren von Einzelentscheidungen der innerhalb eines solchen Rahmens dann nicht aufeinander zugehenden Investoren und Bauherren. Dennoch meine ich, daß die Chancen für selbstgestaltende Entscheidungen in der späteren Verwirklichung dieses Risiko einzugehen rechtfertigen. Relativ „simple" Bebauungspläne erweisen sich damit in Ausführung und Durchführung als robuster. Auch kann die Gemeinde entweder über Wettbewerbe, die sie mit Trägern initiiert oder in dem Falle, in dem sie selber Grundstückseigentümer ist, vor dem Verkauf auslobt, die **tatsächliche** Qualität zustande bringen, die noch so fixierte Ausweisungen im Bebauungsplan auch nicht schaffen können, wenn sie derjenige, der die Realisierung zu verantworten hat, nicht in gleichem Maße sieht. Im übrigen sind die Vorschriften der Wohnungsbauförderungsrichtlinien im Hinblick auf Wettbewerbe bei mehr als 50 Wohnungseinheiten ein heilsamer Zwang für Großinvestoren und Gemeinden. Besondere Anforderungen für die spätere Nutzung und Betreuung können und sollen in diesen Wettbewerben z. B. durchaus gefordert werden.

Dieses sind allerdings in der Regel auch alles keine Verfahren, in denen die zukünftigen Bewohner beteiligt sind, da sie meist zu dem Zeitpunkt noch nicht feststehen, sofern sie Mieter sind, und als Eigentümer, wenn es sich um Kauf- und Vorratseigenheime handelt, im allgemeinen auch noch nicht.

Die Pilotprojekte zum kosten- und flächensparenden Bauen, wie sie die Stadt Essen im Ortsteil Vogelheim durchgeführt hat, bilden da eine Ausnahme und sollten deswegen eigentlich weiter verbreitet werden, als es bisher geschehen ist, obwohl aus diesen Pilotprojekten in Vogelheim und Konstanz ein umfangreiches Programm der sogenannten KFB-Maßnahmen erwachsen ist. Dar-

um erlauben Sie mir, darauf etwas einzugehen. KFB: es handelt sich um 80 WE in Flachbauweise, in einem bestehenden B'Plan mit 2-geschossiger Ausweisung, 1/3 der Häuser zur Miete, der Rest Mietkauf und Eigenheime. Die Form, die wir damals gewählt haben, eines Investorenwettbewerbes mit Architekten mit der Aufforderung ein baufähiges Haus zu einem Fixpreis anzubieten (mit Aussagen zur Nutzerbeteiligung und Selbsthilfe nicht nur im Finish) an dessen Preisangebot sich der Investor ein halbes Jahr halten sollte, mit der Zusage der Stadt, in eben diesem halben Jahr die Interessenten zu suchen, das Grundstück an diese Interessenten zu verkaufen, damit die späteren Bewohner von vornherein Bauherren waren und nicht nur damit in den Genuß der entsprechenden finanziellen und steuerlichen Vorteile kommen sollten, sondern auch am Auf- und Ausbau der Siedlung beteiligt sein, und die Zusage innerhalb diesen halben Jahres die Baugenehmigungen zu erteilen, die Finanzierung im öffentlichen Wohnungsbau mit dem Land Nordrhein-Westfalen sicherzustellen und die Koordinationsaufgaben zu übernehmen, haben sich als ein voller Erfolg erwiesen. Man muß aber dazu sagen, daß der Koordinierungsaufwand der Kommune für dieses Vorhaben erheblich war, aber auch nur durch diesen Koordinierungsaufwand auf der anderen Seite das ganze Projekt tatsächlich innerhalb von 9 Monaten von Abgabe der Wettbewerbsergebnisse bis zum Einzug in die ersten Häuser abgewickelt war. Modelle wie diese sind in meinen Augen deshalb ein gutes Beispiel für die Förderung des selbstgestalteten Wohnbereichs durch die Kommune. Die funktionierende Nachbarschaft in der Siedlung Vogelheim bis hin zu vielfältigen Aktivitäten im näheren Bereich, die z. B. auch die gemeinsame Gestaltung der öffentlichen Grünflächen umfaßte und sie bis heute zum Teil auch pflegt, zumindest jedoch sorgsam damit umgeht, zeigen den Erfolg, und rechtfertigen damit den hohen Einsatz von Personalkapazität bei der Kommune.

Das leitet über zur Frage der Baugenehmigungsverfahren. Auch diese gehören zum hoheitlichen Aufgabenbereich der Gemeinden und sind im allgemeinen weniger als Beratung denn als Überprüfung zum Schutz vor Gefahren und Abwehr eben dieser Gefahr gedacht. Immer mehr aber bürgert sich insbesondere in den Stadtplanungsämtern eine Beratung ein, die vor allen Dingen auf den Versuch hinausläuft, den öffentlichen Raum, d. h. also die Straßen stärker mit Vorgarten und Hof- und Gartengestaltung zu verzahnen, so daß häufig genug Empfehlungen zur Anordnung von Stellplätzen, von Tiefgaragen, die Forderung von Gestaltungsplänen für Grün und Freiraum im nicht überbauten Bereich, die Anregungen für Dachbegrünungen und Fassadenbegrünungen, die Kritik an der Stellung von Nebenanlagen auf dem Grundstück u. U. zu einer qualitativen Verbesserung der einzelnen Baumaßnahmen führen, wenn Architekt oder Bauherr auf diese Beratung und Anregung eingehen. Wir würden uns in den Stadtplanungsämtern als beratende Planer häufiger wünschen, daß Architekt und Bauherr zu gemeinsamen Gesprächen kämen und auf diese Anregungen und Beratungen dann auch gemeinsam eingingen. Oft genug hat man das Gefühl, daß der Architekt sich hinter seinem Bauherren verschanzt im Hinblick auf finanzielle Auswirkungen, die sich durch diese qualitativen Verbesserungen keineswegs ergeben müssen und daran erinnert werden müssen, daß wir alle in dieser Phase noch stellvertretend für den späteren Mieter planen, handeln und bauen.

Anders in dem letzten Bereich, der von den Kommunen geregelt wird: die Wohnumfeldverbesserungsmaßnahmen. Sie liegen auf der Nahtstelle zwischen selbstgestalteter Wohnumgebung und öffentlichem Handeln. Die Beteiligungsformen durch Ausstellungen und Bürgerberatungen und Bürgerinformationen, durch Berichterstattung in Ausschüssen und Bezirksvertretungen hat in den letzten Jahren erheblich zugenommen, so daß man eigentlich davon ausgehen kann, daß diejenigen, die in einer Straße oder einem Quartier wohnen, für das Wohnumfeldverbesserungsmaßnahmen vorgesehen sind, in irgendeiner Form daran beteiligt werden und auch die Chance haben, Einzelheiten über diese geplanten Maßnahmen rechtzeitig zu erfahren. Das ändert nichts an der Tatsache, daß häufig sehr unterschiedliche Auffassungen zwischen den Betroffenen und der Kommune über Art und Ausmaß der Gestaltung vorherrschen, und das keineswegs immer eine Einigung zu erzielen ist. Das erklärt dann auch, wieso an vielen Stellen Bürger sich zurückgesetzt fühlen oder der Meinung sind, die Kommune ließe ihnen nicht genügend Spielraum in der eigenen Gestaltung. Diese Konflik-te werden m. E. auch nicht lösbar sein, da in jeder Gemeinschaft die Interessenlagen unterschiedlich sind, und zum guten Schluß es zu einer Entscheidung kommen muß, die der Mehrheit Rechnung trägt, und die Minderheit dennoch sicherlich nicht zufriedenstellen wird. Allerdings sollten diese Entscheidungen erst gefällt werden nach ausreichender Chance des Dialogs, ich meine aber – dieses ist sicherlich mir als Angehöriger einer Verwaltung gestattet zu sagen – daß die Verwaltungen ein erhebliches Ausmaß an Mühe und Aufmerksamkeit auf diese Beteiligungsformen verwenden: Ob nun durch Ausstellungen, durch Bürgerforen, durch Einladung der unmittelbar Betroffenen, ob durch Vorstellungen in Bezirksvertretungen, Ortsvereinen und anderen Veranstaltungen der Parteien, ob durch Gespräche mit Bürgerinitiativen oder Stadtteilvereinen, ob durch wiederholte formalisierte Bürgeranhörungen oder informelle Gespräche, ob durch Einladungen der Interessierten zur Verwaltung oder durch Teilnahme von Verwaltungsangehörigen an Versammlungen der Anlieger, der Kirchengemeinden, der Vereine und Verbände – es sind in den letzten Jahren m. E. genügend formelle und informelle Möglichkeiten der Teilhabe an der Entscheidungsfindung und damit Chancen zum Einfluß nehmen auf die Gestaltung der unmittelbaren Umgebung geschaffen worden. Sie werden auch von den Bürgern genutzt, und es kann nur immer wieder auch den Bürgern anheim gestellt werden, sich hier entsprechend zu beteiligen. Quartiersarchitekten vermitteln zwischen Bewohnern und Behörden, und wenn man z. B. Sanierungsbeiräte mit Leben erfüllt, wäre dieses kein schlechter Ansatz zur Mitgestaltung und Mitbeteiligung im Rahmen bestehender Gesetze, – mit guter Absicht geschaffener Gesetze!

In diesem Zusammenhang sollten auch noch Umlegungsverfahren erwähnt werden, die ganz besonders geeignet sind, mit den betroffenen Grundstückseigentümern und evtl. zukünftigen Bauherren oder Erwerbern oder Verwandten, Familienangehörigen usw. die beabsichtigte Gestaltung zu besprechen und damit die hoheitliche Planung eines Bebauungsplanes mit der privaten Verwirklichung auf neuen Grundstückszuschnitten zu kombinieren mit einer schon ganz konkreten Planung der Nutzung und der Gestaltung der Grundstücke, der gemeinsamen Flächen, der Regelungen des Gemeinschaftseigentums für gemeinsame Stellplatzanlagen, der Zufahrten der Bepflanzungen, der Baulasten usw. Umlegungsverfahren sind ein besonders geeignetes Mittel, im Zuge der Innenentwicklung Bauland zu aktivieren. Im Hinblick darauf, daß die Beteiligten an diesem Verfahren bekannt und auch der Zahl nach begrenzt sind, ist es ein Verfahren, das in besonderem Maße geeignet ist, die Selbstgestaltung zu ermöglichen und eigene Entscheidungen in eine sich aus der Umlegung ergebende Gemeinschaft einzubringen.

2. Aufgabe der Kommune im Rahmen der finanz- und privatrechtlichen Verantwortung

Neben den hoheitlichen Aufgaben haben die Gemeinden natürlich auch noch den Bereich der privatwirtschaftlichen Möglichkeiten, vor allem als Grundstückseigentümer. Sie haben aber auch eine größere Chance als Stadt auf Großgrundeigentümer oder die eigenen städtischen Wohnungsbaugesellschaften einzuwirken. Die traditionellen Denkstrukturen des Ruhrgebietes verleiteten auf diesem Sektor dazu so vorzugehen, daß man als große Gemeinde mit den großen Grundstückseigentümern unter sich blieb bei solchen Verhandlungen und selbst zwischen diesen Großen entschied, wie die Gestaltung im einzelnen auszusehen hatte. Hier hat sich einmal durch Wettbewerbsverfahren eine Möglichkeit ergeben, dieses zu beeinflussen, und man sollte alle Gemeinden darauf hinweisen daß dieses ein geeigneter Weg ist. Zum anderen gibt es auch durch verstärkte öffentliche Meinung und Fachöffentlichkeit die Möglichkeit, die Gemeinden aufzufordern, Gruppen und Genossenschaften z. B. in die gleiche Lage zu versetzen, Optionen für Grundstücke zu bekommen, um damit planerisch tätig werden zu können und die entsprechenden Entscheidungen vorbereiten zu können, wie die „arrivierten" Wohnungsbaugesellschaften und Großinvestoren. Wenn es aber nach wie vor überwiegend Großinvestoren im Wohnungsbau betrifft, dann können die Kommunen Hilfestellungen geben, indem sie durch begleitende Arbeitskreise oder andere Beteiligungsformen Initiativen aus dem Stadtteil oder aus Vereinen und Verbänden mit den Wohnungsbauunternehmen oder den Investoren zusammenbringen, um Chancen zu eröffnen, Gedanken und Vorstellungen der zukünftigen Bewohner schon in der Planungsphase mit einzubringen. Das gleiche gilt für begleitende Arbeitskreise bei der Modernisierung und im Rahmen von Privatisierungsverfahren mit und ohne Erhaltungs- und Gestaltungssatzungen. Auch hier liegen Erfahrungen vor, die von den jeweils Betroffenen unterschiedlich beurteilt werden, die die Gemeinden in den letzten Jahren als Vermittler, Berater oder Betreuer mit einem neuen Rollenverständnis übernommen haben.

Die Gemeinden haben sicherlich auch eine Verantwortung für besondere Förderungsprogramme: als da sind Förderungsprogramme für Kinderreiche, Förderungsprogramme für besondere Wohngruppen und Förderungsprogramme für Altenwohnungen. Da die öffentliche Förderung in der Regel an die Grenzen ihrer Möglichkeit gestoßen ist, werden die Kommunen nicht umhin können, noch mehr, als sie das zum Teil schon getan haben, eigene Förderungsprogramme aufzulegen. Da auch hier der Teilnehmerkreis teils bekannt, teils erkennbar ist, sollte es den Kommunen empfohlen werden, hier offensiv vorzugehen, und bestimmte Bevölkerungsgruppen und Interessenten nach Bedürfnisnachfrage und Interesse zusammenzuführen und für eine solche Projektentwicklung hilfreich zur Seite zu stehen, und dann auch Möglichkeiten der besonderen Förderung in der Finanzierung wie Unterstützung im Grundstückskauf, besondere Zuwendungen, Annuitätsbeihilfen, Erbpachtverträge, Mietkaufmöglichkeiten u. ä. m. mit anzubieten.

Wenn aber Grundstückspreise zu hoch für Förderbereiche für diese Bevölkerungsgruppen sind, sollte man sie erkennbar aus eben diesem sozialen Grund subventionieren und dieses sollte auch beschlußfähig sein, und nicht durch andere „Stellschrauben" manipuliert werden. Der Markt muß sozial kompensiert, nicht undurchsichtig korrigiert werden.

3. Aufgaben der Kommunen im Rahmen der öffentlichen und sozialen Verantwortung

Der Sektor der sozialen Verantwortung der Kommunen ist mit Sicherheit derjenige, der die meisten unterschiedlichen Zuständigkeiten innerhalb der Kommune betrifft, der auch die verschiedensten Finanzierungsmöglichkeiten anspricht, die mit Phantasie und Pragmatismus miteinander verbunden werden sollten, und wofür am ehesten ämter- und dezernatsübergreifende Organisationsformen innerhalb der Verwaltung gefunden werden müssen. Diese sollten dann auf die außerhalb der Verwaltung entstehenden Gruppierungen zugehen und sollten versuchen sie in gemeinsame Modelle einzubinden. Dazu gehören z. B.:

– Trägermodelle für Wohnungsbau für Kinderreiche zu entwickeln, die erfahrungsgemäß von den traditionellen Wohnungsbauunternehmen in steigendem Maße nicht mehr gebaut werden;

– Obdachlosenunterkünfte als Gemeinde zu errichten und diese zusammen mit den Kirchen und Caritasverbänden z. B. zu kombinieren mit besonderen Arbeitsmöglichkeiten, die die eigene Wohnumwelt betreffen;

– Dauerwohnungen für Aus- und Umsiedler zu schaffen, nicht nur die augenblickliche Not durch Containerprogramme zu lindern und gerade für diese Klientiel Betreuungsformen zu finden, die nicht nur die monumentane Situation des Umbruchs aufzufangen versuchen, sondern auch für die Zukunft durch eigenes Handeln Hausbaumöglichkeiten zu schaffen;

– Initiativen zu ergreifen, um die Betreuung von Alleinerziehenden und Arbeitslosen in bestimmten Siedlungen der Städte, die noch aus der besonderen Belegungspraxis insbesondere in den Großsiedlungen herrühren, zu ermöglichen, die von den Gemeinden gemeinsam mit den Wohnungsbauunternehmen getragen werden müssen. Dazu gehören vor allen Dingen Angebote von freibleibenden, neutralen Räumen innerhalb der Wohnanlagen zur Ermöglichung von Begegnungen, von Betreuung, von informeller Arbeit. In vielen Städten gibt es dazu gute Beispiele, auf die ich in diesem Zusammenhang nicht näher eingehen kann. Das betrifft aber für die Betreuung den ohnehin belasteten Sozialhaushalt der Kommunen, und scheitert beim Bau oft an den Finanzierungsrichtlinien, denen die Gemeinden genauso unabänderlich ausgesetzt sind wie Private und die auch die entscheidend hindernde Rolle bei der Individualisierung von Standards spielen;

– Förderung von Jugendprogrammen und Altenprogrammen gehört im allgemeinen auch zu dem Repertoire der Gemeinden, mit dem insbesondere versucht wird, Jugendliche innerhalb ihres Quartiers einzubinden in Stadtteilbewußtsein und Stadtteilverhalten. Dieses kann korrespondieren mit Kursen der Volkshochschule zur Stadtgeschichte, um zum Beispiel die Identität mit dem Ort zu fördern, kann aber auch – wie die verschiedensten Programme besonders in Großsiedlungen zeigen – auch dazu dienen, mit dem eigenen Handeln und Gestalten örtliche Verbundenheit zu wecken, und die Wohnumgebung anschließend auch entsprechend pfleglicher zu behandeln;

– Planung und Unterhaltung von Infrastruktur wie Kindertagesstätten, Kindergärten, Altenbegegnungsstätten, Jugendtreffs etc. gehört zu den Aufgaben der Kommune, die wohl auch eher funktionieren, wenn sie nicht nur als „hoheitliche" Aufgabe aufgefaßt werden. Insbesondere in den größeren Wohnanlagen, seien es nun die alten der ehem. Bergarbeitersiedlungen oder der Siedlungen aus den 20er Jahren, oder seien es die neuen Großsiedlungen, kann die Gemeinde dieses nur gemeinsam mit den Eigentümern, meist Wohnungsbauunternehmen, und evtl. Gruppen, die sich aus der Mieter- und Bewohnerschaft zusammentun;

– „Hilfe zur Selbsthilfe" hat zu Überlegungen geführt, die in der Kombinationen von Bau, Ausbildung, Wohnen und Lernen die Gründung von Bauhütten initiiert haben, zu Maßnahmen von „Arbeit statt Sozialhilfe", zur Unterstützung bei der Gründung von Genossenschaften, zur sozialen Betreuung durch ABM-Maßnahmen, zur Verfügungstellung von Räumen, um Initiativen die Möglichkeiten zu bieten, sich zu treffen, bis zur Beratung für Projekte mit privaten Trägern, Interessenten, Einzelnen und Gruppen;

– Beratungen für Aus- und Umbau könnten angeboten werden durch gemeinsame Stiftungen, mit Architekten und der Kreishandwerkerschaft, um in den Baumärkten nicht nur die entsprechenden Fertigartikel von Türen bis Fenstern mehr oder minder passend zu kaufen, sondern für Einbau, fachmännisches Ausgestalten und Vermeiden von Bauschäden fachgerechte Anleitung zu bieten. Die Beratung kann weitergehen über Finanzierungsangebote im Zusammenwirken von Sparkassen, Wohnungsamt, Maklern und Banken, um in gemeinsamen Gesprächen, Interessenten sachgerecht zu beraten. Sie kann dazu führen, in Messen und Ausstellungen ständige Informationen zu liefern oder in vorübergehenden Fachausstellungen das breiteste Spektrum anzubieten;

– Unterstützung von Heimatvereinen, von Volksfesten, – wie zur Sperrung von Straßen bei Straßenfesten – dienen weiter dazu, sich die eigene Umgebung anzueignen und sie mit zu gestalten (Bez.-Vertretung, Straßenverkehrsamt);

– Bürgergespräche der Kommunen könnten regelmäßig in den Stadtteilen ausgerichtet werden, wie dieses z. B. durch die Zusammenarbeit mit dem Institut für Soziale Stadtteilarbeit und der Uni Essen oder mit Frauengruppen entstand und zu einer größeren Einflußnahme auf die Gestaltung der engeren Umgebung geführt hat, aber auch zu einem besseren Kennenlernen und einem wechselseitigen Verstehen, dieses insbesondere in Bezug auf ausländische Mitbewohner;

– Arbeitskreise als ständige Einrichtungen sind bereits in den Gemeinden vielfältig vorhanden. Sie können als ein regelmäßiges Angebot entweder in der Form der Teilöffentlichkeit weiter intensiviert werden oder in der Form der Projektbeteiligung zeitlich begrenzt jeweils eingerichtet werden. Unter Teilöffentlichkeit sind Arbeitskreise gemeint zwischen den Wohnungsunternehmen und Anwälten, Architekten und der Kommune, oder Arbeitskreise zwischen Kreishandwerkerschaft, Betrieben, Arbeitgebern, deren Betriebe ggf. in der Nachbarschaft als störend empfunden werden, mit Bezirksvertretung und örtlichen Kirchengemeinden etc. Unter Projektbeteiligung ist das Angebot der Gemeinden für den Know-how-transfer zu verstehen. Oder die Gemeinde wirkt als Katalysator zwischen den Beteiligten und als Clearingstelle. Das war z. B. ihre Rolle bei dem vorhin genannten KFB-Projekt und in vielen anderen Projekten, die in verschiedenen Städten in den letzten Jahren zu dem Beginn von mehr vertrauensvoller Zusammenarbeit zwischen den Gemeindeverwaltungen, den örtlichen Politikern und Initiativen, Vereinen, Verbänden und Bewohnern geführt haben. Sie kann Aufträge an Quartiersarchitekten vergeben als Mittler zwischen Eigentümern, Bewohnern, Behörden und Verbänden, als Helfer zum Aufbau von Lobby, als Fachberater, als „Kindermädchen" bis zur Matura.

Die IBA ist sicherlich auch eine Plattform, diesen Dialog zu stärken zwischen den vielfältigen Gruppierungen in einer Landschaft wie dem Ruhrgebiet, das in seinen Konkurrenzen zwischen den Städten, aber auch Konkurrenzen zwischen den Beteiligten und Betroffenen dadurch bisher in seiner Entwicklung immer eher behindert als gefördert wurde.

Peter Hansen

Unternehmensstrategie zur Förderung der Eigeninitiative von Mietern

Vorbemerkungen:

Auch Wohnungsunternehmen können aus ihrem kundenorientierten Arbeiten, aus ihrer Marketing-Philosophie heraus die Eigeninitiative von Mietern fördern. Da unser Unternehmen hierbei vielgestaltige Erfahrungen gesammelt hat, werde ich nach seiner Vorstellung über eine wohnwirtschaftliche Grundidee und Organisationsform berichten, die eine Selbstgestaltung der Wohnumwelt fördert. Daran wird sich die Beschreibung von konkreten Beispielen dazu anschließen.

Im ganzen geht es mir mit meinem Bericht darum, die Leser dazu zu ermuntern, in ihrer Arbeit von Wohnungsunternehmen mehr zu verlangen. Es ist nach meiner Erfahrung so, daß weder mehr Sozialarbeit noch mehr Ökologie ein Wohnungsunternehmen pleite machen kann. Im Gegenteil, es verhilft ihnen zu zukunftsträchtigen Betriebsstrukturen und Kundennähe. Haben Sie also den Mut, von Wohnungsunternehmen eine Unterstützung von Mieterinitiativen zu verlangen.

Ich möchte nicht, daß mein Erfahrungsbericht als eine Werbeveranstaltung für eine Firma verstanden wird. Alles was wir tun, ist das Ergebnis der gutwilligen Kooperation unserer Mieter und unserer Mitarbeiter im Unternehmen unter- und miteinander sowie in den jeweiligen häuslichen Nachbarschaften.

I Vorstellung

A) Unsere Mieter:

Ich möchte Ihnen jetzt mit ein paar Fotos unsere Mieter vorstellen. Dieses Rentnerehepaar im Vorgarten mit Gartenzwergen z. B. ist ein besonders nettes älteres Ehepaar, das es uns deutlich gemacht hat, daß wir in unseren Außenanlagen mehr tun und erlauben sollten. Sie sind so stolz auf ihren Garten, den sie sich unter ihrem Balkon angelegt haben und sie haben ihn so schrecklich schön geschmückt. Sie haben uns zu einem differenzierten Mietergarten-Projekt ermuntert.

Unsere Mieter (schneller Dia-Wechsel) sind alte Menschen, unsere Mieter sind junge Menschen. Die meisten Mieter-Initiativen werden von Frauen getragen. Eigentlich spielen nur Frauen in unserer Tagesarbeit eine Rolle. Sie leisten die wesentlichen hausbezogenen Dinge und sie sind diejenigen, die auch immer wieder bei ein bißchen Ermunterung die Initiative ergreifen.

Wir haben besonders viele Ausländer, wir arbeiten mit amnesty und anderen Ausländervereinen zusammen, um einen möglichst hohen Anteil an ausländischen Mietern in unseren Wohnungen zu haben. Unsere Mieter sind fast alle Berechtigte im öffentlich geförderten Wohnungsbau. Bedienstete aller möglichen Institutionen und sog. Berechtigungsscheininhaber und Zugewiesene in Belegungsrechtswohnungen der Stadt. Es besteht das große Problem, daß Sozial-Wohnungshäuser immer mehr zu Armenhäuser werden, weil es immer weniger Belegungsrechte gibt, auf die sich die sozial Benachteiligten konzentrieren. Vor diesem Hintergrund wird die Arbeit der Wohnungsgesellschaften immer schwieriger und sie enthält immer mehr sozialarbeiterische Komponenten. Aus den Dias sehen Sie, unsere Mieter lieben ihr Wohnumfeld und tun sehr viel in ihren Häusern und Wohnungen. Wir tun unsererseits alles, um sie darin zu ermuntern und so ihre Selbstentfaltung zu fördern.

B) Unser geschäftsführender Gesellschafter:

Es ist leider nötig, daß ich am Anfang doch ein paar Worte zu mir selbst sagen muß. Firmen sind eben auch von ihren Gesellschaftern und Geschäftsführern geprägt. Ich muß „gestehen", daß ich mich von meinem Selbstverständnis her als Sozialarbeiter verstehe; das sind Unternehmer nämlich – ohne daß es ihnen bewußt ist – durch ihre Funktion auch immer. Von der Ausbildung her bin ich Kaufmann, und zwar mit Schwerpunkten im Bereich Marketing und Sozialpsychologie. Ich habe nach meiner akademischen Ausbildung eine Maurerlehre gemacht und bin jetzt eben auch Maurergeselle. Heute bin ich von der Funktion her allerdings mehr geschäftsführender Gesellschafter.

C) Unser Unternehmen:

Unser Wohnungsunternehmen ist Teil einer Firmengruppe, die sich entwickelt hat aus einem Bauunternehmen, das gerade 100 Jahre jung geworden ist. Meine Vorgänger haben einfach erkannt, daß nach dem Krieg – unsere Stadt war zu 75% zerstört – mehr als nur gebaut werden mußte. Es mußten viele Träger für Wohnungsbaumaßnahmen tätig werden und die Stadt hat zugelassen, daß auch Private öffentlich geförderten Wohnungsbau übernehmen. Und so ist Anfang der 50er Jahre ein freies, privates Wohnungsunternehmen entstanden.

Das Wohnungsunternehmen ist in drei Firmen gegliedert, dadurch ist es ein bißchen kompliziert. Es eignet ca. 4.000 Wohnungen. Davon sind inzwischen 15% freifinanziert, 85% sind öffentlich gefördert. Hier unterliegen die Mieten der II. Berechnungsverordnung (II.

BV). Ein sehr großer Teil sind Sozialwohnungen und die Stadt hat Belegungsrechte für diese Wohnungen bei uns.

Wir haben uns sehr bemüht, die Kosten in unserem Unternehmen zu begrenzen und eine moderate Mietenpolitik zu führen, was allerdings schon durch die II. BV vorgeschrieben ist. Die Kostenmiete wird ja überall sehr kritisiert. Ich finde sie sozial sehr effizient, was man vom jetzt geschätzten 3. Förderweg mit seinen degressiven Aufwendungszuschüssen nicht sagen kann. Bei uns im Unternehmen – bezogen auf diese 3.500 Einheiten – zahlten unsere Mieter laut Statistik für 1989 eine Durchschnittsmiete ohne Betriebskosten von nur 5,13 DM je qm und Monat. Sie war um 3 Pfennig gegenüber dem Vorjahr gestiegen. Das ist das Ergebnis der Begrenzung von Mietsteigerungen durch das Kostenmietprinzip. Dabei wirkt sich allerdings das historische Kostenniveau der frühen Nachkriegsbauten günstig auf den Durchschnittswert aus.

D) Unsere Konkurrenzsituation zu Gemeinnützigen Gesellschaften:

Das Wohnungsunternehmen ist ein gemeinnützliches freies Wohnungsunternehmen, das formal eben nicht gemeinnützig ist. Obwohl wir genau identische Arbeitsinhalte und auch Mieter haben wie die gemeinnützige Wohnungswirtschaft, zahlen wir seit 40 Jahren Steuern. Und es hat sich erwiesen, daß gerade das gut für unsere Mieter ist. Das Steuerzahlen ist überhaupt nicht tragisch. Ich habe das Klagen der Gemeinnützigen, als man ihnen dieses Privileg genommen hat, nicht verstanden. Es hat bei uns dazu geführt, daß wir viel mehr instandgehalten haben, als es die gemeinnützige Wohnungswirtschaft meist getan hat, weil alle übrigbleibenden Erträge bei uns gleich zu 60% weggesteuert worden wären, die Gemeinnützige steuerfrei zurücklegen konnte. Und das ist, wie z. B. von der Neuen Heimat, für andere Dinge ausgegeben worden. Vor diesem Hintergrund ist das Steuerzahlen nicht schlimm und es hat uns dazu angehalten, unser Geld immer schnell wieder in unseren Häusern anzulegen, denn für einen Unternehmer ist nichts schlimmer als Steuern zu zahlen. In ca. 15 Jahren haben wir die jetzige Bilanzsumme für Modernisierung, Sanierung und Instandhaltung insgesamt erneut investiert.

Die Tagesarbeit bei uns im Unternehmen ist geprägt von dem Wettbewerb mit der gemeinnützigen Wohnungswirtschaft und insbesondere mit der städtischen Baugesellschaft in unserer Stadt, die eigentlich alle wesentlichen großen Aufgaben zugewiesen bekommt. Der Baudezernent ist ihr Aufsichtsratsvorsitzender. Wir wünschen uns eigentlich ein bißchen mehr Wettbewerb in der Stadt.

Ich habe vor über 10 Jahren in der Sachverständigenkommission in Bonn mitgearbeitet, als es dort noch eine andere Regierung und ein solches Gremium gab. Dort war mein Bemühen darauf gerichtet, Fördermittel den Baugesellschaften nur nach einem Wettbewerbsverfahren zur Verfügung zu stellen und nicht automatisch den willfährigsten, oft gemeindeeigenen Gesellschaften. Ich glaube, das wäre ein guter Weg gewesen, im Bauen und im Wohnungsverwalten mehr Fortschritt und Kreativität zu entwickeln. Wettbewerb ist auch in diesem Zusammenhang besser als Selbstbedienung und Protektion bei der Vergabe von Wohnungsbau-Fördermitteln. Wir sind also bemüht, uns an unseren Mietern in unserer Tagesarbeit sehr stark zu orientieren und darin unseren gemeinnützigen Konkurrenten mindestens nicht nachzustehen und ein paar Krümel vom Subventionskuchen abzubekommen.

II Anmerkung zur wohnwirtschaftlichen Demokratie

Selbstgestaltung der Wohnumwelt könnte einerseits ein wohnwirtschaftliches Hauptziel und quasi Selbstzweck sein. Andererseits könnte es nur ein Mittel sein, also etwas bescheidener: Ein Instrument für die Erreichung von mehr Wohnzufriedenheit. Ich neige eigentlich mehr zur zweiten Interpretation.

Wir haben in Deutschland nach den schlechten Erfahrungen des sog. „Tausendjährigen Reiches", aber auch in der Zeit danach mit der Demokratie Probleme, oder zumindest einen Übungsbedarf. Wir sollten eigentlich überall mehr Demokratie wagen und üben, wir sollten mehr Mitbestimmung praktizieren. Und vielleicht ist es in dem Zusammenhang wichtig, das große Feld des Wohnens in diese Aufgabenstellung mit einzubeziehen. Ich glaube, es geht eben auch um Demokratie, wenn es ums Wohnen geht. Ich denke jedenfalls, daß es für die Familien im ganzen ein gutes Lernfeld sein kann, wenn sie in ihrer

Wohnumwelt zu mehr Mitbestimmung geführt werden bzw. sie sich erkämpfen. Unser Unternehmen ist durch eine gute Organisation darauf eingestellt und dafür offen, Selbstverwaltungswünsche der Mieter inhaltlich und instrumentell zu fördern und beim Wohnen ein Übungsfeld für mehr Demokratie zu bieten.

III Marketing und Eigeninitiative von Mietern in der wohnwirtschaftlichen Unternehmensstrategie

Unsere Unternehmensstrategie ist ganz stark gerichtet auf die Förderung wohnungsbezogener Lebensqualität unserer Mieter. In diesem Sinne kann „Marketing", wenn es denn wohlverstanden eingesetzt wird, durchaus für wohnwirtschaftliche Eigeninitiative hilfreich sein.

A) Marketing-Definition:

Leider haben Waschmittelindustrie und Getränkevertrieb – aber inzwischen auch die Parteien – die Instrumente des

Marketing mißbraucht. Das Wort Marketing hat einen schlechten Beigeschmack bekommen. Wenn man es aber richtig mit Leben erfüllt, ist es sehr hilfreich für eine konsequente Ausrichtung des Handelns und Denkens und des Fühlens aller Mitarbeiter in einem Unternehmen auf seine Kunden hin. 20 Jahre Sonntagsreden, Fortbildung und hausinterne Trainings haben – um an einem Beispiel das Marketing-Denken zu erläutern – bei uns dazu geführt, daß unsere Mitarbeiter die Mieter nicht mehr als Arbeitmacher verstehen, sondern als Arbeitgeber. Die Mieter bezahlen uns und sie können dafür von uns etwas verlangen.

Das Marketing in der Wohnungswirtschaft möchte ich mit einem Slogan und seiner Umwandlung verdeutlichen: „My home is my castle" – diesen Schnack kennen Sie; es könnte geradezu der Slogan des Mietervereins sein. „My company, my house is my castle" – das ist, was früher die altmodischen Hauseigentümer gesagt haben. Das Haus stand im Mittelpunkt ihres Denkens. Daß in ihm auch Mieter wohnten, war eigentlich etwas ganz schreckliches. Ich kenne z. B. Architekturfotos zur Bürodekoration in Wohnungsunternehmen, wo man möglichst alle Menschen verscheucht hatte, als auf den Auslöser gedrückt wurde. Solche Fotos führen zu einer Bewertung des Hausbestandes als Selbstzweck und nicht als Instrument der Mietertragserzielung, des Zufriedenstellens der Kunden. Bei uns im Unternehmen gibt es inzwischen keine Aufnahmen von Häusern an den Wänden mehr, sondern nur noch Fotos von Mietern. Das ist also der äußere Ausdruck der inneren Umstellung bei uns. Die Marketing-Wirtschaft sagt: „My market is my company". Industrie und Handel richten sich sehr auf ihren Markt aus. Wenn man das auf die Wohnungswirtschaft überträgt, müßte man sagen: „My house is your castle!, lieber Mieter."

B) Die Frage vom Eigentümer und Besitzer einer Wohnung:

Ich will Marketing an einer Erfahrung konkretisieren. Am Anfang habe ich die Mitarbeiter gefragt, wer ist eigentlich Besitzer unserer Wohnungen? Die Antwort war, was für eine blöde Frage; natürlich wir. Marketinggeschult werden sie jetzt ganz spontan sagen: Wir sind nur Eigentümer, Besitzer sind unsere Mieter! Diesen Wechsel im Denken herbeizuführen, ist eine mühsame Sache, aber er ist effizient. Marketing ist also eine Strategie der Unternehmensführung vom Mieter her. Sie gibt uns die Basis, die Nähe und die Kooperationsmöglichkeiten zwischen Mieter und Vermieter, um Lebensqualität und Eigeninitiative entwickeln und fördern zu können.

C) Häusermarkierung:

Überall in der Wirtschaft sind Produkte gekennzeichnet, mit einer Marke versehen. Nur ausgerechnet das Teuerste aller Produkte, nämlich Häuser und Wohnungen, haben heutzutage nicht mehr den Ausweis, wer Eigentümer ist, oder wer es gebaut hat. Früher in den Bauernhäusern hat es das immer gegeben; es ist vergessen worden. Die Eigentümer vieler Häuser haben vielleicht ein zu schlechtes Gewissen, um sich zu ihren Häusern zu bekennen. Von Hauseigentümern sollte verlangt werden, daß sie ihre Häuser so instandhalten, daß sie sich auch trauen können, ihren Namen daranzuschreiben. Es fehlt leider oft das Bewußtsein, eine lebenswichtige Dienstleistung den Mietern anzubieten, die auch ihren Marktwert hat und zu der man sich stolz bekennen kann. Wir haben in unserem Wohnungsbestand eine besondere Identifikation bei Mietern und Mitarbeitern ausgelöst, als wir anfingen, unsere Häuser diskret mit unserem Firmenzeichen zu kennzeichnen. Natürlich wirkt eine solche Markierung nur positiv, wenn das Wohnungsangebot im ganzen stimmig ist.

IV Mieterbezogene Unternehmensorganisation

A) Mitarbeiter-Motivation durch Teambildung:

Ich möchte Ihnen nun darstellen, was nach der Neuorientierung des Denkens innerhalb der Firma durch Motivation und Fortbildung geschehen ist. Wir haben nämlich eine große Reorganisation vollzogen. Diese Reihenfolge ist wichtig; lieber erst Fortbildung und dann organisatorische Veränderungen und nicht umgekehrt.

Wir hatten bisher eine sehr hierarchische, funktionale Organisation mit Abteilungsleitern und getrennten technischen und kaufmännischen Abteilungen und Gruppen. Jetzt haben wir eine streng mieterorientierte Teambildung vollzogen. Wir haben jeweils den Kaufmann und Techniker in ein Zimmer gesetzt und ihnen ein Wohngebiet und seine Mieter zugeordnet. Das Team hat die volle Verantwortung für die ihm anvertrauten Mieter und deren Wohnungen. Das Team entscheidet über die Investitionen, nicht mehr der Vorgesetzte. Deshalb hat es auch immer selbst schuld, wenn das falsche Haus aufwendig saniert wurde und bei einem anderen dann große Probleme auftauchten. Es verstärkt sich also das Verantwortungsgefühl.

B) Mieterzufriedenheit durch Teamorganisation:

Für die Mieter führt die Teamorganisation dazu, daß Kaufmann und Techniker sich nun gegenüber sitzen und nie mehr sagen können, daß sie für irgendwas nicht zuständig sind, wenn ein Mieter anruft. Durch die Nähe der Zusammenarbeit ist sichergestellt, daß Kaufmann und Techniker gemeinsam Problemlösungen finden und müssen sich keine Aktennotizen mehr schreiben. Es gibt keine doppelten Mieterakten mehr, so daß eine große Rationalisierung erreicht wird. Ich kann dieses System auch im Interesse der Mieter anderen Wohnungsunternehmen nur sehr empfehlen. Nur ein entscheidungsbefugtes, wohlinformiertes und motiviertes Betreuungsteam kann die Eigeninitiative und Selbstverwirklichung der Mieter fördern.

Den vier Teams sind jeweils etwa 800 bis 1.000 Mieterfamilien oder Einzelpersonen incl. der in die Wohngebiete eingestreuten Gewerbeobjekte und Garagen zugewiesen. „Draußen vor Ort" wirken je nach Größe der Siedlungen haupt- oder nebenberufliche Hausverwalter mit dem üblichen Leistungsbild in den Mieter-Serviceteams mit. In größeren Wohngebieten wurden dazu besondere Mieterbüros eingerichtet. Neben den Teams als zentralen Leistungsträger helfen in einigen Bereichen „Sonderbeauftragte" bei der Betreuung unserer Mieter mit. In unseren Altenwohnungen sind Betreuungskräfte tätig. In einem besonders verdichteten Wohngebiet leistet eine Sozialarbeiterin eine sehr wichtige Arbeit.

Die Buchhaltung ist mehr als Service gestaltet und hat nur gelegentlich direkte Kontakte zu den Mietern. Wir hatten daneben bisher noch einen EDV-bezogenen Hilfsdienst. Die Verbesserung der Soft- und Hardware unserer Datenverarbeitung hat es ermöglicht, alle Zusatzbereiche wie Betriebs- und Heizkostenabrechnung u. dergl. direkt den Teams zuzuordnen. Wir haben inzwischen ein System, das es uns möglich gemacht hat, mit sehr viel weniger Personal unsere Arbeit besser und motivierter zu machen.

Die mieterbezogene Organisation weist die folgenden Elemente und Strategiekomponenten auf:

1. Transparenz: Wichtig ist für uns Transparenz und Einfachheit aus Mietersicht. Unsere Organisation versteht jeder. Und das ist bei Wohnungsunternehmen nicht immer so. Da ist ein Team mit der kaufmännischen Mitarbeiterin und dem Techniker bzw. der Ingenieurin sowie gegebenenfalls dem Hausverwalter vor Ort und das ist in den Wohngebieten für alles zuständig.

2. Zuständigkeit: Die Zuständigkeitsbündelung ist ebenfalls wichtig. Nichts ist für den Mieter unangenehmer als der bei uns verpönte Satz: „Dafür bin ich nicht zuständig". Er macht hilfloser als ein schlichtes „Nein". In mieternahen Bestandsverwaltungen sollten nicht zu viele Abteilungen unterschiedliche Probleme des Wohnens bearbeiten. Unsere Teams suchen die einziehenden Mieter aus, sofern wir überhaupt eine Auswahl haben und sie uns nicht vom sog. Belegungsträger zugewiesen werden. Aber sie machen am Ende auch die Kündigung. Ich glaube, daß dieses Zusammenfassen dem Einzelnen sehr viel Verantwortung zuweist und ihn nachdenklicher macht, wenn er z. B. eine Kündigung aussprechen muß. Die Nichtzahlung der Miete ist keineswegs einfach ein Rechtsproblem, das umgehend an eine Rechtsabteilung zur Bearbei-

tung deligiert werden kann. Ich finde die bei größeren Firmen angewendete Abteilungsordnung: Neuvermietung – Bestandsverwaltung – Rechts- oder Kündigungsabteilung ungeeignet.

3. Dezentralisierung: Mieternähe wird durch weitreichende Entscheidungsverlegung vor Ort erreicht. Es gibt in unseren großen Wohngebieten (ab etwa 200 WE) Mieterbüros. Sie sind mit einer Fahne geschmückt. Wir wollen, daß unsere Hausmeister gut erreichbar sind. Es ist ein Zettelkasten an der Tür, so daß jeder Mieter sein Problem los wird.

Wir bemühen uns auch sehr um hausgemeinschaftsbezogene Problemlösung. Immer wieder gibt es Streitereien in Häusern. Wir wenden dabei meist das Verfahren an, schnell problembezogene Hausversammlungen zu veranstalten. Sie werden entweder im Mieterbüro oder vor Ort in einer der Wohnungen oder auch bei uns im Büro gemacht. Durch diese direkten Gespräche mit allen werden die anstehenden Probleme schneller und langfristiger gelöst als mit Briefeschreiben.

4. Individualisierung: Wir bemühen uns um eine Individualisierung in möglichst vielen Verwaltungsbereichen. Z. B. haben wir früher in Häusern oder Blöcken die Heizungen einheitlich modernisiert. Wir haben teilweise noch einen alten Hausbestand mit Kohleheizungen. Wir bieten unseren Mietern jetzt die Alternativen an: a) Nach Mieterwunsch: „Keine Heizungsmodernisierung; ich finde es prima und gut für meinen Kreislauf, wenn ich die Kohlen weiterhin raufschleppe. Ich will die niedrigere Miete behalten, das ist mir wichtiger als mehr Bequemlichkeit". b) Wir bieten andererseits den Mietern an, ihren Bausparvertrag oder irgendwelche sonstigen Geldmittel einzusetzen, um selbst die Heizung nach genau vorgegebenen Regeln zu installieren. c) Schließlich ist die dritte Möglichkeit, wer ca. 90 Pfennig mehr zahlen will, der bekommt die Heizung von uns gestellt. Ich glaube, daß diese Individualisierung zu sehr viel mehr Lebensqualität geführt hat, indem den eigenen Entscheidungen der Mieter Spielraum gegeben wird.

5. Hilfe zur Selbsthilfe: Auch unsere Häuser sind keine Hotels mit Zimmerservice. Bei den begrenzten Kostenbudgets sind wir auf die Selbsthilfekräfte bei unseren Mietern angewiesen, die wir unsererseits fördern.

Wir haben z. B. ein Hilfssystem bei Zahlungsproblemen – das große Problem in der Wohnungswirtschaft, insbesondere bei Sozialwohnungsmietern – entwickelt. Wir arbeiten zusammen mit den Sozialämtern in den Kommunen und mit der Verbraucherzentrale, die Schuldenberatung macht. Zusätzlich haben wir unseren kaufmännischen Mitarbeiterinnen ein Forderungsausbuchungskontingent von jährlich insgesamt 20 TDM zur freien Verfügung gestellt, mit dem sie Probleme ihrer Mieter lösen helfen können. Falls eine Familie „unverschuldet" in Geldnot geraten ist und ein Schuldentilgungsplan die Selbsthilfebemühungen nachweist, dann kann die Mieterbetreuerin im Rahmen ihrer Budgets auch mal eine Mietforderung ausbuchen.

Hilfe zur Selbsthilfe bieten wir bei Veränderungen in der Wohnung, bei Umsetzung von Kellerräumen, bei der Außenanlagen-Gestaltung und in vielen anderen Bereichen. Das Anspruchsniveau gegenüber einem Vermieter steigt schnell, wenn nicht ein gewisser „Filter" durch die Forderung unsererseits vorgeschaltet wäre, selbst mit Hand anzulegen und zuvor eigenes Mieterengagement zu zeigen.

D) Selbstkontrolle und Motivation durch Sozialbilanz:

Für unsere qualitativen Unternehmensziele haben wir ein Instrument der Motivation und Selbstkontrolle entwickelt, die sogenannte Sozialbilanz. Mit diesem jährlichen Zahlenwerk und Auflistungen überprüfen wir die sozialen Vorgaben für die Tagesarbeit in unserem Unternehmen. Sie zeigt über die Jahre hin, wie sich die Wohnqualität für die Tagesarbeit entwickelt hat. Das geht über Qualitäts- und Ausstattungselemente der Wohnungen, Belegungsrechte, Durchschnittsmieten bis hin zu Nebenkosten, Fluktuation, besonderen Projekten.

Bei dem Instrument „Sozialbilanz" geht es also darum, daß ein Manager von seiner Firma ein ganz falsches Bild bekommt, wenn er nur die kapitalwirtschaftlichen Zahlen sieht. Es gibt so vieles mehr, was in diesem Schriftwerk nicht erkennbar wird. Es müßte so viel anderes zusätzlich erfaßt werden. Und das gerade im Bereich des öffentlich geförderten Wohnungsbaus mit seinen vielen sozialen Komponenten.

Vielleicht machen wir auch bald mal eine ökologische Bilanz, aber das wird noch ein bißchen dauern, weil wir in diesem Denken erst anfangen. Wer an qualitativen Verbesserungen in unserer Branche interessiert ist, der sollte energisch auf ein diesbezügliches Kontrollsystem als Ergänzung zur geldbezogenen Bilanzierung hinarbeiten. In einer hochsubventionierten Branche muß doch z. B. die Frage beantwortet werden können, wie hoch ist der Ausländeranteil im Unternehmen im Vergleich zum Anteil in der jeweiligen Stadt.

(Wir sind z. Z. noch unglücklich über die Gestaltung unserer Sozialbilanz. Ich habe mal mit einer Uni und mit dem Wohn Bund versucht, eine bessere Form zu finden; es ist bisher noch nicht gelungen. Wenn ein Leser an dem Thema interessiert ist, dann möge er/sie anrufen Tel.-Nr. 05 11/31 09-257).

V Einzelne Beispiele der Förderung von Mieterinitiativen

Ich komme nun zu Projekten, an denen inhaltlich und ein bißchen lebensvoller sichtbar wird, wie ein Wohnungsunternehmen Eigeninitiative von Mietern fördern kann. Dabei möchte ich zunächst solche Projekte erläutern, die auf die Gesamtheit des Wohnens ausgerichtet sind und danach solche Projekte vorstellen, die Teilbereiche zum Inhalt haben:

A) Autonomes Frauenhaus:

Wir haben vor gut einem Jahrzehnt – der Rat unserer Stadt hatte damals nicht verstanden, daß mindestens die Hälfte der ihm anvertrauten Personen Frauen sind – ein autonomes Frauenhaus hergerichtet. Es ist damals ein autonomer Verein mit Raumproblemen zu uns gekommen. Wir haben ein altes Haus gekauft, das weitgehend leerstand. Und dann haben Frauen selbständig die Planung gemacht und wir haben es umgebaut. Wir haben vereinbart, daß unser Haus mit seinen 5 Wohnungen und Gemeinschaftseinrichtungen auf der Basis der II. BV angemietet wird und daß die Kostenmiete sich danach richtet, wie aufwendig umgebaut wird. Es ist eine sehr gute Zusammenarbeit entstanden, die darin besteht, daß wir uns weitgehend raushalten. Wir kommen einmal im Jahr zum Kaffeetrinken und reden über Instandhaltungs-Probleme. Im übrigen machen die Frauen im Haus alles selbst und beauftragen auch Handwerker direkt. Der Verein erhält deshalb auch Mietausfall- und Verwaltungskostenanteile von uns zurückerstattet. Es ist also eine totale Mieterselbstverwaltung erreicht, was aber wohl wesentlich durch die dort tätigen Sozialarbeiterinnen ermöglicht wird.

B) „Vielharmonie" – Wohnen und Üben für Musiker:

Ein anderes Projekt nennen wir „Vielharmonie" mit „V" geschrieben. Wir haben ein altes Haus saniert und es ausschließlich für Musiker, besonders für Musikstudenten hergerichtet. Dort darf nur wohnen, wer ein Instrument bläst oder streicht. Das Üben, das unsensible Nachbarn „Lärm" nennen würden, wird in Selbstverwaltung organisiert. Wir halten uns mit unseren Hausordnungsvorstellungen heraus, so daß wenigstens eine akustische Selbstverwaltung entsteht.

C) „Ökoarche" – Wohnen für Architekturstudenten:

Wir wenden uns immer mehr ökologischen Themen zu. Die Studenten sind mit Wohnraum schlecht versorgt. Wir haben ein Dachgeschoß, das wir „Ökoarche" nennen, ökologisch ausgebaut. Wir haben zwei Wohngemeinschaften für Architektur-Studenten zusammen mit dem „Verein Bauhütte" geschaffen, der sich um die Fortbildung und um das Wohnen von Studenten bemüht. Es sind 10 Studenten-Zimmer mit 2 Wohnküchen und einem 50 qm großen Zeichensaal mit Oberlicht entstanden, in dem auch kleine Veranstaltungen gemacht werden und wo die Studenten gemeinsam arbeiten können.

Das ganze ist streng ökologisch ausgestaltet, was ja gerade für Architektur-Studenten wichtig ist. Es ist auf dem Dach eine Windkraftanlage, eine photovoltaische Energiegewinnung mit Einspeisung in das Netz, es ist eine sonnenergetische Brauchwassererwärmung und Brennwerttechnik und vieles mehr installiert. Wir wollen bei diesem Projekt Wohnökologie ausprobieren. Wir freuen uns, daß wir mit den Architektur-Studenten sicherlich mit der Natur nachsichtige Mieter haben werden, die sich dieser komplizierten Technik mit Interesse zuwenden werden. Hier entsteht also eine ökologische Studentenselbstverwaltung.

D) Raumbezogene Jugendhilfe:

Wir haben uns gelegentlich um die Raumnöte von Jugendlichen gekümmert. Wir haben z. B. Punkern geholfen, sich das Haus in der „Kornstr." zu kaufen, in dem sie ihre Einrichtung selbstverwaltet zunächst als Mieter betrieben. Sie brauchten eine Finanzierung, sie brauchten einen erfahrenen Gesprächspartner, der mit dem bisherigen Eigentümer verhandelte. (Mich schmeißt ein Bankdirektor oder ein Hausbesitzer nicht so schnell raus, ein Punker kommt gar nicht erst bis zum Vorzimmer). Wohlmeinende Wohnungsunternehmen haben gegenüber raumsuchenden Vereinen und Gruppen der Sozial- und Jugendarbeit deshalb besondere Aufgaben. Wir haben ein weiteres selbstverwaltetes Jugendzentrum in einer alten Dorfschule entstehen lassen können. Wir haben auch einen kleinen Beitrag dafür geleistet, daß die Besetzung Fabrik gütlich in eine Vermietung durch unsere Stadt umgewandelt wurde.

E) Religiös orientierte Stadtsanierung:

Da war ein altes Fachwerkhaus, das die Stadt abreißen wollte. Wir haben angeboten, daß wir es übernehmen und im Rahmen der Städtebauförderung die Wohnungen wieder herrichten. Wir haben dabei zusammen mit dem Anwaltsplaner und dem Amt für Wohnungswesen drei türkische Familien gefunden, die glaubensmäßig sehr miteinander verbunden waren und deshalb dort auch einen Betraum einrichten wollten. Sie haben in Selbsthilfe bei z. B. den Anstricharbeiten und den Entscheidungen, welche Tür nun ausgewechselt wird und welche bleibt, zusammen mit uns die Sanierung durchgezogen. So konnte auch eine sehr niedrige Miete festgeschrieben werden. Es ist hier eine besondere Form der religiösen Selbstverwaltung entstanden.

F) Behindertengerechtes Wohnen und Arbeiten:

Wir haben eine lange Zusammenarbeit mit einem Behinderten-Verein, der sich um geeigneten Wohnraum bemüht. Wir haben schon vor über 15 Jahren sogenannte „Wohntrainings-Wohnungen" geschaffen, indem wir Wohngemeinschaften für solche Körperbehinderte organisierten, die bisher in Heimen überversorgt waren und eigentlich gern selbständig leben wollten. Sie mußten aber zunächst das selbständige Wohnen lernen. Für einen Spastiker ist das Abwaschen schwierig. Für vieles mußten bauliche und organisatorische Vorkehrungen getroffen werden. Das ist in Wohngemeinschaften möglich, bei denen ein Sozialarbeiter dieses Vereins diesen bewegungsgestörten Menschen hilft. Ziel ist es dabei, daß sie möglichst bald in die vollständige Selbständigkeit auch außerhalb der Wohntrainings-Gemeinschaft umsiedeln können.

Eine alte Dorfschule haben wir für eine Wohngemeinschaft für Autisten umgebaut. Seit dem Film „Rainman" kennen wir dieses Krankheitsbild. Es ist gelungen, hier zusammen mit den Sozialarbeitern des Behinderten-Fördervereins ein Selbstverwaltungshaus zu planen, zu bauen und zu betreiben.

Ein anderes Projekt haben wir für die Ausbildung von Behinderten gemacht. Körperbehinderte haben ja kluge Köpfe auf bewegungsgestörten Körpern. Da ist gerade das Berufsbild der EDV sehr hilfreich. Deshalb ist eine Einrichtung mit Europa-Geldern entstanden, in der Körperbehinderte eine EDV-Fortbildung erfahren können. Da viele von ihnen doch sehr gehbehindert sind, konnten wir Wohngemeinschaften in Obergeschossen dieses Hauses für den genannten Förderverein errichten, so daß Wohnen und Fortbildung sehr gut zusammengefaßt sind.

G) „Villa Minimo"-Ateliers für Künstler:

Ein besonders schönes Projekt ist die „Villa Minimo", ein Hinterhaus in einem begrünten Innenhof. Wir haben für junge Künstler dieses Atelierhaus umgebaut. Für zwei Jahre arbeiten und wohnen hier Künstler in ihrem Haus zusammen. Es sind 4 Atelierräume mit vorgeschalteter Wohnküche und Bad entstanden. Der hannoversche Kunstverein sucht im Rahmen einer Ausstellungsjurierung junge Kunststipendiaten aus, die hier ungestört arbeiten können.

H) Treppenhaus-Bemalung:

Ich komme jetzt zu dem ersten Projekt, das sich mit einem Einzelbereich der Selbstgestaltung des Wohnens beschäftigt. Wir haben nämlich gemerkt, daß die Treppenhäuser häufig vernachlässigt und langweilig sind. Deshalb haben wir zusammen mit Architektur-Studenten einen ersten Bemalungsversuch gemacht. Eine zweite Aktion wurde von einem Künstler-Ehepaar organisiert. Wir haben den Mietern angeboten, das Anmalen des Treppenhauses nach einem Grundanstrich ihnen zu überlassen. Wir haben sie gefragt, was wollt ihr denn an den Wänden sehen. Sie haben ihre Idee entwickelt und das war der Traum der „Zauberbohne". Und da rankt sich nun durch dieses Treppenhaus von unten bis oben ein Bohnenge-

ranke. An einer großen Wand in jedem Geschoß ist dann immer auf einem großen Bohnenblatt eine Märchendarstellung entstanden. Seither wird das Treppenhaus sorgfältig wie ein Museum unterhalten.

J) Mietergärten:

In einer Wohnsiedlung für Bundeswehrangehörige sind selbstgestaltete Mietergärten entstanden. Dieser Personenkreis hat berufsbedingt eine hohe Fluktuation; Soldatenfamilien werden häufig an andere Standorte versetzt. Darunter leiden insbesondere die Kinder. Sie sind ja Opfer dieser ewigen Versetzung, so daß wir diesen Familien etwas Besonderes anbieten wollten. Wie so oft sind unsere Häuser auch in Münster so gebaut, daß der Erdgeschoß-Balkon ca. 50 cm über der Erde schwebt. Die Mieter haben das Garten-Paradies vor der Balkon-Tür, aber sie können nicht hinkommen, weil man die Keller belichten und belüften will und deshalb die Erdgeschoßwohnungen entsprechend höher anlegt. Mietergärten sollten die Situation verbessern, wozu die Gartenarchitektin Spalink-Sievers Pläne entwickelte.

Es ist ja leider nicht so, daß alle Selbstgestaltungswünsche von Mietern ohne Hilfestellung des Vermieters gut in Gang kommen. Deshalb wurden Erläuterungsveranstaltungen angesetzt, bei

L) Nachbarschaftszentrum „Spielarkaden":

In der sehr dicht bebauten Trabantenstadt Roderbruch in Hannover ist das aufwendigste und wichtigste Projekt der Mieterselbstverwaltung angesiedelt. Es wird von einer Sozialarbeiterin betreut, die von unserer Firma angestellt ist, um in einem Hochhausgebiet, das in den 70er Jahren gebaut wurde, die sogenannten „Spielarkaden" zu betreuen.

Die Spielarkaden sind eine Begegnungsstätte, die sich in den 12 Jahren zu einem Zentrum des ganzen Stadtteils entwickelt hat. Nutzer sind nicht nur die Mieter unseres Unternehmens, sondern alle, die an Nachbarschaft Interesse haben. Sie alle können in die Spielarkaden kommen, um mitzugestalten und auch mitzubestimmen.

denen den Mietern die neuen Möglichkeiten im Außenraum nahegebracht wurden. Bei interessierten Mietern haben wir die gemauerten Balkonbrüstungen einfach abgekippt, dann Erde darüber gekippt und eine Terrasse anstelle der Balkone angelegt. Manche wollten nur einen Schlitz und eine Tür in die Balkonbrüstung, um über eine Treppe in den Garten zu gelangen. Für diese beiden Formen mußten die Mieter die Angst überwinden, daß ein Dieb noch etwas bequemer in die Wohnung einsteigen könnte. Manche Mieter haben auf die Balkonumgestaltung verzichtet und gehen lieber um das Haus herum in ihren kleinen Mietergarten, den wir auf dem Grundstück schaffen konnten.

Im Sinne von Hilfe zur Selbsthilfe haben wir nur den Balkon umgestaltet und einen Zaun drumherum gesetzt. Jedem Interessierten wurde ein Garten in Breite seiner jeweiligen Wohnung mit 5 m Tiefe angeboten und hergerichtet. Der Rest der Gartenarbeit ist Mietersache. So sind bisher etwa 30 grüne Paradiese entstanden, die häufig von bunten Gartenzwergen bewacht werden.

K) Mieterwettbewerb „Grüner Wohnen":

Ich will ein neues Projekt ansprechen, bei dem wir unseren Mietern „grüneres Wohnen" angeboten haben. Wir haben ihnen Anregungen gegeben, was sie in ihrem Haus anders, d. h. grüner machen

könnten. Und dazu hat die bereits genannte Gartenarchitektin uns mit Skizzen das Vorher und Nachher der Hausumgestaltung durch die Mieter dargestellt. Das geht von der Treppenhausbepflanzung über das Pergola-Bauen, Vorgärten-Umgestaltung, Fassadenbegrünung, Mietergärten, Berankung

von Garagen, bis zum Bauen von Kinderspielhäusern. Damit es weitere Impulse gab, haben wir das Vorhaben in einen Wettbewerb bekleidet. Als Preise dieses Wettbewerbes haben wir dem Gewinner einen Monat mietfreies Wohnen angeboten. Eine neutrale Jury hat die besten Projekte ausgewählt und prämiert.

1. Gemeinwesenarbeit: Die Arbeit wird als Gemeinwesenarbeit verstanden, indem viele Stadtteil-Initiativen unterstützt und Selbsthilfegruppen Platz und Koordination angeboten wird. Nur in Sonderfällen wird auch Einzelberatung für Mieter zu allen anstehenden Problemen gestaltet.

2. Frauenarbeit vor Ort: Ein besonderer Schwerpunkt liegt bei den Frauen. Ihnen wird geholfen, ihr Wohnumfeld zu gestalten. Besondere Frauenkurse, wie Rhetorikkurse, Selbstbehauptungstrainings usw. helfen zur Lösung typischer Problemfelder. Die Frauen kommen zum Nachbarschaftszentrum, weil sie Kontaktwünsche haben, weil sie andere kennenlernen wollen und weil sie nicht wissen, wo sie mit ihren kleinen Kindern angesichts fehlender KITA-Plätze hinsollen. Erst wenn das allgemeine Klönbedürfnis gestillt ist, nehmen sie an Interessengruppen teil und entwickeln eigene Ideen, wie sie ihren Stadtteil gestalten können.

3. Stadtteilgutachten: Eine Gruppe nennt sich „Frauen verändern ihren Stadtteil". Von der Stadt finanzierte Architektinnen haben mit ihnen geplant, wie dieser Stadtteil frauenfreundlicher gestaltet werden kann. Das Gutachten wird mittlerweile so ernst genommen, daß alle Bauträger dieses Stadtteils und die Stadtverwaltung sich zusammengesetzt ha-

daß die Spielarkaden eine Keimzelle für „Reparaturen" im Stadtteil sind. Es ist wichtig, den Bewohnern eines Stadtteils örtlich, gedanklich und finanziell Raum zu bieten, aus dem heraus sie sich im Interesse des Gemeinwesens „Stadtteil" entfalten können.

VI Schlußbemerkung:

Zwischen Vortrag und Drucklegung wurden weitere Projekte realisiert; so ein Büro und eine Fluchtwohnung für den Verein Phönix, der männlichen und weiblichen Prostituierten in ihrem Beruf oder beim Ausstieg sozialarbeiterische Hilfe anbietet. In Zusammenarbeit mit dem Diakonischen Werk wurde ein altes Bürohaus zu 10 Wohnungen für Obdachlose umgebaut und eine Wohnung für Drogenabhängige geschaffen.

Alle geschilderten Projekte sind nicht aus Altruismus, sondern aus einem modernen wohnwirtschaftlichen Unternehmenskonzept heraus entstanden. Die Nutzung von Marktnischen und die Lösung von Kundenproblemen gibt gemeinnützigen Wohnungsunternehmen über die Förderung der Selbstgestaltung der Wohnumwelt durch die Mieter eine motivierende und ökonomisch vernünftige Marktposition in der Sozialwohnungsbranche.

ben, um die Vorschläge allmählich umzusetzen.

4. Straßencafé: Ein anderes Projekt richtet sich auf das Fehlen eines geeigneten Café's im Stadtteil. Frauen aus den Spielarkaden haben ein Café geplant, das nach ihren Bedürfnissen durch Absperrung eines öffentlichen Straßenteils dort entstanden ist. Die Stadt gibt das Grundstück und unser Unternehmen baut diese Einrichtung als Hilfe zur Selbsthilfe und überläßt es dem Frauenverein zur Kostenmiete. Inzwischen floriert das Café und gibt ca. 6 Frauen Arbeit und dem Stadtteil einen eigenen Treffpunkt.

5. Kulturtreff: Die Spielarkaden boten Raum für immer mehr Veranstaltungen und Gruppen. Das führte dazu, daß nach vier Jahren die Kapazität total ausgeschöpft war. Selbsthilfegruppen, Friedensgruppen, Kreativgruppen, Mutter-Kind-Gruppen zankten um Termine, an denen sie sich treffen konnten. Es bildete sich eine Bürgergemeinschaft im Stadtteil, die sich überlegte, wie sie größere Räume bekommt. In Zusammenarbeit mit der Stadt haben die Bürger unter Bauleitung unseres Unternehmens einen leerstehenden Supermarkt umgebaut, den sie dann „Kulturtreff" genannt haben. Der Kulturtreff hat mittlerweile eine feste Mitarbeiterin, die von der Bürgergemeinschaft angestellt worden ist, eine ABM-Kraft sowie eine Berufspraktikantin. Viele Veranstaltungen

aus dem Bereich von Kultur, Politik, Fortbildung, Sport usw. sind vom Kulturamt der Stadt finanziert. Mit Umbaukosten von ca. 30 TDM wurde eine städtisch geförderte, aber selbstverwaltete Kultureinrichtung mit dem Programm eines Stadtteilzentrums geschaffen.

6. Keimzelle für Stadtreparatur: Verdichtet bebaute Trabantenstädte mit ihren vielen Sozialwohnungen werden immer schneller zu Sanierungsgebieten der Zukunft. Es ist notwendig, bald mit städtebaulichen und sozialplanerischen Maßnahmen zu beginnen, damit keine Slums entstehen. Abschließend sei angemerkt,

Klaus Selle

Initiieren, Beraten, Koordinieren

Neue Aufgaben und Qualifikationen

Der Gedankengang: Erfolgreiche Arbeit mit den Bewohnern hängt von zahlreichen Voraussetzungen ab, ist auf verschiedenen Ebenen zu behandeln: Problemlage im Gebiet, Lebenslage der Bewohner, Rahmenbedingungen der Politik, Interessen der Grund- und Wohnungseigentümer. Ich greife hier nur eine Ebene heraus: die der professionellen Unterstützer und frage nach den organisatorischen Bedingungen und den notwendigen Qualifikationen...

– gehe von Beispielen aus, an denen die Kooperation von Bewohnern und Berater/innen illustriert werden soll;
– ordne Rolle und Funktion dieser Berater/innen institutionell zu,
– frage nach Aufgaben und
– Qualifikationen

und ende mit einigen Stichworten zur Diskussion um die (Weiter-)Entwicklung von Beratungsinfrastrukturen.

Die Aussagen über Aufgaben und Funktionen beratender Einrichtungen stütze ich auf Untersuchungen zur Bedeutung intermediärer Organisationen für die Quartiersentwicklung mit Bewohnern.*

1. Eingrenzungen und Prämissen

Wer von Beteiligung und Selbstgestaltung reden will, muß in der Regel zunächst sagen, wovon genau die Rede sein soll – und was alles aus diesem großen Thema nicht behandelt wird. So geht es auch mir. Daher zu Beginn drei Eingrenzungen und Prämissen:

---

* Referat anläßlich der gemeinsam von der Internationalen Bauausstellung Emscher Park und dem Institut für Landes- und Stadtentwicklungsforschung durchgeführten Tagung „Selbstgestaltung der Wohnumwelt" am 7. und 8. Juni 1990

---

1. Ungleichheiten: Diese Tagung ist der Selbstgestaltung der Wohnumwelt gewidmet. Wir gehen dabei – überwiegend unausgesprochen – davon aus, daß die Chancen zur Selbstgestaltung ungleich verteilt sind:

– Die einen kaufen ihre Wohnung mitsamt der gewünschten Wohnumwelt am Markt. Sie können Gesichtspunkte von Lage und Nachbarschaft in ihre Entscheidungen einfließen lassen. Dabei werden sie – je nach Steuerklasse – kräftig vom Staat unterstützt.

– Die anderen müssen ihre Mietwohnungen in engen Marktsegmenten suchen. Die Qualität der Wohnumwelt spielt dabei oft nur eine nachgeordnete Rolle: Miethöhe, Wohnungsgröße oder Erreichbarkeitsverhältnisse stehen im Vordergrund.

Ich unterstelle, daß alle – die einen wie die anderen – Interesse an Selbstbestimmung und Selbstgestaltung im Wohnbereich haben. Die Hürden auf dem Weg dorthin sind jedoch unterschiedlich hoch. Als Faustregel kann gelten: je geringer die Zahlungsfähigkeit und je deutlicher die gesellschaftliche Ausgrenzung umso höher die Hindernisse. Für viele Stadtbewohner erscheinen die Hürden nicht nur hoch, sie wurden bereits als unüberwindlich akzeptiert. Wohnen und Selbstbestimmung lassen sich – aus dieser Perspektive – nur in anderen Sphären miteinander vereinen: im Traum vom Eigenheim, im Kleingarten oder auf der Dauercampingparzelle... Wie sagte ein kluger Mann aus der Wohnungswirtschaft: „Wenn den Mietern 20 Jahre lang verboten wurde, den Rasen zu betreten, dann müssen sie skeptisch sein, wenn sie mit einem Mal aufgefordert werden, dort Mietergärten anzulegen."

Der Selbstbestimmung im Wohnbereich stehen also äußere und innere Hindernisse entgegen:

– Zu den äußeren Hindernissen sind zu zählen: Zwangsmobilität, ungesicherte Arbeitsverhältnisse, unklare

Wohnperspektiven, geringe Zahlungsfähigkeit, Verwertungsinteressen von Grundeigentümer, Mietgesetzgebung, Stadt- und Wohnungspolitik generell usf.

Diese Faktoren finden ihre Entsprechung in

– dem, was ich innere Hindernisse nannte: Desinteresse an Beteiligungsangeboten, mangelndes Vertrauen in die Möglichkeiten gemeinsamen Handelns und nicht zuletzt: Skepsis gegenüber aufgeregt umherschweifenden, selbsternannten „Beratern" oder „Animateuren"

2. Rangordnungen: wir reden hier von der Selbstgestaltung der Wohnumwelt. Die steht aber nun vielfach nicht im Mittelpunkt des Bewohnerinteresses. Sie haben sich oft mit anderen, vordringlicheren Problem auseinanderzusetzen. Viele von Ihnen werden jenes Beispiel kennen, das schon seit Anfang der 70er Jahre immer wieder in der Fachliteratur zitiert wird. Die Geschichte von Pinky Mae. Ich erzähle sie dennoch in aller Kürze erneut, weil sie bis heute ihre Gültigkeit nicht verloren hat: „Zu Beginn einer Versammlung über Probleme der Sanierung eines Wohnblocks auf der New Yorker West Side erhob sich eine Frau, um ihre Erwartungen hinsichtlich des Gemeindeerneuerungsprogramms zu formulieren. Sie habe keine Arbeit, aber sie brauche Arbeit. Anders hätte sie nichts zu leben. Die Frau sprach weiter, bis jemand sie unterbrechen konnte: ‚Pinky Mae sei ruhig; diese Versammlung ist nicht der Ort, um nach Arbeit zu fragen'. Aber auch andere Leute stellten ähnliche Fragen, für die kein Platz im Programm war. Schließlich mußte der Vorsitzende die Fremden auffordern, endlich ruhig zu sein, damit die Versammlung mit ihrem eigenen Thema beginnen könne. Als das Gespräch über Schulen, Wohnungen und nähere Wohnumgebung begann, verließen die Neger leise den Raum, jeweils einer oder zwei zugleich. Schließlich waren nur noch Pinky Mae und der Mann in der ersten Reihe, der sie ermahnt hatte, da und dann gingen auch sie, und niemals wieder wurde einer dieser Leute bei irgendeiner Versammlung an irgendeinem Ort gesehen." (Lisa R. Peatty zit. nach Körber & Siebel 1971 S. 156 f.)

Aus der Rangordnung der Bewohner-Probleme ergibt sich auch eine Rangordnung der aus ihrer Sicht sinnvollen Aktivitäten und des notwendigen Engagements. Es gibt Situationen, in denen die Vermittlung eines Arbeitsplatzes bzw. einer Lehrstelle oder die Verhinderung einer Umwandlung von Miet- in Eigentumswohnungen weitaus wichtiger sind, als die Einrichtung von Mietergärten. Daraus folgt zweierlei:

– Wer von Selbstgestaltungschancen spricht, darf die sehr unterschiedlichen Ausgangssituationen nicht unerwähnt lassen.

– Wer Selbstgestaltungschancen im Wohnbereich verbessern will muß Strategien entwickeln, die auch auf die anderen Lebensbereiche eingehen.

Daraus folgt nicht: daß in bestimmten Situationen der Anspruch auf Selbstgestaltung aufzugeben sei. Es gibt Kritiker, die sagen: wer in einem heruntergekommenen Quartier einen Nachbarschaftsgarten mit den Bewohnern anlegen will, der garniert lediglich die Benachteiligung. Das ist richtig, wenn der Garten Selbstzweck ist. Wird die Arbeit an und in ihm aber zum Anlaß für Prozesse sozialer Selbst-Organisation so wird der notwendigen Rangordnung in einer solchen Situation Rechnung getragen. Darauf kommt es an.

3. Kontinuitäten, oder was ist neu an den „neuen Aufgaben"? Wenn im Thema von „neuen Aufgaben" die Rede ist, dann kann das nicht für die genannten Tätigkeiten an sich gelten: Schließlich wandelt sich die Planerrolle seit 20 Jahren rapide. Initiieren, Beraten und Koordinieren waren bereits in den 70ern treffende Arbeitsmerkmale für den Umgang mit Hauseigentümern im Rahmen der Umfeldverbesserung, Hofbegrünung etc. Noch weiter gefaßt: Wer in den späten 80ern das modische Wort Urban Management verwendet, meint eben dies: den nicht-direktiven Umgang zwischen Staat und Markt, zwischen Ämtern und Unternehmen...

Die Planungstechniken haben sich also seit langem gewandelt. Allerdings bezog sich dieser Wandel vor allem auf die Umgangsformen zwischen Planern und solchen Akteuren, die über Grund und Boden bzw. über anlagebereites Kapital verfügen.

Wenn von neuen Aufgaben die Rede ist, dann bezieht sich dies auf die Ausweitung des Akteurskreises. Stadtbewohner, die bislang in passiven Rollen gesehen wurden, als von Planungen Betroffene oder als Empfänger von Informationen oder Versorgungsleistungen werden als aktiv Mitwirkende begriffen und akzeptiert. Das ist leichter gesagt als getan. Damit diese Kooperation gelingen kann sind zum Teil weitreichende Voraussetzungen zu schaffen. Ich verwies darauf. Die Gestaltung des Planungsprozesses, die Zuweisung neuer Aufgaben an professionelle Gestalter solcher Prozesse sind lediglich ein Teil dieser Voraussetzungen. Davon ist im folgenden die Rede.

Ich frage also nach der Rolle der Fachleute – vor allem in ihrer Arbeit mit Bewohnern. Dazu gehe ich zunächst von Beispielen (Kap. 2) aus, die die Rolle beschreiben und versuche dann das Beobachtete begrifflich und institutionell zu fassen (Kap. 3). Im nächsten Schritt möchte ich Aufgaben (4) und Qualifikationen (5) darstellen. Hierbei beziehe ich mich auf die Zwischenergebnisse eines zur Zeit laufenden Forschungsprojekts, mit dem wir Arbeitsweise und Entwicklung von Beratungseinrichtungen in sechs Ländern untersuchen.

An den Schluß meiner Überlegungen möchte ich mit vier Stichworten auf einige Aspekte der Weiterentwicklung von Beratungsinfrastrukturen eingehen. Vielleicht ergeben sich daraus ja auch Anstöße für die Diskussion.

2. Beispiele

Zunächst also drei Beispiele zur Frage: von welcher Art Selbstgestaltung ist die Rede und wer ist bei dieser Selbstgestaltung beteiligt?

Erstes Beispiel: Hofbegrünung. Fachleute eines Stadtteilbüros nutzen ihre vorhandenen Kontakte zu den Mietern eines Gründerzeit-Blocks, um sie auf ein neues Programm, mit dem Hofbegrünung gefördert werden kann, hinzuweisen. Gemeinsam mit den Mietern bereiten sie eine Versammlung vor, helfen bei der weiteren Organisation und erörtern in mehreren abendlichen Runden mit den Bewohnern die ersten Schritte zur Neugestaltung und Begrünung der Höfe. Dabei proben sie in Rollenspielen gemeinsam, wie die Hauseigentümer am ehesten davon zu überzeugen seien, an der Umgestaltung mitzuwirken. Während sich in den folgenden Wochen die Bewohnerinitiative daran macht, die Erfahrungen aus diesen Spielen in den Gesprächen mit Eigentümern zu nutzen, bemühen sich die Mitarbeiter/innen des Stadtteilbüros um die Beschaffung von Fördermitteln beim städtischen Gartenamt. Nach Überwindung zahlreicher Fallstricke und Widerstände können im Sommer darauf die ersten Umgestaltungsarbeiten beginnen.

Zweites Beispiel: Widerstand und Selbstverwaltung. Die Bewohner von vier Arbeitersiedlungen entwickeln gegen den beabsichtigten Einzelverkauf ihrer Wohnungen (‚Privatisierung') und die damit verbundene Vertreibungsgefahr eine gemeinsame Perspektive: die Selbstverwaltung... Bei der Erörterung dieser Handlungsmöglichkeit, beim Aufstellen von Kosten- und Belastungsrechnungen, bei der Entwicklung angemessener Organisationsformen wirken die Mitarbeiter eines gemeinnützigen Beratungsvereins mit. Die Abwehr der Umwandlung und damit die Sicherung des Mietwohnraums gelingt, die Siedlung wird von einer landeseigenen Wohnungsgesellschaft übernommen. Den Bewohnern werden weitgehende Mitbestimmungsmöglichkeiten eingeräumt. Die Erprobung dieser neuen Möglichkeiten wird ebenfalls von den Beratern unterstützt. (Vgl. hierzu an einem konkreten Beispiel die Beiträge von Roswitha Sinz und Joachim Boll)

Drittes Beispiel: Stadtteilentwicklung. Ein unmittelbar an die City einer großen Stadt angrenzendes Gebiet verfällt – in Erwartung neuer Bebauung durch Verwaltungs- und Bankhochhäuser. Bewohner nehmen diesen Prozeß nicht als naturgegeben hin. Es gelingt ihnen, ein 5 Hektar großes Grundstück in zentralster Lage zunächst von Bebauung frei zu halten. Die Fachleute unter ihnen entwickeln eine Trägergesellschaft, die mit der regionalen Planungsbehörde, der inzwischen das Grundstück gehört handelseinig wird: ohne öffentliche Zuschüsse wird das Gelände gekauft. In den nächsten Jahren werden Genossenschaften gegründet, die von Verdrängung bedrohte Gebietsbewohner für die Idee selbstverwalteten Wohnens zu gewinnen suchen. Die erste dieser Bewohnergenossenschaften hat inzwischen ihre Häuser fertig. Zugleich werden Laden- und Dienstleistungszentren in brachgefallenen Werftgebäuden eingerichtet. Mit den Einnahmen aus diesen Nutzungen soll die weitere Entwicklung dieses Modells einer humanen Innenstadtentwicklung ermöglicht werden.

Die Beispiele ließen sich durch zahlreiche weitere ergänzen. Sie zeigen, wie unterschiedlich weitreichend die Versuche der Selbstgestaltung und -bestimmung sein können: vom Nachbarschaftsgarten bis zum alternativen Konzept der Stadtteilentwicklung.

Worauf es mir hier aber besonders ankam: Die Beispiele sollten auch einen ersten Eindruck von der Vielfalt der an diesem Prozeß Beteiligten und den sich daraus ergebenden Aufgaben vermitteln.

3. Institutionelle Zuordnungen und Organisationsformen

Zunächst ein kurzer Versuch, Ordnung in diese Vielfalt zu bekommen (vgl. Abbildung 1):

Abb. 1

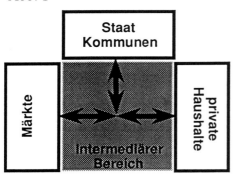

Auf der einen Seite stehen die Bewohner. Als kleinste Einheit der Haushalt – sei es der Einpersonenhaushalt oder die Großfamilie. Hier entsteht das Handlungsinteresse, das zum Engagement führen kann.

Den aktiven Bewohnern stehen verschiedene Partner oder Gegner gegen-

über. Zunächst zu nennen sind Behörden und Parlamente – auf den verschiedenen Handlungsebenen (vom Bezirksausschuß bis zur EG Kommission). Will man diese Akteure in eine Kategorie fassen, so können sie dem politisch-administrativen System (PAS) zugeordnet werden. Im folgenden werde ich aber – noch stärker verkürzend – auch häufig schlicht von „Staat" sprechen.

„Bewohner" und „Staat" bilden das klassische Gegensatzpaar, in dessen Konstellation viele Sanierungskonflikte beschrieben werden. Vielfach werden dabei die Hauptakteure übersehen: Es sind dies z. B. die Haus- und Grundeigentümer, die Finanzierungsinstitute, Wohnungs- und Bauunternehmen etc). All dies läßt sich auf den Nenner Markt bringen. Es handelt sich natürlich nicht um einen Markt, sondern um sehr verschiedene mit je besonderen Eigenheiten.

In diesem dreipoligen Bild finden aber einige der Beteiligten keinen Platz. Was

ist mit den Bewohnerinitiativen oder Selbsthilfegruppen, was mit den beratenden Fachleuten, die ihrer Funktion nach weder eindeutig dem Staat noch einzelnen Märkten zugeordnet werden können und die auch nicht in dem Sinne „Betroffene" sind, wie die Bewohner, die von ihnen beraten werden?

Sie haben (gemeinsam mit den Selbsthilfegruppen) anscheinend keinen Ort. Sie sind irgendwo „dazwischen" einzuordnen: im intermediären Bereich. Dazu ein Zitat von Josef Huber: „Bildlich gesprochen liegen in der Lebenswelt der Mensch zwischen dem Heimatplaneten des privaten Haushaltes und dem Universum der Großrauminstitutionen in Markt und Staat ausgedehnte Asteroidengürtel von intermediären Strukturen."

In diesem Bereich oder in Bezug auf diesen Bereich sind die Berater und Beraterinnen, die Fachleute, von denen hier die Rede ist, tätig. Gemeinsam ist ihnen die Aufgabe, zwischen den ver-

Abb. 2

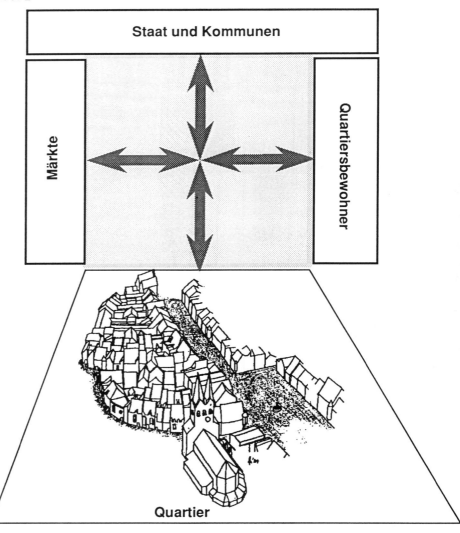

schiedenen Sphären zu vermitteln. Und zwar so, daß die Bewohner bei ihrem Interesse unterstützt werden, die eigene Wohnumwelt (mit)zu gestalten. (vgl. Abb. 2).

Vermitteln heißt zunächst nur: Verbindungen herstellen. Wer sich vergegenwärtigt wie groß die Zahl der selbst bei scheinbar simplen Aufgaben Beteiligten ist, weiß wie komplex die Aufgabe des Vermittelns sein kann. Nehmen wir als Beispiel die Entwicklung von Konzepten für Bewohner in benachteiligten Stadtquartieren. Hier sind verschiedene Politikfelder (neben der Städtebaupolitik die Bildungs-, Sozial-Arbeitsmarkt- etc Politiken) und verschiedene Handlungsebenen (lokal/kommunal/Bundesland/Bundesstaat/EG) von Bedeutung (vgl. Abb. 3). Sie müssen vor Ort zusammengebracht werden. Dabei entstehen komplizierte Verflechtungen von Akteuren und Programmen.

Die Aufgabe des Vermittelns führt zu sehr unterschiedlichen Organisationsstrukturen – im intermediären Bereich oder in den Übergangszonen zu Selbsthilfegruppen, Märkten und staatlichen Einrichtungen: Außenstellen der Verwaltungen, Entwicklungsagenturen einzelner Märkte, unabhängige (intermediäre) Organisationen sind in den verschiedensten Formen und Konstellationen vorzufinden.

Zur Illustration nur zwei Beispiele:

– eins aus nächster Nähe (vgl. Abb. 4): die Organisationsstruktur von Wohn-Bund-Beratung NRW, wie sie sich ab 1991 darstellt. Aufbauend auf der Arbeit lokaler, gemeinnütziger Beratungsvereine entwickelt sich die Doppelstruktur von e. V. und GmbH, mit der auch organisatorisch das im intermediären Bereich typische „loose coupling" – das Neben- und Miteinander von Engagement und professioneller Arbeit – seinen Ausdruck finden soll.

– ein Beispiel aus der Schweiz – Unteres Kleinbasel – die „Kontaktstelle Stadtökologie": die Abbildung verdeutlicht es (vgl. Abb. 5) – ein klassisches Netz, in dem 47 lokalen Organisationen sich einen gemeinsamen Netzknoten schaffen.

Versucht man – unter Berücksichtigung der entwickelten Strukturen im Ausland – Ordnung in diese Vielfalt zu bringen lassen sich vier Organisations-„Linien" identifizieren:

– auf der „ersten Linie" befinden sich die Bewohnerorganisationen: Initia-

Abb. 3

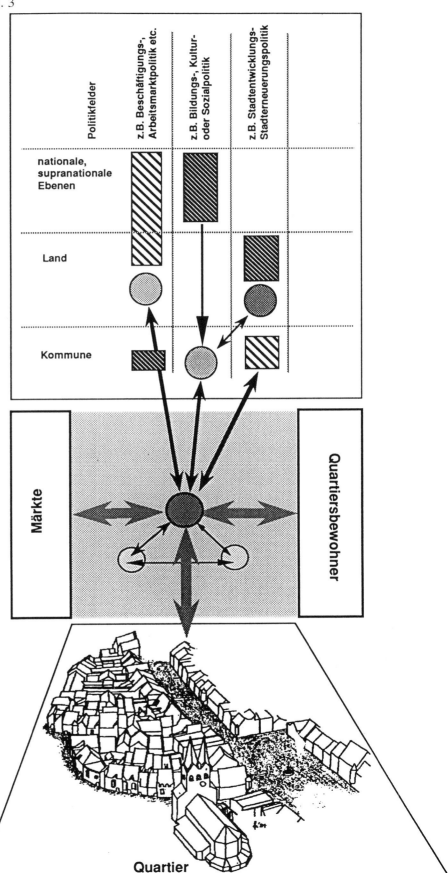

Abb. 4

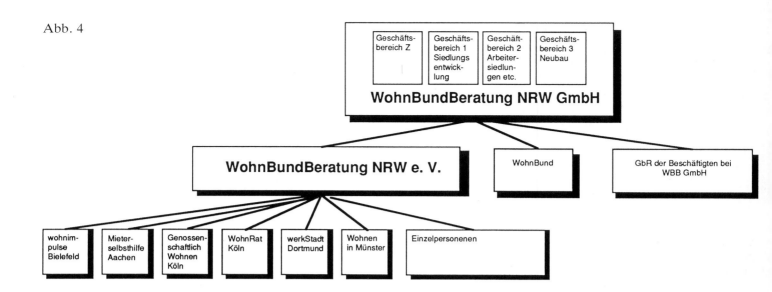

Intermediäre Organisationsformen. Zum Beispiel: WohnBund-Beratung
Entwurf der Organisationsstruktur ab 1990

Abb. 5

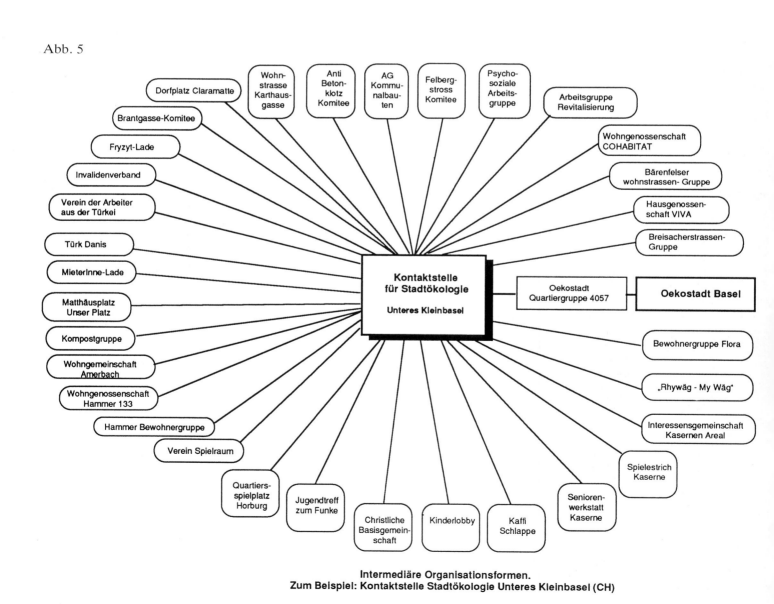

**Intermediäre Organisationsformen.
Zum Beispiel: Kontaktstelle Stadtökologie Unteres Kleinbasel (CH)**

tiven ebenso wie Genossenschaften. Je nach Anlaß und Gegenstand handelt es sich hier um relativ dauerhafte Einrichtungen. In vielen Fällen arbeiten bereits Fachleute in diesen Organisationen mit.

– auf der zweiten Linie sind die vor Ort operierenden Beratungseinrichtungen angeordnet: von den Stadtteilläden zu den technical aid centers.

– die dritte Linie ist in der Bundesrepublik – anders als etwa in den USA und Niederlanden – noch nicht sehr ausgeprägt entwickelt. Hier finden wir regionale Netze, gemeinsame Schulungs- und Dienstleistungszentren usf.

– auf der vierten Linie – sie ist zumeist mit der nationalen Ebene gleichzusetzen – sind Dachverbände und Lobbyorganisationen eingeordnet.

4. Aufgaben

Soweit einige Stichworte zu Begriff und Organisation.

Was sind nun die Aufgabenbereiche, in denen die intermediären Organisationen tätig sind? Wir haben im Zuge einer schriftlichen Befragung von 213 Organisationen in 6 Ländern Auskunft u. a. über das von ihnen wahrgenommene Aufgabenspektrum erhalten: Das Leistungsprofil der intermediären Organisationen hat in der Regel ein spezifisches Merkmal: es orientiert sich an der Lebenswelt der Bewohner und den Problemen städtischer Quartiere und bezieht sich daher – neben „Wohnen" (Wohnung, Gebäude, räumliches Umfeld) – auch auf:

– Arbeit/Beschäftigung
– Ökologie und Umwelt,
– Soziale Nachbarschaft,
– Kultur und Bildung;

Allerdings ist hier eine länderspezifische Differenzierung notwendig (vgl. Abb. 6):

– In den USA, GB und NL sind 60 – 100% der intermediären Organisationen auch im Bereich des community development tätig. In den anderen Ländern liegt der entsprechende Anteil unter 50%.

– Untersucht man die in den Büros und Organisationen vorhandenen Qualifikationen näher, bestätigt sich der erste Eindruck: Das deutlich breiteste, vor allem den sozialen Handlungsbereich gleichgewichtig integrierende Aufgabenspektrum weisen die intermediären Organisationen in den Niederlanden und den USA auf. In der Bundesrepublik und in Österreich hingegen sind die Spektren bei einem Teil der Büros enger. Vor allem die Organisationen, die bei der Umsetzung staatlicher Programme mitwirken bzw. vorwiegend über Planungsaufträge finanziert werden, bleiben oft allein auf Bauen (Modernisieren) und Planen ausgerichtet.

Am Beispiel des „Neighborhood Insitute" in Chicago möchte ich die Vielfalt der Aufgaben und Tätigkeiten z. B. der amerikanischen Nachbarschafts-Organisationen kennzeichnen:

– allgemeine Schul- und Berufsausbildung,
– Beratung, Kurse, Arbeitsplatzvermittlung für Arbeitslose;
– Schulung für „Existenzgründer",
– Instandsetzung, Modernisierung,

Abb. 6

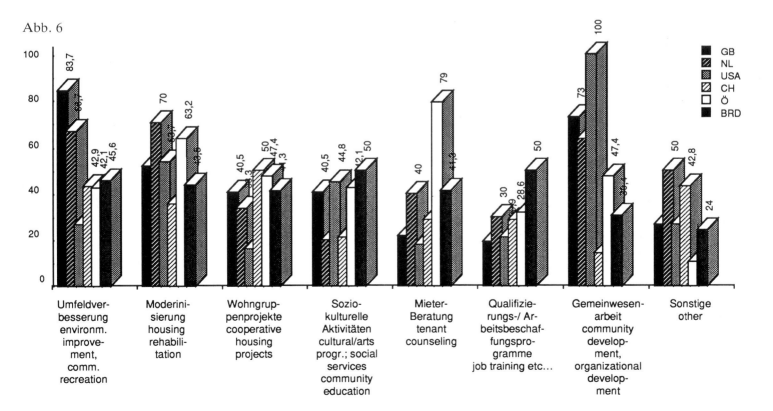

Aufgaben intermediärer Organisationen
in den USA, Großbritannien, den Niederlanden, Schweiz, Österreich und der Bundesrepublik Deutschland
Die Prozent-Angaben besagen, daß jeweils ...% der Organisationen die entsprechenden Aufgaben bearbeiten.
Ausgewertet wurden aus den USA 67, GB 37, NL 30 , CH 14, Ö 19 und BRD 46 Erhebungsbögen aus einer schriftlichen Befragung

Neubau von Wohn- und Geschäftsgebäuden,
- Kurse für Wohnungsselbstverwaltung
- Kostenloser Reparaturservice für Alte und Behinderte
- Allgemeine Beratung für Bürgerinitiativen und Selbsthilfegruppen...

Daneben und darüber hinaus: Workshops, Seminare, Schulungen, Modernisierungs- und Finanzierungsberatung, Vermittlung von Dienstleistungen im Stadtteil, Beratung für neue Nachbarschaftsgruppen...

Hinter den Stichworten „workshops, Seminare, Schulungen" allein verbirgt sich wiederum ein eigener große Aufgabenbereich. Was da „geschult" wird mag eine entsprechende Programmübersicht des Trust for Public Land in New York andeuten:

- „Community Organizing"-Strategien; hierzu gehört u. a. Problematisierung im Stadtteil, Organisationsformen für Betroffene, technische und rechtliche Durchführung der Organisationsgründung;
- Einführung in Finanzierungskonzepte, öffentliche und private Förderungsprogramme, Steuerrechte,
- Inventarisierung von Land, Gebäuden, Eigentumsverhältnissen im Stadtteil;
- ‚Tax-Benefit-Approach' im Detail: wie man einen Eigentümer von dem Sinn einer Spende überzeugt;
- Verhandlungstechniken;
- Partizipations- und Informationsmodelle bzw. -strategien...

Soweit ein erster Überblick über die Aufgabenbereiche intermediärer Organisationen.

Mit den genannten sind aber keinesfalls alle Aufgaben und Tätigkeiten der Fachleute benannt. Ich habe oben davon gesprochen, daß ein zentrales Merkmal ihrer Arbeit darin besteht, Verbindungen nach allen Seiten herzustellen. Damit ist auch die Aufgabe benannt, die wesentlich die alltägliche Arbeit prägt. Neben der technischen und organisatorischen Hilfe wirken die Beraterinnen und Berater immer auch in sozialen Prozessen mit.

In unseren Interviews wurde stets unterstrichen, daß soziale Arbeit, ein Eingehen auf die Lebenslagen der Bewohner Voraussetzung und Gegenstand der Arbeit sei. Alle Praktiker werden dies – auch hier – bestätigen können.

Wenn im Titel meines Vortrages von Initiieren, Beraten und Koordinieren die Rede ist, dann bezeichnet das im Kern soziale Prozesse. An diesen teilzuhaben, diese mitzugestalten ist wohl die Hauptaufgabe.

Was das heißen kann habe ich in einer Übersicht zu verdeutlichen versucht (vgl. Abb. 7). Dabei folge ich – natürlich stark vereinfachend – dem Prozeß der Entwicklung von Engagement und Initiative und den sich dabei ändernden Rollen der unterstützenden und kooperierenden Fachleute.

Abb. 7

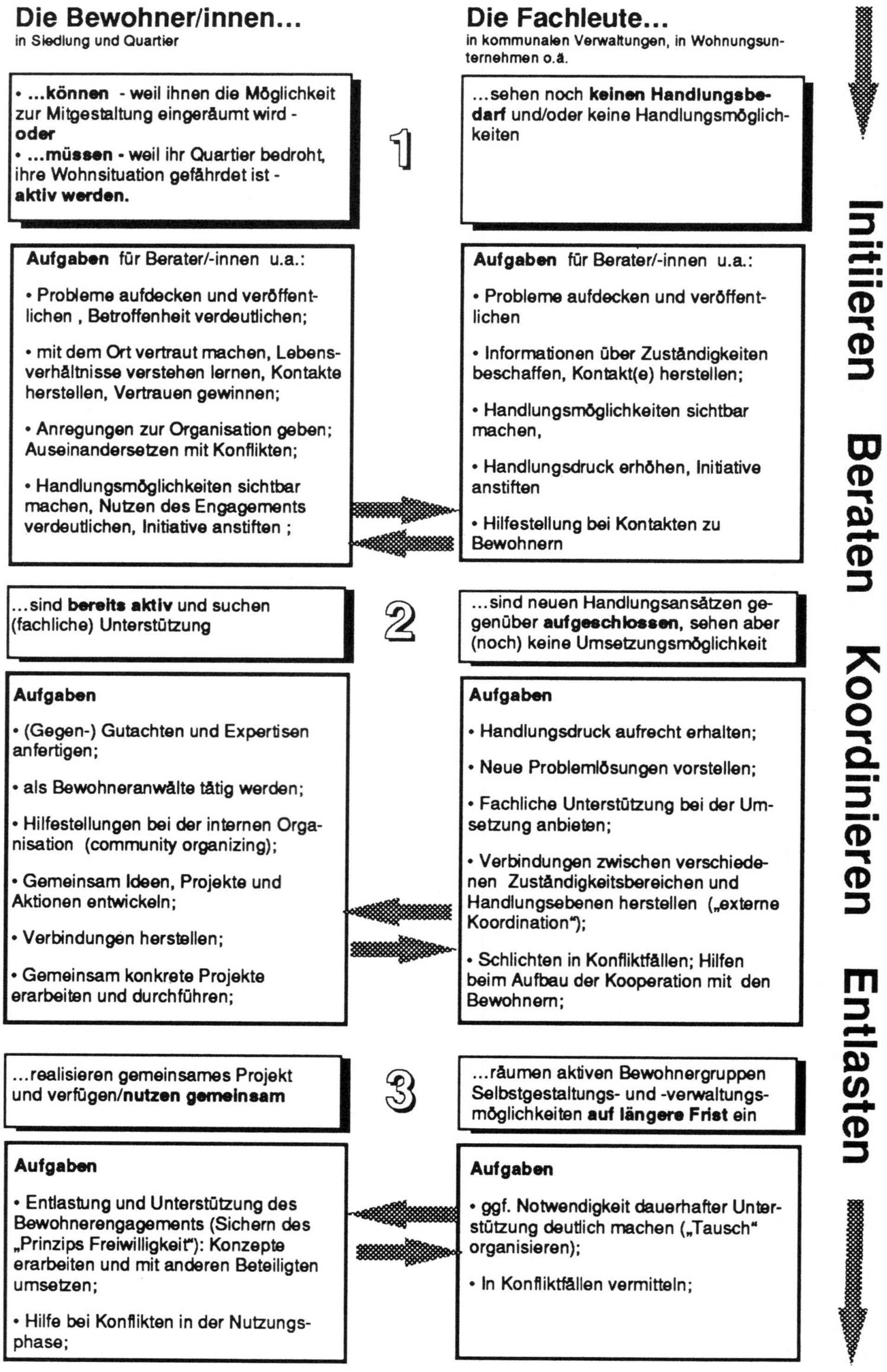

Die Bewohner/innen...
in Siedlung und Quartier

Die Fachleute...
in kommunalen Verwaltungen, in Wohnungsunternehmen o.ä.

1

- ...**können** - weil ihnen die Möglichkeit zur Mitgestaltung eingeräumt wird - **oder**
- ...**müssen** - weil ihr Quartier bedroht, ihre Wohnsituation gefährdet ist - **aktiv werden.**

...sehen noch **keinen Handlungsbedarf** und/oder keine Handlungsmöglichkeiten

Aufgaben für Berater/-innen u.a.:

- Probleme aufdecken und veröffentlichen , Betroffenheit verdeutlichen;
- mit dem Ort vertraut machen, Lebensverhältnisse verstehen lernen, Kontakte herstellen, Vertrauen gewinnen;
- Anregungen zur Organisation geben; Auseinandersetzen mit Konflikten;
- Handlungsmöglichkeiten sichtbar machen, Nutzen des Engagements verdeutlichen, Initiative anstiften ;

Aufgaben für Berater/-innen u.a.:

- Probleme aufdecken und veröffentlichen
- Informationen über Zuständigkeiten beschaffen, Kontakt(e) herstellen;
- Handlungsmöglichkeiten sichtbar machen,
- Handlungsdruck erhöhen, Initiative anstiften
- Hilfestellung bei Kontakten zu Bewohnern

2

...sind **bereits aktiv** und suchen (fachliche) Unterstützung

...sind neuen Handlungsansätzen gegenüber **aufgeschlossen**, sehen aber (noch) keine Umsetzungsmöglichkeit

Aufgaben

- (Gegen-) Gutachten und Expertisen anfertigen;
- als Bewohneranwälte tätig werden;
- Hilfestellungen bei der internen Organisation (community organizing);
- Gemeinsam Ideen, Projekte und Aktionen entwickeln;
- Verbindungen herstellen;
- Gemeinsam konkrete Projekte erarbeiten und durchführen;

Aufgaben

- Handlungsdruck aufrecht erhalten;
- Neue Problemlösungen vorstellen;
- Fachliche Unterstützung bei der Umsetzung anbieten;
- Verbindungen zwischen verschiedenen Zuständigkeitsbereichen und Handlungsebenen herstellen („externe Koordination");
- Schlichten in Konfliktfällen; Hilfen beim Aufbau der Kooperation mit den Bewohnern;

3

...realisieren gemeinsames Projekt und verfügen/**nutzen gemeinsam**

...räumen aktiven Bewohnergruppen Selbstgestaltungs- und -verwaltungsmöglichkeiten **auf längere Frist** ein

Aufgaben

- Entlastung und Unterstützung des Bewohnerengagements (Sichern des „Prinzips Freiwilligkeit"): Konzepte erarbeiten und mit anderen Beteiligten umsetzen;
- Hilfe bei Konflikten in der Nutzungsphase;

Aufgaben

- ggf. Notwendigkeit dauerhafter Unterstützung deutlich machen („Tausch" organisieren);
- In Konfliktfällen vermitteln;

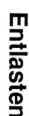

Initiieren Beraten Koordinieren Entlasten

Es lassen sich grob drei Phasen bilden:

1 Die Entstehung der Initiative – hier steht die Aufgabe „Initiieren" im Vordergrund;

2 In bereits „aktiven Feldern" kommt den Fachleuten vor allem eine beratende Aufgabe zu.

3 In dem Maße, wie sich konkrete Aktionen und Projekte abzeichnen wächst der Aufgabenbereich des Koordinierens – vor allem zwischen Bewohnern und den verschiedenen Sphären von Kommunen, Staat und Märkten.

All das hat eine Voraussetzung, die – weil von außen kaum sichtbar – tatsächlich oft übersehen wird: Das Ent-Dekken und Ent-Wickeln von Potential vor Ort setzt Vertrautsein mit dem Ort, Kenntnis der Lebenslage der Bewohner und damit Zeit voraus. Es ist dies „Arbeit im Vorfeld". Sie hat viel mit Gemeinwesenarbeit, mit Nachbarschaftshilfe und -organisation zu tun, wenig, oft nichts mit Bauen. Sie ist aber zwingende Voraussetzung für eine Kooperation mit den Bewohnern auch in späteren, baulich-räumlichen Projekten.

Was heißt das? Aufgaben der Initiatoren, Beraterinnen und Koordinatoren lassen sich zweigeteilt beschreiben: es gibt Fach-Aufgaben und die alltägliche Arbeit. Letztere ist als Teilnahme und Mitgestaltung an sozialen Prozessen zu begreifen. Sie ist unabdingbare, aber (von außen) oft übersehene Voraussetzung für die Erfüllung der Fachaufgaben.

5. Qualifikationen

Was folgt aus diesen Aufgaben hinsichtlich der Qualifikationen der Fachleute, die sich auf die Arbeit mit Bewohnern und Bewohnerinnen einlassen?

Fragen wir zunächst: welche Qualifikationen haben diejenigen, die heute solche Arbeit leisten? Dazu greife ich erneut zurück auf die Ergebnisse schriftlicher Befragungen zurück. Es lassen sich hier zwei Schwerpunkte in den Ausgangsqualifikationen der Mitarbeiter/innen benennen:

– Bau und Planung auf der einen,
– Organisation, Wirtschaft und Soziale Berufsfelder (Sozialarbeiter, Gemeinwesenarbeit etc.) auf der anderen Seite.

Auffallend noch ist, daß es hohe Anteile „Sonstige" gibt. Geht man dem nach stellt man z. B. fest, daß in einer (Schweizer) Organisation z. B. auch ausgebildete Ethnologen, Krankenschwestern, Biologen oder Lehrer mitarbeiten.

Die im Studium angeeigneten Kenntnisse und Fertigkeiten stehen offensichtlich nicht allein im Mittelpunkt der Anforderungen an die Berater/innen. Auch hier gibt es hinter und neben der formell erworbenen, fachlichen Qualifikation so etwas wie ein verborgenes Anforderungsprofil. Zur Erläuterung die folgenden Zitate:

– „Wer Bürger wirklich kriegen will, muß unheimlich viel Dienstleistungsaufwand treiben." (Stadtplaner)
– „Die soziale Kompetenz, die Fähigkeit und Bereitschaft zur Kommunikation… das ist zentral für unsere Arbeit." (Beraterin)
– „Wenn ich Kontakt zu den Gruppen habe, dann beschäftigen mich nur zu 20% Dinge, die unmittelbar etwas mit der Bauaufgabe zu tun haben. 80% hängen mit den Lebensbedingungen der Gruppenmitglieder zusammen. Und wenn ich nicht bereit bin, mich damit auseinanderzusetzen, dann verliere ich sehr schnell den Kontakt zu den Leuten und steh außen vor." (Baubetreuer eines alternativen Sanierungsträgers)

Hier ist zweierlei angesprochen:

1. Soziale Kompetenz: Arbeit mit Bewohnern unterscheidet sich von Arbeit für die Bewohner dadurch, daß hier eine Kommunikation zwischen prinzipiell Gleichberechtigten, aber sehr verschiedenen Voraussetzung für den Erfolg ist, während im anderen Fall die Fachleute unter sich bleiben.

Ein weiterer Unterschied: Arbeit mit den Bewohnern hat als Ziel nicht allein die Modernisierung eines Gebäudes, die Hofbegrünung oder an alternatives Müll-Sammel und -Verwertungskonzept. Immer auch ist angestrebt, die Bewohner selbst zu ermutigen, anzure-

gen, anzustiften… Die Amerikaner nennen das schlicht „to enable" oder „to empower people".

Dieses Enabling verlangt ebenso wie die Kommunikation zwischen ungleichen Partnern ein hohes Maß an spezifischer Qualifikation. Dazu gehört eine hohe soziale Kompetenz, Neugier auf fremde Lebensumstände und Denkweisen, die Fähigkeit zur verständlichen Kommunikation und zum konstruktiven Konflikt. Dazu gehört auch Selbst-Distanz und die Fähigkeit sich zurückzunehmen: „Ein Problem für die Professionellen besteht darin, nicht zu viel für die Bewohner zu tun. Man muß manchmal auch einen Schritt zurücktreten. Und die Bewohner ein paar eigene Schritte gehen lassen. Sonst eilt man ihnen zu weit voraus."

2. Soziale Arbeit: In dem Maße, wie die Lebenslagen der Bewohner durch zusätzliche Belastungen – Dauerarbeitslosigkeit, Alter, Armut, Krankheiten soziale Ausgrenzung, u. ä. – gekennzeichnet sind, steigt der Anteil notwendiger sozialer Arbeit, richtiger muß es hier heißen: von Sozialarbeit – letztere wird aber häufig von Fachfremden (Architekten, Planerinnen etc.) wahrgenommen. Dies gar nicht so sehr mit der Absicht, in fremden Qualifikationsbereichen zu dilettieren, sondern aus der Not, der aktuellen Situation heraus. Der Mitarbeiter eines, alternativen Sanierungsträgers: „Es geht nicht, daß man sagt: das macht das Sozialamt"…

Die Frage nach der notwendigen Qualifikation für das Initiieren, Beraten und Koordinieren läßt sich also mit einer einfachen Formel beantworten: Benötigt wird ein harter Kern fachlicher Kompetenz und die soziale Fähigkeit, diese zu vermitteln, in soziale Prozesse angemessen einzubringen. Diese soziale Qualifikation muß sogar so weit reichen, daß es den Mitarbeitern und Mitarbeiterinnen möglich ist, festzustellen, ob und wann es überhaupt sinnvoll ist, in der konkreten Situation Diskussion und Handeln auf einzelne Fachfragen zu verengen.

Soweit eine knappe Skizze zu Organisationsformen, Aufgaben und Qualifikationen. An den Schluß meiner Überlegungen möchte ich einige Stichworte stellen, die Bezug nehmen auf die Weiterentwicklung der Beratungsangebote hier. Vielleicht ergeben sich daraus auch Anregungen für die Diskussion.

6. Einige Stichworte zur weiteren Entwicklung einer „Beratungsinfrastruktur"

Erstes Stichwort: Geld, oder: Die HOAI kennt weder Tresengespräche, noch Hilfe beim Wohngeldantrag.

Ein wesentliches Ergebnis unserer Untersuchungen ist, daß der notwendige lange Atem in der Arbeit mit den Bewohnern nur über entsprechend stabile finanzielle Grundlagen für die Berater/innen und ihre Organisationen gesichert werden kann.

In der Bundesrepublik fehlt es daran. Die erste Hürde ist, daß es schlicht keinen Abrechnungsmodus dafür gibt. Solange keine Bau- oder Planungsleistungen in Sicht sind fehlt es überhaupt an Anlässen zur Finanzierung. Und selbst wenn es um konkrete Pläne und Projekte geht sehen die einschlägigen Honorarordnungen keine Gebühren für Tresengespräche oder Hilfen beim Wohngeldantrag vor.

Wenn der – oben bereits zitierte – Gesprächspartner recht hatte, der sagte, daß nur 20% seiner Arbeitszeit unmittelbar mit der Mietermodernisierung zu tun habe und 80% in der Auseinandersetzung mit anderen Problemen der Gruppe bestünden dann hieße: das 80% unbezahlte, nicht abrechenbare Arbeit.

Mit anderen Worten: für die spezifischen Leistungen der Berater und Betreuer, für die alltäglichen Aufgaben müssen Finanzierungsmöglichkeiten erst noch geschaffen werden. Beispiele aus dem Ausland, insbesondere den Niederlanden sind hier als Anregungen sehr hilfreich.

Zweites Stichwort: Neue Qualifikationen oder neue Institutionen?
Wer nach Geld für neue Aufgaben ruft, kommt schnell in den Geruch, Geld für neue Institutionen zu fordern. In der Tat besteht die Gefahr, daß neue Beratungseinrichtungen sich institutionell derart verfestigen, daß neue bürokratische „Wasserköpfe", neuer „Filz im intermediären Bereich" entsteht.

Die Diskussion an diesem Ende zu beginnen hieße aber in der Tat, das Pferd vom Schwanze aufzuzäumen. Denn noch geht es um eine ganz andere Frage. Es fehlt in der Bundesrepublik – selbst in den meisten Ballungszentren – an Beratungsinfrastruktur. Dabei kommt es nicht nur darauf an, eine beliebige Einrichtung zu schaffen und ihr dies Etikett umzuhängen. Es müssen schon die entsprechenden Qualifikationen angeboten und die notwendigen Arbeitsweisen ermöglicht werden.

Angesichts der skizzierten Voraussetzungen für die Zusammenarbeit von Bewohnern und Fachleuten ist es zudem notwendig, daß die Bewohner Wahlmöglichkeiten haben. Die Forderung von Johann Jessen und Walter Siebel in ihrer Studie zu „Wohnen und informelle Arbeit" steht noch im Raum. Sie lautet schlicht: „Pluralität der Trägerformen ist zu gewährleisten" (Jessen/Siebel 1988 S. 137.).

Daß übrigens – die Wahlmöglichkeit zwischen alternativen Beratungsangeboten – ist (marktwirtschaftlich gedacht) eine der besten Voraussetzungen, Verkrustungen zu verhindern.

Dieser Zustand ist aber erst noch herzustellen.

Drittes Stichwort: Lernprozesse. Man kann und sollte von den andernorts gewonnenen Erfahrungen lernen – seien die nun in New York oder in Dortmund Nord gemacht. Ein Beispiel: fund raising nach amerikanischem Muster. Prominente anschreiben und für eine Idee gewinnen. Funktioniert: ein deutscher Rockstar spendet 20.000 DM für die Arbeit des Dortmunder Planerladens. Das sind transfer topics, einzelne Ideen – hierher umgesetzt.

Keinesfalls kann man aber ganze Systeme der Beratung übertragen. Denn die Voraussetzungen sind von Land zu Land verschieden. Dabei sind die Unterschiede zwischen den Gesellschaftsstrukturen in den USA und der BRD – um ein Beispiel zu nennen – eigentlich gar nicht das zentrale Moment. Es geht vielmehr um das Verhältnis eine „Modells" zum „Prozeß vor Ort." Und da kann es schon bei Übertragungen von einem Stadtteil zum anderen Probleme geben. Ein Beispiel ist die Anwaltsplanung in Hannover Linden. Sie wurde 15 Jahre lang erfolgreich und zur Zufriedenheit vieler Beteiligter praktiziert. Die Übertragung in den Stadtteil Nordstadt schlug – obwohl alle Strukturelemente nachgebildet wurden – bislang fehl. Einige sagen: weil die Person des Anwaltsplaners eine andere war. Das mag eine gewisse Bedeutung haben. Entscheidender aber ist zweifellos, daß in Linden dieses Konzept der Anwaltsplanung entwickelt wurde, es entstand aus spezifischen Strukturen, diese schufen sich die angemessenen Ergänzungen. Man kann nun bestimmte Strukturelemente – etwa die Anbindung an ein Stadtteilforum, die Art der Vertragsbeziehung zur Verwaltung etc. – als beispielgebend ansehen und wohl auch übertragen. Aber nicht transplantieren. Übertragen heißt, daß bestimmte Orientierungspunkte vorgeschlagen werden, die dann in einem konkreten sozialen Prozeß ausgefüllt und gelegentlich wohl auch deutlich verschoben werden. Die Anwaltsplanung im Stadtteil x wird und muß eine andere sein, wie die in y – auch und gerade weil sie in vielen (als Anregung übertragenen) Punkten gleich ist.

In diesem Sinne gibt es viel zu lernen.

Viertes Stichwort: Geduld. Vielfach gerät Arbeit mit den Bewohnern in Konflikt mit dem Erwartungs- und Verwertungsdruck derjenigen, die sich bald vorzeigbare Ergebnisse dieser Kooperation erwarten. Die Ungeduld der Umstehenden nimmt der Zusammenarbeit von Fachleuten und Bewohnern so schnell den notwendigen langen Atem.

Die Argumente sind bekannt. Sie lauten etwa: „Beteiligung verlangsamt doch nur…" oder: „Wir haben doch schon einen workshop mit den Bewohnern durchgeführt. Das muß erstmal reichen. Jetzt sollten wir den Ideenwettbewerb durchführen – sonst kommen wir überhaupt nicht weiter…" Die Argumente sind – um Mißverständnissen vorzubeugen – nicht falsch.

Sie gehen nur von einem bestimmten Verständnis von Arbeit mit Bewohnern aus. Gemeint ist hier Beteiligung als Legitimation – gegenüber den Bewohnern und eigenen Ansprüchen.

Ist demgegenüber „enabling" angezielt und damit die Befähigung der Bewohner, auf Dauer die eigene Wohnsituation mitzugestalten, so braucht das längeren Atem.

Das stellt nicht die Bedeutung einer klaren Leitidee – wie sie etwa Ergebnis eines Ideenwettbewerbs sein könnte in Abrede. Sie könnte symbolischer Bezugspunkt für soziale Aktion sein. Sie könnte es sein, wenn die Vermittlung zwischen Planerdenkweisen und Bewohnerwelt gelingt. Das aber ist ein – oft langer – Prozeß. Das bedeutet: Bohren dicker Bretter. Und das braucht: Geduld.

Ich danke für Ihre Geduld.

Autorenverzeichnis

Boll, Joachim
Dipl.-Ing., WohnBund-Beratung NRW e.V., Bottrop, Arbeitsschwerpunkte: Mietermitbestimmung, Demokratisierung von Wohnungsunternehmen

Greling, Wolf
Dipl.-Ing., Architekt, Technischer Leiter und Prokurist der Wohnungsgesellschaft »Ruhr-Lippe« Dortmund, Projekte u. a.: Baumaßnahme »Rheinische Straße, Dortmund«

Gutmann, Raimund
Institut für Alltagskultur, Salzburg, Österreich

Gutzeit, Axel
Dipl.-Ing., Architekt, Architekturbüro in Berlin

Hansen, Peter
Dr.-Ing., Geschäftsführer des Wohnungsunternehmens »Gundlach-Otto«, Hannover, Vorsitzender des Landesverbandes der freien Wohnungsunternehmen in Niedersachsen

Horz, Kurt
Dipl.-Volkswirt, Aufbau und Leitung »Haus der Eigenarbeit« (HEI) in München, Haidhausen in Trägerschaft der ANStiftung, München

Hübsch-Törper, Camilla
Dipl.-Ing., Stadtteilbüro Steilshoop, Hamburg

Jessen, Johann
Prof. Dr.-Ing., Universität Stuttgart, Fachbereich Stadt- und Regionalplanung

Lorenzen, Carsten
Dipl.-Ing., Architekt, Architekturbüro Tegnestuen Vandkunsten, Kopenhagen (DK)

Novy, Klaus (verstorben)
Prof. Dr.-Ing., bis zu seinem Tod Leiter des Instituts für Freiraumentwicklung und planungsbezogene Soziologie an der Technischen Universität Berlin

Pohlandt, Klaus
Dipl.-Sozialarbeiter, Wohnungsbaugesellschaft SAGA, Hamburg

Robl, Klaus
Dipl.-Ing., Landespfleger, Gemeinnützige Baugesellschaft Hannover (GBH)

Roters, Andreas
Dipl.-Soz., Institut für Landes- und Stadtentwicklungsforschung des Landes NRW (ILS), Dortmund

Schmidt, Reiner
Dipl.-Ing., wiss. Mitarbeiter am Institut für Freiraumentwicklung und planungsbezogene Soziologie (IFPS) an der Universität Hannover, Geschäftsführer »Urbanes Wohnen e. V.«, München

Selle, Klaus
Prof. Dr.-Ing., Institut für Freiraumentwicklung und planungsbezogene Soziologie (IFPS), Universität Hannover

Sinz, Roswitha
Dipl.-Ing., Media-Park GmbH, Köln, zuvor Landesentwicklungsgesellschaft NRW, Stabsbereich Wohnungswesen

Spitzer, Klaus
Kunsterzieher, Gründer und Unterstützer von Bürgerinitiativen in Düsseldorf (u. a. Ökotop Heerdt), freier Berater und Entwerfer in der Spielbereichsplanung

Tornow, Britta
Dipl.-Ing., Technische Universität Hamburg-Harburg, AB Städtebau, Forschungsschwerpunkte: Wohnungsbau in Skandinavien, wohnungsnahe Gemeinschaftseinrichtungen in Dänemark

Wessel, Ulrich
Dipl.-Päd., Stadt Gladbeck, Aufbau der Stadtgärten »Johowstraße« und »Zweckel«

Wiese-v. Ofen, Irene
Dr.-Ing., Baudezernentin der Stadt Essen

ILS
SCHRIFTEN

Herausgegeben vom Institut für Landes- und Stadtentwicklungsforschung des Landes Nordrhein-Westfalen (ILS)

ILS 1
Handlungsfeld Freizeit II
- Zeitpolitische Fragestellungen -

Werner Zühlke, Andreas Roters u. a.
Darstellung neuer Perspektiven von Freizeitpolitik
in 10 Einzelbeiträgen

Dortmund 1987, DIN A4, 36 Seiten   15,- DM
ISBN 3-8176-6001-4

ILS 8
Frauen und Zeitpolitik

Argumente für eine Neuverteilung von Zeitstrukturen
aus der Sicht der Frauen
Felizitas Romeiß-Stracke, May-Britt Pürschel

Dortmund 1988, DIN A4, 61 Seiten,
zahlr. Abb. und Tabellen, Lit.   15,- DM
ISBN 3-8176-6008-1

ILS 15
Vereine und Stadtentwicklung

Werner Zühlke, Gerhard Christiansen, Andreas Roters
Funktion, Veränderung und Förderung lokaler Vereine
als wichtige Elemente kommunaler Infrastruktur mit
Umfrageergebnissen über die Vereinsmitgliedschaft der
Bevölkerung in NRW

Dortmund 1990, DIN A4, 36 Seiten   10,- DM
ISBN 3-8176-1001-7

ILS 17
Freizeitmarkt Dienstleistungen
und häuslicher Freizeitpfad

Peter Gross, Manfred Garhammer
Darstellung der Wechselbeziehungen zwischen Frei-
zeitentwicklung und Dienstleistungssektor

Dortmund 1988, DIN A4, 62 Seiten,
zahlr. Abb. und Tab.   15,- DM
ISBN 3-8176-6017-0

ILS 18
Erwerbsgebundene und
erwerbsfreie Zeit

Friedhart Hegner, Ulrich Kramer, Ulrich Lakemann
Entwicklungen von Zeitbudget und Zeitgestaltung in
der Bundesrepublik Deutschland nach 1950
und Zukunftsszenarios - mit Anhang über Schweden
und Großbritannien

Dortmund 1988, DIN A4, 314 Seiten,
zahlr. Abb., Tab., Übers.   25,- DM
ISBN 3-8176-6018-9

ILS 19
Wohnen und informelle Arbeit

Johann Jessen, Walter Siebel
Beschreibung interessanter Projekte informeller
Arbeit aus der Bundesrepublik Deutschland und der
Nachbarländer

Dortmund 1988, DIN A4, 158 Seiten,
zahlr. Abb., Tab., Übers.   20,- DM
ISBN 3-8176-6019-7

ILS 30
Ausländer und Stadtentwicklung

Liselotte Funke u. a.
Zur Wohnsituation von Ausländern in der Stadt

Dortmund 1990, DIN A4
66 Seiten, Fotos, Tabellen   15,- DM
ISBN 3-8176-6030-8

ILS 32
Mieter-Beteiligung

Anne Mauthe, Bernd Segin, Klaus Selle
Mit- und Selbstverwaltungsmöglichkeiten für Mieter.
Konzepte und Praxiserfahrungen.

Dortmund 1989, DIN A4, 112 Seiten,
Fotos, Übersichten, Tabellen   20,- DM
ISBN 3-8176-6032-4

ILS 39
Anders alt werden -
Anders alt sein

Andreas Roters u. a.
Stadtentwicklungspolitische Aspekte veränderter Lebenslagen alter Menschen - Wie sollten Städte und wie
städtische Infrastruktur gestaltet sein, damit sie den Bedürfnissen heutiger und zukünftiger Altengenerationen
gerecht werden?
2., unv. Aufl., Dortmund 1989, DIN A4,
72 Seiten, Abb., Tab. und Fotos   20,- DM
ISBN 3-8176-6039-1

ILS 40
Nutzer- und gemeinschafts-
orientierte Nachbesserung

*Beie'rlorzer, Bruns-Sommerhage, Faupel, Komes,
Schmitt*
Problemlösungen im öffentlich geförderten Wohnungs-
bau

Dortmund 1990, DIN A4, 212 Seiten,
Karten, Abbildungen, Tabellen,
Übersichten, Fotos   25,- DM
ISBN 3-8176-6040-5

ILS 42
Expansion und regionale
Ausbreitung der Dienstleistungen

Franz-Josef Bade
unter Mitarbeit von Ute Middelmann u. Monika Schüler
Eine empirische Analyse des Tertiärisierungsprozesses
mit besonderer Berücksichtigung der Städte in
Nordrhein-Westfalen

Dortmund 1990, DIN A4, 58 Seiten,
zahlr. Karten, Grafiken, Tabellen   20,- DM
ISBN 3-8176-6042-1

ILS 44
Tertiärisierung und Stadtstruktur

Zur Notwendigkeit der Neuorientierung städtischen
Handelns
Kemming, H., Bade, F.-J., Heißmann, H.
Eine Analyse der Dienstleistungsentwicklung, ihrer
Auswirkungen auf die Städte und auf das kommunale
Handeln

Dortmund 1990, DIN A4, 68 Seiten,
Karten, Grafiken, Tabellen, Übersichten   25,- DM
ISBN 3-8176-6044-8

Zu beziehen über den Buchhandel oder durch WAZ-Druck Vertrieb und Verlag, Theodor-Heuss-Str. 77, 4100 Duisburg 11

ILS SCHRIFTEN

Herausgegeben vom Institut für Landes- und Stadtentwicklungsforschung des Landes Nordrhein-Westfalen (ILS)

ILS 46
Selbstgestaltung der Wohnumwelt

Johann Jessen, u.a.
Perspektiven, Modelle und Konzepte der Förderung von
Eigenarbeit und Selbsthilfe im Wohnbereich

erscheint im September 1992

Dortmund 1991, DIN A4,
zahlr. Fotos, Abbildungen,
Tabellen, Übersichten   25,- DM
ISBN 3-8176-6046-4

ILS 49
Strategien für eine saubere Nordsee

Konferenz für Regionalentwicklung in Nordwesteuropa
15. Studientagung im Februar 1990 in Brügge
(viersprachig: dt., engl., franz., niederl.)

Dortmund 1990, DIN A4, 96 Seiten, zahlr.
Karten, Abbildungen, Tabellen, Übersichten,20,- DM
ISBN 3-8176-6049-9

ILS 51
Wohnumfeldverbesserung aus Sicht der Bewohner
- Wirkungsanalyse gebietsbezogener Wohnumfeldprogramme - Teil 1

Berthold Haermeyer
Ergebnisse einer repräsentativen Vorher-Nachher-
Bewohnerbefragung des ILS in 26 Wohngebieten
zur Beurteilung des Wohnumfeldes..

Dortmund 1990, DIN A4, 160 Seiten,
Übersichten, Tabellen, Grafiken, Fotos   25,- DM
ISBN 3-8176-6051-0

ILS 52
Verkehrsverhalten im Wohnumfeld
- Wirkungsanalyse gebietsbezogener Wohnumfeldprogramme - Teil 2

Ulrich Potthoff
Verkehrs- und Unfallanalyse in 30 Programmgebieten
zur Wohnumfeldverbesserung.
Daten zum Verkehrsaufkommen, Geschwindigkeitsver-
halten, Verkehrslärm und Unfallentwicklung im
Vorher-Nachher-Vergleich.
Dortmund 1990, DIN A4, 254 Seiten,
Übersichten, Tabellen, Grafiken, Fotos   25,- DM
ISBN 3-8176-6052-9
Bei Abnahme von Teil 1 + 2 ermäßigt sich der Preis auf insgesamt 40,- DM

ILS 55
Reisezeitverkürzung im ÖPNV

Oscar Reutter, Franz Peter Schütte, Volker Kreibich
Aktionsräumliche Mobilitätsanalysen. Kleinteilige
Planungsvorschläge

Dortmund 1991, DIN A4, 78 Seiten,
zahlr. Tabellen, Übersichten, Grafiken,
Abbildungen und Fotos   20,- DM
ISBN 3-8176-6055-3

ILS 56
Stadtmarketing in der Diskussion

Herbert Kemming u.a.
Praxisbeispiele aus Nordrhein-Westfalen, die unterschiedliche Konzepte und Verfahren sowie Anforderungen an das Stadtmarketing deutlich machen. Der Band
bietet vielfältige Anregungen für erforderliches Stadtmarketing.

Dortmund 1991, DIN A4, 102 Seiten,
zahlr. Abb., Übersichten, Grafiken, Fotos 20,- DM
ISBN 3-8176-6056-1

ILS 58
Neue Fabrikkonzepte und gewerblicher Flächenbedarf

*Bernd Mielke, Sigrid Fischer, Rainer Ollmann,
Roland Weber*

Dortmund 1991, DIN A4, 52 Seiten,
Abb., Übersichten, Grafiken, Tabellen   15,- DM
ISBN 3-8176-6058-8

ILS 61
Jugend-Zeit

Stadtentwicklungspolitische Aspekte veränderter Lebenslagen von Jugendlichen

erscheint im November 1992

Dortmund 1992, DIN A4,
zahlr. Karten, Abbildungen, Tabellen   20,- DM
ISBN 3-8176-6061-8

ILS 62
Stadt-Kinder

Stadtentwicklungspolitische Aspekte veränderter Lebenslagen von Jugendlichen

erscheint im November 1992

Dortmund 1992, DIN A4,
Fotos, Karten, Tabellen, Übersichten, Lit. 25,- DM
ISBN 3-8176-6062-6

ILS 66
Stadtbildprägende Arbeitersied- lungen

Lothar Juckel
Erhaltung und Erneuerung denkmalwerter Arbeitersiedlungen im Rhein-Ruhr-Gebiet

Dortmund 1992, DIN A4, 118 Seiten,
zahlr. Abb., Karten, Übersichten, Fotos   35,- DM
ISBN 3-8176-6066-9

ILS 68
Autofreies Leben - Konzepte für die autoreduzierte Stadt

Sammelschrift zu den aktuellen Strategien zur Reduktion des motorisierten Verkehrs in der Stadt

Dortmund 1992, DIN A4, 52 Seiten
zahlreiche Abbildungen, Fotos, Tabellen   25,- DM
ISBN 3-8176-6068-5

ILS 69
Keine falsche Bewegung!

Studie über Verkehrssicherheit und autonome Beweg-
lichkeit in England und Deutschland

erscheint im Oktober 1992

Dortmund 1992, DIN A4, ca. 90 Seiten
zahlreiche Tabellen und Übersichten   20,- DM
ISBN 3-8176-6069-3

Zu beziehen über den Buchhandel oder durch WAZ-Druck Vertrieb und Verlag, Theodor-Heuss-Str. 77, 4100 Duisburg 11

ILS-Taschenbücher

Umweltinteressen - Techniksteuerung

Eine empirische Untersuchung. Untersuchung der technischen Normung im Bereich der Stadtentwicklung

Volker Eichner, Helmut Voelzkow mit einem einleitenden Beitrag von Rolf G. Heinze

Dortmund 1991, 202 Seiten
Übersichten   18,- DM
ISBN 3-8176-7008-7

Umbruch der Industriegesellschaft - Umbau zur Kulturgesellschaft?

Beiträge zum 4. Wissenschaftstag des ILS gemeinsam mit der Kulturpolitischen Gesellschaft e. V. am 24. und 25. September 1990 zu den Themenbereichen:

- Wandel der Arbeitsgesellschaft. Die Modernisierung industriegesellschaftlicher Lebensformen

- Umwandlung des Naturzustands. Die gesellschaftliche Modernisierung des Verhältnisses zur Umwelt

- Stadtentwicklung und Kultur

- Bausteine einer kommunikativ und ökologisch orientierten Kulturpolitik.

- Ästhetisierte Wirklichkeit/Verwirklichte Ästhetik - Welche Erkenntnismöglichkeiten eröffnet Kunst, welche Formen gesellschaftlicher Praxis?

Dortmund 1991, 181 Seiten
Tabellen, Grafiken, Fotos   18,- DM
ISBN 3-8176-7007-9

Regionale Politik und regionales Handeln

Analyse und Ausgestaltung der regionalen Strukturpolitik in Nordrhein-Westfalen

Mit Beiträgen von:
Heinz Kruse, Thomas Forth, Norbert Wohlfahrt, Rolf G. Heinze, Helmut Voelzkow, Heinz Konze, Bernhard Jacobs, Werner Zühlke, Bodo Hombach, Wolfgang Clement, Viktor Frhr. v. Malchus

Dortmund 1992, 134 Seiten,
Schaubilder, Karten   18,- DM
ISBN 3-8176-7009-5

Innovationen in alten Industriegebieten

Beiträge zum 1. Wissenschaftstag des Institutes für Landes- und Stadtentwicklungsforschung des Landes Nordrhein-Westfalen am 10. und 11. Dezember 1987 zu den Themenbereichen:

- Innovationen in alten Industriegebieten in ausgewählten amerikanischen und europäischen Regionen,

- Erneuerung der alten Industrieregion Ruhrgebiet,

- Strukturwandel, Technologische Innovation und Wissenstransfer,

- Stadtqualität - ökologische, soziale und kulturelle Innovation.

Dortmund 1988, 252 Seiten,
Tabellen, Grafiken, Fotos   18,- DM
ISBN 3-8176-7001-X

Szenarien in der Stadtentwicklung

- Zum Stand der Diskussion -

Eine kritische Analyse von Inhalten und Methoden, Beispiele und Ansatzpunkte für den sachgerechten Einsatz von Szenarien mit Beiträgen von Arras, Häußermann, Pfeiffer, Siebel, Spiegel u. a.

Aus dem Inhalt:

- Sind Szenarien überhaupt eine ernst zu nehmende Methode, oder sind sie lediglich ein Ausweg aus dem politischen Mangel an Utopien für eine mögliche Zukunft?

- Welche Erwartungen und Ansprüche stellen Szenario-Schreiber in den Raum? Ist die Praxis demgegenüber nicht eher bescheiden?

- Unter welchen Bedingungen bieten Szenarien Chancen, als didaktisches Instrument Kommunikationen zwischen Politik, Verwaltung, Wissenschaft und Öffentlichkeit herzustellen?

Dortmund 1989, 200 Seiten   18,- DM
ISBN 3-8176-7003-6

Verkehr der Zukunft

Beiträge zum 3. Wissenschaftstag des ILS zu den Themenbereichen:
- Zukunft des Verkehrs in Europa,
- Verkehrsentwicklung in der Bundesrepublik Deutschland,
- Zukunft des Stadtverkehrs,
- Zukunft des Güterverkehrs,
- Ökologisch orientierte Autokonzepte,
- Zukunft des Automobils.

Dortmund 1990, 205 Seiten,
Tabellen, Grafiken, Fotos   18,- DM
ISBN 3-8176-7005-2

Zu beziehen über den Buchhandel oder durch waz-Druck, Vertrieb und Verlag, Theodor-Heuss-Straße 77, 4100 Duisburg 11